汕头大学出版基金资助

泛市场化批判

田　广　戴琴琴　编著

中国财政经济出版社

图书在版编目（CIP）数据

泛市场化批判/田广，戴琴琴编著.—北京：中国财政经济出版社，2012.9

ISBN 978-7-5095-3818-0

Ⅰ.①泛… Ⅱ.①田…②戴… Ⅲ.①经济体制改革-研究-中国 Ⅳ.①F121

中国版本图书馆CIP数据核字（2012）第177376号

责任编辑：刘五书　　责任校对：徐艳丽
封面设计：陈　瑶　　版式设计：董生平

中国财政经济出版社 出版

URL：http：//www.cfeph.cn

E-mail：cfeph@cfeph.cn

社址：北京市海淀区阜成路甲28号　邮政编码：100142

营销中心电话：88190406　北京财经书店电话：64033436　84041336

北京财经印刷厂印刷　各地新华书店经销

787×960毫米　16开　22印张　337 000字

2012年9月第1版　2012年9月北京第1次印刷

定价：45.00元

ISBN 978-7-5095-3818-0/F·3124

（图书出现印装问题，本社负责调换）

质量投诉电话：010-88190744

前　言

2010年的11月份，英国牛津大学当代中国历史学家、著名教授卡尔·格斯（Karl Gerth）博士出版了一本名为《中国带动世界：中国消费者是如何改变一切的》（As China Goes so Goes the World: How Chinese Consumers Are Transforming Everything）的著作。在这部著作中，格斯博士从历史的角度向读者展示了一幅关于当代中国消费主义丰富多彩的画卷。其主要观点可大致概括为这样简单的一句话：中国的消费增长是挽救摇摇欲坠的全球经济的最有效的手段并可为西方世界带来更多的机会。

格斯博士关于中国带动世界的基本理论是这样表述的：中国消费者对美国以及其他西方国家高科技产品、金融服务与其他产品的需求，将会创造出很大的就业机会并引导世界经济增长，同时也会促使中国朝向更加现代化的方向发展。但随着中国政府强力推行以市场为导向的经济政策的同时，这种消费主义的极端发展也会带来许多问题，从而像打开潘多拉魔盒一样引发一系列不可预知的后果。

格斯博士的新书一经发表，便在西方学术界

和工商界引起一波又一波的评论。大家普遍认为，格斯博士的著作具有划时代的意义。《与中国对话》的主编依萨拜尔·希尔托（Isabel Hilto）评论说："格斯博士的这部著作阐述了由于中国转向消费社会而使人类重新认识生活的道理，其观点不仅独特而且令人耳目一新。"国际著名的营销学大师菲利浦·考特勒（Philip Kotler）博士指出："关于中国社会、经济和政治制度的著述很多，但却很少有人对中国数以千万计的普通消费者进行报道。格斯博士的新作为我们提供了富有价值和深刻含义的信息资料，以便我们认识和理解有关消费者在中国的行为选择方式及中国国内企业和西方世界企业在中国境内的运作机制。"

哈佛大学商学院教授威廉·可毕（William Kirby）博士在评论格斯博士的新作时指出，"在过去的数十年间，世界经济的发展似乎受到这样两个简单原则的支持：勤俭的中国人在制造着所有的产品，而奢侈的美国人则购买所有的产品。然而，当中国消费者开始引导并界定全球消费偏好时，世界又会是怎样的呢？虽然我们现在还没有达到这个时代，但格斯博士的新书，通过对中国消费者革命的描述，给我们展示了未来的情景：受美国消费模式影响未来的中国将会出现一个强劲消费的情景，人们将在这个巨大的市场上交易汽车、土地、劳动力等等。充满幽默感的格斯博士以其丰富的知识和深刻的洞察能力，描述了当今中国的市场。随着时间的推移，中国的市场将会改变整个世界。"

格斯博士的新书之所以受到从学术界乃至工商界的广泛关注和好评，其流畅的文笔、幽默的语言和深刻的分析固然是重要的原因，但更为重要的则是因为这样一个事实：即今天的世界经济深受中国经济的影响，而未来中国的经济将会持续在世界经济中起到重要的作用。在过去的30多年里，中国的经济已经从中央计划经济体制转变为一个以市场为导向的经济体制。在计划经济体制下中国的经济与世界经济的联系是有限的，在市场经济体制下，中国的非国有经济成分迅速增长，并成为全球经济的重要组成部分。

自从1978年以来，中国经济由于效益的提高而使得GDP增长了10倍之多。与此同时，面向中国的外国投资也在迅速增长，近年来国外直接投资（FDI）平均每年高达1000多亿美元。与此同时，中国政府加大了对有关国计民生和国家经济安全的大型国有企业的支持力度，培育并提高这些龙头老大国有企业的全球竞争优势。这一战略性措施无疑是必要的，而且也是卓有成效的。现在，中国的经济总量已经超越日本，成为世界第二大经济实体。按照目前的发展趋势，我们预测中国在2030年时将成为世界第一大经济实体，届时中国的经济总量将为美国经济总量的2倍，占世界经济总份额的百分比将由目前的9%增加到24%。

快速的经济增长加之以高达近14亿人的人口，使得中国成为目前世界上最富有吸引力的市场进而受到全球工商企业的关注。据报道，以美国为总部的绝大多数跨国企业集团，或已在中国建立了其分部，或正在积极筹建其在中国的分部。与此同时，随着国民财富的增长，中国的广大消费者对各种产品和服务的需求也日益增加，对产品和服务的多样化选择，成为中国消费者的基本权力。到中国去营销对世界各国的企业家们来说，已具有不可抵抗的诱惑力，以至于目前没有哪个国际性大企业敢于忽视中国市场的存在。作为中国人，我们都应当为此感到自豪和骄傲，但我们也不能因此而狂妄自大。我们应当继续努力提高我们的国际竞争优势，创造更加美好的未来。

世界著名的营销学大师考特勒教授，最近在写给本书作者的一封信中指出，当整个西方世界对中国在制造业方面的竞争优势不断增长的态势以及其对能源需求的增长而忧虑之时，他们却没有注意到一个更大更严峻的事实，这就是中国正在迅速成长的美国式消费文化，这种文化将会给十多亿中国人民的生活带来革命性的变化，并将具有改变世界的潜在能量。所以我们完全可以有把握地说，在中国营销将会创造出无限的挑战，同时也会给世界各国的营销家们带来无限的机会。

在当今日益国际化的世界市场上，没有人会否认中国经济对世界的重要性，更没有人会忽视不断加强着的中国与世界的各种经济联系。对世界各国的政治及工商领袖们而言，当中国动起来时全世界都会跟着动起来，几乎已经成为一种常识。中国的经济正以每六年就翻一番的速度在发展，成为引导世界经济的火车头。显然，中国人民在中国共产党的正确领导下所取得的巨大成就，不仅从根本上改变了中国内部的市场结构，而且也在很大程度上改变了世界的经济结构。

当然，有一种现象我们必须注意，那就是随着中国的对外开放和国际贸易的增长，中国经济的对外依赖度也随之提高，这对中国的经济发展无疑增加了许多不可控制的因素。最近两年，西方世界由于遭受到经济危机的冲击而开始减少了对中国产品的需求。中国中央政府注意到了这个问题并开始将经济发展的重心转移到扩大内需方面，以减轻国外市场对中国经济发展的影响程度。以扩大内需为重点的经济政策，无疑是完全符合中国现实和国际现实的英明决策，这将创造一个极大的市场，其市场容量将与美国和欧洲的市场等量。面对这样一个全新的巨大市场，不仅国外的企业家们要加强研究和学习，国内的企业界同样也要加强研究和学习。而且，国内的企业家们更需要对中国营销与营销中国进行研究，以便他们更加有效地在国内市场和国际市场经营自己的产品和服务，为中国经济社会的全面发展作出贡献。

2011 年 3 月，第十一届全国人民代表大会第四次会议通过的《中华人民共和国国民经济和社会发展第十二个五年规划纲要》，为中国未来经济社会全面发展明确了指导思想和奋斗目标，即高举中国特色社会主义伟大旗帜，以邓小平理论和“三个代表”重要思想为指导，深入贯彻落实科学发展观，适应国内外形势新变化，顺应各族人民过上更好生活新期待，以科学发展为主题，以加快转变经济发展方式为主线，深化改革开放，保障和改善民生，巩固和扩大应对国际金融危机冲击成果，促进经济长期平稳较快发展和社会和谐稳定，为全面建成小康社会打下具有决定性意义的基础。该规划纲要还指出，五年后实现经济平稳较快发展；结构调整取得重大进展；科技教育水平明显提升；资源节约环境保护成效显著；人民生活持续改善；社会建设明显加强；改革开放不断深化。

要发展中国特色社会主义，必须坚持中国特色社会主义道路不动摇。同样，要实现“十二五”规划的目标，必须坚持走有中国特色的社会主义道路，即在中国共产党领导下，立足基本国情，以经济建设为中心，坚持四项基本原则，坚持改革开放，解放和发展社会生产力，巩固和完善社会主义制度，建设社会主义市场经济、社会主义民主政治、社会主义先进文化、社会主义和谐社会，建设富强民主文明和谐的社会主义现代化国家。在当代中国坚持中国特色社会主义道路，才是真正坚持社会主义。

进入21世纪以来，全世界人民的目光一次又一次地聚焦于中国这个屹立于世界东方的古老国家。中国改革开放的成就不仅改变了中国的经济社会面貌，而且也为世界的和平与发展作出了巨大的贡献。中国经济的发展一路向好，2005年年底，中国经济总量超过了英国，成为全球第四大经济体；2007年中国成长为世界第三大经济体，占世界GDP约5%；2010年中国GDP超过日本，成为世界第二大经济体。

历史上的1840年，大英皇家王朝称霸世界，号称“日不落帝国”。这个帝国把军舰开到中国的南海，用炮火轰塌了中国的海疆要塞，使中国从此逐步沦丧为国外列强的殖民地、半殖民地。无数中国志士仁人，复兴图强，前赴后继，最终在中国共产党的领导下，建立了社会主义的新中国，尔后又取得了改革开放的阶段性伟大成果。与此同时，中国历经了170多年的艰苦奋斗，经过数不清的失败与牺牲，终于在2005年经济总量超过了英国。正如中国人民的伟大领袖毛泽东所说：“天若有情天亦老，人间正道是沧桑。”中国取得的胜利来之不易，中国未来的发展充满曲折艰难。因此，昨天的时间老人和明天的飞翔天使，都要求中国人民深刻地思索、回忆过去、策划未来，以争取更大的胜利。因为物质世界要求万事万物遵循客观规律、按照客观规律行事才会成功，反之，就会受到规律的惩罚。

20世纪70年代末和80年代初以来，由邓小平及其战友们设计的改革和开放，为我们伟大的祖国带来了翻天覆地的巨大变化。中共十七大报告在纵论改革开放的伟大历史进程时指出：“改革开放是决定当代中国命运的关键抉择，是发展中国特色社会主义、实现中华民族伟大复兴的必由之路”。今天，一个面向现代化、面向世界、面向未来的社会主义中国巍然屹立在世界东方。中国的发展，不仅使中国人民稳定地走上富裕安康的广阔道路，而且为世界经济发展和人类文明进步作出了重大贡献。

当然，正如中国的社会主义建设道路从来不是平坦的一样，我们在改革开放的过程中也有历史教训需要认真总结。只要认真地分析，就会发现在过去一段时间内，中国社会主义经济建设是在不断冲破阻力的过程中艰难向前发展的。各种阻力中危害性最大的就是一种荒谬的泛市场化论调，这个论调蛊惑人心地宣扬我们可以用市场经济法则处理一切经济事务。在泛市场化论调的鼓吹者干扰破坏下，曾经一个时期出现了不仅属于商品的对象必须进行交易，而且不属于商品的事务也要安排交易，什么问题都用买卖方法来解决的社会现象。国家对经济事物的管理和调控，被贬之为“走计划经济的老路”。在泛市场化鼓吹者看来，只有大力推进市场经济才能发展中国，只有按照市场规则来规范人们的思想和行为，才能使中国繁荣富强。而且在一段时间内，这种荒唐的理论观点披着经济科学的外衣，横行于中国大陆，似乎中国社会乃至人类社会只有市场化一条道路可走。在此种思潮带有浓烈煽情的误导下，一些部门与行业实际上的操作也是过度的市场化，天真地认为可以通过泛化的市场经济改革，幻想在中国达到一个经济社会全面发展的格局，这就从根本上歪曲和异化了邓小平总设计师所指定的中国改革的真正目标和方向。

马克思主义认为，人类社会是经济、政治、文化形态和自然环境的有机统一体，人类文明也是由物质文明、政治文明、精神文明和生态文明有机构成的统一体。有中国特色社会主义市场经济，是国家改革所要建立的正确的有效率的体制。因为在人类发展的文明历史上，社会主义首次提出了实行“生产资料公有制”和“消灭人剥削人的制度”，实施社会全体劳动者“按劳分配”的政策，这是有别于在其之前的资本主义等所有阶级统治形态的崭新的社会制度，是能够极大解放社会生产力的制度。“社会主义”四个字不是可有可无的，“中国特色”四个字也决不能丢。“泛市场化”思潮谬误就在于否定了人类社会经济发展的本质特性，篡改了中国经济体制改革的总目标，其实质就是割裂了人类发展是一个由多种文明联系在一起的社会发展过程。在人类社会的发展过程中，经济竞争只是一个方面，而且是不能超过一定限度的，过之而不及，欲速则不达。泛市场化的鼓吹者企图将改革的总体实施引向一个仅仅是市场化的经济范畴内，显然是违背了改革开放的战略大方向的。

“泛市场化”的谬误影响所及，导致了一些激进的市场经济改革行为，这种不顾一切的市场化类型的激进改革，常常适得其反。俄罗斯曾经引进实施的“休克疗法”改革，就是极端的泛市场化行为，是用心险恶的西方国家新自由主义经济学流派代表人物的作品，其结局非常之糟糕，是全世界所公认的。不可否认，“泛市场化”的根源部分地来自西方社会的新自由主义思潮。这种思潮，特别是其中一些被乔装打扮了的伪善的经济学观念，具有很大的迷惑性。

时至今日，越来越多的人意识到了前些年“泛市场化”思潮的谬误；而与此同时不少地方或领域遭受到了“泛市场化”思潮所带来的厄运。鉴于“泛市场化”的危害，中国共产党第十七次全国代表大会就曾郑重地提出了发展中国特色社会主义理论体系这一新的科学命题。中国特色社会主义理论体系是新时期中国共产党创新理论的科学整合。中国共产党十七大报告在反复强调走“中国特色社会主义道路”的同时，还提出与之相配套的五条具体道路，即中国特色自主创新道路、中国特色新型工业化道路、中国特色农业现代化道路、中国特色城镇化道路、中国特色政治发展道路。一条伟大道路和五条具体道路的提出，说明中国共产党发展中国特色社会主义的框架越来越清晰，具体路径也越来越明确。

承前启后，继往开来。为了实现全面建设小康社会、发展中国特色社会主义的总体目标，需要对中国社会现实进行反思。提到反思，就是要敢于超越常规逆向、提出疑问并反向进行思考，目的是为了更好地前进。马克思主义的辩证唯物主义认为事物总是螺旋式向上发展的。换言之，人类社会在历史的前进过程中，很可能会经历一种发展了的回归现象，这种回归当然不是简单重复过去的所作所为，而是富有创造性地将过去的所作所为加以补充提高后，在一个新的起点有继承和发展的前进过程。因此，我们在投身于为“十二五”规划目标继续奋斗的过程中，及时地清理“泛市场化”思潮的错误就显得尤为重要。

本书的正式出版获汕头大学出版基金资助，作者诚挚感谢所在单位汕头大学各级领导特别是汕头大学科研处和商学院领导的关怀与鼓励。

作　者

2012 年 6 月

目 录

第一章 引言：排除发展中国特色社会主义的一切障碍 / 1

第一节 发展中国特色社会主义需要新经济理论 / 1

第二节 “泛市场化”思潮谬误批判 / 19

第三节 拨乱反正凝炼新经济观 / 24

第二章 对“泛市场化”经济推进过程的分析 / 32

第一节 社会主义市场经济显示威力 / 32

第二节 收入差距拉大问题亟待解决 / 36

第三节 医疗服务体系漏洞需要修补 / 45

第四节 国民教育必须重新布局 / 52

第五节 环境污染趋势务必坚决遏制 / 63

第六节 “以人为本”坚持正确方向的改革 / 65

第三章 世界市场经济的发展历程和特点 / 71

第一节 市场经济的历史与变迁 / 71

第二节 “新自由主义”渗透中国 / 83

第三节 科学驾驭市场经济力量 / 98

第四节 勇敢走出思想认识误区 / 107

第四章 论中国社会主义市场经济体系 / 111

第一节 重振经济之路曲折艰辛 / 111

第二节 正确认识改革开放目标及其取向 / 119

第三节 对市场经济主体论的质疑 / 127

第五章 实施国家经营管理的战略思考 / 137

第一节 国家经营是民族之魂 / 137
第二节 制度优势制胜法宝 / 163
第三节 社会主义真谛永存 / 170
第四节 公共产品与政府职责 / 176
第五节 全球战略观锤炼国力 / 195

第六章 社会主义新农村建设及其途径 / 212

第一节 从“先富”走向“共富” / 212
第二节 适度发展是条坦途 / 228
第三节 培养人才 实现愿景目标 / 234
第四节 庭院经济与正大模式 / 245

第七章 建立创新工业体系 / 254

第一节 增强技术创新能力 / 254
第二节 国有企业复兴主力 / 262
第三节 拓展国际市场份额 / 272

第八章 结论：创新型国家与新国家主义战略 / 283

第一节 实现人的全面发展 / 283
第二节 管理阶层改革再生 / 298
第三节 完善制度 释放潜能 / 308
第四节 情系民生 力出民众 / 315
第五节 千秋伟业 功在教育 / 320
第六节 弘扬中华民族优秀文化 / 324

参考文献 / 335

后　　记 / 339

第一章

引言：排除发展中国特色社会主义的一切障碍

始于1978年的改革开放，是新中国编年史上最伟大的跨越式发展里程碑，整个世界都从不同角度赞誉了中国人民创造的经济社会发展奇迹。改革开放使中国的综合国力显著增强，拥有了更多的发展实力及展示的空间。与此同时，世界范围内的综合国力竞争也在21世纪变得愈加激烈，中国面临着严峻的挑战。如何抓住机遇，迎接挑战，是中国政府和人民所面临的最紧迫问题。因此，未来的改革必须处理众多复杂且多变的事物。在这个过程中，改革行动自身要不断吸收古今中外的思想，要创新出更高的、更加智慧的引导艺术。没有正确的理论指导，就没有方向对、效率高、结局好的行动。由于中国历史悠久、人口众多、任务繁重，改革触及的各个领域都出现了一系列深刻的变化，虽然积极向上的现象占绝大多数，但也有一些不能令大众满意的现象，这些负面状态出现于经济、社会、文化等多个方面。因此，分析实际矛盾，探究问题原因，修补发展中的缺陷，创建一个综合国力更强的新型国家，实现中华民族的伟大复兴，是中国在21世纪的总体战略目标。

第一节　发展中国特色社会主义需要新经济理论

中国改革开放在21世纪的头一个五年内取得了辉煌成就，整个经济社会的局势发展振奋人心。中国共产党以胡锦涛为总书记的新一代领导集体，审时度势，提出了科学发展观和以人为本构建和谐社会的治国方略，国家发展充满勃勃生机。在2001—2005年的《中华人民共和国国民经济和社会发展第十个五年计划》期间（简称“十五”计划或“十五”期间），全国的宏观经济持续快速发展。紧接着，在2006年3月14日第十届全国人民代表大会第四次会议批准通过了《中华人民共和国国民经济和社会发展第十一个五年规划纲要》（简称“十一五”规划），“十一五”期间的经济发展有着举足轻重的作用，承前启后，为“十二五”规划的制定奠定了坚实的基础。面向未来，我们站在了一个新的历史起点上。

根据原先制定的中国经济社会发展“十一五”计划，我国的国内生产总值年均增长要达到7.5%，到2010年国内生产总值预计达到26.1万亿元左右，人均国内生产总值（简称GDP）达到19270元，实现6.6%的年均增长率①。而仅到2007年，中国国内生产总值就已经达到26.58万亿元，人均GDP突破了2万元。② 国家统计局公布的结果显示，2009年，在应对国际金融危机的背景下，中国经济发展率先实现了国民经济总体回升向好。初步测算，2009年中国国内生产总值达到335353亿元，按可比价格计算，比上年增长8.7%，增速比上年回落了0.9个百分点。2009年全社会固定资产投资达到224846亿元，比上年增长30.1%，增速比上年加快4.6个百分点。全年社会消费品零售总额125343亿元，比上年增长15.5%；扣除价格因素，实际增长16.9%，实际增速比上年同期加快2.1个百分点。③ 总结“十一五”期间的经济工作，中国经济在有效应对国际金融危机冲击的同时，保持经济平稳较快发展，国内生产总值达到39.8万亿元，年均增长11.2%，财政收入从3.16万亿元增加到8.31万亿元。④ “十一五”计划的经济总量指标圆满完成。

中国经济社会发展所取得的成就举世称赞。2006年，世界银行公布了

---

① 新华网受权发布：“中华人民共和国国民经济和社会发展第十一个五年规划纲要（全文）”，http：//www.xinhuanet.com，2006年3月16日。

② 中国统计年鉴：“2010国民经济和社会发展总体与速度指标”，http：//www.stats.gov.cn/tjsj/ndsj/2010/indexch.htm。

③ 国务院新闻办公室举行新闻发布会：“国家统计局介绍2009年国民经济运行情况发布会实录”，http：//www.china.com.cn/，2010年1月21日。

④ 温家宝在第十一届全国人民代表大会第四次会议上所作政府工作报告，http：//www.gov.cn，2011年3月15日。

其计算的2005年全球GDP排名情况，中国以2.229万亿美元的GDP总量，超过意大利和法国，并略微超过英国，成为全球第四大经济体。当时，美国依然是全球第一经济大国，以12.455万亿美元的GDP远远超出位居第二的日本，后者仅为4.505万亿美元，德国位居全球第三，中国紧随其后，并超过了英国的2.192万亿美元。① 2009年1月，国家统计局将2007年GDP增速调高1.1个百分点至13%，按照2007年人民币平均市场汇率计算，我国2007年GDP现价总量约合3.383万亿美元，略高于此前的全球第三大经济体德国，后者2007年GDP总量为3.321万亿美元。国际货币基金组织驻北京首席代表维韦克·阿罗拉就公开表示，按照市场汇率，中国在2007年就已经是仅次于美国和日本的全球第三大经济体。② 据日本共同社2011年2月14日消息称，据日本内阁府发布的数据显示，2010年日本名义GDP为54742万亿美元，比中国少4044万亿美元，中国一跃成为全球第二大经济体。③

经济社会发展的业绩增强了民族的实力与信心，“十一五”期间，中国国际地位和影响力显著提高。2008年成功举办了一个弘扬民族精神、结交四海朋友的奥林匹克运动会。如今，任何中外宾客只要进入中国首都北京，都能感受到其悠久的历史且富有现代气息的都市繁华以及中华民族拼搏奋斗、不断进取的精神，恰如奥林匹克运动会的宗旨：更高、更快、更强，不断超越过去，超越自我。北京奥运会留下的标志性建筑鸟巢和水立方，也已俨然成为国内外旅客观光的景点。继2008年在北京成功举办奥运会以后，2010年在中国上海又成功举办了一场世博会，实现了中华民族的百年梦想。正如上海世博会的口号“城市，让生活更美好”一样，我们在朝着更好的生活目标，一路前行。

一、中国如何继续超越

怎样能让中国的经济社会建设体现奥林匹克精神即在更广更深的领域

---

① 新浪网新闻中心：“中国成全球第四大经济体”，http://www.sina.com.cn，2006年7月6日。

② “统计局调高2007年GDP，中国成为第三大经济体”，《南方都市报》，http://news.hexun.com/2009-01-16/113480973_1.html，2009年1月16日。

③ 新浪财经：“日本公布2010年GDP数据　被中国赶超退居世界第三”，http://www.sina.com.cn，2011年2月14日。

内，展现出更高、更快、更强的新世纪风采？如同上海世博会的“城市，让生活更美好”一样朝更美好的方向发展，从而加快实现全面建设小康社会的目标？历史对此有一个肯定性的回答。在人类发展的漫长历史岁月中，中国人的远古祖先创造了史前黄河流域文明，进入有文字记载的年代后，中国人又为全人类贡献了“四大发明”。史前和史后的事实都传达了这样一个信息：中国人用自己的创造性劳动，奉献给世界以创造性的成果，推动了人类历史前进。创新就是中国人为实现全面小康社会建设目标的答案，这是凝结着历史实践的智慧结晶。

历史长河从来就是曲折蜿蜒的。自 1840 年后，中国逐步沦为半殖民地半封建国家，中华民族的发展遭受了重大挫折。但是，中国人民从世界上第一个社会主义国家的建设中知道了马克思列宁主义，最优秀的中华儿女们建立了中国共产党。以毛泽东为代表的第一代中国共产党人掌握了马克思列宁主义的精髓，结合中国社会的实际情况，开创了以农村包围城市、武装夺取政权等一系列革命行动，发展了马克思列宁主义，建立了新中国。在建设新中国的第一个经济发展五年计划期间，人民领袖毛泽东和他的战友们用创造性的劳动，在一穷二白的祖国大地上，描绘出来最新最美的图画，为将中国从一个农业国建设为一个新的工业国奠定了基石。1960 年，中国在社会主义建设过程中遇到了一些困难，人心出现了一些浮动，毛泽东与人民一起节衣缩食，共渡难关并且强调说：“就是要安下心来，使我们可以建设我们国家现代化的工业、现代化的农业、现代化的科学文化和现代化的国防。”① 四个现代化建设的伟大目标鼓舞了全国人民的士气，为克服重重困难增添了巨大的动力。毛泽东在同一时间还高度赞扬人民群众在生产中掀起的科学技术活动，积极地推动和指导发明创造。他明确地指出：“技术革新和技术革命运动现在已经成为一个伟大的运动，急需总结经验，加强领导，及时解决运动中的问题，使运动引导到正确的、科学的、全民的轨道上去。”② 全国人民在中国共产党的领导下，团结一心，克服困难，使社会主义四个现代化建设继续前进。毛泽东思想是指导中国革命航船破浪前进的灯塔。

自 1978 年起，以邓小平为代表的第二代中国共产党领导集体提倡解放

① “中尼边界要永远和平友好”，《毛泽东文集》第八卷，人民出版社 1999 年版，第 162 页。

② “加强对技术革新和技术革命运动的领导”，《毛泽东文集》第八卷，人民出版社 1999 年版，第 152 页。

思想、打破日益僵化的计划经济体制，开创了改革开放的大好局面。邓小平领导中国人民在新的历史条件下，继续进行毛泽东提出的四个现代化的建设。邓小平理论阐明了社会主义初级阶段的矛盾、任务和前进方向，是领导人民劳动致富的纲领。“三个代表”重要思想又指导了中国社会主义经济建设取得高速发展的业绩，中国人民在2000年年末基本解决了温饱问题，数千年来一直为吃饱肚子而操劳的人们喜笑颜开。总之，中国人民在马克思列宁主义的指导下，创造性地建立了毛泽东思想、邓小平理论和“三个代表”以及科学发展观重要思想，形成了毛泽东思想和中国特色社会主义理论体系。这些创新理论是中国共产党各项政策的核心，是国家发展指导战略的精髓，是中华民族的灵魂。因为有了正确的思想理论作为指导，中国经济建设才取得了举世瞩目的成就。显而易见，未来如何不断超越自我、超越过去、继续发展，提出创新理论意义极其重大。

二、把发展中国特色社会主义理论作为指导

马克思主义认为，人类社会是经济、政治、文化形态和自然环境的有机统一体，人类文明也是由物质文明、政治文明、精神文明和生态文明有机构成的统一体。马克思主义经典作家对这样一个社会有过一些具体的描述，预言那个社会是如何为人提供能够施展创造性才能的全面机会，而不是将人的发展限制在狭小范围内。事实上，人类也通过社会实践中多方面、多层次的经验与教训，总结出物质文明、政治文明、精神文明和生态文明运行的基本规律，并且进行了各种顺应客观规律的活动，取得了伟大辉煌的成就。中国人民在现代化建设中对这“四个文明”的认识尤为深刻。一方面，在人类社会发展进程中，“四个文明”从来是互为条件、互为目的、互相促进的，这是整个人类社会文明发展的普遍规律；另一方面，政治文明和精神文明一旦形成，便具有相对独立性和历史继承性，有其自身发展的特殊性。社会主义物质文明、政治文明、精神文明和生态文明是一个紧密联系的整体，统一于社会主义现代化建设的实践中。由于各种各样的原因，很多人在理论上似乎明白，社会主义社会是一个物质文明、政治文明、精神文明和生态文明全面发展的社会。但是，在具体实践过程中，迄今为止仍有一批人尚未按照全面发展社会的应有标准去做，所以也没能够达到马克思主义经典作家所设计的那些社会全面发展的目标。

2006年1月9日，在中国的首都北京人民大会堂里，全国科学技术大会隆重召开了。这是21世纪中国举行的第一次科学技术盛会，是为国家第一流的人才提供展示才华的舞台，是研究制定现代化发展战略的场所。也就是在这一天，胡锦涛总书记在大会报告中明确指出："坚持走中国特色自主创新道路，把我国建设成为创新型国家。"这是总结了历史上曾经有过的创新观念，又提出了在21世纪要开创性地发展的阶段性任务。发展中国特色社会主义，建设创新型国家，既是一个高屋建瓴的战略目标，也是一项充满挑战的重任。胡锦涛总书记强调："用15年的时间使我国进入创新型国家行列，是一项极其繁重而艰巨的任务，也是一项极其广泛而深刻的社会变革。"① 2006—2020年是中国社会主义经济建设极为重要的历史阶段，中国人民肩负着民族复兴的历史重任，既面临着严峻的国际风云变幻局势，又面对着难得的世界和平发展机遇，只有努力奋斗，使国家的自主创新能力显著增强，取得一批在世界具有重大影响的科学技术成果，才能促进经济社会快速发展和保障国家安全，为全面建设小康社会提供强有力的支撑。发展中国特色社会主义，建设创新型国家，主要体现在以下几个方面：

（一）自主创新是基础

21世纪是一个科学技术迅速发展、发明创造不断涌现的时代。国与国之间的竞争其实是世界经济军事文化所形成的综合国力之间的竞争，而综合国力较强的国家制胜的诀窍几乎完全在于拥有自主知识产权的科技创新成果。没有自主创新，国家的发展就难以突破知识产权壁垒的限制，就难以从根本上解决自身发展和国家安全所面临的重大战略问题。自主创新是国家经济社会自主发展的基础，是把国家命运掌握在自己手里的根基，是我们中华民族生存发展须臾不可缺少的生命线。只有具备以宽广的世界眼光来判断的全面创新能力的显著增强，才能在基础科学和前沿技术研究方面胜出一筹，才能将关键技术提高和使核心竞争力加强，才能大幅度提升综合国力，形成强大的实力紧紧抓住机遇，从容应对各种挑战，奋力把中国特色社会主义事业推向前进。

---

① 胡锦涛："坚持走中国特色自主创新道路　为发展中国特色社会主义，建设创新型国家而努力奋斗"，http：//www.xinhuanet.com，2006年1月9日。

（二）富裕民众是目标

中国社会主义建设和经济体制改革的最终目标，是建立强大的社会主义经济，是开创建立一个中国历史上从没有过的全面兴盛的小康社会，也是一个惠及十几亿人口幸福安康的世界历史上没有过的国家。实现这个目标需要一段较长的时间。1960 年，在经历了一些挫折之后，毛泽东向国际友人和国内的同志们清楚地表达了自己的认识："建立强大的社会主义经济，在中国，五十年不行，会要一百年，或者更多的时间。"[①] 邓小平十多年后领导的改革开放实践证实了这个深刻的认识，并且使毛泽东的思想得到了进一步发展。20 世纪后半期中国经济建设的经验与教训表明，要实现前两代领导人集中人民意愿而概括出来的发展目标，必须通过三大转型，即从计划经济转型为市场经济；从农业社会转型为工业社会；从封闭社会转型为开放社会。每一个转型都是破旧立新，都是发展中国特色社会主义的一个步骤或阶段，是不以人的意志为转移的革命。

而在发展中国特色社会主义，建设创新型国家的过程中，中国人民既是自主创新实践的主体，也是自主创新成果的享有者和受惠者。历史转型重任在肩，只能采用中国人民伟大领袖毛泽东提出的"愚公移山"式的开拓精神来完成，要让人民群众充分参与到制订改革方案设计的过程中，吸收来自民间的创新思维和新鲜动力，清除一切阻碍建设有中国特色的社会主义市场经济体制的"左"和右的言论干扰，解放思想，鼓励创新，勇攀高峰。中国人民群众对目前的经济社会局势有喜悦也有烦恼。人民大众亲身体会到改革开放带来的幸福，用喜悦之心真诚地拥护改革开放，同时也不满意一些诸如收入差距拉大、公共服务缺位带来的不足。这些情况是以往经济建设所未遇到过的问题。因此，要用创新的思维、用探索的方式，寻找解决难题的答案。归根到底，民众的幸福感才是凝聚国家力量的真正纽带。要通过积极地改革实践，推陈出新，继续扩大对外开放，不断深化经济体制改革，将一些暴露出来的深层次问题解决好，保障好人民群众合法权益，让改革成果集体共享。

① "在扩大的中央工作会议上的讲话"，《毛泽东文集》第八卷，人民出版社 1999 年版，第 301 页。

（三）新农村建设是重点

自1978年中国共产党召开第十一届三中全会后，改革就从农村开始，不久便席卷全国至今。2011年3月，中华人民共和国第十一届全国人民代表大会第四次会议通过的“十二五”规划纲要明确规定：“在工业化、城镇化深入发展中同步推进农业现代化，完善以工促农、以城带乡长效机制，加大强农惠农力度，提高农业现代化水平和农民生活水平，建设农民幸福生活的美好家园。”发动农村广大民众，中国走出了农村包围城市、最终夺取革命胜利的创新之路；经济工作重点放在农村，大力建设新农村，中国必将建设成为社会主义的新型国家。目前，中国农业不仅承担着为世界上规模最大的国家人口提供生存的商品粮、商品油等供应，而且农业自身还承受着世界经济一体化带来的更大竞争压力。所以，要用科学发展观探索和分析问题，用适宜中国农村的新技术、新方式、新政策去引导和推动农业发展，创造绿色GDP。在建设新农村的过程中，深化经济体制改革至关重要。改革一切阻滞自主创新的不合理规定和体制，形成勇于自主创新的社会氛围，建立和完善鼓励自主创新的体制机制。为此，要着力解决农村教育的历史遗留问题和新出现的问题，培养建设新农村的人才。由于农村地域广阔，情况千差万别，工作难度很大，所以，政府要改革工作方式，推进依法行政，加快法治型、服务型、效能型的政府的建设步伐，为农民服务，推动农村工作不断向前发展。

（四）勇于参与世界市场竞争

世界商业竞争是没有硝烟的战争。要用昂扬的姿态和拼搏的精神完成自主创新，占领国际经济竞争中的制高点。与世界工业发达国家大量涌现的以专利技术为代表的高新科技水平相比，中国的科学技术总体水平还处于浅层次上，必须“真刀真枪”地面对商业性科技竞争，继续不断努力攀登，坚持有所为、有所不为。要将自主创新的成果通过企业产品制造体现出来，这样才能占据世界经济一体化的产业链的重要环节，否则就会失去活力，就会被市场无情地淘汰。对于工业发达国家倾力进行的技术发明领域，要投入一定的力量跟踪，保持能够追赶的距离。对于国家发展和安全具有重大意义的科学领域，要按照适宜国情实力特点的原则，寻求新技术突破口，集中力量攻关，不断扩大国际市场份额。中国目前大步进军国际商业市场竞争，用一些带有自主知识产权的产品，满足世界市场需求，在高科技领域内提供的产品有商业性卫星发射、造船业等，在民用生活方面制造商品如服装、玩具、小五金、旅游鞋等销量遍布全球，成为这类领域的“世界工厂”。要继续制定全新的有针对性的、操作性强的科技改革政策，通过国家管理重大项目制度和市场体系引导普通项目科技竞争，保障中国在科学技术的不同层次形成竞争优势。

中国目前经济已经具备了较为庞大的规模，同时，改革也进入攻坚阶段，真正接触到难啃的“骨头”。因此，继续保持国家宏观经济在较高经济增长、较低价格上涨区间运行，是当前和未来一个阶段国家战略的重点。要通过创造性实施宏观调控政策，使经济运行中的一些结构性问题得到进一步的改善，缓解能源、运输矛盾。发展中国特色社会主义，建设创新型国家，也要注重继承历史，创新文化，承前启后，开拓未来，在中国长达几千年的历史上不乏社会稳定人民安居乐业的历史阶段或时期。仅举大家所熟悉的唐朝盛世以及清朝的康、乾盛世为例加以说明。根据史料，中国在这两个历史盛世时期物质和精神文明的发展是较为和谐的，或者说是平衡的，因此社会稳定人民安居乐业。发展中国特色社会主义既要继承中国历史优秀经济文化传统，又要开辟一个前无古人的新天地。

三、初评“泛市场化”思潮

建设中国特色社会主义必须推陈出新。要推陈出新就必须依赖科学技术的持续发展。中国改革开放的总设计师邓小平就高度重视科学技术在经济社会建设中的作用，并提出了著名的“科学技术是第一生产力”的论断。胡锦涛总书记提出发展中国特色社会主义、建设创新型国家，也是对邓小平理论的继承与发展。按照邓小平和他的同仁们的构想，改革就是解放生产力，就是要用先进的科学技术武装各个产业部门。这个过程不是一帆风顺的，是一个清除和改造旧的生产力及其附属的落后意识形态的过程，而在中国的土地上，只有社会主义才能创造出适应中国国情的科学技术，因为在人类发展的文明历史上，社会主义首次提出了实行“生产资料公有制”和“消灭人剥削人的制度”，实施社会全体劳动者“按劳分配”的政策，这是有别于在其之前的资本主义等所有阶级统治形态的崭新的社会制度，是能够极大解放社会生产力的制度。

由于社会主义制度产生和存在的历史较短，整个体制的发育尚不充分，存在着一些难以避免的缺陷。与此同时，尽管这个新制度产生、成长不到百年，但敌对势力对新生命的围剿却始终没有停止过，特别是近十几年来，社会主义制度在世界范围内遭遇了重大曲折，围剿鼓噪之声更大。中国共产党人与时俱进地提出并付诸实践，要通过改革对处于幼年时期的社会主义社会不断加以完善，这是十分英明正确的举措。因为完善社会主义制度的改革过程，实质上就是中国解放生产力的过程，目标就是建立起一个具有中国特色的社会主义社会，使人民幸福、国家富强。

所以，我国的经济体制改革绝对不是也完全不可能以市场化为目标，那种企图用市场机制来调节一切，扩大市场机制作用范围的做法，就是一种"泛市场化"行为。所谓"泛市场化"，就是把市场交易运用于一切领域。这些年来，一些自誉精英或者带着主流经济学者桂冠的人物，利用把持着的社会舆论的话语权，在中国大肆贩卖西方经济学理论和西方国家经济运行模式，搅动泛市场化思潮。这股思潮无视中国社会的历史、现实和传统优秀文化，千方百计贬低马克思主义学说，从而误导国内的政策制定者将"改革"与"市场化"画上了等号，将所谓的"市场化运作"推向民众生活所及的各个领域，让中国社会成了一个什么都能进行交易的大市场。自然，这些违反世情的便宜没有占长久，人民政府在不断地纠错改偏，千方百计制止错误蔓延。国务院和所属部委多次颁发文件，不允许将医疗、安全等社会公益部门的组织行为宗旨擅自改变，使服务全体人民的公共产业沦落为少数营利机构的摇钱树。在世界竞争并要求显示综合国力的新时代，唯有发展中国特色社会主义，创新型国家，才能集聚起综合实力，才能克敌制胜。回顾近些年来的改革历程，值得深思的主要有如下几点：

（一）必须提倡有计划的社会主义市场经济

为了更全面地完善社会主义制度，邓小平明确指出，中国的改革不会仅局限于经济体制，还将涉及政治体制包括党和国家领导体制的改革。显然，这样的改革是一个庞大的系统工程，它不仅包括经济体制改革这样一种基础性的改革，而且，为了与社会主义市场经济体制相适应，也还必然要对社会制度的上层建筑进行相应的改革。而这种改革的目标和方向，也还是对整个社会主义制度的一种完善，而不是其他性质的"改革"。无论是党和国家的领导体制，还是科技、教育、文化、体育、医疗、卫生、环境保护、民族和宗教事务以及司法体制的改革等都是如此。如此综合性的涉及社会各个领域的全面改革，以社会主义制度的自我完善和建设社会主义和谐社会为目标，以发展生产力和实现共同富裕为方向，其改革的目的、内容和方法显然不能是单一的。总之，中国的改革不仅仅是为了建立社会主义市场经济体制，还要建设一个民主法治、公平正义、诚信友爱、充满活力、安定有序、人与自然和谐相处的社会主义和谐社会。可是，一段时期以来，中国社会出现了一些和总设计师描绘的蓝图不一样的事情，而且它们的负面影响非常严重，必须严肃认真地进行深刻反思。

对改革进行反思，是社会主义建设过程中的常有之事。这是因为在人口众多、底子很薄、各地差异很大的中国进行现代化建设是一项前无古人的事情，需要完成的任务非常繁重，所遇到的困难众多，需要解决的问题十分复杂。同时，中国所处的周边国际环境长期以来很不稳定，反华敌对势力的捣乱与破坏从来没有停止，一些严重的危机诱发因素潜藏在外部环境中。客观世界如此复杂，人们是不可能在一个短时间内全面认识清楚的，因此，改革过程中产生分歧意见、出现矛盾也是一个正常现象，出现一些失误也就在所避免。反思改革，人们通过纸质媒介、互联网络等发表各种议论，赞扬明智、抨击错误、提出建议，都是难能可贵的事情。1962 年，中国社会主义建设尚处于遭遇严重困难的危难时期，经济社会生活中出现了很多矛盾。如何从困扰中解脱出来，毛泽东同志明确指出："批评与自我批评是一种方法，是解决人民内部矛盾的方法，而且是唯一的方法。除此以外，没有别的方法。"他强调了此时党内党外实行充分的民主集中制度的重要意义。"要真正把问题敞开，让群众讲话，哪怕是骂自己的话，也要让人家讲。"他还语重心长地说："我们现在不是有许多困难吗？不依靠群众，不发动群众和干部的积极性，就不可能克服困难。但是，如果不向群众和干部说明情况，不向群众和干部交心，不让他们说出自己的意见，他们还对你感到害怕，不敢讲话，就不可能发动他们的积极性。"① 重温共和国开国领袖的教诲，特别亲切。

我国著名经济学家刘国光先生，在世界政治经济学学会评奖委员会授予其"世界马克思经济学奖"发表感言时指出："我国现在有这样一种私有化

① "在扩大的中央工作会议上的讲话"，《毛泽东文集》第 8 卷，人民出版社 1999 年版，第 291—293 页。

势力，蓄谋以弱化公有制经济，强化非公经济的手段，达到以私有制为主体代替公有制为主体的私有化目的；他们反对在市场经济的前面加上“社会主义”的定语，说什么‘市场经济就是市场经济，没有什么社会主义与资本主义的区别’，其用心是很明显的。马克思主义者和中国共产党不会让这一图谋得逞。”① 刘老对当前市场经济发展的立场是很鲜明的，他反对新自由主义或市场原教旨主义的干扰，认为社会主义市场是“有计划的”，与资本主义市场经济排除国家计划指导的“无计划性”是有本质性区别的。

（二）必须认清所谓的“主流经济学派”对改革的误导

同样不可否认的事实是，在我国若干年前的改革过程中，有一些糊涂的甚至混淆是非的观念和论调一度流行于理论界和实践中。即主张全面开放市场，完全放开物价，宣称应将土地、劳动力等生产要素完全市场化，倡导将中小型国有企业全部售卖、将大中型国有企业通过股份化的方式私有化，宣扬必须用“产权改革”理论斩断预算软约束的“父爱主义”之手等等。② 这种思潮自我标榜为出自“经济学家的良心”，实际上是歪曲了经济学说的真谛，将邓小平总设计师所设计的不断完善社会主义制度的改革蓝图，偷梁换柱地胡诌为“以市场化为取向”的改革路线。这种思潮用一串经济学术语作包装，特别是时常引述西方工业化国家流行的某类经济学流派的理论，在客观上成为那类经济学派的传声筒。由于这种思潮自诩为“精英理论”，而世人也将错就错，或者调侃式地称之为主流经济学流派。那些所谓的主流经济学流派总是企图掌握绝对话语权，将所谓的市场经济理念，任意扩展到社会各个领域，以经济人的基本假设“人都是理性的”作为逻辑起点，去观察、分析、研究和解释所有的社会现象，并在此基础上认为“钱就是万能的”，“只要有了钱，什么事情都好办”，“只要双方愿意，交易就是合理的”。有些自命不凡的精英经济学者们丝毫不顾及人民群众的抵制与反对，用华丽的学术词藻作包装，主张以经济手段去处理改革过程中出现的各种社会问题。他们大肆鼓吹“腐败不可避免论”、“高薪养廉论”、“蛋糕做大论”等等，实质上是将市场经济的功能说滥了，泛化了。

---

① 刘国光：“研究经济学要不要有正确的立场”，http：//news. ifeng. com/mainland/special/jiandang90nian/content - 2/detail_2011_06/20/7115809_0. shtml，2011 年 6 月 20 日。

② 韩德强：“为什么说主流经济学家误导了改革？评吴敬琏的一系列言论”，《第一财经日报》，2006 年 1 月 4 日。

由于那些所谓的主流经济学派的理论用经济术语作包装，极力宣扬在经济社会文化各方面的所有部门与行业内，实行以市场经济为指向的深化改革措施，由此造成了在我国社会广泛存在着的诸如“教育产业化”的泛市场化现象。无疑，试图通过泛化的市场经济改革，幻想在中国达到一个经济社会全面发展的格局，从根本上歪曲和异化了邓小平总设计师所指定的中国改革的真正目标和方向。所以，意欲将改革的总体实施仅仅放在一个市场化的经济范畴内，显然是违背了改革开放的战略大方向的。按照这种理论进行实践的结果，必然导致泛市场化的谬误行为泛滥。遗憾的是，在一段时期内，这种谬误行为的确泛滥成灾，给我国在经济社会全面发展方面带来了一定的挫折。之所以这样说，是因为中国改革的实际情况表明，那些乔装打扮了的伪善的经济学论调具有很大的迷惑性。当那种荒唐的巫术般的伪经济学理论，披着科学的外衣横行于中国大陆时，就是“泛市场化”思潮铺天盖地出现于社会各地之际。而且在此种思潮带有浓烈煽情形式的误导下，一些部门与行业在实际中的操作也以市场化为原则，注重利益交换而无视社会的真正需求。

生活常识告诉我们，任何一枚硬币都有正反两个方面，任何一项政策的实施总会存在着意外风险，或者局部风险的。可是，在相当长的一个历史时期，我国有些部门的操作者似乎并不在意这种以市场化为标示的改革的实际后果，没有按照通常的经济工作程序，去考虑执行中总是会存在的负面效益和风险。例如，它们是否能为中国多数民众普遍接受？是否能在明确的时间内使广大城乡居民的收入稳步提高、生活不断改善？操作者只是卖力地用“泛市场化”的经济理论为指导，涉及范围囊括所有的社会部门与行业的改革。显而易见，这种改革是属于激进的市场经济体制改革类型范畴的。这种不顾一切的市场化类型的激进改革不是好的改革方法，而且非常容易适得其反，弄巧成拙。如前所述，俄罗斯曾经引进实施的“休克疗法”改革，就是一种非常极端的泛市场化行为，是西方经济新自由主义经济学流派代表人物的作品，其用心是险恶的，结果是非常糟糕的。认真吸取俄罗斯的经验教训，我们认为“泛市场化”思潮及其导致的泛市场化行为，绝不能再在中国的国土上为所欲为了，中国的老百姓从根本上不希望这种泛市场化思潮及其行为的结果出现在中国的领土上。

（三）必须纠正实际上存在着的教育产业化倾向

在中国教育界，有一段时期，兴盛起一个非常赶时髦的改革思路或称指导思想，即“教育产业化”。作为教育界的旗手，北京大学就曾率先推倒南大门两边的围墙，建起一排数层楼高的店铺，开办由学校资助的各式各样的公司。还有目前存在的教育乱收费、教学质量下降等现象。普通民众和新闻媒介抨击教育产业化的言辞也相当严厉。

不过，早在2004年1月6日，时任中国教育部部长周济就在国务院新闻办公室举行的当年首场记者招待会上指出：“中国政府从来没把教育产业化作为政策，一定要坚持教育社会公益事业的属性。”2004年2月，周济又在全国教育纪检监察工作会议上指出，现阶段中国教育事业的发展要反对“教育福利化”和“教育产业化”两种倾向。他明确说“‘教育产业化’、‘学校公司化’的观念和搞‘公办新机制’、卖公办学校的做法，不符合完善社会主义市场经济体制要求，必须坚决制止”。[①] 2006年2月27日，教育部新闻发言人王旭明在教育部举行的新闻发布会上说，教育部从来都是反对教育产业化的，教育部教育发展研究中心更是提出“有违教育公益性原则”等五大观点，明确反对教育产业化。[②] 2007年10月16日，中共十七次全国代表大会举行首场记者招待会，时任教育部部长周济表示，我们坚决反对教育产业化，而且党的十七大报告也明确指出，要坚持教育公益性质，加大财政对教育的投入。周济表示，教育公平是社会公平的重要基础，要大力推进教育公平。[③] 连续几年，教育部领导针对教育产业化做了多次明确的反对表态。针对国内出现的种种教育混乱的局面，政府负责教育的最高行政主管部门做出表态，是完全有必要的。屡次表态，也从另外一个角度表明，实际存在的此类问题具有相当的严重性以及这一社会疾病的顽固性。

2011年10月13日的《信息时报》披露，申请留学成绩单盖章居然要花费上千元！相关媒体采访了解到，华南理工大学规定给前5份成绩单、学校推荐表等证明材料办理盖全章是免费的，超出部分按照中文版每份20元、

---

① 搜狐网：“反对‘教育福利化’和‘教育产业化’”，http：//learning. sohu. com/2004/03/02/24/article219262437. shtml，2004年3月2日。

② 教育部：“教育产业化会毁掉中国教育”，《厦门日报》，2006年2月28日。

③ “教育部：坚持公益性反对教育产业化 科技部：中国希望能加入空间站计划”，《西安晚报》，2007年10月17日。

英文版每份40元收费。此外，学校也不给成绩单复印件盖全章。① 早在2006年《北京晚报》就发表文章，评论此类收费事件为“教育产业化的佐证”。② 就在“教育产业化”成为过街老鼠之时，依然出现这样的事情，无疑说明，一种错误做法泛滥与否，不是个人或机构判定的，而是要用事实说话。

简而言之，在一段时期，在决定国家未来命运的教育界，在涉及当前国家基础状态的经济界，的确存在着一种“泛市场化”思潮。这种思潮是错误的，也就理所当然地会受到国家教育行政部门领导的驳斥，受到人民群众的斥责。事实上，教育对于任何国家而言，都具有极其重大的意义，也因而具有社会公益性质，根本不应该“全盘产业化”，即便产业化教育也不该“以经济效益为中心”。在后面的章节内，我们将详细剖析泛市场化思潮出现的缘由，指明此类“泛市场化”的恶疾及其触目惊心的危害作用，并且开出根治顽症的良方，以正视听，以纠偏颇，达到拨乱反正的目的。

四、“泛市场化”思潮之由来及其欺骗性

如前所述，中国的改革，在总设计师邓小平的策划下，从一开始就明确为社会主义制度的一种自我完善，改革的重要目标之一，就是建立起一个与中国现阶段国情相适应的，具有中国特色的社会主义市场经济体制。但是，在一些所谓主流经济学家和操控改革的所谓精英们的鼓噪下，却有意将这种“社会主义制度的自我完善”的各项改革，都笼统地称为“以市场化为取向”的改革。“泛市场化”改革在上述理念指导下，把“改革”与“市场化”画上了等号，从而进一步将所谓的“市场化运作”推向中国社会的各个领域，让中国社会成了一个什么都能进行交易的大市场。例如，一些在“泛市场化”思潮盛行的地方，某些改革的方式带有偏激的色彩，在经济、教育等多个领域造成了国民物质财富和精神财富的大量流失，侵犯了人民大众的利益，结果在社会上引起了不稳定现象，甚至是部分的混乱。“泛市场化”思潮鼓噪谬误，排斥国家对经济事物的管理和调控，贬之为“走计划经济的老路”，蛊惑人心地宣扬用市场经济法则处理一切事务。

① 邝凝丹：“惊讶！成绩单盖章花费上千”，《信息时报》，2011年10月13日。

② 侯江：“新闻点点评”，《北京晚报》，2006年7月12日。

在国有企业的改革中，泛市场化的论调主张实施了一些方法，诸如收购、控股、托管等等。仅从这些实际的经济活动管理工具本身来看，的确没有什么错误。可是，纵观国家一些地区的实际情况，就能感到呈现的势态令人压抑了。在一些地方，国有企业大量倒闭、破产，大批人员下岗。一些地方，“国有”的企业能卖的都卖光了，有的干脆“送光”了，国有体系几乎被瓦解了。国有资产被一些个人、小集体占为己有，一些海外的老板也大量控股国有企业，或者收购国有公司。趋利者们获得了仿佛是天上掉下来的“馅饼”。可是那些国有企业资产的真实身份却是，全体中国人民几十年节衣缩食、流血流汗才积攒下来的财富。这样的事情在中国不是发生在几个企业内，或者几个省市内，而是在一个时期内成千上万的出现，完全如同一股又一股滚滚而起、汹涌发作的夏季洪水。

在“泛市场化”思潮的鼓噪下，一些地方出现了怪现象，似乎哪里的国有企业卖得干净，哪里的改革才能称为“到位”，主管人员才有“政绩”。面对这种极端市场化的潮流，一心追求强国富民的各界人士，完全有权利质疑这种市场经济体制改革的实际效果，怀疑将市场经济手段视为一切生产行为主体的做法的正确性。将市场经济手段说成中国改革最高明的方式，排斥别的经济调节方式，可以在学术层面称之为市场主体论调。目前，面对泛化的市场经济行为带来的问题，的确需要认真地思考。难道可以断定中国现在已经具备了处处市场化的社会和经济条件了吗？难道中国将长时间处于社会主义初级阶段的战略分析过时了吗？倘若是这样，为什么在一段时期中，国家努力推进的全面市场化受到基层老百姓的普遍质疑和抵触？如果回答是否定的，那么国家的主人，广大的民众有权追问，为什么明明知道这条路现在还走不通，却偏要铤而走险呢？那些泛市场化的说教，究竟要把中国引向哪里去？直到今日那些不能称为科学的论调还在扩散，试图鱼目混珠，误导甚至欺骗民众，破坏国家与人民的根本利益。

中国“十二五”规划纲要勾画了未来的发展蓝图。这个纲要指出，“十二五”时期，国际国内情况将继续发生深刻变化，我国经济社会发展呈现阶段性特征。综合判断国际国内形势，我国发展仍处于可以大有作为的重要战略机遇期，既面临难得的历史机遇，也面对诸多可以预见和难以预见的风险挑战。因此全国各族人民要一起共同努力，有效化解各种矛盾，更加奋发有为地推进我国改革开放和社会主义现代化建设。要按照以胡锦涛为核心的第四代中共中央领导集体提出的重大战略思想，即树立科学发展观、构建社会主义和谐社会，全面建设小康社会。要以科学发展观为主题，以加快转变经济发展方式为主线，深化改革开放，保障和改善民生，巩固和扩大应对国际金融危机冲击成果，促进经济长期平稳较快发展和社会和谐稳定，为全面建成小康社会打下具有决定性意义的基础。要通过五年的艰苦奋斗，使经济平稳较快发展；结构调整取得重大进展；科技教育水平明显提升；资源节约环境保护成效显著；人民生活持续改善；社会建设明显加强；改革开放不断深化。[①] 已经成为历史的经验和教训表明，不鄙视、不批判错误思潮，就不能贯彻落实“十二五”规划纲要。维护安定团结的大局，不等于不清除错误论调。实际上，在建立中国社会主义市场经济体制的改革中，大多数人是用种种方式抵制了泛市场化的说教。房子打扫干净了，住在里面才会舒服。

当然，的确也有些人不能辨别真假。究其原因，主要是自身学习不够、认识不清，视野不开阔。不过也不排除，有的人信奉金钱拜物教，总想钻入市场，投机取巧，攫取不义之财。无论哪一种人，特别是遇事总求赵公明元帅的人，都不能一棍子打死。因为说到底，市场机制并不是万能的，本身就有先天缺陷，需要政府依据民生需要进行调节。即使是在市场经济最发达最成熟的美国，目前大学里正在使用的最流行的经济学教科书《经济学：原则、问题和政策》，也在第 30 章“政府和市场失灵：公共产品、外部效应和信息问题”中专门讲述市场机制的三个明显的缺陷。[②] 这个机制先天带来的遗传疾病客观存在，限制了人们的思想与行动，也就意味着，对于置身错误潮流的人，评价时要考虑客观限制因素。更重要的是，“市场失灵”明确无误地告诉世人，改革绝不能完全依赖市场。泛市场化言行休矣！

毫无疑义，目前首先要认真总结改革开放以来的经验教训，对前一个时期出现的“泛市场化”思潮进行深度分析，从思想上和理论上认清它的谬误，因为这个泛市场化思潮已经给整个国家和民族带来了具有灾难性的危害。这个认识不是危言耸听，而是有的放矢。若干年前，当中国上上下下还沉浸在市场经济改革全面推进的大好形势的亢奋的精神状态之中时，笔者凭着自己的经济学知识积累和对国家社会与民情的敏锐体察，以网名在《人

① 新华社：“中华人民共和国国民经济和社会发展第十二个五年规划纲要”，http：//www.xinhuanet.com，2011 年 3 月 16 日。

② McConnell, Campbell R. & Brul, Stanley L., Chapter Thirty, Govermnnent and Market Failure: Public Goods, Externalities, and Information Problems, *Economics: Principles, Problem, and Policies*, Fifth Edition, Irwin McGraw - Hill, Inc. 2001, WI, New York, U.S.A.

民日报》网站的“强国论坛”栏目上大声呼唤，必须警惕“泛市场化”理论和行为给国家和民族带来的危害。笔者提出了市场经济不能救中国的非主流经济学派的观点，呼吁国民必须反思改革，及时果断地调整改革的目标。时至今日，我们更加深刻地认识到，在为实现“十二五”经济社会发展规划纲要目标继续奋斗的过程中，清理“泛市场化”思潮显得尤为重要。因为没有对过去改革经验教训的深刻认识，更确切一些说，不对谬论进行分析批判，就很难树立正确的市场观。

总之，回望这些年的中国发展进程，涵盖社会、政治、经济、文化等几乎所有领域，都发生着新旧观念的更替。但是，深化改革不能迷失强国富民的大方向，不能将市场经济错误地理解为市场社会，那实际上是要不得的“泛市场化”错误思想。更不能被允许的做法是，在改革开放政策的具体操作过程中，将市场化、资本化、利润化升格为全社会追逐的目标。

中国人民通过勤奋劳动，摆脱贫困，进入小康，所追求的是生活工作的所有方面全面繁荣，是为了整个民族的伟大复兴，因此，民众追求财富不等于全社会“一切向钱看”。让一部分人先富起来的目的是最终达到全体人民共同富裕，不是贫富差距扩大。我们不禁要问：“为什么我们在实行‘让一部分人先富起来’的同时，长时间地不能解决先富带动后富、实现共同富裕呢?”这是因为，“在中国，成功地完成一部分人先富起来的任务所花的时间极短，而先富带后富、实现共同富裕的任务却仍未完成。一些为财富、为资本辩护的精英们常常以分配问题复杂为借口，预言需要等待很长的时间才能解决分配公平的问题，要大家忍耐再忍耐，这是奇怪的逻辑”。[①] 一些时髦的改革论调，推销的却是泛滥的市场化谬论，结果是破坏了人民大众期望的和谐社会氛围。在中国上下贯彻《“十二五”经济社会发展规划纲要》之际，应该用科学发展观，反思改革过程，批驳错误思潮，提出协调社会各个阶层和方面的经济理论，这是发展中国特色社会主义，建立创新型国家必须要做的事情。

① 刘国光：“共同富裕推进艰难的原因和对策”，《中国社会科学报》，2011年7月15日。

第二节　"泛市场化"思潮谬误批判

发展中国特色社会主义，建立一个创新型国家，增强综合国力，必定要涉及国家事务的各个方面，需要调动各个方面的积极因素。换句话说，要使用多种理论进行建设引导和操作管理，绝不能只采用一种方式与理论。按照马克思主义的基本原理，不仅国家经济发展具有客观规律，人们需要采用适宜这个规律的方法行事，在规律允许的范围内发挥主观能动性。其他各个社会领域，同样具有各自的社会价值理念和自身的发展规律，人们行事也要有相对应的理论来规范。中国历史故事中的"乔太守乱点鸳鸯谱"的事情，是现代社会所不允许的。市场经济理论与手段的应用只是一个方面，不能代替所有的、需要采用的理论和方法。

一、公共服务领域不能奉行交易原则

不可否认，建立一个与中国现阶段国情相适应的具有中国特色的社会主义市场经济体制，无疑是改革的重要目标之一。《中华人民共和国宪法》(2004 年 3 月 14 日第十届全国人民代表大会第二次会议通过的修改版本)第十五条中明确规定"国家实行社会主义市场经济"，这是在经历了"以计划经济为主，市场经济为辅"和"实行有计划的商品经济"等改革探索之后，与国家国情相一致的改革指导方针。基于对改革前我国社会经济发展理论和实践的认真反思之后，这条改革道路以宪法的形式确定下来。在过去那种长期实行的单一计划经济体制下，人们对市场信息的判读容易受到主观认识局限的影响，而市场活动则容易被人们狭隘的主观意志所支配，如此违反了市场规律就必然导致市场被扭曲，市场规律难以正常发挥客观作用。为了将这种不正常的被扭曲的经济体制改变过来，就有必要科学地认识和尊重市场规律，真正按客观规律办事，让市场在资源配置上发挥基础性作用，让各种生产要素通过市场能够流动起来，以优化资源配置，降低交易成本，从而提高整个经济体系的运行效率，所以，改革是绝对必要的。

可是泛市场化改革思潮的兴起，将唯利是图和资本收益最大化作为调节人与人各项社会关系的唯一原则，扰乱了人们对国情的理性分析和科学思考活动。一些地方实际进行的市场化改革，表现出浓烈的削减国有经济比例和明显的加强私有化份额的味道。许多国有企业被廉价出售，以致国有资产大量流失，如此做法不加纠正或制止，任其拍卖下去，国家政权的统治基础将有被严重侵蚀甚至颠覆的隐藏危机。长期的社会主义建设实践也清楚地表明，在中国共产党和人民国家的领导体制、政府机构、思想理论、司法、军事、民族和宗教事务等领域，深入进行的改革是根本不能完全“以市场化为取向”的，那些部门是完全容不得任何私有化倾向的。在科技、教育、文化、体育、医疗、卫生、环保等领域进行的改革，也不能完全“以市场化为取向”而全盘私有化。同样，对社会上已经存在的大量的非营利组织和非政府组织的改革，也要排除“以市场化为取向”的全盘私有化倾向，因为那样做就等于放任自流，结果只会削弱共产党的执政力量，使既得利益集团的所谓权益过度膨胀，危害人民大众的根本利益。

事实上即便是在经济领域，为了国家安全和社会公众利益，也必然会有一些公共资源和公共产品是不可能或不允许通过市场进行交易的，更不用说私有化了。上述美国大学通行的经济学教材就明确指出：“政府掌控生产国防军备这样的公共产品的物资或者资金。”① 难道中国可以将国防工业市场化、私有化吗？答案是绝对否定的，而且世界各国也都大抵如此。再者，真正的市场经济也必然需要有一个市场主体地位平等、市场规则公开与透明、交易过程规范和有序、市场管理公平和法治的市场环境，那些有关国计民生的关键产业（如国防工业）的私有化，结果就是亡国灭种。因此，所谓的完全自由的“市场化”的私有经济体制，在当代人类社会根本就不可能存在。继续深入推进经济体制改革，绝不允许“以偏概全”，将“社会主义制度自我完善”的改革歪曲成为“市场化改革”。如此误导，与其说是幼稚，不如说是别有用心。

二、“泛市场化”论调的偏激负效益

在我国现实生活中，一方面是市场化程度不够，一些该由市场调节的还

① McConnell, Campbell R. & Brul, Stanley L., Chapter Thirty, Governmnent and Market Failure: Public Goods, Externalities, and Information Problems, *Economics: Principles, Problem, and Policies*, Fifth Edition, Irwin McGRAW - Hill, Inc. 2001, WI New York, U. S. A. p. 622.

没有交给市场；另一方面也的确存在很多使泛市场化现象能够得逞的空子。一个典型的例子就是“高薪养廉”论调。与市场经济制度建立时间较长的国家相比，中国政府机关公务员的工资相对较低。从常理上讲，公务员应该有与自己地位和贡献相称的工资，他们的辛勤劳动理应得到合理的报酬，而且报酬也应该随着经济的发展而有所增加，但这并不等于高薪养廉。高薪养廉实际上是一种市场交易原则，即用高价去购买廉洁为公的行为。把市场交易原则运用于政治领域，是不可取的。廉政作为一种高尚行为不能进入市场交易，也不是用钱就能买来的。政治生活中不能通行市场原则，应该讲政治、讲责任、讲道德，而不是讲金钱。无可否认，“泛市场化”思潮已经给我们的国家和民族带来了无法弥补的灾难。在改革进行的过程中，那些“泛市场化”论调的出发点完全偏离了国家与民族的利益方向，部分地区曾一度出现的经济社会混乱，实际就是由它们的谬误所致。

例如，有些地方出现了将“经济市场化”理解为“全社会经济化”、“全社会市场化”的错误倾向。于是，“国退民进”、“医疗体制市场化”、“教育产业化”、“安全生产市场化”等等论调不绝于耳。不仅搅乱了一些平民百姓的思想，也扰乱了某些政府行政主管的思维。怪诞离奇的事情接二连三地发生，市场经济被扭曲为“市场文化”（万众追星的低俗娱乐）、“市场教育”（高价择校的等级化招生）、“市场科技”（抱怨造导弹不如卖鸡蛋的浮躁心态）、“市场福利”（唯利是图的有偿服务）、“市场政治”（权钱交易的跑官卖官腐败），直至“市场国防”（一些部队追求效益的经商风潮）。总之，似乎一切行为都可以折成钱来计算，而且一些贪婪的投机者还真的交易得逞了。

需要反思与纠正的是，有些人甚至将市场化理解成了全社会私有化，理解成了政府甩包袱。在“市场化运作”的幌子下，一些地方政府职能部门放弃了本来所应当承担的许多责任，且不说市场上充斥着“假冒伪劣”产品和“坑蒙拐骗”的行为，就连一些公立的学校、医院和从事公益事业的单位都理直气壮地开始进行“市场化改革”，为了“钱”和“利益”，进行“市场化运作”。更令群众寒心的是，一些政府机关也想方设法利用手中的权力作为“资本”，换取性质上偏向于或符合于小集团的利益。在不少地方和单位公共资源的分配都被通过“市场化运作”转换成各自的利益。“权力资本化”和“等价交换”的市场法则在官场也公然大行其道，买官跑官案件接踵发生，贪污公款事件也是屡屡发生。

广大人民的根本利益就这样在“市场化”的泛滥中决堤溃毁了，一些地方的基层民众，特别是农民，连温饱、受教育、安全健康这些最基本的权利都难以得到保证。在泛市场化的思潮影响下，中国的社会，民族的文化，人民大众统统被推向了市场，一切都成了商品，包括“处女”、“处女膜”。尤其是在教育、医疗、安全等领域的市场化论调和行为，使得中国社会最广大的群体深受其害。近年来教育乱收费现象一直是媒体和公众谈论的焦点话题，教育收费凭空要价，教育部屡禁不止。令人吃惊的是，就连自古以来以风雅清高著称的“硕士和博士学位”、做人的灵魂——“良知”，都能进行“买卖”。有些医疗行业高收费、医生兼职创利，甚至疫苗接种也任由中介机构操办牟利，还有的地方将安全环保质量等监管职能，也转交给以营利为目的的非政府中介机构操作。常见的其他危害还有，问题奶粉、苏丹红、煤矿爆炸、环境污染、食品中毒、地沟油、瘦肉精、假冒伪劣产品等等，似乎层出不穷。这些本该属政府直管的社会公共利益和基本保障问题，最终都成了老百姓切身利益的危害、生命安全的杀手。

还有更令人担忧的是，在泛市场化的过程中，一些地方的经济转型步伐过于唐突，大量城镇企业职工和乡村农民在没有其他替代措施保障的情况下，失去了原先拥有的许多社会福利，包括城镇职工的劳保、退休待遇，乡村农民在公社时期的劳动补助。某些地方企业快速推行的“买断工龄”措施造成了无数的下岗工人，加之下岗职工的家属受到的影响，由此影响的人数非常之庞大，这使得原本就极为突出的就业问题更加恶化，由此形成了潜在的、破坏力极大的下岗失业大军。而且由于城市中企业倒闭，就业机会减少，使得农村中大批过剩劳动力进城寻找的就业机会也减少了，这也成为另一个严峻的事实。中国自秦汉以来2000多年的历史，除了外族入侵，国家遭遇天下大乱的原因只有一个，就是土地兼并导致大量农民失去耕田，无业可就，流离失所，导致揭竿而起。20世纪90年代，俄罗斯实行了一种所谓的激进改革路线，让经济活动休克，职工没有工作，结果社会一片混乱。很多国际人士都讲，俄罗斯经济社会发展的历史进程由此倒退了50年。中国30多年的改革经验更是清楚地显示，稳定是改革的基础。人心齐，泰山移；人心乱，天下战。邓小平明确地指出：“我们要实现工业、农业、国防和科技现代化，但在四个现代化前面要有‘社会主义’四个字，叫‘社会主义四个现代化'。"[①] 所以"泛市场化"思潮浊浪掀起，所误导的改革进程显然是十分激进的，冲击了社会发展必须稳定这个基本的原则性前提，干扰了社会主义国家的正常秩序，因而也是非常具有破坏性的。正好印证了中国的一句老话，"司马昭之心路人皆知"。

显然，"泛市场化"论调掀起的浊浪，导致一些政策与做法十分激进，危害了中国发展大船的稳定航行。使得改革开放总设计师邓小平所期望的稳定压倒一切的局势患上了危机失衡的隐藏病症，加之贫富差距加大，公共部门看重盈利而轻视服务，于是，诱发而起的群众性社会冲突事件时有发生，危及国家制度安全。然而，中国共产党是经历了无数次艰难困苦考验的政党，中华民族也是充满智慧的民族。正如邓小平讲到的："我还要说，我们社会主义的国家机器是强有力的。一旦发现偏离社会主义方向的情况，国家机器就会出面干预，把它纠正过来。"中国改革在总体上持续稳步地发展，一个关键之处是，党和人民实际上也在用不同方式，抵制"泛市场化"思潮的恶浪，国家在基本层面上实施了稳健的改革路线。改革渐渐地深入社会，改变不利于提升综合国力的陈规陋俗，使一个有十几亿人口的大国稳步前进。

中国"十一五"期间的辉煌业绩既富强了自己，也造福了人类。由于中国的"十二五"时期是全面建设小康社会的关键时期，中华民族需要应对更加复杂多变的国内外形势，必须牢牢抓住难得的历史机遇，迎接挑战，所以，一定要总结过去的经验教训。毛泽东曾在中国解放战争取得三大战役胜利后的历史转折点，顶住了国内外各种要求以长江为界、南北分割中国的错误主张与敌对压力，指挥百万大军突破国民党军队的长江封锁线，让红旗从长白山一直飘到天涯海角。他老人家还书写了充满激情的战略性的诗篇：《七律·喜闻人民解放军占领南京》。为了落实"十二五"国民经济和社会发展规划纲要，为了保持稳定持续发展的经济社会局面，为了实现中华民族的伟大复兴，必须在理论思想领域内，坚决批判"泛市场化"思潮，清除其所造成的严重危害，修正带有泛化色彩的激进改革政策和做法。唯此，才能将"十二五"规划蓝图变成现实。

---

① "改革是中国发展生产力的必由之路"，《邓小平文选》第三卷，人民出版社 1993 年版，第 138—139 页。

第三节 拨乱反正凝炼新经济观

中国改革开放的实践清楚地告诉人们，在一个人口众多、区域条件差异很大的国度内，单纯依赖经济学分析是不可能把握现代社会复杂性的。换言之，单纯的市场化不一定能解决现代社会所有的问题。那些生搬硬套西方经济理论的做法，那些试图以此而影响甚至操作改革进程的论调，所推出来的东西只能是一些贴着深化改革的标签而实际激进的方式，最后的结果往往是搅乱了中国社会的和谐氛围。历经了种种曲折磨炼的中国共产党人，其洞察能力不断增强，在经过对30多年改革开放的总结反思后，中国共产党以胡锦涛同志为总书记的领导集体，以对历史和人民负责的大无畏精神，坚持以人为本，科学发展，构建和谐社会的执政理念。曾经风靡一时的教育产业化、医疗市场化等"泛市场化"论调也被叫停，国家安全环保质量等监管职能也逐步回归到了政府体系，中国第十一届全国人民代表大会第四次会议通过的各项文件就是最好的证明。那些趁着错误思潮泛滥而疯狂侵吞国有资产的利欲熏心者，混迹于党政部门的利令智昏者，他们的违法腐败行为正在受到法律的制裁。这些举措顺民意，得民心，安社稷，为发展中国特色社会主义，建设创新型国家奠定了基础。为了拨乱反正，更加深刻地理解建设创新国家的意义，用新的经济观念指导21世纪的社会主义建设，需要明确地建立或遵循以下发展理念：

一、提升国家参与国际竞争的创新能力

发展中国特色社会主义，建设创新型国家是中国历史的必然。在贯彻"十二五"国民经济与社会发展规划纲要之际，人们欣喜地看到，中国当前领导集体的执政理念充满务实与慧智的光辉，它们同共和国的创始人毛泽东及其战友们的执政理念具有高度的继承性。1949年，新中国即将成立之际，美国人艾奇逊以一个大学教授讲述无聊课本的姿态胡诌中国近代史，说共产党领导的人民政府解决不了众多人口的"吃饭问题"。毛泽东批驳了艾奇逊的唯心历史观："在共产党领导下，只要有了人，什么人间奇迹也可以造出

来。我们是艾奇逊反革命理论的驳斥者，我们相信革命能改变一切，一个人口众多、物产丰盛、生活优裕、文化昌盛的新中国，不要很久就可以到来，一切悲观论调是完全没有根据的。”①

新中国成立后第一个五年计划的执行结果证明，毛泽东和他的战友们的确带领人民初步改变了旧国家“一穷二白”的落后面貌。当前中国共产党以胡锦涛同志为总书记的中央领导集体，在国家建设第十一个五年计划期间，正带领人民建设一个全民族共同富裕，人民丰衣足食的社会主义社会。2010 年全国城镇居民人均可支配收入达到 19109 元，比 2005 年的 10493 元增长 82.1%，扣除价格因素，实际增长 59.0%，年均实际增长 9.7%。② 农村居民人均纯收入由 2005 年的 3255 元提高到 2010 年的 5919 元，增加 2664 元，名义增长 81.8%，年均增长 12.7%；扣除价格因素后，实际年均增长 8.9%。③ 城镇基本养老保险覆盖人数，“十一五”规划目标为 2.23 亿人，实现 5.1% 的年均增长，而“十一五”规划实际执行结果为 2.57 亿人，超额完成计划指标，年均增长高达 8.1%。④ 无需多言，中国共产党几代领导人的执政理念在本质上是一致的，即共同为人民幸福富裕而不懈努力。

实际情况表明，现阶段的中国一方面是欣欣向荣，另一方面也的确到了一个十分关键的历史时期。国家必须根据国际局势的变化和国内社会经济的现实，重新规划战略布局，否则将会失去一个千载难逢的历史机遇。这并不是无病呻吟，而是中国的全球战略问题事关重大，不可小觑。中国已经完成了初步工业化，在某些领域的发展速度非常惊人，并且正在逐渐形成成为一个世界强国的潜在实力。世界历史反复证明，一个新兴国家的壮大，往往意味着前一代霸权主导地位国家的没落。但中国从自己社会主义国家的实际地位出发，一再反复声明，并且更重要的是用自己的实际行动证明，中国走的是一条和平发展的道路，永远不会称霸。

但是，世界市场空间是有限的，要当世界霸主的国家绝不允许中国的逐渐强大，那些国家的一小部分人一定要拼命遏制中国，并鼓吹中国崛起威胁

① “唯心历史观的破产”，《毛泽东选集》第 4 卷，人民出版社 1968 年版，第 1389—1401 页。

② 统计局网站：“‘十一五’：全国城镇居民收支持续增长，生活质量显著改善”，http://finance.jrj.com.cn/2011/03/0710479375644.shtml，2011 年 3 月 7 日。

③ 统计局网站：“‘十一五’成就：农村居民收入增速加快，生活水平显著提高”，http://finance.eastmoney.com/news/1350，20110307123096695.html，2011 年 3 月 7 日。

④ 新华社：“中华人民共和国国民经济和社会发展第十二个五年规划纲要”，2011 年 3 月 16 日。

论。所以，中国必须要有属于自己的全球战略布局，而这个战略布局的要点或者说价值取向就是国家利益的最大化。在这个问题上，应当有一个新时期的国家主义战略，一旦有了正确的国家主义战略，分步实施，中国将在50年内成长为一个具有国际竞争力的发达国家，完成中华民族伟大的历史复兴大业。所以，当前的重要工作就是要在彻底批判“泛市场化”论调的基础上，重新坚持具有中国特色的社会主义社会，提升国家的创新能力，以更雄厚和更有冲击势能的综合国力，在21世纪的国际舞台展现一个复兴民族的雄姿。可喜的是，中国“十二五”规划纲要内已经显示出了一些新思想指导下的政策，是以胡锦涛为核心的党中央领导集体集中全国人民智慧的结晶，它们既充满了协调发展的哲理，又保持着旺盛的发展中国特色社会主义的思路，较之以前的五年计划更加完善，通过在建设实践中的补充，一定会引导国家经济发展进入一个新天地。

二、把握社会主义市场经济体制改革正确方向

创新型国家的基础依然是雄厚的经济实力，要紧紧抓住经济发展这个第一要务不动摇，突出践行科学技术是第一生产力的英明论断，生产高技术和高附加值产品，参与国际经济竞争，在国际商品市场占有一席之地。美国是当今世界经济实力最雄厚的国家，生产高科技产品，通过国际贸易获利。“1965年，出口和进口贸易带来的价值在GDP的份额内仅占4%—5%，到了1998年，这个比例上升到12%—14%。”① 美国出口产品主要是飞机、计算机、汽车、化学产品、机械产品等，大部分农产品也销往国际市场。外贸获利使美国得到了很大的好处，而强大的经济实力则是建立霸权和企图谋求一个单极世界的最雄厚的资本。中国奉行和平发展原则，维护世界和平，完成这个历史使命没有坚实雄厚的经济力量，根本就是一句空话。所以，走自主创新之路，树立能享誉全球的商业名牌产品，才能实现发展中国特色社会主义，建设创新型国家的战略目标。

中国实施创新型国家的战略发展计划，是社会主义国家初级阶段的具体

① McConnell, Campbell R., Brul, Stanley L., Chapter six, The United States in the Global Economy, *Economics: Principles, Problem, and Policies*, Fifth Edition, Irwin McGRAW - Hill, Inc. 2001, WI New York, U.S.A. pp.102 - 103.

国情。国家经济建设在曲折的道路上前进着，在马克思科学社会主义理论指导下，通过不断地总结和反思，一些不能产生经济高效益的方法被先后摒弃了，主要是高度集中的计划经济体制、单一公有制、单一按劳分配等，这些制度和政策过去曾作为社会主义的性质标志。一个新事物的出现总是从否定旧事物开始的，自然，否定的过程是痛苦的，所以，一些人在否定中弄不清楚，究竟什么是社会主义？社会主义和资本主义的区别又在哪里？什么是社会主义的真谛？这些问题长时间内成了人们挥之不去的困扰。从马克思科学社会主义理论来看，计划经济、按劳分配和公有制确实是社会主义的基本特征，但这些特征是高度理论的、抽象的。社会现实中，在生产力水平不发达基础上进行社会主义实践，经验和教训告诉人们，必须要对这些高度抽象的特征进行部分修正。例如，计划只能以市场经济为基础，实行有计划的商品经济；公有制只能是主体，并与其他多种经济共同发展；按劳分配与其他多种分配方式并存。改革取得的业绩证明，这样做无疑是明智的。

中国人建立社会主义市场经济国家，就是寻求与世界经济接轨，这是实现各族人民共同富强的必然选择。美国等工业化国家从国际贸易、国际交流中获利的经典，的确是值得学习与借鉴的事例。但是，中国有自己初级阶段的国情，有自己的社会主义奋斗目标。中国建立社会主义市场经济体制，绝不是指整个国家机械地市场化，一个先进政党的社会责任决不能被“泛市场化”的潮流席卷一空。就市场经济理论本身而言，在某些方面的实质性表述也是纯技术的、具有很大局限性的，不能涵盖一切社会事物。所以，对“泛市场化”思潮应当批判，在破除错误说法之后，正确的理论才能发展起来。社会主义市场经济的目标是，国家繁荣昌盛，人民富足安康，是为了让老百姓拥有更好的权益保障，让全体中国人生活在一个安全美好的国度内。而泛市场化言行是对市场经济的误解，是对市场化改革的歪曲，最终会葬送市场经济改革。如果认为市场原则无所不能，一切都要市场化，就会后患无穷。真理再向前多跨一步就是谬误，把市场化变为泛市场化，就是迈出谬误的一步。

为了更深刻地理解创新型国家理论，必须在深层次上对泛市场化进行剖析和批判，这必然会涉及一些抽象的概念。这种理解上的困难其实也是泛市场化论调造成的。因为，在中国引入市场经济理论后，一些鼓噪之声抛出来的口号就带着迷惑人的抽象西方经济学术语，甚至是带有市场原教旨主义色彩的说法。这样的称谓在理论方面似乎抽象一些，可能社会上相当数量的民众在理解方面会有困难。在社会意识形态领域内，情况时常就是如此，因为它是经济现实的抽象。现实中的泛市场化情调宣泄强烈，具体指向明显，可是其表象后面所隐藏的却是西方经济学流派中的一些陈旧观念。不过中国当前社会中存在着的收入差距拉大、公共服务缺失等现实情况，完全可以解释什么是正确的、什么是错误的，可以揭穿一些貌似玄妙的西方经济学理论的表象实质。人民群众也能够由此思考存在于事物表象后面的理论观点，并且逐步涉及深层次的理论问题。非常重要的一点是，在认清了泛市场论调鼓吹经济发展的真相后，这股思潮的阴暗面就会暴露无遗，而人民群众也就自然会挣脱狭隘私利的羁绊，更加强烈地转向追求社会全体成员的共同利益，这也是建设现代化社会主义国家的大前提。

三、维护社会的共同利益

如何发展有中国特色的社会主义市场经济？国内外仁人志士对此的建议很多，但公认的核心问题是如何进行社会变革或社会重建。这里就此有两点思考，必须予以明确指出。第一，市场经济不等同于市场社会。法国前总理若斯潘有句名言："要市场经济，不要市场社会"。市场经济是一种有效配置资源的经济体制，但市场经济的原则不能渗透和支配全部的社会生活。近些年来一些领域的改革频频出错，甚至出现重大危害，如医疗市场化改革和教育产业化改革，就与"泛市场化"的理念有着直接的关系。第二，社会主义市场经济需要建立在一个以公有制和按劳分配为原则的社会基础上。现代社会学理论告诉我们，任何经济制度都是嵌入于社会基础之中的，没有一个好的社会，即使有完善的市场经济，也很难正常运作。中国所要建立的社会主义市场经济必须杜绝剥削。当然合理的资本收益是要受到法律保护和社会尊重的，让全社会成员都能享受社会发展的利益，即通常所说的共同利益。

共同利益其实就是国家利益，而且只有创新型国家才能维护和发展这种国家利益，这也是社会主义的真谛。中国著名的政治经济学者何新于2000年前后所提倡的新国家主义，以及他在2009年提出的新社会主义，都是对马克思主义科学社会主义学说的不断继承和发展，其中有一些观点颇具洞察力，对于重新创建具有中国特色的社会主义社会有着非常现实的指导意义。他说，"从根本上思考，中国走得通的未来道路既不是民族主义、保守主义、国家主义，也绝对不可能是自由主义。通向社会和谐未来只有一条路，那就是新社会主义。”① 事实上，如果从共同利益出发，反过来看公有制、计划经济和按劳分配，人们就会对马克思社会主义的设想有更深刻的理解。因此，把握住共同利益就把握住了社会主义；把握住共同利益，就可以把握所有制关系及结构、分配关系及结构的调整，做到既不脱离实际，又不迷失方向；既不落后于时代，又不超越阶段。

四、优秀民族文化是经济建设的灵魂

中国改革开放引入了大量的在西方工业化国家实行的市场经济理论，这些经济理论一方面有其独到的普遍性和全球性的优势。“市场经济”理论中的先进理念应当继续发扬光大，在这个理论体系指导下的工业化国家发展得很快，可是总还不至于穷尽人类所有的思想理论。同时，另一方面，这个理论也的确有明显的倾向性。换句话说，有些观念和由此而引申出来的政策，是在一定的社会环境中，为某些利益集团或者统治阶级服务的，在国际市场中是为工业化强国获得超额利润服务的。中国依据自己的实际情况，通过实践、摸索、总结出一些原则，初步建立了社会主义市场经济理论。如今，人们已经在很多方面达成共识，中国社会主义市场经济理论是对马克思主义的发展。自然，这些有特色的鲜明的市场经济理论还有很多不完善的地方，还需要更为谨慎地再斟酌，增添或删减。特别是观察问题的目光不能单纯地局限于狭隘的经济领域，要站在建立人类社会最先进社会制度的立场上，为国内各族人民谋求更多的福祉。为此，就要从中国的实际出发，而不能机械地引用仅从理论或技术角度讲没有纰漏的一些市场经济理论，那样的做法实际上是忽略了“国情不同”这个关键性要素，将中国的物质文明建设搁置于一个不存在的沙滩之上。

从中国国情出发，以中国政治、经济、文化和历史的传统为参照，我们认为在反思经济体制改革的同时，必须对以下几点加以说明。其一，单纯以GNP为指标衡量社会的发展程度，以人均GDP来考核人民的生活水平，脱离了中国人多资源相对少的国情，脱离了自古以来形成的量入而出的文化传

① 何新：“用新社会主义取代新国家主义”，http：//www. caogen. com/blog/Infor_ detail. aspx? articleId = 13709，2009年4月7日。

统和民族习惯，鼓励所谓的超前消费、信贷消费等，而结果却不能达到策划者的设定目标。其二，过度强调经济效益而从根本上忽视了社会公平，由此导致了社会财富分配不公、两极分化的后果，人民大众求富的宿愿不能得到满足，逐渐累积起了在不同程度上的不满。其三，虽然正确的认定物质文明的发达是社会进步的基础，也口口声声地强调精神文明的作用，可是在实际中却没有更好地弘扬中华民族的优秀文化，致使年轻人轻视自己民族流传下来的丰富多彩的文化遗产，丢失了建设精神文明的主动权，结果是部分人由此丧失了民族自信心和自豪感。

当前中国经济社会发展的战略目标和途径必须重新加以调整。国家需要不断发展，生活还要继续，生命也要延续。发展经济的目的是为了人们的福祉，也是毛泽东思想中的精髓所在——为人民服务。要摆正物质文明建设和精神文明建设的位置，物质文明是社会主义经济建设的基础，精神文明是社会主义向前迈进的方向，两者的相互促进，才能达到实现全面建设小康社会的目标。当前，大众对泛市场经济思潮导致的种种消极现象的广泛存在感到迷惑不解，甚至强烈不满。同时，学界人士也对这些消极现象产生的原因做出了不同层面的解读，这些都是十分正常的。因为对一些问题，已经可以看到建设性的成果了。面对现实中的那些更深层次的问题，需要继续深刻理解社会主义市场经济理论，因为这样做具有更加基础性的意义。除了对于关系改革整体路线上的争议应该进行政治层面上大是大非的辩论外，对于改革中的许多具体问题，包括一些改革措施是否存在向个别利益集团倾斜的偏向，或者说某些口号是否正确，要认真地摆事实讲道理。这样严肃认真的做法，可以为建设民主法治、公平正义、充满活力，安定有序、人与自然和谐相处的国家作出一些应有的贡献。

对于国内社会经济的发展，需要建立推进创新型国家的系统理论，要抓住经济建设这个中心不动摇。从全球战略角度看，应当夯实经济基础，突出高技术手段支持下的国防建设的重要意义，强敌在外，国家不统一，社会主义现代化就无法实现。要以调整国家经济社会的平衡发展为依据，以营造最充分的就业环境为方向，以实现全民义务教育和社会保障为阶段性目标，如此，人民才能生活富裕幸福，国家才能强大兴盛。在对既往的经济社会发展机制和策略进行必要调整之时，必须彻底抛弃泛市场化的谬误，该否定的要实事求是地否定，否则就无法向人民交代。在做好上述几个战略方面调整的同时，对于现有的行政制度进行必要的改革，建立健全有效的监督机制，从源头上遏制管理层面出现的腐败现象。

总之，从发展的角度看，社会公平和共同富裕必须作为重建社会大家庭的准则，市场经济理论本身需要继续充实，同时也有个实际上的理论演变过程。虽然如此，面对建设中出现的困难，理论提升必须要进行。在激烈的国际综合实力的竞争中，没有逃避的余地，唯有将国家建设搞得更好，强盛富裕，才能实现国家领导集体规划的宏伟目标。

第二章

对“泛市场化”经济推进过程的分析

中国改革开放目前进入了一个全面建设小康社会、发展中国特色社会主义、建设创新型国家的新阶段。毫无疑问，中华民族正在书写人类历史上的伟大新篇章。然而，改革与发展的非凡历程总是不平坦的，一些前进中难以避免的问题，一些隐藏在经济社会机构深层次的矛盾，也在21世纪的第一个十年中渐渐地浮现出来了。值得深思的是，它们的出现不是一个自然产生的过程，而是某些荒谬理论或者错误思想误导的结果，起码是人为的错误加剧了经济社会转型期间常有的混乱，导致失误加重，乱象丛生。辨析并解剖思想领域的错误观念，创建正确的发展理念，乃是维护与实施“十二五”规划纲要的必要工作。

第一节　社会主义市场经济显示威力

沿着邓小平理论、“三个代表”的重要思想以及科学发展观指引的航向，国家经济社会的航船乘风破浪，驶过了21世纪的第二个五年航程。2009年，中国进行的第二次全国经济普查的任务基本完成，并取得了重要成果。中国国家统计局利用普查数据对2008年的GDP进行了核算，2008年年末，全国共有从事第二、第三产业的法人单位709.9万个，与2004年第一次全国经济普查相比，增长了37.3%。同时，按照国际惯例，对2008年全国GDP初步核算进行了修订，并且公告了统计计算后的结果。修订后的2008年全国GDP总量为314045亿元。其中，第一产业增加值为33702亿元，占 GDP 的比重为 10.7%；第二产业增加值为 149003 亿元，占 GDP 的比重为 47.5%；第三产业增加值为 131340 亿元，占 GDP 的比重为 41.8%。[①] 中国实行改革开放政策，保持长达三分之一个世纪的经济高增长，这在世界各国中独此一家。这个伟大的业绩表明，中国共产党和中央政府领导人民创造了世界经济史上的奇迹。中国社会科学院就中国和世界其他国家的综合实力作出对比研究，于 2009 年 12 月 24 日举行 2010 年世界经济与国际形势报告会，暨 2010 年《世界经济黄皮书》、《国际形势黄皮书》发布会，发布《2010 年世界经济形势分析与预测》和《全球政治与安全报告（2010 年）》。黄皮书显示，实测结果表明，在世界 11 个大国中，美国、日本和德国综合国力排前三，中国的综合国力总体实力排名为第七；在军事指标上，美国、中国和俄罗斯位列三甲。[②] 中国综合国力迅速增长，原因在于社会主义制度发挥了巨大的优势，例如保持长期稳定的社会环境，正确实施宏观调控国家资源，执行稳中求进的建设方针，充分动员丰富的劳动力等，在正确的政治路线指引下，经济建设成效显著。

中国的伟大业绩得到了世界的赞誉。在衡量一个国家的发展成就方面，联合国 2000 年千年峰会制定的千年目标落实情况最具说服力。2008 年，联合国负责经济与社会事务的副秘书长沙祖康在接受新华社记者采访时说，中国政府和人民为实现千年发展目标付出了艰苦努力，取得了巨大成绩。中国已提前完成贫困人口比例减半目标；在确保到 2015 年所有男童、女童都能完成全部小学教育课程的目标方面，中国已提前实现；在降低 5 岁以下儿童死亡率和改善产妇保健目标方面也进展顺利。同时，权威国际报告也对中国的发展成果给予肯定。联合国《2008 年千年发展目标报告》指出，东亚和东南亚地区的极端贫困人口大幅下降，已经于 2005 年提前实现了千年发展目标，而这主要归功于经济快速发展的中国。[③]

① 马建堂：“第二次全国经济普查任务基本完成 普查取得重要成果”，http://www.stats.gov.cn/zgjjpc/jjpc2/，2009 年 12 月 25 日。

② 《全球政治与安全报告（2010 年）》，社会科学文献出版社 2009 年版。

③ 新华网：“综述：中国发展成就赢得国际社会广泛赞誉”，http://news.xinhuanet.com/world/2008-09/23/content_10096738.htm，2008 年 9 月 23 日。

一、改革开放政策深入人心

中国经济社会发展之所以取得这样让世人赞誉的业绩，应归功于改革开放政策的实施，归功于国家实行的社会主义市场经济体制。1978 年以前，中国的社会生产力水平低下，经济发展落后，百姓生活是建立在贫穷基础上的初级公平。面对当时生产力的状况，以邓小平为首的中国第二代领导集体打破了趋于僵化的思想意识形态领域的坚冰，开启了改革开放的航船。邓小平明确指出，贫穷不是社会主义，社会主义理应具有比资本主义更优越的生活生产力。因此，不改革就没有出路。要发展，就必须打破现状。于是，探索式的改革就在艰难中诞生了。在当时的历史条件下，物资短缺是主要矛盾，发展生产力是最迫切的需要。邓小平审时度势，负责领导设计了改革开放的蓝图，其核心理念可以概括为他的一句经典名言，“不管白猫黑猫，抓到老鼠就是好猫”。

邓小平选择了单兵突进的实用战术，集中力量进行发展社会生产力的战斗，动员全体民众从事商品经济活动。这种实事求是的改革发展设计，凝聚了总设计师高超的指挥艺术。实践证明，在总设计师的指挥下，改革从中国人口最多、贫困问题最严重的农村顺利地向前推进，在很短的一个阶段内就取得了显著成效，人民群众的生活得到了改善，突破了新中国成立初期以贫穷为标志的初级公平的追求局限性。由于百姓得到了实惠，分享到了改革和发展带来的成果，积极性空前高涨，社会生产总量节节攀升，国家综合实力也增强了。同时，由于国家整体上处于改革开放之初，社会保持着浓厚的民族传统美德，人心淳朴，领导人执行的政策措施符合实际需求而且十分得力。发展成为第一要素，效率优先，兼顾公平，于是社会公平性得到了较好的体现和维护。改革深入人心，国力获得强劲发展。

二、社会主义市场经济活力充沛

人类社会经济活动面临的最主要的问题是，人的物质需求是无限的，自然界提供的资源是有限的，所以，一切生产活动的首要目标就是，用最少的资源，制造出最多的消费品，这也就是经济学理论中最为核心的资源配置问题。中国在改革之前实行的是计划经济，用行政方式配置资源，而实践表明这种方式常常存在效率低下的问题。吸收西方工业化国家的发展经验，中国改变了原先的经济生产方式，由计划经济体制转向市场经济体制。

（一）资源优化配置提高生产力

市场经济最有效的功能是优化资源配置，通过市场竞争的优胜劣汰，促进了科学技术进步，同时也使效率得到了较大提高。市场经济的这种高效率得到了历史验证。马克思恩格斯在《共产党宣言》中曾指出：“资产阶级争得自己的统治地位还不到一百年，它所造成的生产力却比过去世世代代总共造成的生产力还要大，还要多。”资产阶级用坚船利炮为武器，到处开拓殖民地，经商贸易，甚至包括罪恶的人口贩卖。为了商业贸易，资产阶级大举修建用于运输货物的铁路，开通交换商业信息的电报。在商业生产、交换贸易的推动下，古老的农耕世界改变了模样。如同马克思恩格斯所形容的那样，“轮船的行驶，铁路的通行，电报的往返，大陆一洲一洲的垦殖，仿佛用法术从在地低下呼唤出来的大量人口”，这些使资产阶级有了战胜封建贵族和领主阶级的物质力量。[①] 用历史的眼光看，那个“法术”就是市场运行机制，它促使商业产品、生产要素、公司企业和制造产业四个层次不断进行优胜劣汰的更新，产生更高的效益。市场机制这个“法术”是其他经济形式所没有的，是具有明显优势的生产制度。因此，从促进社会生产力的发展来看，市场经济有效配置资源的“法力”是极其宝贵的，是其他任何一种经济形式所无法取代的。

（二）财富快速增长创新纪录

在经济全球化迅猛发展的今天，国家强大的一个显著特点是，国家拥有大量外汇，跨越国界进行投资，资源配置游刃有余，利益获取倍增倍长。中国人民银行公布金融报告显示，国家外汇储备近些年来连创新高。从 1999 年年初开始，中国外汇储备就逐月攀升，尤以近年来为甚。在近两年来，国家外汇储备规模几乎每天都在刷新纪录。2010 年年末中国外汇储备就高达 28473.38 亿美元。2011 年 6 月末，国家外汇储备余额为 31975 亿美元，同比增长 30.3%。[②] 据国家外汇管理局网站显示，2011 年年末中国外汇储备

① 《马克思恩格斯全集》第 4 卷，人民出版社 1995 年版，第 171 页。

② 中国人民银行：“2011 年上半年金融统计数据报告”，http://www.pbc.gov.cn，2011 年 7 月 12 日。

达31811.48亿美元。中国外汇储备余额稳居全球首位，接近外汇储备世界第二的日本的3倍。中国拥有的巨额外汇储备表明了日益强大的国力，使国家参与国际经济竞争有了更加坚实的财政基础，为防御各种风险提供了有力的保障。外汇资金雄厚，国家就能从容实施金融宏观调控政策，保持国际收支平衡，支持经济社会发展获得更大的成就。

简言之，全球现在都在关注中国经济的发展，中国在世界经济中的地位举足轻重。在邓小平理论和“三个代表”重要思想指引下，中国将在更高的层次、更高的境界，获得更大的经济社会进步，中国人一定能够完成历史赋予自己的使命。

第二节 收入差距拉大问题亟待解决

社会主义建设是人类历史上没有先例的文明进程，行进之中充满着曲折性与复杂性。中国的改革进程就是如此。现今的人们都清楚地明白，在改革开始的1978年，那是一个因为“文化大革命”的浩劫而使国民经济濒临崩溃的紧急时刻，以邓小平为代表的中国共产党人力挽狂澜，高高擎起民族复兴的大旗。也是因为形势所迫，中国初期的改革行为基本局限在经济体制方面，从人类社会发展的复杂性和曲折性来讲，这种单行道进军的战役无法获得全面胜利。所以，改革不可能尽善尽美，需要反思改革进程。因为，在任何一种现实社会的条件下，对一定的历史发展过程进行全面有效的总结和反思，都是继续前进发展的前提条件。总结和反思是社会思想认识和社会物质实践的统一体，是不可分割的同一事物的两个方面。在社会现实的作用下人们必须既要敢于和善于总结，同时也要敢于和善于反思。反思并不意味着否定，而是对于社会现状或已经形成的事物进行逆向思考和分析。对中国社会现实进行反思，就是要敢于超越常规逆向，提出疑问并反向进行思考。反思的目的是为了更好地前进，马克思主义的辩证唯物主义认为事物总是螺旋式向上发展的。换言之，在人类社会在历史的前进过程中，很可能会经历一种发展了的回归现象，这种回归当然不是简单重复过去的所作所为，而是富有创造性的将过去的所作所为加以补充提高后，在一个新的起点有继承和发展地所作所为，是一个否定之否定的历史过程。

反思改革，更确切地说，是实事求是地修正改革中的不足，也是现实社会的要求。因为随着改革进程的延续，人们逐步发现，由于泛市场化思潮的影响，一些地方对发展速度片面强调，导致了忽略对人类赖以生存的资源环境的有效利用和合理保护，甚至不择手段地搞掠夺性开发，极大地破坏了人和自然相依相存的友好关系。对经济利益的过分追求，导致了忽略对人心、人性的教化，致使道德缺失，软约束缺乏，凝聚力下降。不考虑社会服务而过多强调发展，一味追求经济效率，公平公正被忽视了。有一些人，见利忘义，摒弃勤劳致富、合法致富这些发家的基本途径，投机取巧。也有一些人，以追求不正当利益为荣，极力保护部门利益，无视社会公益，致使损公肥私之事比比皆是。商业信誉、商业道德和商业形象，这些市场经济条件下本该至高无上的东西，被蹂躏得十分脆弱。总之，在泛市场化思潮泛滥之地，一些人为了个人利益、眼前利益和局部利益，曲解国家政策，阻塞政令畅通，不惜损害整体利益、国家利益和全民利益，严重影响了社会的公平，而公平社会正是中国人自古以来追求的生活标准。中国的民众对此股逆流多有怨言，愤恨之情无法压抑。

一、贫富差距拉大敲响警钟

中国是社会主义国家，宪法规定的目标是人民群众共同富裕。在21世纪，全国正在构建社会主义和谐社会，而完成这个建设任务的一个非常重要的问题，也就是要使得社会上的分配能够比较合理，这既是社会稳定的需要，也是社会主义的实质所在。可是现实中却总存在着不尽如人意的事情。2010年世界银行公布的调查数据显示，美国5%的人口掌握了60%的财富，而在中国，1%的人口掌握了全国41.4%的财富，财富集中度远大于美国，成为全球两极分化最严重的国家之一。我国基尼系数已从改革开放初期的0.28上升到2007年的0.48，最近这几年更是不断攀升，实际上基尼系数已不仅仅超过合理值的上限0.4，甚至已经超过了0.5。[①]

基尼系数是国际上用来综合考察居民内部收入分配差异状况的一个重要分析指标，其经济含义是：在全部居民收入中，用于进行不平均分配的那部

---

① 中国水泥网人才频道：“中国基尼系数超过警戒线 收入分配失衡”，http://www.ccement.com/rencai/news/shownews.asp? id=7399，2010年6月3日。

分收入占总收入的百分比。国际上通常把0.4作为收入分配贫富差距的"警戒线",认为0.4—0.6为"差距偏大",0.6以上为"高度不平均"。在中国城市内部,依然存在着严重的收入不均。一排排高楼大厦林立市中心,而往往在城市外围,总可以看到落败的瓦房,或者在城市的繁华地带的某个缝隙,我们依然可以看见村落的影子,于是我们形象地将这种地带称为"城中村"。当然,城市居民的收入差距主要还是体现在行业与行业之间、职位与职位之间。尽管城市居民之间由于多种原因在收入分配上存在差别是必然的,但这种差别在特定时期应当控制在适度的范围内,应将现实的社会承受力等因素加以充分考虑。

同时,中国城乡居民家庭人均收入差距也在扩大(见表2-1和表2-2)。1999年城乡居民家庭人均收入差距还只是3000多元,到2004年便上升到6485.2元,2008年城乡收入差距突破万元大关,而2009年的差距已经到了12021.5元的天文数字。1999—2007年期间,城乡居民收入差距几乎呈直线上升趋势,最高为3.33,最低为2.65。虽然在2008年差距略有缩小,但2009年差距又扩大了,甚至超过了2007年的峰值(表中数据采用了四舍五入法)。如果加上城市居民享受的各种补贴和福利待遇,这种差距比例能够达到4—5,甚至可能更高。城乡居民收入差距在中国一直存在,但是如此悬殊则是惊人的。中国农民占人口构成的多数,农民是推动国家经济发展的规模最大的主力军团,农民生活是国家兴旺的基础。在社会财富的分配上严重不公平,实质上是一种违反马克思主义的剥夺农民的做法。伟大的马克思主义革命家斯大林在领导世界上第一个社会主义国家经济建设时,就严厉批评了损害农民利益的做法。斯大林说:"也不能把另一种可怜的马克思主义者的意见当作答案,他们认为,也许应该夺取政权,并且剥夺农村的中小生产者……"① 无疑,城乡差距问题已经成为中国收入差距分化中最为严重的事情,同时也是最迫切需要解决的部分。为此,需要采取切实措施加以控制,使城市居民的收入分配结构逐步趋向合理。

历史资料证明,基尼系数超高后,低收入阶层会产生"相对剥夺感",而心理失衡严重将导致仇富、报复社会等行为,由此引发一系列社会问题。同时,社会存在严重两极分化,不能实现公平竞争和资源有效配置,这对社会健康发展十分不利。上述权威性调查得出的基尼系数明确地显示,中国居

① "苏联社会主义经济问题",《斯大林选集》下卷,人民出版社1979年版,第547页。

民收入水平不均衡，而且贫富差距早已超过了 0.4 的国际警戒线，目前已到了非常令人担忧的状况。

表 2－1　　1999—2004 年中国城乡居民家庭人均收入差距及对比

单位：（绝对数）元/人 ；比例

差距＼年份	1999	2000	2001	2002	2003	2004
城镇人均收入	5854.0	6280.0	6859.6	7702.8	8472.2	9421.6
农村人均收入	2210.3	2253.4	2366.4	2475.6	2622.2	2936.4
实际收入差距	3643.7	4026.5	4493.2	5227.2	5850.0	6485.2
城乡收入对比	2.65	2.79	2.90	3.11	3.23	3.21

注：1. 城镇人均收入是指城镇居民家庭人均可支配收入；农村人均收入是指农村居民家庭人均纯收入。

2. 城乡收入对比是以农民人均纯收入为 1 计算。

资料来源：国家统计局编：《中国统计年鉴 2010》，中国统计出版社 2010 年版。

表 2－2　　2005—2009 年中国城乡居民家庭人均收入差距及对比

单位：（绝对数）元/人；比例

差距＼年份	2005	2006	2007	2008	2009
城镇人均收入	10493.0	11759.5	13785.8	15780.8	17174.7
农村人均收入	3254.9	3587.0	4140.4	4760.6	5153.2
实际收入差距	7238.1	8172.5	9645.4	11020.2	12021.5
城乡收入对比	3.22	3.28	3.33	3.31	3.33

注：1. 城镇人均收入是指城镇居民家庭人均可支配收入；农村人均收入是指农村居民家庭人均纯收入。

2. 城乡收入对比是以农民人均纯收入为 1 计算。

资料来源：国家统计局编：《中国统计年鉴 2010》，中国统计出版社 2010 年版。

中国社会存在贫富不均状况，国际社会对此也有同样的观察结构。2011 年 5 月 31 日，美国波士顿战略咨询公司（BCG）在纽约发布报告指出，世界经济恢复势头强劲，至 2010 年年底，全球财富比上年增加了 8%。世界上资产超过 100 万美元的家庭比 2009 年增加了 12.2%，即 1250 万家。世界上 0.9% 的巨富家庭占有世界财富的 39%。这一数字，比 2009 年的 37% 增长了两个百分点。但相比世界其他国家而言，中国的富豪增加最多，而贫富差距也最大。截至2010年，中国已经有了110万个“百万美元”家庭，而德国的数量不过是40万个。然而，与中国富豪数量增加相对的是，中国的国民人均收入仍远逊于发达国家。据国家统计局统计，2010年，中国国民平均年收入为13476元人民币，其中农村人均收入仅为5919元人民币。另据世界银行统计，中国基尼系数在2010年达到了0.47，几乎是30年前的2倍。这一数字已超过可能引发社会动荡的0.4的警戒线，达到部分拉美国家的水平。①

早在2005年，就有学者发表文章指出，中国富人还有一些欧美国家富人没有的特点：首先，中国富有群体持有的现金水平很高，大约占他们全部财富的71%，而全球平均水平是34.6%。其次，他们具有高度投机性，并对风险有很强的承受能力，喜欢股票等快速交易型理财产品。最后，中国的富有群体倾向于直接参与投资决定过程，很多人坚信自己比理财机构的经理更有能力得到高回报。② 在全球财富已经回归到稳步增长的轨道上，中国富人群体的这些特征无论如何也显得悖理，因为财富不公平地集中到一部分人手中，不符合社会主义共同富裕的终极目标，所以需要调整收入分配结构。从制度上看，国家可用所得税、遗产税等税收政策来调控高收入阶层，出台政策引导高收入阶层更多地投身于慈善和公益事业中，完善社会保障制度，保障低收入阶层的基本生活，促进低收入阶层就业、提高收入，加大公益事业发展。实施此类政策，将有利于社会稳定和发展。

二、暴富后面的违法违规行为

中国城市居民收入分配差距比较大，非常不利于社会的健康发展。在我国改革开放的大背景下，一部分先富裕起来的人群，他们的致富过程客观上得益于国家优惠的政策，因此理应回报社会。同时，富人也自然成为社会公众人物，他们的消费并不仅是“纨绔子弟”的个人品行，更是具有明显外部性的行为。毫无疑问，发财后的挥霍会产生不好的社会影响，不利于构建

① “BCG：中国贫富差距拉大”，《国际财经时报》，2011年6月2日。

② 成静卫：“中国0.5%家庭拥有60%个人财富　富人正变得更富”，http://finance.people.com.cn，2005年12月14日。

和谐社会。而且一部分人占有了过多的财富，另一部分人就会处境相对艰难。

例如，山西省是中国的煤炭基地，可是一些“煤老板”暴富之后，其挥霍浪费行为招致了社会上人们对山西煤炭富豪的批评。在山西曾有这样一个轰动一时的新闻，据《工人日报》的报道，在2005年，山西一煤矿矿主财富迅速增长之后，他“当年以3700万元的价格买下北京最贵的别墅。随后，一次性购买20辆“悍马”越野车，为本家族15岁以上成员各配一辆。”山西煤炭富豪从历史的角度讲，尚属于创业艰辛的第一代人，可是他们大手大脚地花钱，其行为不像通常意义的创业者。一般性的解释是，他们的钱来得太容易了。这是通俗之语，而经济学术语称之为获得了“超常利润”。在一个竞争激烈的而且完善的市场体系中，利润平均化是个不可逆转的经济规律。获得垄断利润的途径通常是新型高科技创新，或者是超经济强制。我国煤炭企业普遍存在设施老化、工艺落后，基本谈不上是由高科技创新形成的垄断利润，而只有超经济强制的因素在起作用。仔细分析，属于超经济强制的因素至少有以下三点：

第一，矿工的工资太低了。一项调查表明，直到20世纪80年代，由于矿工的劳动属于“高风险，高强度”，所以“收入一直稳居各行业前列乃至首位”，但此后就一路下滑。到了21世纪，矿工的收入“在49个行业中排倒数第二”，“相当多的矿工家庭人均收入低于当地农民的人均可支配收入”。第二，安全投入资金太少。近年来，中国煤矿安全事故频繁发生，造成了大量令人痛心的生命与财产损失。其关键性的原因就是，作为安全生产保障的资金投入被人为削减了，利益高于一切，大量的事实已经说明了这一点。第三，政府税收没有到位。20多年以来，国家的煤炭资源税都没有进行实质性的调整。一直到2011年才稍稍有所变动，同年10月10日国务院发布《国务院关于修改〈中华人民共和国资源税暂行条例〉的决定》，10月31日发布《中华人民共和国资源税暂行条例实施细则》，11月1日起正式实施。煤炭资源税仍采取从量计征，调整类稀有煤种焦煤税额标准由8元/吨调整为8—20元/吨，其他煤种统一为0.3—5元/吨。此次资源税改革对焦煤的调整幅度比较大，对整个煤炭行业的影响其实并不大。因为对于大型煤企来说，10—20元的资源税增额很容易内部消化，再者煤企的议价能力较强，极容易将增加的税额转嫁到下游钢材以及焦化企业。[①] 因此这次税改还是属于不解决什么大问题的“毛毛雨”，煤炭资源性改革受阻。以上因素表明，煤老板们富裕的主要原因除了改革开放政策的积极赋予之外，他们能在较短的时间内暴富还来自于不完善、不合理的制度存在，由缺环制度的负面因素促成，老板个人的经营智慧虽然起着重要作用，但不是关键性的。当然还有一些其他因素，此处不再赘述。

更重要的事实是，上述三个因素并不只存在于煤炭行业。只要稍许留心，人们就会发现，大凡能够大批制造富豪的行业，莫不存在着它们的身影。这些因素在本质上都属于国家行政的管理与调价范围，是市场机制本身无法平衡的。但是，它们都在错误的理论和人们不清醒的认识下，实际上被置于市场无形之手的掌控之中。结果，不仅使劳动者在“第一次分配”环节就处于极端不利的地位，而且也使得国家没有财力进行“第二次分配”，长此以往，社会贫富差距就会越来越大。所以，“购豪宅，买悍马”现象，不过是社会贫富分化的一种表象罢了。真正解决问题的方式，自然是应从这三个因素着手，实施行政调控，尽量缩小贫富差距。贫富差距缩小了，社会和谐也就顺理成章了。

与少数煤老板暴富形成鲜明对比的是，山西省全体人民并没有如此富裕。山西省总体上仍然是一个相对贫穷落后的中部省份。在一批煤炭富豪的光鲜外表下，掩盖不住的是山西人均收入水平的窘迫，最广大的老百姓依然属于中低收入群体。从 2009 年全国 31 个省区市政府的工作报告中发现，山西省城镇居民人均可支配收入为 13997 元，比 2008 年增长 6.7%，在全国 31 个省市中位列第 23 名，在中部六省中排名最后一位。而且，山西城镇居民人均收入多年来一直处于滞后状态，比起东部沿海一带发达的江苏、浙江、广东等省，差距更大。[②] 2010 年 7 月 22 日，山西省统计局发布 2010 年上半年山西省国民经济运行情况，上半年山西省 GDP 达 4143.4 亿元，同比增长 17.5%，高于全国 6.4 个百分点。CPI 温和上扬，居民消费价格上涨 2.1%，涨幅高于上年同期 3 个百分点，但仍低于全国 0.5 个百分点。[③] 尽管人均可支配收入和居民消费价格较之以往有所增加，但在这些数字提升的背

① 付得玲：“资源税改革对煤炭行业的影响”，《期货日报》，2011 年 11 月 23 日。

② “山西省城镇人均收入 13997 元，全国排名第 23 位”，《发展导报》，2010 年 3 月 18 日。

③ “上半年山西省城镇居民人均可支配收入同比增一成”，《山西晚报》，2010 年 7 月 23 日。

后，有多少腰缠万贯的煤矿老板在支撑呢？社会人均收入的骤然提高，并不一定意味着中、低档次收入群体的收入明显提高，或者生活富裕了。那些收入在“人均以下的”老百姓生活状况如何呢？[①] 是否也在大幅提升呢？因为，这些人才是真正最应得到帮助的群体，需要予以加倍关注的弱势群体，这是实现社会共同富裕的一个重要方面，万万不可忽视。

三、权利寻租暴露管理漏洞

少数煤老板阔绰的大款派头远远胜过坊间流传的段子，他们中很多人的财大气粗并非出自勤奋灵活的劳动致富。不少事实说明，少数煤商用不正当的手段奔走于政府相关管理部门之间，“行小贿而牟暴利”，而一些政府部门管理人员则利用手中的权力去串通煤老板，吃回扣、发贪财。权利寻租、祸国殃民。结果，中央政府屡次开会发文，布置防控矿难，可是灾难还是经常出现，矿工死亡人数多到异常。国务院相关部门公布的资料显示，2005年中国煤矿重特大事故多次发生，一次死亡10人以上的事故有134起，与上年相比增加了3起，死亡人数增加了17%。其中煤炭58起，起数增加了34.9%，死亡人数增加了66.7%。特别是有四起百人以上的矿难，一是“2·14”阜新孙家湾煤矿瓦斯爆炸；二是“8·7”广东梅州大兴煤矿透水；三是“11·27”七台河东风矿煤尘爆炸；四是“12·7”唐山刘官屯煤矿瓦斯爆炸。[②] 国家安全生产监察管理总局公布的统计数据显示，2010年全国各类生产事故死亡79552人，同比减少3648人，下降4.4%。而照此计算，平均每天事故死亡218人，伤亡数字依然十分庞大。[③] 在一些安全事故背后，究竟隐藏了多少不可告人的秘密？从河南省煤炭安全监察局局长李九成的落马中，我们也许可以找到部分答案。法院审理查明，1999—2008年间，李九成利用职务上的便利和职务影响，共收受、索取现金、干股53次，共计1889.87万元人民币、1万美元、3万英镑、价值23万元人民币轿车一部。据河南省检察院的检察人员称，李九成贪污案非常典型，司法机关认定的

① 成露：“谁来关注山西富人之外的人”，《工人日报》，2005年12月4日。

② 瞿长福：“李毅中披露：安全事故背后隐藏五种腐败形式”，http://www.xinhuanet.com，2006年2月10日。

③ “中国煤矿事故频发 超过97%矿难由人为因素导致”，《中国经济周刊》，2011年6月28日。

30多种贪污受贿手段，他全部使用过。[1] 严峻的社会现实摆在人们面前，一方面是街头上出现越来越多的名车和高档消费场所，少数煤老板生活奢靡；另一方面是煤矿事故不断出现，矿工的工作条件和生存环境堪忧，甚至持续恶化。如此形成的反差非常强烈，鲜明的对比深深地刺痛着每个有良知的人。不是说每一个事故背后必定有腐败，但是官煤勾结已是个不争的事实。任何忽视人的生命的行为，都是人民政府所不能容忍的。在安全生产监管中要鼓励群众举报，坚决打击腐败活动。群众发动起来了，全社会都来关注，责任事故人就逃脱不了惩治。

早在2006年，在中国共产党新一代领导集体的指导下，政府高层有关部门就采取了法律和行政行动，向无视生命的丑恶行为宣战，向管理工作中的腐败现象宣战。依据中国国土资源部2006年1月20日宣布的数据，为遏制矿产开发中的官商勾结，权钱交易，国家自2005年起强化了矿产资源开发秩序的整顿和规范，加大清理国家干部入股办矿，受到检查的恶劣行为包括：国家机关工作人员或国企负责人入股办矿、接受馈赠“干股”，违法违规支持其亲属办矿，为违法生产矿山充当“保护伞”等等。

2012年1月14日至15日，全国安全生产工作会议在京召开。国家安全生产监督管理总局副局长、国家煤矿安全监察局局长赵铁锤在会上说，2011年我国煤矿事故死亡人数首次降到了2000人以下；百万吨死亡率首次降到了0.564；特别重大事故起数首次减少到1起；发生周期首次延长至390天，创造了23年来的最好成绩。[2] 政府作为公众利益的代表，已经用实际行动体现了自己的宗旨。“十一五”期间，在党中央、国务院的正确领导下，全国煤矿安全监察监管、行业管理部门和煤矿企业，坚持“安全第一、预防为主、综合治理”的方针，牢固树立安全发展的科学理念，实现了煤矿安全状况持续稳定好转。煤矿事故总量连年下降，由2006年的2945起减少到2010年1403起，下降52.4%，死亡人数由4746人减少到2433人，下降48.7%；煤炭百万吨死亡率由2.04下降到0.749，下降了63.3%。在加强瓦斯治理、整顿关闭工作的同时，不断加强煤矿防治水工作，水害防治取得

① “30多种贪污受贿手段他全部使用过”，《瞭望》新闻周刊，2010年9月19日。

② 煤炭信息交易网：“我国煤矿安全生产情况实现‘四个首次’”，http://www.meitanwang.com，2012年1月17日。

了新成效。[①] 这样施政充分体现了“以人为本”的发展思想，有利于建立一个民众期望的和谐社会。

需要指出的是，在人口众多、情况复杂的中国，不同地域和行业之间的差距任何时候都存在着，欲要实现完全平等，乃是空想。可是，现实的情况是，国家内部贫富不均问题在近年来变得尖锐起来。一些人“富可倾城”，一些人却可能沦为赤贫，而且富裕和贫困的重要原因又令人痛心，诸如恶性矿难，寻租腐败等。这些无情的事实表明，少数人不择手段地聚敛财富，多数人被剥夺了发展机会而相对贫穷，如此分化和悬殊绝不是构建和谐社会的愿景。两极分化明显，不仅背离了社会主义的宗旨，而且失衡心理会引起“仇富”情绪，进而分裂社会。这样深入地揭示问题、剖析矛盾绝不是否定改革，因为只要大是大非界限明确，批评的基本态度是惩前毖后，目标是为了促进经济社会发展，即使非常尖锐地指出改革过程中出现的问题，也不能因此从整体否定改革。遵循实事求是的原则，按照学术独立、思想自由的精神，采取百家争鸣的方针，揭示矛盾，辨析原因，是一条通向真理的道路。不同观点争论需要做到言之成理，真理总是愈辩愈明，最终必将达到坚持真理、修正错误、共同提高的目的。

简而言之，当人们对社会财富差距扩大的异议越来越大的时候，政府需要实施新的政策警示民众，鼓励劳动致富，反对巧取豪夺，杜绝大发国难民财的丑行。必须通过经济、行政等多种手段，加大调整社会财富分配严重不均的力度，为更多的中低收入者创造平等的机会。要让全体社会成员共享经济发展和社会财富增长的成果，恢复社会公平公正的秩序，调动广大中低收入者的劳动积极性，加速社会生产的发展。

第三节　医疗服务体系漏洞需要修补

拥有良好的医疗保障机构，保持健康的身心状况，享受生命美好时光，为社会和国家多作贡献，这是每个中国公民的愿望，也是社会主义新时代的

① 中国煤炭新闻网：“‘十一五’期间全国煤矿水害事故分析报告”，http：//www.cwestc.com，2011 年 10 月 12 日。

要求。医疗卫生服务在相当大的程度上是公益性质的事业，需要政府大力支持。中国医疗卫生体制在保障人民身体健康方面起到了很大作用，同时也存在着一些问题。

一、"看病难、治疗贵"困扰民众

目前中国社会医疗服务机构还不能满足民众需要。尤其是农村的医疗设施相当简陋，偏僻山乡的卫生保健条件很差，因病致穷的情况已经不是个案了。

(一) 医院存在泛市场化倾向

在世界很多国家，尤其是工业化国家，医疗保健网络覆盖整个国家，惠及全体具有合法身份的居民，具体实施医疗的机构主要是国家财政支持的公立医院。中国也有从乡镇到首府城市的公立医院体系，白衣天使们为人民的健康安危终日无私地奉献着。而且近几年来，中国政府为救死扶伤做了很多努力，多数国家财政支持的公立医院救死扶伤、敬职敬业，深得民众赞誉。政府还多次大力督办医疗企业运作，数次公示社会降低部分药品价格。很长一段时间里，医疗保健的结果都不如人意。直到近一两年，基本医疗保险服务才取得了突破性的进展。截至 2011 年 9 月底，基本医疗保险覆盖 12.95 亿人口，覆盖面超过 95%。其中新农合新增 1700 万人，城镇居民医保全面推开，参保人数达到 2.16 亿人，近 800 万关闭破产企业退休人员和困难企业职工全部纳入了基本医疗保障，这些得到明显实惠的主要是底层群众。①

当然，在我们感到欣喜的同时，也有一些公立医院也出现了本不该发生的泛市场化现象。黑龙江省哈尔滨市"550 万元天价医药费事件"和广东省深圳市"120 万元天价医疗费事件"等等类似新闻时有发生，"天价医疗费"俨然已成为了一个名词。2011 年也发生了这样的一件"天价"案，49 岁的湖北籍外来工吴喜英因胆管结石入住东莞市凤岗镇广济医院，经过 28 天的治疗未能痊愈，于 3 月 21 日死亡，留给丈夫肖国海一张长达 9 页的 45 万元欠费单。住院费用表列出 320 多项收费项目，其中一月输液 330 千克、

---

① 中国网："发改委：我国基本医疗保险覆盖面已超 95%"，china.com.cn，2011 年 12 月 29 日。

输血14000多毫升与病人死后仍在计费引发质疑。院方表示，医疗费是院方根据规范的抢救治疗方案合理治疗和用药而产生的，官方称天价医疗费没有大问题。[①] 东莞市卫生局已就高价医疗费展开调查。该局规划财务科科长戴莉红表示，判断医药费用是否过高主要是依据医嘱和护嘱以及相应的治疗单据。收费只是一个结果，更关键的问题是看治疗过程是否符合规范，而这需要等待第三方尸检结果。在东莞市卫生局的介入下，医患双方已于3月30日签署协议由汕头大学司法鉴定中心对死者遗体进行尸检，以验证是否存在患者家属所提出的“医疗事故”质疑。[②]

以上事件都发生在医院收费上，只不过有的是公立医院，有的是民营医院，但本质上都存在泛市场化想象。与其他赚钱的项目不同，医院本来就是一项基于人身最基本利益的事业，无论是哪类医院，都必须首先做到遵循科学、严谨行医。“向钱看”是大忌，做好服务回馈社会，才是办医院的最终根本和首要宗旨，这也是大众的愿望和心声。[③] 如果将治病救人的高尚事业，等同于没有道德水准的经商谋利活动，显然就是“泛市场化”思潮掀动的又一股浊浪。商业行为的最大追求就是谋利，这一点从市场经济的发祥地欧洲最早的商业活动中就能得到清楚地体现。共产主义思想的创始人马克思于1930年出版了著名的《政治经济学批判》，他在书中深刻地指出金钱拜物教的可怜心灵状态。他讽刺性地引用曾作为世界商业资本的代表人物哥伦布1503年为寻找黄金而横渡大洋时说过的话：“黄金是件奇妙的东西！谁有黄金，谁就成了他所渴望的一切东西的主人。有了黄金，一个人甚至使灵魂升入天堂。”[④] 一些医院没有摆正经营方向，将赢利放在首位，无视人的健康需求，显然是一种完全违背医院工作宗旨的行为。救死扶伤是医疗界的道德准则，任何情况下都不能偏离这个职业准则。

（二）医疗收费存在不合理现象

目前民众仍普遍感到医药售价不合理，医药费支出居高不下。政府监督实施的药品降价行动，涉及面小，不能从根本上解决居民药费负担过重问题，群众得到的实惠有限。据国家统计局天津调查总队对城市居民家庭抽样

---

① “天价医疗费的回应太‘淡定’”，《西安日报》，2011年4月9日。

② 新华网：“广东一病人死后欠‘天价’医疗费”事件调查，2011年4月8日。

③ 中国新闻网：“天价医疗费暴露东莞广济医院急于求钱乱象”，2011年5月13日。

④ 《马克思恩格思全集》第13卷，人民出版社1962年版，第162页。

调查资料显示，天津市2011年全年人均医疗费支出521元，同比增长7.4%，[①] 居民家庭用于医疗的费用支出仍然在增长，尽管增长速度略有放缓，但“药价虚高”现象仍没有从根本上得到解决，依然是非常值得关注的重点。

对此，有观点认为，医疗行业同样要实现运行利润快速增长，因为医院有了钱，就会更新设备，便能更加有效的救治病人。从理论上讲，这个目标没有错误。可是，现实的情况远非如此。很多公立医院在扩大规模增添设备的计划主导下，不考虑人民群众普遍的经济承受能力，向患者收取了大大超过成本的医疗费用。无钱看病，因病致穷，已经成为一个社会问题，已经影响到了安定团结的国家大局。部门获利，全局受损，这种发展的代价显然是得不偿失的。如果减少居民的医疗支出，就要从体制改革着手。早在2006年，在国家卫生部首次“定时定点”新闻发布会上，卫生部新闻发言人就曾坦言，现在的公立医院失位了，没有承担起相应的职能。所以卫生部要大力实施一个新政策，在各地推行建立平价医院。[②] 卫生部关于公立医院的“失位”之说是清醒的，也是针对一切行为都按市场经济赢利标准的错误做法提出的严厉批评。在此之前，卫生部制定和实施了一些建立平价医院的新措施，用以解决民众看病难的情况。这些新政策能减轻部分患者医疗负担，因此受到群众的热情欢迎。为了加快改变医疗服务不适应社会需求的状况，一方面要整顿医疗服务机构，建立运作模式不同的分级医院，确立制药、售药界线清晰的付费机制。另一方面要建立政府和社会共同参与管理机构，推广全民体育运动，增强人民体质，抗御疾病侵袭。标本兼治，效果才会明显。

二、医疗管理体制存在漏洞

改革之前，中国公立医院的绝大部分经费都是由财政投入的，医疗卫生的重点是保障人民身体健康，事业单位和国有企业实施公费医疗优惠，公职人员和国营厂矿职工看病免费。可是，这种包下来的医疗保险体制存在明显漏洞，效率低下，浪费惊人。于是医疗体制改革被广泛地开展着，也引入了

---

① “天津2011年人均医疗费支出521元 同比增长7.4%”，《渤海早报》，2012年1月19日。

② 王学江：“卫生部发言人坦言公立医院失位”，《新华每日电讯》，2006年1月12日。

市场机制，奖勤罚懒，这种意向和做法无疑是正确的。但是泛市场化的思潮在一些地方干扰了改革，混淆了是非界线，一些人钻了新旧体制转轨管理规则衔接不紧的空子。

（一）医疗改革措施不配套

中国改革是在复杂情况下艰难行进的。由于一些国有单位结构与编制的大幅度变动，原有的公费医疗支撑结构环节松动，公共保障覆盖面缩小了，医院和制药系统管理方式随之发生连锁反应。旧体制管理不灵、或者停滞，新制度运作不顺、遇到阻力，两者的优点没有集中起来，不足之处却在快速推进的市场经济制度中被扩大了。

例如，国家食品药品监督管理局药品安全监管司公布的资料显示，中国药品不良反应报告数字呈逐年增长趋势，1988 年上交的数据只有 500 多份，2005 年已经达到 17.35 万份，相比之下，17 年间共增长 300 多倍。① 至 2010 年，药品不良反应/事件报告数量达 692904 份，同比增长 8.4%；新的和严重报告数量达 109991 份，同比增长 16.2%，占报告总数的 15.9%，呈持续稳定增长趋势。② 对于这样大幅度的增长率，一个显而易见的原因是过去对事故处理不透明，漏报率极高，而现在严格了工作规范，大量原来存在的问题开始浮出水面，令人咋舌。同时，这也表明在管理制度方面，曾经存在着多么严重的缺环与漏洞。这些医院虽然挂着公立医院的牌子，可是一些医疗部门、科室等却承包给私人，很多重要的门诊、检查、手术和药品采购完全由来历不明的医务人员完成，名义上的公立医院成为实际上的私人医务部门。医生变成“经济人”，治病只为赚大钱，从而在实际上背离了国家当初设立公立医院的初衷，也偏离了医疗改革的大方向。

中国社会主义制度建立的根本目标是为了人民的幸福健康，所以无论公立医院如何在复杂的改革环境下操作运行，保证群众的基本医疗需求，这才是第一位的事情。因为公立医院是政府设立用以服务公众需求的单位，要为国民提供基本的医疗保障，这是单位属性决定的。顶着公立医院的招牌，承包转为私立医院，这根本不是改革。当然，政府财政投入过少，一些公立医院运转艰难，这也是不可否认的客观事实。所以，必须从两个方面检讨公立

---

① 白宙伟：“新闻点点评”，《北京晚报》，2006 年 7 月 18 日。

② “2010 年药品不良反应报告公布：两类药品风险较大”，《人民日报》，2011 年 4 月 26 日。

医院工作方向扭曲的问题：

其一，必须着力解决公共财政的投入短缺问题。行政管理部门掌控着统筹使用财政资金的权利，就必须采用科学的方法调配资源，让财政金库内的每一分钱都发挥其作用。改革时期的财政资金总额一直在增长，可是由于投资方向和管理不善的问题，资金的使用效率经常是不理想的。一项具有全民福利性的公共事业的运作和经营，应该精打细算，准确落实，才能建立起保障公民看病求医的基本体系。可是一些医疗管理机构并没有尽到社会公众利益代表的责任，毫不尊重纳税人的权益，随意立项投资，浪费惊人。一些公立医院缺钱花和浪费钱的矛盾同样十分尖锐地存在着，高档医疗设备的闲置率和损坏率同时惊人地居高不下。

其二，必须把握医疗改革的正确方向。为广大患者服务，提高民众健康水平，这是医疗行业的最高准则。可是一些医疗单位大搞行业特权，操控医疗活动中的信息与话语权，暗中用承包手段从实际上改变了公立医院的性质。有些活动与医务界的趋利者结合成利益群体，处事如同信誉极差的营利性皮包公司，处处恶性牟利。这些人将救死扶伤变成牟取暴利，随意制定医疗费用，无端提高药品价格，根本不为解除患者的痛苦着想。他们置民众健康于不顾，对全民健身运动不感兴趣，完全违背悬壶济世的中国传统医道美德。所以，必须制定有针对性的政策，采取有力措施，加大资金投入力度，动员社会力量，推进健康保险事业，这样才能让大家安心搞建设，没有后顾之忧。

（二）腐败行为危害医疗改革

改革涉及的范围非常宽广，形成的利益也十分明显，商品经济产生了具有强大穿透力的诱惑。于是，医疗领域内的一些受到金钱至上腐朽思想影响的人，一些泛市场化的行为的盲从者，在糖衣炮弹面前做了俘虏。国家医药行政主管部门内就出现了个别蜕化变质分子，他们接受贿赂，侵吞国家资产，危害作用极大。2011 年 11 月 29 日，北京西城检察院公布了十年来北京市医药卫生领域职务犯罪案件调研结果。根据检察官的统计，在十年间北京医疗卫生领域的 163 起职务犯罪案件中，贪污贿赂案占了 95.09%，另有 8 件渎职类犯罪。十年中，共有 179 名医院院长、部门负责人、主任医师、普通购销工作人员涉案。通过十年来的案例分析，检察官认为医药卫生领域职务犯罪的原因主要有三点：首先是领导权力集中；其次是财务制度不规范；最后，执法力度也不够。[①] 不管怎样，天网恢恢，疏而不漏，那些腐败分子最终也必然逃脱不了法律的制裁。

“白衣天使”是一项神圣的工作，绝不允许腐败分子混迹于医疗系统。毫无疑问，为了堵塞管理中的漏洞，杜绝经济犯罪，医疗系统要宣传仁心妙手的先进典型，同事们之间应时常彼此交心谈话，行政机构上下级之间要经常沟通。发现漏洞，及时补救。同时，要加强监督，检察机关、司法机关密切配合，周密调查涉案线索，不冤枉一个好人，不放过一个坏人，严厉惩处行贿受贿人员。

三、公共服务投入不足

21 世纪，全球进入经济一体化的发展时代，可是国际上的贫富差距却在大范围地扩大，尤其是在公共服务方面，存在较大的差距。总体而言，在“十一五”期间对基本公共服务的投入仍有较大的提高。政府工作报告中提出，2010 年，在教育、卫生、社保、住房、文化等方面的基本公共服务投入比 2009 年增长了 19.9%。但是从我们国家基本公共服务几个主要指标来看，再进一步加大投入总量的空间还是有的，根据 2008 年的一个资料，我们在教育、医疗、社会保障这几个方面的投入占 GDP 的比重与全世界相比，比 3000 美元以下的国家还低 13 个百分点，比 3000—6000 美元的国家平均要低 24 个百分点。[②] 中国社会科学院于 2011 年 7 月 17 日发布了《公共服务蓝皮书》，向全国 38 个直辖市、省会城市、经济特区和计划单列市进行接近 2 万份问卷调查后显示，住房、社会保障就业和医疗卫生的关注度各占约 20%。调查显示，中国公众对基本公共服务满意度的总体评价较低，但还处在可承受的范围内。调查表明，只有南宁投向主要基本公共服务方面的财政资金占当年 GDP 的比重最高，为 37.17%，而呼和浩特、济南、拉萨、汕头和乌鲁木齐等 5 个城市的投入比重不超过 GDP 的 1%，比重最低。[③] 尤其是医疗卫生事业，由于直接关系到人民的身体健康，因此也是政府应该加大投入的一个不可忽视的重要方面。

---

① “北京医药领域犯罪窝案多发　逾九成是贪污”，《北京晚报》，2011 年 11 月 30 日。

② “加大投入调整结构深化改革　实现基本公共服务均等化”，http://www.news.china.com.cn，2011 年 3 月 8 日。

③ “公共服务蓝皮书：政府应重点投入三大民生课题”，《联合早报》，2011 年 7 月 18 日。

令人愤慨的是，国内一些人将公共服务等部门也完全市场化，按照谋求利益最大化的市场经济规律行事。这样的做法是完全行不通的，就连那些意识形态与社会主义相左的人士也是不赞同的。显然，在这种思想指导下的一些医务界实际做法，它们是不可取的，是完全不符合改革的大方向和总政策的。

总之，无论民营医院还是公立医院，都需要在市场经济的大背景下参与经济竞争，提高运行效益，追求利润收入。没有物质激励机制，也就没有医疗质量，医学科学也不能发展。但是理性的医疗行业经济竞争并不等于医疗事业完全市场化，尤其是不能在看病、买药、消除患者病痛方面，过多地采用博弈手段，那样就极易将悬壶济世的古老医德丢失掉。医院的职责是救死扶伤，而一些医院牟利的做法实在难以让人接受，是与其职责公然背道而驰的。趋利行为的市场经济理论与做法，已经被不适当地引入治病救人的事业中，也招致了社会民众对医院的诟病。如此一来，无论从人的情感，还是从社会需求来讲，都损害了大多数人的利益。医院遇到的财经补贴不足的问题，需要通过认真研究，也能够从多个渠道筹措到资金。要建立政府主导型医疗体制，加快医疗保险方面的改革与覆盖，如此才能从根上解决人民看病就医难的问题。

第四节　国民教育必须重新布局

中国自古就是礼仪之邦，重视教育，知书达理，成为人们普遍追求的目标。改革开放使中国教育事业获得了新的发展，尤其是义务教育与扫盲行动，成绩喜人。可是，与此同时也出现了教育产业化思潮的大泛滥，教育的实际发展曾进入了一个误区，使得教育收费高，质量下滑的情况严重存在。

一、改革进程中的教育事业

中国传统历史与优秀民族文化历来都重视教育，通过教育使人知书达理，在社会活动中做出成绩。古代教育的奠基人孔子说过：“不怨天，不尤人，下学而上达。”[①] 孔子还主张实施“有教无类”的教育方式，教化乡民。新中国成立之后，共和国的领导人又将教育作为建立社会主义事业的千秋大业。第一代领导人毛泽东题词“好好学习，天天向上”。国家极为重视小学教育，培养社会主义建设人才，从学龄期开始。改革开放起始，总设计师邓小平就主导实施了恢复高等学校入学的考试政策，为国家的兴盛奠定了人才基础。经过多年的改革，中国的教育已经成为世界上受惠人口最多的伟大事业。

2000 年，中国政府代表出席了联合国教科文组织召开的有关全民教育的达喀尔会议，签署了著名的《达喀尔行动纲领》。自这次会议之后，中国政府将大量资金投入于教育，并且动员各界社会力量，发展全民教育。5 年时间中，中国全民教育实现了新的突破：义务教育发展取得历史性进步，基本普及九年义务教育和基本扫除青壮年文盲（简称“两基”）攻坚取得显著进展，成人识字率有较大提高，教育的性别差异明显缩小；农村义务教育得到空前的重视和推进，投入水平、教师素质、办学条件得到明显改善。在进入 21 世纪的头几年，中央政府又主导实施了西部地区的“两基”攻坚，特别是实施了对贫困地区家庭学生提供资助的系列政策。这些措施在实际中产生了积极的影响，诸如在提高农村学生在校学习的巩固率、降低辍学率以及保证适龄儿童按时入学等方面，积极的政策有利地促进了农村义务教育的发展。

“十一五”期间，中国教育事业取得了巨大的进步，“十一五”规划目标基本全面实现。据国家统计局资料显示，2010 年，学前三年毛入园率达 56.6%，比 2005 年大幅提高了 15.2 个百分点；2005 年以来，义务教育普及与巩固水平保持高位，全国小学净入学率一直保持在 99% 以上，超过了发达国家 96% 的平均水平；2010 年，全国初中毛入学率达到 100.1%，初中三年巩固率达到 94%，分别比 2005 年提高 5.1 个百分点和 1.02 个百分点；高中阶段教育毛入学率达到 82.5%，比 2005 年提高 29.8 个百分点；2010 年，我国高等教育毛入学率达 26.5%，比 2005 年提高 5.5 个百分点，比规划目标高出 1.5 个百分点。[②] 总之，中国很好地践行了国际社会通过的《达喀尔行动纲领》，不仅为自己的国家建设培养了大批有知识的劳动者，而且

① 引自《论语·宪问》。

② 统计局：“教育事业发展成就显著”，中华人民共和国国家统计局网，2011 年 3 月 10 日。

也为人类追求的文明发展贡献了力量。

二、教育产业化思潮泛滥

当今世界现代化发展与经济竞争，归根结底是科技竞争和教育竞争。中国人对教育的期望值很高，国家经济建设也需要大批高质量的人才。从满足这些实际的紧迫需求来看，从老百姓意愿和社会实际效果分析，中国教育虽然取得了显著成就，可是供给与需求依然不平衡，在有些方面甚至差距巨大。进入21世纪，国家教育的情况依然是民众议论的焦点，其总体现状可以引用很多年前邓小平在世时说过的一句话。邓小平当年在总结改革初期的工作时说，经济得到了发展，也出现了一些偏差，“最大的失误是教育失误”。泛市场化的思潮同样侵蚀了中国教育界，直接影响了人才的培养，影响了科学技术进步、经济生产发展。正如前文所述，教育产业化是这股思潮泛滥的典型代表。

早在1992年国务院颁发的《关于加快发展第三产业的决定》中，教育被明确列为第三产业，而且是“对国民经济发展具有全局性、先导性影响的基础产业”，这也是国际上通行的看法。在世界上教育发达的美国，高等教育体系就分为公立、私立两类，公立大学有纽约州立大学、蓝德大学等，一些最有名的大学是私立大学或者教会资助的大学、学院，诸如哈佛大学、斯坦福大学和俄斯肯学院等。英国、法国等国的高等教育体系同样如此。所以，国务院的文件是科学且客观的，是从全球化角度作出的判断。中国教育要不要市场，这个不用争论，因为中国绝对不能把教育产业化，也不能违背全球化发展的大趋势。问题是怎样办教育，特别是如何在市场化的大背景下执行义务教育。世界著名的微软公司创始人比尔·盖茨，就是在学习期间，办起了公司，结果为信息时代作出了卓越贡献。

中国出现的教育产业化倾向是泛市场化思潮泛滥的结果。教育产业化行为抛弃了教育的基本原则，将义务教育变成盈利教育，严重干扰了国家全面推进的“两基”工作的部署，也使教育乱收费泛滥成灾。不仅迫使部分社会弱势群体中的适龄儿童少年因贫辍学，而且导致教育质量大幅度滑坡。尽管中国教育部高层领导多次表态强调，“最高教育行政主管部门从来没有发表文件，支持教育产业化”。可是教育界的实际情况却是，教育产业化的论调和做法比比皆是。实事求是地讲，教育主管部门在过去的一段时间内没有坚决抵制泛市场化的影响，没有强力约束某些教育单位的乱收费。

不论是网络上，还是各类期刊上，有关教育产业化的文章可谓遍地开花，教育界、学术界、媒体界等都纷纷加入了这个批判教育产业化的潮流中。比如在2007年10月16日举行的中共十七大首场记者招待会，教育部部长周济在回答记者提问时说，这次中共十七大报告当中明确指出，要坚持教育公益性质，加大财政对教育的投入，我们坚决反对教育产业化。① 2010年一篇名为“‘教育产业化’可以休矣”的文章就明确指出，“教育产业化”催生了教育乱收费，而教育乱收费不仅加重了学生的负担，加剧了农村学生尤其是贫困学生的困难，而且严重败坏了学校与教师在学生心目中的形象，造成了不可低估的负面影响。② 凤凰卫视著名电视记者闾丘露薇也非常关心教育产业化的问题，她写了一篇名为“教育产业化”的文章，她说，很多人已经将教育当成了一门生意，不管是幼儿园还是大学，教育早就成了一门赚钱的工具。③ 从以上评论不难看出，教育产业化与乱收费现象几乎成了一对“孪生兄弟”，此时的我们又该作何感想？

按照在2000年联合国教科文组织召开的世界教育论坛上通过的《达喀尔行动纲领》，全民义务教育的责任重大。义务教育属于政府投资的教育。从中国现阶段的基本国情出发，国家不可能包办教育。按照教育部的指导，在各级各类教育阶段实行不同程度的教育成本分担机制，是近年来一项重大的教育改革，方向正确，意义重大，还要继续坚持。在现阶段还必须坚持教育的公益性原则。教育发展要以政府投入为主，应加强政府发展教育的责任，使教育成为政府的一项最重要的工作。

虽然中国教育部新闻发言人也曾在新华网这个国内影响很大的网络媒体上明确表示，“教育产业化”这个提法从它产生之日起，教育部就旗帜鲜明地表示反对，坚决反对教育产业化的提法，并认为教育产业化会毁掉中国的教育。④ 当然，不仅要口头上的反对，更要在实际行动上坚决制止。工作犹如弹钢琴，弹不准，跑了调，等于没有弹或者是在制造噪音。抓而不紧，等于没抓，最后教育产业化的结果只会是愈演愈烈，影响极坏。

---

① “坚决反对教育产业化”，《西安日报》，2007年10月17日。

② 刘英团：“‘教育产业化’可以休矣”，《湖南教育》，2010年3月（下），第62页。

③ 闾丘露薇：“教育产业化”，《中国社会保障》，2011年第9期，第56页。

④ 新华网：“教育部：教育产业化会毁掉中国教育”，http：//www.xinhuanet.com，2010年12月17日。

三、教育领域存在乱收费现象

在实际上存在的泛滥的教育产业化思潮中，过去曾有很长一段时间，中国人期待的义务教育时常不能顺利实施。在大中城市，义务教育似乎成了纯粹的家长“义务”，而在广大乡村，义务教育的推广面临重重困难，一些农户为筹措孩子读小学的费用而感到负担沉重，甚至是一种经济枷锁。因为交不起各种各样的学杂费，山区牧区的孩子辍学者千千万万。在经济发展相对滞后的一些西部民族地区，义务教育达标的任务是说在嘴上，贴在墙上。2011 年 6 月，“转型期中国重大教育政策的案例研究”课题组的调查表明，目前中国农村仍存在着严重的辍学现象。课题组在以乡镇为样本的抽样调查时发现，被调查的 17 所农村初中学校，辍学率参差不齐，差异性较大，最高的为 74.37%，平均辍学率约为 43%，大大超过了“普九”关于把农村初中辍学率控制在 3% 以内的要求。原国家教育委员会副主任参加课题结题鉴定会的专家柳斌指出，某发达城市一年所收的教育附加费就多达 10 亿多到 20 亿元，可是一些领导宁愿拿这些钱去办“窗口学校”，却不愿推行全免费的义务教育，造成校与校之间的差距越来越大。[①] 因此我们不难知道，高的辍学率与教育负担过重是息息相关的，而且教育乱收费现象在很长一段时间可谓有目共睹，数目之大令人咋舌，屡查不止让人寒心。

2011 年 8 月 29 日，教育部官方网站公布了对上半年查处的部分教育乱收费典型案件的通报，涉及甘肃、安徽、江西、湖北、四川、河南 6 省的 12 所中小学校，相关责任人 13 人受到党政纪处分，3 人被免去校长职务。以某重点大学附属中学为例，该学校从公办校改为民办校，每人每年收费为 2 万元，以学校 10 个班级，每班 60 人计算，一年的收益就高达几千万元。[②] 这无疑是让中国老百姓的教育负重雪上加霜。教育之乱象，是社会之悲、国家之哀。由于近几年教育产业化泛滥成灾，荒诞与辛酸充斥于中国教育系统。从社会层面看，教育不公早已成为社会的最大不公；从意识传播和人才培养看，既刺激了人们的“文凭利益”获取欲望，也阻碍了能够获取诺贝

① “抽样调查 17 所农村中学：初中平均辍学率高达 43%”，《中国青年报》，2011 年 12 月 23 日。

② “教育乱收费禁而不止调查：主管部门成利益分享者”，《人民日报》，2011 年 9 月 16 日。

尔奖的高精尖人才的产生。

2011 年江西共查处学校乱收费逾 3000 万元，244 人受处。在对学校办学和收费、义务教育阶段学校择校收费、中小学教辅材料管理等突出问题治理中，江西一共查处各级各类学校违规收费问题 305 个，涉及金额 3084.4 万元，已清退 1433.4 万元。① 从山西省教育厅了解到，2011 年全省共查处教育乱收费案件 108 件，乱收费金额 448.38 万元，清退违纪金额 349.19 万元，给予党纪、政纪处分 41 人，并有 3 名校长被撤职。② 关于收费项目，某些学校可谓各显神通，巧立名目。近两年广东教育乱收费继续呈现多发态势，群众反映教育乱收费问题的信访量一直居高不下。在 2011 年广东省查处的 10 起教育乱收费案例中，学校违规服务性收费和代收费情况也占有相当比例，包括巧立名目收取订购感恩卡费、体育训练费、自行车保管费等。湛江市坡头区上圩中学收取 576 名学生的单车保管费共 8640 元，违反了广东省《关于进一步规范中小学服务性收费和代收费的通知》等有关规定，校长莫冠泉被免职。③

在全面实施义务教育方面，城市基本得到落实，但是农村实现得还不理想，教育更是成为他们的最大开支。因此，在教育方面，也存在着明显的贫富差距，而实质上的差距是教育公平的差距。众多事例表明，要全面贯彻联合国《达喀尔行动纲领》，必须采取更有力的措施展开义务教育的行动。

面对日益增加的教育花费，贫困居民无力应对，因为交不起学费而引发的学生自杀事例也是时有发生。2011 年 10 月安徽两名小学生因为交不起补课费，不堪老师再三催讨，竟然选择了服毒自杀。这起未遂的自杀事件，让教师强制有偿补课的潜规则染上了血色。④ 这还仅仅是小学啊，那比起高额学费的大学来说又是怎样一番情景呢？一项抽样调查显示，按照中国每名贫困大学生每年的平均支出约 7000 元，其中包括学费、生活费和住宿费，一个本科生 4 年最少花费 2.8 万元，相当于一个贫困县农民 35 年的纯收入。这还是在不考虑农民自己生活所需的吃饭、穿衣、看病、养老等费用支出情

---

① “江西去年查处学校乱收费 3084.4 万元　244 人受处理”，http：//jiangxi.jxnews.com.cn，2012 年 2 月 9 日。

② 梁晓飞：“山西去年查处教育乱收费 448 万多元　41 人受处分”，http：//news.china.com，2012 年 2 月 11 日。

③ “巧立名目收取‘补课费’‘感恩卡费’”，《汕头日报》，2011 年 7 月 20 日。

④ “老师用补课费买车买房　学生却因交不起学费自杀”，《法治晚报》，2011 年 12 月 7 日。

况下的毛收入计算。①

教育部有关负责人曾经指出，2009年全国普通高校在校生总人数2285.15万人，其中家庭经济困难学生人数527万人，占全部在校生总人数的23.06%；家庭经济特别困难学生人数166.1万人，占全部在校生总人数的7.27%。② 社会公认，中国贫困人口出现的根源就是在于“教育”，因为教育花费高，所以上不起学；因为上不起学，所以没有知识，没有技能；因为缺少智慧和才干，所以挣不到钱。因此，“教育公平”是缩小贫富差距的首要前提。早在30年前，欧美等不少国家的中小学，就已经不收取学费杂费了。改革开放初期就移民到美国、英国的来自中国大陆人士，经常感叹不已的一件事情就是，当地的中小学是免费的。直至今日，九年义务教育的政策还没有完全得到落实，尽管有些地区执行得还是不错的。

中国的教育问题，历来就广受争议。早在2003年9月联合国主管教育权利事务的特别调查员卡塔琳娜·托马舍夫斯基到中国考察两周后，很不寻常地批评中国在保证基础教育权利方面连非洲穷国乌干达都不如。“中国教育经费仅占国内生产总值的2%，比联合国最低要求6%低得多。”她说，“政府仅提供学校经费的53%，其余由学生家长承担，政府承担的比例，比所有实行义务教育政策的国家都低。”③ 这种批评是很尖锐的。国内国际人士对社会上存在的教育产业化提出的批评，不能狭隘地认为是矛头对准某个部门、是不怀好意的恶意攻击。中国人民的领袖毛泽东在著名的《为人民服务》一文中就强调，中国共产党是为人民服务的政党，不怕别人批评指出工作中的缺点。“不管是什么人，只要你说的办法对人民有好处，我们就照你的办。”实践表明接受批评，修正错误，会将事情做得更好。

四、文凭造假影响恶劣

在基础教育变得越来越不公平的时候，中国高等教育也出现了越来越不

① 评论：“本科生培养成本约为一个贫困县农民35年收入”，《中国财经报》，2006年4月14日。

② “全国贫困生占全校总人数30% 教育开通自助电话”，http://www.linkchinaconsulting.com/cn/news.asp? ID=1031，2010年8月17日。

③ 王强、刘丽娟：“教育产业化：天使与魔鬼之辩”，《商务周刊》，http://finance.sina.com.cn，2004年11月11日。

纯正的局面。一些高等院校，一方面对上大学的考生学习成绩要求越来越低，另一方面对其经济承受能力要求却越来越高。

放宽入学尺度，在一些工业化国家的确存在，但那是一种宽进严出的教育模式，适宜当地的国情。而中国一些高校教育市场化，完全是交钱就进校，宽进到没有起码的标准，表现形式也五花八门。教学环节不紧抓，结果是毕业仍然是宽出，教育质量完全得不到保证。而我们希望的高等院校不能是只要收钱，就给予学位，这样怎么可能培养出优秀人才？此外，随意放宽学生的入学尺度，也是无法培养出人才的。于是人们对这类现象开始置疑，在研讨会议上就出现了各种批评声音，媒体上也有了反对此类现象的文章。这些都足以说明上有政策、下有对策的情况，无疑是存在的。如何消除这类现象呢？管理者的责任在于，防祸于未然。就像堵塞洪水一样，如果事先没有观测并掌握好水情，及早疏通河道，没有筑起堤坝，而只是在洪水来临之时，发布警报，当然是无济于事的。

这里特别需要强调的是，一些身居要职的公务人员以所谓的“在职攻读”博士学位方式，获取学位的做法和现象引起了不小的负面影响。行政官员主要靠自己的勤政努力和政绩突出，才能有政治上的更大的进步。可是有些人置工作于不顾，拿公家的钱——准确地说是纳税人的钱，基本不用到校读书，就可以大大方方地拿到学位证书。博士学位教育本来是一个严肃的学术和教育指标，而这种做法是极其恶劣的。虽然证书是备了案的真文凭，持有者的学术水平却并不真实。纵观古今中外的博士教育历史和官吏史，并不难发现，高级别的行政公务人员拿公款“在职攻读”博士学位，这只是在当代中国教育体制不完善与教育管理紊乱才会出现的怪事情，是一种丑陋的反社会文明的现象。这种丑陋之事也并非无本之木，其思想根源是中国封建社会遗留下来的官本位主义，是对科学和学术的亵渎。从国家内部来说，这种博士学位教育泛滥化更是百害而无一益，试想那些个以种种非规则方式获得博士学位的人，哪一个经过了严格的博士课程训练。而不经过严格的博士课程训练，又如何能掌握一个博士所应具有的必要的、系统的科学知识和科学方法？博士学位是对一个个具体的学者学术水平以及学历过程的认可，而不仅仅是对其工作经验的承认。

这类做法不仅使个人为自己图了一个学术虚名，而且为在校学生严守校纪带来严重对抗。此风对学术领域的负面影响，无论从长期来看还是从短期来看，都是巨大而深远的。如果任凭这种混乱和泛滥现象蔓延下去，那么在国际上，中国的博士教育将成为国际高等教育界的笑话，轻则中国的博士学位得不到国际社会的承认，重则有损中华人民共和国及其公民的诚信和国际形象。在中国境内，有的公务人员用这张没有真正含金量的“硕士”或者“博士”文凭为资本，投机取巧，作为走上更高领导岗位的要价，卑劣地攫取了更高的权力和更多的利益，此现象更是有损于共产党干部队伍的光辉形象。

诚然，中国共产党在革命斗争中，有从实践中选拔优秀干部深造的成功经验，选派有发展潜力的干部到学校读书也是一个制度化的做法。可是，对于培养干部，必须要建立严格的管理制度，不能走入谋图虚名的歧路。学位教育本来就是一个严肃的学术和教育任务，不能将它庸俗化了。身处重要岗位的行政公务人员如果要读书深造，就应当在学习期间离开岗位，认认真真学习，踏踏实实地攻读博士学位，须知鱼和熊掌不能兼得。社会主义社会要反对封建社会遗留的那种“学而优则仕”的腐朽风气，也要反对和制止“仕而优则学”的不正之风，因为后者同样是一种代表性的、丑陋的、反社会文明的现象。这种丑陋的社会现象产生的思想根源是中国封建社会遗留下来的“官本位”主义，它流传了几千年，是与马克思讲的社会“公仆”精神、毛泽东讲的“为人民服务”思想所完全背离的。

“官本位”的思想自秦朝以来一直是封建地主阶级的统治制度的核心内容。自历史上的秦朝起，皇帝拥有了至高无上的权力，“天下事无大小皆决于上”。[①] 皇帝以下的各级大小官员，也各自拥有相应的分级分层的权力，而且这些权力又与获取财富连在一起。因此，汉朝及魏晋时期实行了“九品中正制”，隋朝与唐朝改为实施“科举制”，随后一直延续到清代，这些做法都为“官本位”的壮大进行了制度培植与组织建设。“官本位”也就逐渐成为了中国数千年来封建地主统治意识的集大成之文化形式。清朝末期的吴敬梓写的《儒林外史》，李宝嘉写的《官场现形记》，还有民国时期李宗吾写的《厚黑学》等，均对“官本位”现象做了生动而深刻地描述、嘲讽甚至批判。中国目前的现代化建设是在沿袭历史的基础上进行的，所以封建主义的腐朽思想就不可避免地腐蚀着新社会的肌体。

江泽民同志在总结了历史经验与教训后，深刻地指出：“所谓‘官本位’，就是‘以官为本’，一切为了做官，有了官位，就什么东西都有了，

① 引自司马迁：《史记·秦始皇本纪》。

‘一人得道，鸡犬升天’”。他严肃地揭露了党内出现的官本位现象，批评了某些党员特别是党员领导干部的一些错误思想，并由此而导致的错误做法：“一些共产党员和党的领导干部，也自觉不自觉地做了这种‘官本位’意识的俘虏，于是跑官、买官、卖官的现象出来了；弄虚作假，虚报浮夸，骗取荣誉和职位的现象出来了；明哲保身，不思进取，但求无过，一切为了保官的现象出来了；以权谋私的现象出来了。”① 从社会主义建设大局出发，站在坚决维护人民利益的立场上，江泽民同志严厉地斥责了腐朽思想危害党、危害国家的消极作用。毫无疑问，清除学位造假是场严肃的政治斗争，必须刻不容缓地加以实施。

中国现代高等教育体系所纵容的、与“官本位”相连的文凭怪事是不可否认的，是现存体制性问题的一种表现形式，这种淋漓尽致地表现出的错误不仅违反了教育常规原理，而且有着极其恶劣的影响，即以“文凭获取”为开始、为过程、为结果。从个人的私利出发，通过非正规的渠道获取的“真的”假性“硕士”或“博士”文凭还是很有用的，因为能提升公务人员晋升的竞争力，或者带来其他的个人好处。不过当教育特别是高等教育异化为“文凭教育”，与“水平教育”和“人品教育”八竿子打不着的时候，高等教育注定会成为对人和社会促退的强大力量，这才是真正的可怕之处。教育产业化不仅在形式上使种种“真的假文凭”和“假的真文凭”泛滥，而且扭曲了社会花费了许多年时间才形成的人才观念。科学严肃的人才培养，在一些地方或学校成为权钱交易的商品，整个社会为此付出的是巨大的“机会成本”代价。

五、清除泛市场化思潮的错误影响

2000 年，联合国教科文组织世界教育论坛通过了《达喀尔行动纲领》，确认了为每个公民和社会实现全民教育的六项目标，使全民教育的目标更为具体化并确定了时间表。全民教育不仅仅是教育问题，首先就是发展问题，全民教育六大目标（扫盲、发展幼儿教育、普及初等教育、促进男女教育机会平等、生活技能培训、全面提高教育质量）中，有三项（扫盲、普及初等教育、男女教育机会平等）已列入联合国大会通过的

① 江泽民：《关于改进党的作风，论“三个代表”》，中央文献出版社 2001 年版，第 77 页。

“千年发展目标”。推动全民教育的发展与推动“消除贫困、男女平等”的千年发展目标密不可分地结合在一起。显然，教育产业化的实施是违背了这个纲领的。

国家主管教育事业的行政机关坚决否认向教育产业化示好，表明了对重大问题不轻易下结论的原则，以防止出现政策偏向，这种做法无疑是正确的。因为国家权力机关，做事一定是三思而行，慎之又慎的。实际的情况是，一种思想理论或者工作指导对实际社会的影响，包括思维本身的存在意义，并不是一两个小范围的表态就能决定的。因为在过去的一段时间内，整个教育系统都在实际上办着牟利目的非常明显的“教育产业化”之事，各种名目的产业化活动表现已十分突出。例如，在深化市场经济体制改革的过程中，各个学校不管条件是否允许、效果如何，蜂拥而上大办公司。20 世纪末，北京大学率先推倒了南面的学校围墙，建起了一排楼房做商店。这说明，此举是一种潮流或者倾向，是由行为者的价值导向所决定的，是为巨大的利益博弈所推动的。2005 年，北京大学又推倒了南面的商铺楼房，重新建起了学校围墙，对过去的错误进行纠正。不过事情远没有完结，对于一个几年前业已存在的事实，现在还依然存在着，显然，这个问题不是一个部门的表态就能解决得了的，一股错误思潮也不是几天就能消失的。

一代伟人毛泽东讲过，当一种错误思潮像潮水一样涌现出来，要坚持真理，倾力相顶。更重要的工作是，行政管理机关应当负起更多的责任，引导这种思潮向正确的方向前进。虽然行政主管部门没有提“教育产业化”，但实际存在的“产业化”和所表现的问题之严重，是那些市场化程度更高的国家所没有的。这也就是说，评价管理的效果和人民生活的实际情况，并不是由讨论或表态所决定的，而取决于现实的社会状况。实践是检验真理的唯一标准，也是评价管理功绩的唯一标准。反思教育战线的改革，只能是总结教训，提升经验，做好工作。发展是硬道理，社会公平也是发展，教育就是保证社会公平的最基本的途径，自然也是硬道理的判断准则。没有教育，就没有公平，经济也就不能发展。教育问题目前在一些地方已经集聚成灾了，民众的怨气也能随时感受到，在这个关键时刻行政主管要采取更加坚决有力的纠错行为，这样才能稳定社会，消除不安定隐患。

第五节 环境污染趋势务必坚决遏制

1992年6月联合国环境与发展大会通过了《里约宣言》、《气候变化公约》和《生物多样性公约》等重要文件，警示人类生存正面临着环境恶化带来的生态安全问题。回顾20世纪中期以后，主要是由于人类不科学的生产与生活方式的作用，在全球生态恶化领域不断扩大，地球温室效应程度逐步加深的大背景下，中国的自然环境形势也相当严峻。进入21世纪之后，生态安全更加凸显在世人面前。生态安全的理念概括地讲，是指当人们赖以生存、发展的自然生态系统自我演变，能够维系人类社会经济可持续发展时，即包括水、土、大气、森林、草地、海洋、生物等整体处于良性循环之中，环球或局部的生态就是安全的；反之，就是不安全。“十一五”期间，中国将建设资源节约型、环境友好型社会作为坚持以人为本、落实科学发展观、全面建设小康社会的重要内容。在经济快速增长、人民群众消费水平显著提高的情况下，由于采取了一系列重大的政策措施，各地区、各部门不断加大环境保护工作力度，环境保护工作取得了积极进展。全社会关心、支持、参与环保的氛围更加浓郁，公众环保意识显著增强，“十一五”期间我国环境保护工作取得的成果主要可以从九个方面得到总结性阐述，即超额完成污染物减排任务、推动经济发展方式转变取得成效、全面推进江河湖泊休养生息、探索建立大气污染联防联控机制、集中整治重金属污染等关系民生的突出环境问题、稳步推进核安全与放射性污染防治、不断完善法律法规和政策标准体系、切实加强环境执法监管和能力建设。① 简言之，我国环境保护在“十一五”期间从认识到实践发生了重要变化，只有全社会广泛参与，环保事业的发展才会有持久动力。

从经济学理论的角度分析，生态环境属于“公共产品”，它有一些特殊的消费特点，诸如非独占性、非排他性、非付费性等，也就是说，生产者投资生产不能得到正常的回报，消费者不支付费用就可以消费。于是，在泛化的市场经济行为中，生态环境的保护和建设工作也还将面临重重阻力。

---

① “中国环保联盟——国内新闻”，http：//www.epun.cn/guonei-news.asp。

一、工业三废污染严重

改革开放以来，我国正在进一步的加速工业化，经济也快速发展，与此同时，产生的工业三废污染物对环境造成了极为严重的影响，目前而言我国工业排放量居世界第一位，排放总量超过环境总量，环境污染面临巨大的治理压力。

由于环境污染的历史积累效应，环境治理滞后及安全事故多发等原因，我国已经进入了环境污染事故的高发期。近两年发生的扬子江污染等事件的影响程度之大、范围之广是历史上没有见过的。自2010年11月13日松花江水污染事件之后的第一季度末，我国就发生各类突发环境事件76起，平均每两天就发生一起。[①]

二、制定环保法律法规受阻

从1979年《中华人民共和国环境保护法》（下称《环保法》）这部法律试行至今32年，中国环境非但未得到保护，反而每况愈下，因此，已经有多位学者称环保法是当代执行效果最差的法律之一。多年来，关于修订《环保法》的呼吁此起彼伏，但实际进展徘徊不前。2011年11月初，作为修法中的一个步骤，《环保法》修正草案稿被提交至全国人民代表大会常委会审阅。尽管前路尚远，总算走出实质性的一步。[②]

在人类发展史上，征服自然、摆脱物质的压迫、获得社会进步的广阔空间，是人的第一次解放；爱护自然，寻求与自然和谐共处的途径，以此奠定持续发展的基础，是人的第二次解放。生态平衡与国家繁荣紧密相连，不可分开。第一次解放的历史是漫长的，第二次解放的历程自然也是艰辛的。为了获得再一次的新生，必须抛弃泛化的市场经济观念，反思以往处理生产与生态的指导政策，调整不合理的经济结构，修正以经济增长为唯一目标的生产方式，加强维护生态平衡的基础设施建设。让华夏子民生活在蓝天碧水的

① 高俊岭："刍议我国环境保护工作的难点及对策"，《科技传播》，2011年第6期（上），第15页。

② 博才网："环保法遭遇修订难　地方政府成最大阻力"，http://www.hbrc.com，2011年12月5日。

环境中，让生命之树常青。

第六节　“以人为本”　坚持正确方向的改革

中国共产党以毛泽东为代表的第一代领导人遵循马克思列宁主义的基本原理，领导中国人民成功地进行了一场社会革命，建立了人民当家做主的中华人民共和国，奠定了初步工业化的社会经济基础。以公有制度为主体的中国经济基础使具有浓厚封建色彩的上层建筑发生了许多重大变化，而社会的上层建筑也多次进行过相应的调整改革，以适应不断发展变化的社会经济基础。每一次涉及两方面的调整改革，都是为解决现实存在的各种矛盾和冲突斗争的努力，其间曾经出现了一些曲折反复。以邓小平为代表的中国共产党第二代领导集体实施的改革开放政策，实际上依然是在不断地对社会的上层建筑进行调整和改革，以适应并促进社会经济基础的发展，指导中国人民走上致富之路。

以胡锦涛同志为总书记的中国共产党新一代领导集体，继承邓小平理论和“三个代表”重要思想，总结了改革开放28年的经验，恢复和发展了党的优良传统，提出了“权为民所用，情为民所系，利为民所谋”的民本价值观，强调用科学发展观点指导发展中国特色社会主义，建设创新型国家战略。归根结底的原因就是，为了抓住21世纪全球经济一体化带来的机遇和挑战，需要集中全体人民的智慧，凝聚全体人民的力量，创造性地进行劳动建设，不断增强国家的综合实力，完成民族复兴的历史任务。为了发展中国特色社会主义，建设创新型国家，就要实施保持国内持续、稳定、高速发展经济的新政策，采取应对不断变化的、错综复杂的国际局面的全球新方针。为此，要深化改革国家体制内存在的不适应经济发展的事物，理顺管理部门之间的关系，协调行政指挥与经济运行，解决影响和谐社会建设的矛盾，调动一切积极因素，鼓足干劲，求富图强。

一、分析矛盾　明辨是非

前文的阐述分析表明，目前中国的改革和发展的确进入了一个历史性的新阶段，面临着一些以前没有遇到过的新问题，社会舆论所说的改革反思，就是要对发展变化的局面进行总体评估，认真审视过去的工作，慎重细致地规划未来。因为在中国经济社会体系需进一步提升、经济社会改革需进一步推进的情况下，现实经济社会生活中曾经存在的某些问题急剧恶化了，由此也暴露出部分改革进程依赖的重大理论观念、政策措施出现的严重缺陷。经济学界的人士曾作过某些概括和解释。诸如：首先，由分配不公、贫富差距扩大、行政腐败扩散等造成的社会矛盾日益加剧，并引起了部分群众对现实生活中消极现象的强烈不满；其次，现代市场经济正常运转所必需的法治环境迟迟未能建立；再次，政府必须提供的教育基本社会保障等公共服务不但没有加强相反还有削弱的趋势；最后，与传统社会主义经济体制相适应的粗放增长方式也难于向集约增长方式转变。①在这种情况下，2004 年到 2005 年期间爆发了关于我国改革发展存在的问题以及中国应当向何处去的大争论。这种情况表明，以史为鉴，认真反思我国改革的成就和不足以及面临的问题，明确今后的方向，就成为继续前进的迫切需要。在这个时刻，每个公民、每个经济学研究工作者都有责任为这种反思和规划提供自己专业性的思考。

当然，每一个历史阶段和国家社会都有问题存在，都有矛盾产生，因为生活就是矛盾，矛盾构成生活。可是，前面的简单分析表明，中国经济社会矛盾近几年来猛然显形、重度表现，最重要的原因就是，“泛市场化”思潮掀起层层浊浪，催出了激进的市场经济改革措施，诱发了大量不按游戏规则进行的违规违章的变革操作行动，脱离了中国的国情和民情，激化了经济社会矛盾。大量事实证明，各种“泛市场化”的说教用市场经济的理论包装着，它们貌似改革彻底，实则蛊惑人心，也可以说是一种伪装的改革，是试图引导中国走向发展道路上的一个歧途，实际结果也使社会陷入某种程度的混乱状态。其最典型的表现就是，与民众生活息息相关的收入、教育、医疗、住房、就业等等，都或多或少出现了很不正常的情况，非规则的经济活动、非理性的行政管理和非科学的生产运作，它们都一股脑地、扎堆式地出现了。人民群众期望从高速发展的经济中得到的实惠没有完全到位，经济社会生活中出现的多种不合理、不合法的事情扰乱了民众的安宁生活，一时

① 傅春荣：“吴敬琏坦言中国改革四大缺陷　呼吁慎重规划未来”，《中华工商时报》，2006 年 2 月 12 日。

间，街谈巷议那些不合章法之事的声音越来越多。民众的眼睛是雪亮的，居民的生活感受是真实的。解决矛盾，为民谋利，是时候了。

二、坚持原则　维护真理

如何深刻地辨析那些伪善的、误导了改革的、所谓的“市场经济改革”论调呢？这需要严肃认真的分析，从事件的源头说起，并且毫不留情地批判那些“金玉其外、败絮其内”的高论。批驳错误言论，不是扣帽子、打棍子，因为中国人已经有过此类惨痛教训，“文化大革命”中的“炮轰”某某，与什么路线“对着干”，带来的只是混乱，最终是民族遭受一场浩劫。反思改革，辩论是非，完全要按照摆事实讲道理的方式来进行，既知道如何维护安定团结的大好局面，又懂得破旧立新、开拓前进的道理。需要特别指出的是，带有激进色彩的市场经济政策的实施，在实际中也的确推动了商业兴旺，一些人据此坚持己见，认为改革一帆风顺，不允许对改革过程进行反思。例如，一些理论政策在改革初期动员群众致富阶段曾发挥过巨大作用，打破了一段时期不能谈富求富的大家“平均”的所谓共产主义思想，将人们从教条主义的禁锢中解放出来。一些人在邓小平同志提出的“让一部分人先富起来”的政策指导下，破除“大锅饭”观念，勇敢地“下海”，在市场经济竞争中获得了利润，过上了富裕的新生活。一代人的时间过去了，物换星移，时过境迁。可是，一种将富裕理论教条化的论调却出现了，硬说那是亘古不变的。似乎有足够理由说这样的判定标准是重要的，不可或缺的，其实不然。

坚持富裕理论，不等于说可以无视现实社会中由于泛市场化思潮影响而出现的“一切向钱看”的错误倾向，不去研究差距拉大的原因，寻找缩小差距的方法。尽管这种论调还自我标榜是坚持了中国特色的马克思主义，是完全正确的。其实，这是把马克思主义教条化了，这种做法在马克思生前就出现过。恩格斯曾针对 19 世纪 70 年代末法国的一些“马克思主义者”说：“我只知道我自己不是马克思主义者”。[①] 法国的那些并不为马克思认可的“马克思主义者”，实际上是在用教条主义来歪曲和扼杀马克思主义的精髓。

---

① “致康拉德·施密特”，《马克思恩格斯〈资本论〉书信集》，人民出版社 1976 年版，第 496 页。

马克思通过撰写《资本论》开创了辩证研究经济矛盾的社会主义政治经济学，但是这绝非是社会主义政治经济学的终结。历史是一面镜子。以史为鉴，可明是非。从实际现状和国情出发，用马克思主义的方法观察、解释和改造世界，才是真正地将马克思主义与中国实际相结合，才能真正地贯彻邓小平理论和“三个代表”重要思想，建立有中国特色的社会主义。

实事求是地从国家的宏观层面看，一切市场化的做法并没有让事情变得更好，差距拉大、看病买药难等等，这些情况绝不能调动人的积极性，用经济学术语讲，绝不是资源的最优化配置，更难以做到构建和谐社会。如果说在改革开放初期，国民经济还处于“文化大革命”造成的经济濒临崩溃的边缘，只要经济指标高，就能一俊遮百丑，那实属是一种无奈。那么，时代发展至今，经济社会发展要求的是以人为本，要求的是综合国力强盛。少数发展指标窜高上升，另一些发展指标上升缓慢，还有一些发展指标停滞甚至倒退，这种发展达不到全面建设小康社会的目标。而且发展指标之间是有内在逻辑性的，内部关系一旦失调，整个系统的指标变化就会紊乱，升上去的指标也会掉下来。可持续的经济发展才是真正的发展。一个国家的领导管理，实际上就是能很好地协调各种关系的领导管理，综合国力的形成也是由各种力量的协作而产生的。中国目前的经济总量依然不足，需要继续大力发展生产力，而生产力的提升必须依靠资金、技术和劳动力等等资源的最优化配置。没有协调一致，就不可能有资源的高效配置。

总之，当改革到了一定的程度，物资极大丰富、硕果累累的时候，科学分配，合理分配，就显得尤为重要。因为这关系到社会的公平，影响社会的长治久安，反过来，最终又决定着发展的生态环境。是允许全社会劳动成员根据能力和贡献大小共同享有发展成果，创建和谐美满、幸福祥和的社会呢？还是继续允许部分人攫取社会财富，造成贫富悬殊，致使改革成果旁落，危害社会公平，威胁社会稳定，增加不和谐因素呢？对此，胡锦涛总书记、国务院温家宝总理在不同时期、不同场合都给出了明确的答复。

中国共产党中央委员会在关于“十二五”规划建议中继续指出，要大力构建和谐社会，贯彻科学发展观，树立绿色、低碳发展理念，以节能减排为重点，健全激励与约束机制，加快构建资源节约、环境友好的生产方式和消费模式，增强可持续发展能力，提高生态文明水平。这里可以清楚地看到，单纯的发展观、不和谐的发展观、环境不友好的发展观已经被彻底摒弃，取而代之的是符合新时代、代表人与自然和谐地未来的发展观，树立绿色发展观。发展是社会的主流方向，这是历史的必然。中国共产党在里程碑式的文献里清楚地指明，绝不能以高昂的代价去发展，也不能以对历史“透支”为代价去发展，更不能以牺牲他人的生存权和发展权为代价去发展。现阶段的发展必须建立在和谐的基础上，以建立动态的公平为目标，在社会承受的限度内，在历史许可的范围内，走相对稳健的发展路子。所以，必须继续做出努力，推进中国变革过程，完善社会主义制度。这样的方针就是大力提倡的科学和谐的发展观。

三、破旧立新　开拓进取

各种各样的建议、理论和思想出现于改革的过程中。反思改革的过程，确立全新的观念，是理论求索、不断前进的过程，也是继续充分释放劳动生产力的过程。有些人将批评“泛市场化”的檄文，说成是否定了市场经济作用的胡言乱语，反对将教育高收费、医院高收费等方面出现的错误，归结为曲解了市场经济理论的错误。这些人似乎忘记了，分配、医疗、教育、环境等领域内“泛市场经济”论调导致了大批恶果。政策制定者有个大忌就是，对一种经济理论的思想上的泛化理解、实际中的泛化使用。让一部分人通过劳动致富，先行一步富起来是正确的。但富裕到了两极分化，到了城市居民和城乡居民收入分配差距一再拉大，使基尼系数达到了合理值的上限0.4左右，这就在相当程度上不合理了，就是不正确的。如此下去，社会上必定会出现“差距偏大将导致仇富”的一些举动。

当然，那些做法属偏激行为，但不可否认，其中也有客观因素在起作用。私立学校实行市场化运作是正确的，全社会的各种学校都实际按照商业规律办教育，就是教育产业化泛滥。人们在网页上抨击，写段子评说教育界的个别腐败现象，也就是情由其中了。其实义务教育、医药卫生等方面的问题本来不是很严重的，但由于泛市场化思潮的影响，矛盾的解决被搁置延缓了。为政之道，是要迅速收集这些信息、行政部门交换分析这些意见，综合改革经济和管理体制，缩小城乡居民收入分配差距，提供教育公平的机遇，不合理的因素消除了或者减少了，中国经济社会就前进了。邓小平指出：“对实现四个现代化是有利还是有害，应当成为衡量一切工作的最根本的是非标准。"[1] 市场经济理论并没有错误，否则就不会有现代工业化国家。错误的出现是由于泛化了市场经济理论，扰乱了施行的四个现代化战略部署。而批评市场经济运作的泛滥化，当然也不是否定市场经济理论。

举例来说，中国在毛泽东领导时期，国家奉行过的自力更生艰苦奋斗的经济发展思路和做法，在当前敌对势力依然强权称霸的年月，就可以作为时下的经济社会发展战略思路而被重新提出来，借以修正过分依赖国外资本、过于强调消费享受的社会经济发展思路。但重新提出自力更生不等于说就要关闭门户，而是提倡将自己作为发展的主要动力。同样地，重新提倡艰苦奋斗，这并不意味着要大家都去吃糠咽菜，而是要杜绝当代中国所存在的浮躁和奢侈浪费之风。今日中国，越来越多的人意识到了这些年来“泛市场化”思潮的负面作用，如果没有对过去改革经验教训的深刻认识，更确切一些说，若不对谬误进行分析批判，前进的步伐就会受阻。

无疑，认识与实践的进步是整个人类文明进步的结果。当整个人类的幸福与社会安全更加凸显在世人面前之时，客观现实就需要人们达成一个共识，以便能够维系人类社会经济的可持续发展。因为，当世界处于超越社会制度的良性的历史发展演变之中，人类整体或局部的社会至少在一段时期内是安全的。反之，不认识人类共同的难题，世界就是不安全的，单个的国家与民族也就不能安宁。灾难性的结局绝不允许出现，批判泛市场化思潮，就是防祸于未然，就是进步对落后、科学对愚昧的宣战。此战必打，此战必胜。

---

① “在中国文学艺术工作者第四次代表会上的祝辞”，《邓小平文选》第 2 卷，人民出版社 1994 年版，第 209 页。

第三章

世界市场经济的发展历程和特点

市场经济不同于中国2000年前就存在的商品经济，其外在的形式与内在的含义都有着与中国传统文化不相适宜的成分。市场经济在世界近代历史上曾有力地支撑了工业国家的发展，在短短的二百年时间内创造了封建社会几千年都没有生产出来的财富。中国在社会主义的框架内实施了市场经济体制改革，人民摆脱了贫困，国家迅速强盛，成为世界第二大经济实体。可是泛市场化论调指鹿为马，惘然说道，以石充玉。那些故弄玄虚的经济理论脱离了中国国情，用之于实践的后果是扰乱了经济社会合理的发展秩序，损害了大多数人民群众的一些基本利益。研究世界市场经济的发展历史，可以清楚地看到，泛化的市场经济观念不仅是在拾西方一些人的牙慧，而且说教本身就漏洞百出，无法自圆其说。追根溯源，可以开拓思路，提高辨析真伪的能力。

第一节　市场经济的历史与变迁

市场经济，作为在社会化大生产基础上形成的、高度市场化和现代化的商品经济，本质上是一种资源配置方式。它既是一种社会经济运行形式，也是一种社会经济发展形式。在市场经济条件下，一切生产要素都进入市场，以市场作为资源配置的基本形式，以市场机制作为配置资源的基本手段。商品生产者和商品经营者按照市场经济的客观规律进行生产和流通。

一、市场经济理论的起源与特点

当代工业化国家内占据主流地位的市场经济理论与资本主义古典政治经济学紧密相连。18世纪后期，现在的工业化国家之一的英国处于工业革命的前夜，那个特殊的历史环境孕育和产生了对当代资本主义有着深刻影响的古典政治经济学，其代表人物是英国人亚当·斯密。在此之前的15世纪末到17世纪，伴随着世界地理大发现，资本主义经济关系在欧洲封建国家内部萌芽并成长。由于资本主义经济关系产生和发展需求大量货币资本，以贪婪、血腥为特征的资本原始积累持续了数个世纪。重商主义就是代表资本原始积累时期商业资产阶级利益的经济学流派，是资产阶级的政治经济学的"前史"，它对古典政治经济学的形成有着深刻的影响。

（一）古典经济学的形成

市场经济理论主要是从英国兴起的，其主要的早期观念是由亚当·斯密（Adam Smith）系统化提出的。亚当·斯密（1723—1790年）生活的年代是一个工场手工业在英国仍然占据主要的生产形式的阶段，社会的经济状态是属于古典自由主义市场经济阶段，属于资本主义发展中的第二个阶段。此前的第一阶段是资本主义的原始积累年代，属于资本主义的初级阶段，在经济理论上是重商主义盛行的时代。1767年，哈格里夫在英国发明了改良过的纺织机；1771年，亚克来成功地发明了先以马力、后以水力为动力的辗转纺织机。众所周知，纺织机的出现在英国代表着手工技术向机器生产过渡，也是资本主义生产方式发展的端倪。1778年，瓦特发明的蒸汽机出现了，标志着资本主义机器工业时代的开始，资本主义由此从英伦岛国到欧洲大陆开始迅速发展，资产阶级逐步在英国达到统治地位。

亚当·斯密之前盛行的英国重商主义，是一个代表资本原始积累时期商业资产阶级利益的经济学流派。例如，属于晚期重商主义代表人物的英国人托马斯·孟（1571—1641年）写过两本书，即《论英国与东印度公司的贸易》和《英国得自对外贸易的财富》，提出国际贸易是英国财富的重要来源，并概括地提出了贸易差额理论。① 此外，英国也出现了一些关于市场交

① 晏智杰：《亚当·斯密以前的经济学》，北京大学出版社1996年版。

易原理的学术思想，例如边沁的个人功利主义思想，宣扬个人行为的主要动机是自利和自爱。亚当·斯密因深受重商主义和个人功利主义的影响，从自己所见所闻的商业活动入手研究，提出了早期的市场经济理论。他的经济理念来自所谓的“自然秩序”的灵感，并用特殊的论证来强调自然秩序的无比优越性，这种信念在他撰写的并于1776年出版的《国民财富的性质和原因的研究》里得到了清楚地表达。从自然秩序的理念出发，他建立了以“经济人”和“利己心”两个观念为主体的经济学理论系统：前者是指社会上不同人的活动实质上是以追求自身经济利益为主的各个主体的存在形式，后者是指人的本性就是利己，即追求个人的经济利益。亚当·斯密强调私人利益在社会经济与其他活动中的有效势能，主张一切经济活动的管理和社会矛盾的协调都由被其称为“看不见的手”（invisible hand）来指挥。他在《国民财富的性质和原因的研究》中对此有一段经典表述：

> “每个人都在力图应用他的资本，来使其生产品能得到最大的价值。一般地说，他并不企图增进公共福利，也不知道他所增进的公共福利为多少。他所追求的仅仅是他个人的安乐，仅仅是他个人的利益。如此行事之时，有一只看不见的手引导他去促进一种目标，而这种目标决不是他所追求的东西。由于追逐他自己的利益，他经常促进了社会利益，其效果要比他真正想促进社会利益时所得到的效果为大。我从来没有观察到还有什么人物能通过求取个人利益来有效率的为增加公共产品服务。”①

亚当·斯密的这种市场经济思想实际上可以形容为自由放任的市场经济万能理论，他主张自由竞争、反对任何形式的国家干预。他感叹说，如果土地的管理交给政府，将得不到现有产量的四分之一，其原因是，“政府的代办人和代理人的管理是疏忽的、浪费的和专横的。”② 20世纪30年代英国有个经济学家埃里克·罗尔，他撰写、出版并多次再版了一本很有名气的《经济思想史》，该书这样评论亚当·斯密自由主义经济理论的实质：“当亚

① Hird, H. Richard. *Working with Economics: A Canadian Framework*, Seventh Edition, p. 83, Pearson Prentice Hall, Toronto, Canada, 2005.

② 亚当·斯密：《国民财富的性质和原因研究》（下卷），商务印书馆1983年版，第252页。

当·斯密把自然秩序的规则运用到经济事务中去的时候，他变成了政府以各种形式对工商业事务进行干预的强烈反对者。在经济事务中各种动机的自然平衡更为有效地发挥着作用。每一个个人都最关心为自己谋取最大的利益。”

亚当·斯密认为，这样的经济生产和社会活动才是最有效率的。他竭力主张实施自由放任政策，果真是期望经济社会的利益最大化吗？埃里克·罗尔经过深刻分析后指出：“斯密把含有国家不干预的自然规律作为经济政策的基础，就是给企业家阶级的主要利益提供了理论上的依据。”所以，在西方社会“时常有人说亚当·斯密代表了单一阶级的利益。当然无论从历史意义或者主观方面来讲毫无疑问都是正确的。”① 毋庸赘述，亚当·斯密的自由经济和反国家管理的主张是非常符合当时正在兴起的资产阶级的需要的，是资本家原始积累时期“利润就是一切追求”的真实写照，换句话说，就是为资本主义竞争自发势力摇旗呐喊。也正因为如此，他的“利润可以操纵一切”的思想受到资本家的追捧，在西方经济学教科书中，他被称为“经济学之父”。

其实作为市场经济理论开山鼻祖的亚当·斯密主张的放任自由这种理论是站不住脚的，也是幼稚可笑的。马克思在建立科学共产主义理论时，曾深入研究了亚当·斯密的理论，吸取了其中有益的成分，批判了那些庸俗的论点。他指出：“斯密本人非常天真地活动于不断的矛盾之中。一方面，他探索各种经济范畴的内在联系，或者说，资产阶级经济制度的隐蔽结构。另一方面，他同时又按照联系在竞争现象中表面上所表现的那个样子，也就是按照它在非科学的观察者眼中，同样在那些被实际卷入资产阶级生产过程并同这一过程有实际利益关系的人们眼中所表现的那个样子，把联系提出来。”② 亚当·斯密所说的只是事物的表象，而不是真谛，可谓是一叶障目、不见泰山。实际情况是，当人人都在谋求最大利益的时候，往往会损害别人的利益，不仅整个社会不能达到利益最大化，而且整个社会可能陷入一片混乱和争斗之中。

亚当·斯密将“看不见的手”说成指导一切经济活动的金科玉律的时

---

① ［英］埃里克·罗尔著，陆元诚译：《经济思想史》，商务印书馆 1981 年版，第 146—149 页。

② “剩余价值理论”，《马克思恩格斯全集》第 26 卷第 2 册，人民出版社 1973 年版，第 181—182 页。

代，即西方资本主义的原始积累时期早已结束，过去的那个岁月实际上是一个血腥地剥夺他人的地狱，是少数人的自私得利的天堂。从英国残酷的“圈地运动”到强制的“反流民法”实施，从跑到北美的英国人所干的罪恶的“黑奴贸易”和建立的黑奴种植园制度，到美国充满杀戮的西部淘金与西部占地开放运动，还有18—19世纪的榨尽血汗的劳工制度，“看不见的手”听起来都美妙无比，可是这只手的肆意挥动，结果制造了无穷无尽的人间悲剧。历史是一面镜子，照出了放任自流的市场化经济运动的真面目。现代中国绝不能允许那种漂亮的泛市场化经济理论横行，正如前所述，当一些主流学派的声音在舆论中津津乐道、喋喋不休地聚焦于深入地单一性推进市场经济改革时，那些激进的理论指导的行动所造成的触目惊心的事实已经给出了否定性的结论。

从兼顾个人和集体利益的角度来说：只要人人都献出一点爱，世界将变成美好的人间。但是如果人人都自私，社会肯定不和谐。正如中国古代的先贤孔子所讲的：

> “大道之行也，天下为公，选贤与能，讲信修睦。故人不独亲其亲，不独子其子；使老有所终，壮有所用，幼有所长，矜寡、孤独、废疾者皆有所养；男有分，女有归。……故外户而不闭，是谓大同。”①

世界上无论哪国人，都在追求“大同”，而这个理想境界的实现不是依靠“独亲其亲”的自私自利的行为，而是由“天下为公”的思想指导，才能最终达到和谐社会这样一个发展状态。

> “今大道既隐，天下为家，各亲其亲，各子其子。……故谋用是作，而兵由此起。”②

世人在处理事务时，由于“各亲其亲”，损公肥私，导致了“大道既隐”的战乱，结果是人民遭殃受祸。我为人人，人人为我，这不仅是中国

① 引自《礼记·礼运第九》。
② 引自《礼记·礼运第九》。

传统优秀文化的内容，而且中国历史发展也证实了这个观点的正确性。事实上，唯有舍身处地考虑到别人的需求，才能在涉及个人的利益时，不侵犯他人的利益。中国古代另一位先贤孟子言：

> “老吾老，以及人之老；幼吾幼，以及人之幼：天下可运於掌。”①

一个人只有将爱自己亲人的心用于别人之上，才能得到他人的拥护和支持，才能成就大业。中国传统文化讲述了这些观点，也是绝对的至理名言。可是按照亚当·斯密的说法，只要让“看不见的手”发挥全面的作用，抑制国家的干预，就能使个人与社会同时获取最大的利益，这在现实中是行不通的。因为如果每一人都自私，为了利益不择手段，最终将导致损坏各自的利益，因为如果每一个人都只考虑自己的利益，而不考虑他人的利益，最终结果只能是人人自危。整个社会的利益一旦被完全破坏掉，还如何达到个人所希望的以最小的代价获得最大利益的目的？

值得肯定的是，亚当·斯密对商品价值构成的分析是正确的，他明确地说：“劳动是衡量一切商品交换价值的尺度。”② 他将劳动看成是价值的唯一源泉，每一个商品中所包含的劳动量是衡量这种价值的尺度，这类劳动价值学说无疑是正确的。马克思对亚当·斯密的学说做了详尽、深入且透彻的研究，对他的历史地位也给出了公正的评价：“在亚当·斯密那里，政治经济学已经发展为某种整体，他所包括的范围在一定程度上已经形成。”③ 马克思的政治经济学就是在批判地继承了这一古典政治经济学的基础上发展形成的。

由于中国社会历史上没有经历过市场经济，只存在过不同形式的商品经济，所以，亚当·斯密的理论在国家的改革开放进程中被有意无意地全盘接受下来，包括其中的错误观点。全民经商，人人牟利，一度成为社会中存在的普遍情况。需要指出的是，市场经济不同于中国 2000 年前就存

---

① 引自《孟子·梁惠王上》。

② ［英］亚当·斯密：《国民财富的性质和原因研究》（上卷），商务印书馆 1983 年版，第 26 页。

③ “剩余价值理论第十章李嘉图和亚当·斯密的费用价格理论（批驳部分）”，《马克思恩格斯全集》第 26 卷第 2 册，人民出版社 1973 年版，第 181 页。

在的商品经济。商品经济是初级形态，仅有商品进入市场，只存在零散的交换场所和市场。而市场经济是生产社会化的产物，一要所有的生产要素如资本、劳动力、土地、信息、技术等皆进入市场；二要形成全国甚至全球统一的、不被分割的市场，只有这样，价格信号不被阻断，价格才能反映资源的稀缺程度；三要让市场成为资源配置的中心，让价值规律、供求规律、竞争规律来配置资源和生产力，协调供需关系，进行国民收入分配。由于市场经济非常复杂，个人牟利，不管他人，没有政府出面干预来规范市场，仅从形式逻辑的角度讲，就一定要出事。中国改革实践证明，各种复杂的生产要素合理配置，特别是国家战略性资源储备与生产，必须要有政府的干预，统一调配。尤其是处于国家和地区间经济竞争空前激烈的21世纪，自由交易的时代已经过去，社会劳动生产率的提高和国家的富强，必须要有统一的经济计划与强有力的政府行为，才能实现总体效益最大化的目标。

（二）古典经济学的分化

从18世纪末到19世纪初，资本主义机器大工业体系基本确立了，同时，社会阶级矛盾也日趋尖锐。亚当·斯密创立的古典经济学开始出现分化，一种从这个学派中的“收入构成价值论”分化出来的思想，逐步发展成一种为资本主义经济辩护的政治经济学，其代表人物就是法国的让·巴蒂斯特·萨伊（1767—1832年）。萨伊生活在法国资产阶级夺取政权的时代，当时法国的空想社会主义批判了资产阶级的弊端和矛盾，鼓舞了工人阶级的斗争，无产阶级同资产阶级的矛盾尖锐化了。同时，一些法国的经济学家和政治活动家诸如加尔涅·热尔门等也纷纷著书，表达自己的观点。萨伊于1803年发表了《政治经济学概论》，此书是他提倡自由主义经济观点的代表作。马克思辛辣地说：“在加尔涅之后，出版了庸俗的让·巴·萨伊的《政治经济学概论》一书”。[①]

萨伊将斯密理论中的一些错误思想扩大化，建立起一种为资本主义经济辩护的政治经济学。对此，马克思一针见血地批判到：“萨伊是斯密理论的

① “剩余价值理论第四章关于生产劳动和非生产劳动理论”，《马克思恩格斯全集》第26卷第1册，人民出版社1972年版，第274页。

庸俗化者。”① 萨伊在供求论和生产费用论的基础上建立起完全崇尚自由放任的经济观点，反对国家对产品价格、贸易等经济活动的任何干预，主张自由地发展生产。从放任自由的经济观点出发，他反对当时的拿破仑朝政对外实行禁止性关税政策，因此其著作也受到了禁止重印的惩罚。萨伊理论的中心特征是，效用是价值的决定因素。他认为，生产的一切要素的价值来自它们的产品的价值。所有要素都拥有创造价值所必需的性质：稀少性和间接效用。

萨伊从所讲的效用决定价值的论调出发，提出了一个所谓的分配理论，并竭力宣扬“供给创造需求”的观点，认为在经济自由的条件下，“一种产品供给不足而另一种产品充斥过剩的现象，绝不会永久继续存在。”② 这就是说，由于价值规律的自发调节，生产总是按照社会需要成比例进行的，绝不会发生普遍的生产过剩。资本主义内在矛盾使得商品的价值实现成为资本家面临的深渊，而萨伊企图解决资本主义生产遇到的这个困境。因此，这个说法在资本主义的经济学界被奉为“萨伊定理”，成为现代西方经济学中的一个神圣的教条。萨伊的这些观念后来成为资产阶级庸俗政治经济学的理论基础之一。前面提到的英国经济学家埃里克·罗尔对萨伊理论及其门徒的观点评论是：“他们逐步放弃了劳动价值学说，采用了另外一种不同的解释原则：这种原则排除了剩余的观念——最低限度，就它所暗示的剥削学说而论。在技术术语中，这就意味着发展了一种效用价值学说，而其结果，必然承认资本具有生产力。”③

萨伊理论的核心思想究竟是什么？连英国的这个经济学家都知道是在掩盖资本主义剥削。马克思更是从一个深刻的层面批判了萨伊的庸俗经济观念，特别是分配理论，并讽刺它为“三位一体公式”，认为这个谬论甚至离开了亚当·斯密古典经济学理论中的一些科学论断，是一种掩饰资产阶级腐朽本质的倒退。萨伊从荒谬的观念出发武断地认为，“在一切社会，生产者越多产品越多样化，产品就销的越快，越多和越广泛，而生产者得到的利润也越大。”这个结论企图证明，在自由经济的条件下，资本主义经济可以和谐无限地繁荣和发展下去。他还反对政府对生产的干预，反对政府“强迫

① “剩余价值理论第三章亚当·斯密”，《马克思恩格斯全集》第26卷第1册，人民出版社1972年版，第85页。

② ［法］J. B. 萨伊：《政治经济学概论》，商务印书馆1983年版，第145页。

③ ［英］埃里克·罗尔：《经济思想史》，商务印书馆1981年版，第311页。

产品的流转”。[①] 萨伊的理论旨在证明，市场经济具有内在的稳定性，国家应当放弃对经济的干预。如果说亚当·斯密的自由经济理论是对封建主义阻碍自由经济竞争的文章讨伐，反映了资本主义上升时期商品经济大发展的历史趋势，具有促进资本主义经济发展的进步作用。那么“萨伊定理”则是直接否认资本主义生产和消费的矛盾，认为供给会自动创造需求，不存在发生普遍生产过剩危机的可能性，资本主义经济是均衡永存的。

马克思通过严肃认真地科学研究，将资本主义政治经济学分为古典政治经济学和庸俗政治经济学。如果说早期的资本主义政治经济学还或多或少地从客观实际出发，谈论一些正确的理论，那么，随着资本主义腐朽本质的逐渐暴露，那些林林总总的西方现代经济学派就没有什么科学理论可言。正如马克思所指出的那样，随着资本主义社会经济生活中的现实矛盾的不断爆发：“与这种情况相适应，庸俗政治经济学也就有意识地越来越成为辩护论的经济学，并且千方百计力图通过空谈来摆脱反映矛盾的思想。”[②] 萨伊的理论就是这样，为庸俗政治经济学开了一个先例。萨伊以后，每隔十年左右资本主义就爆发一次周期性的经济危机，证明了“萨伊定理”是荒谬的，也是庸俗的。现代资本主义社会的庸俗政治经济学较之萨伊理论，是有过之而无不及。

二、市场经济理论逐步变化

亚当·斯密的自由竞争与自由放任的理论在18—19世纪初期流行于英国、美国等资本主义国家，因为那时候存在于这类资本主义国家中的企业规模一般都较小，任何一个私营企业都难以在市场中占据垄断地位，所以那套理论还能行得通。而且西方各国由于普遍实行了亚当·斯密的这个自由市场经济理论，社会生产力空前提高，科学技术迅猛发展，物质财富急剧增加。然而，到19世纪中叶，资本主义的发展造就了许多大企业，它们的垄断性日益明显，同时市场经济的问题也凸显出来了：因为市场经济的特点是资源、财富不断地从低效率处流向高效率处，故而造成严重的破产、失业、两

① ［法］J. B. 萨伊：《政治经济学概论》，商务印书馆1983年版，第142页。

② “剩余价值理论·收入及其源泉·庸俗政治经济学”，《马克思恩格斯全集》第26卷第3册，人民出版社1974年版，第557页。

极分化。以小企业主为主体的私有制资本主义社会出现了大的企业财团，这是不同于亚当·斯密时期的新资本主义社会。资本主义的剥削比以前更加残酷，劳动工人成为会说话的机器，这也意味着亚当·斯密的自由竞争理论失效了。由于社会的严重不公平，所以西方早期的资本主义社会掀起了风起云涌的工人运动，劳资双方对抗激烈，社会趋于动荡。也就是在这种时代背景下马克思提出了实行社会主义经济制度和社会主义革命的理论，主张在整个社会推进利益平等的计划经济。

这样做的依据是什么呢？如果单从经济的角度讲，可以看出，亚当·斯密描绘的那种通过自由竞争获利与致富的市场经济是需要历史条件配合的，也就是说，市场经济不是万能的，与任何其他经济体制一样，也存在一些局限性。主要表现在：（1）市场竞争不可能总是完全竞争，不完全竞争在经济活动中的比重更大。（2）存在规模报酬递增的现象并可能导致垄断。（3）经济活动中存在外部性和公共产品的不完全性。（4）市场经济中的分配不可能绝对的公平，存在分配上的不公平。（5）由于个体经济行为的非理性、交易风险等存在会造成经济波动。一个时代结束了，适宜这个时代的经济理论也必须改变，这就是历史。对于资本主义市场经济制度的历史进步作用，共产主义理论的创始人马克思早就作出了客观的评价："资产阶级社会是历史上最发达和最复杂的生产组织。"同时，他还对这个经济体系的局限性发出了警示："如果说资产阶级经济的范畴包含着一种适用于一切其他社会形式的真理这种说法是对的，那么，这也只能在一定意义上来理解。这些范畴可以在发展了的、萎缩了的、漫画式的种种形式上，然而总是在有本质区别的形式上，包含着这些社会形式。所谓的历史发展总是建立在这样的基础上：最后的形式总是把过去的形式看成是向着自己发展的各个阶段，并且因为它很少而且只是在特定的条件下能够进行自我批判——这里当然不是指作为崩溃时期出现的那样的历史时期——所以总是对过去的形式作片面的理解。"①

历史的发展是一个不断扬弃的过程，经济体系也是如此，已不再是商人于19世纪70年代接受的"私人企业"式经济结构了。② 经济形态作为离散型私有化的自由资本主义一去不返了，"看不见的手"不再是无所不能了。

---

① "政治经济学批判"，《马克思恩格斯全集》第13卷，人民出版社1962年版，第16页。

② E. J. 赫博斯勃姆：《帝国年代：1975—1914》，江苏人民出版社1999年版。

美国到现在也主要奉行的是凯恩斯主义，即主张政府大规模干预经济的一种理论，这与亚当·斯密所主张的市场自由主义经济有很大不同。一些人还发展了凯恩斯主义中的政府干预理论，称之为后凯恩斯学派。其原因就是，亚当·斯密在19世纪所处年代的资本主义是古典幼稚资本主义，是处于资本主义原始积累经济阶段，其形态是“自由市场资本主义”。在20世纪，尤其是在它的下半叶，资本主义经济发生了根本性的变革，政府越来越多地干预和参与企业的经济事务。汉森是属于美国后凯恩斯学派的一个经济学家，他在1946年出版了《财政政策和经济周期》一书，明确地指出：“自从19世纪末期以来的西方经济已经不是纯粹的私人经济，而是双重经济，政府已经参与企业活动。双重经济并不是私人经济向公有经济的过渡，而是向社会福利为重点的‘混合经济’过渡。”

三、社会主义市场经济的成功

20世纪上半叶，西方资本主义国家的一些政要学者反思了导致经济萧条的一些教训，尤其是吸取了第二次世界大战后新兴的社会主义国家获得成功的某些经验。前苏联、东欧国家和中国建设社会主义的辉煌成功，早期计划经济和社会保障体制的伟大力量，还有资本主义国家工人阶级和革命政党的坚决斗争，这些都使资本主义国家的上层代表人物震惊害怕而苦思对策，他们在与社会主义阵营进行冷战的同时，被迫学习了社会主义的很多优秀管理经验。英、美等国家在行政力量的控制下，在绝对不改动资本主义剥削制度的前提下，进行了不少方面的经济体制与社会政治的自我改良，分化瓦解并有条件地缓和了国内工人阶级的反抗。尤其是主要的资本主义国家在获得了原创性的以信息技术为代表的超额利润后，摆脱了曾被认为是濒临灭亡的垂死困境，国家经济先缓慢后快速地全面复苏了。自然，社会主义阵营内部出现的错误，计划经济体制不随形势发展，也在客观上为资本主义的再次兴盛提供了现实的可乘之机。

期望自由市场经济时代的资本家为公民提供社会福利，这在自由经济时期是难以做到且不可想象的。那时候的资本家残酷剥削，如马克思所说，资本家压榨工人，想从一只牛身上剥下两张皮来。社会主义在世界范围内一度强盛，全世界劳动者有组织地反抗，这些都迫使资本家收敛，资产阶级政府也不得不进行一些政策调整。通过维护私有利益、缓和阶级矛盾的调整。西方资本主义国家的市场经济体系发生了变化，慢慢地从早期的盲目追求效率最大化的“自由市场经济”过渡到了效率与公平兼顾的“现代市场经济”。这种过渡变化具有这样几个特征：其一，建立了社会保障制度。其二，生产资料所有制从少数人私有过渡到了所谓的“全民私有”的“人民资本主义”或“全民资本主义”。这一变化是极其重要的，它表明一些大众不仅拥有了生产资料所有权，而且可以通过三大权力机构，即股东大会、董事会、监事会进行决策，实行监督。其三，公民在经济方面的“参与的权利”扩大了。比如，股份制在一定程度上保障了民主的权利，这样，公民可以参与，并进行监督。其四，市场经济有了宏观调控、国家干预，克服了全局性的经济危机，人民的生活、工作也就有了更大的保障。

在20世纪30年代和70年代，完全信奉市场经济的国家出现了两次波及全球的经济危机，损失惨重。于是市场经济国家也被迫痛苦地认识到，市场机制有其天然的缺陷，政府必须运用宏观政策调控市场运行。20世纪80年代以后，在全球范围内，市场经济形态已从自由市场经济过渡到现代市场经济，这就是被称为“看不见的手”和“看得见的手”同时控制经济运行的理论观点，既由市场这只“看不见的手”控制微观领域，发挥激励作用；同时由政府这只“看得见的手”控制宏观领域，发挥协调作用。从全球经济体制改革的趋势来看，以美国为代表的资本主义国家正在强化政府功能，寻求政府对经济运行的有效干预。尽管目前西方还有一些“保守主义”的经济学代表人物，固执并教条地坚持斯密的思想，不过他们的意图已经不是纯经济利益了，而是认为行政干预的结果有损于社会的民主与自由。这反而表明，市场经济其实是有偏向的，当发展到一定的阶段就会显露，公平也就随之消失了。总之，经济制度变化的历史表明，市场经济具有两面性，它不仅有一只“看不见的手,”推动人类的发展；同时还有一只可以说是看不见的“脚”，踢踏着人们追求个人利益，并进一步把人们淹没在利己主义的冰水中，破坏社会的谐和。换句话说，就是市场在使社会有机地结合在一起的同时，又因为对个人利益的追求引发了无穷的争端，瓦解社会的团结，破坏社会的和平。

作为社会主义国家的代表，中国近年来通过改革，大规模地引进市场经济理论和实施方式，发展出具有中国特色的社会主义市场经济体制。中国过去一段时间中的这种做法，属于从计划经济转向之后的一种大力度强化政策，因为非此大力不能打破原有僵化体制之坚冰。但当破冰之航已经开启，就要考虑依据水面波浪和空中风向，及时调整航向，即从中国实际情况出发，制定实施最适宜且综合效益最好的战略和政策。以市场经济运作启航的资本主义国家能修正国家发展战略，社会主义国家创立时就打造出了更优越的制度，完全具备弘扬优势、博采众长、更加辉煌的体制功能。中国社会主义制度在建立过程中已经摸索出一些独有的经济理论和经济政策，实践也证明它们是符合民心、行之有效的，绝不能将它们完全排斥在外。好比在倒洗澡后的脏水时，连孩子都泼出去，这是最愚蠢的事情，也是国法家法都不能容忍的罪恶。

第二节　“新自由主义”渗透中国

马克思在其不朽的著作《资本论》中一针见血地指出，资本主义制度最根本的和不可调和的矛盾是，社会化大生产和私人占有生产资料之间的矛盾。这个矛盾的激化会引起经济危机、生产停滞，进而导致社会混乱乃至世界动荡，引发战争。资本主义制度内在的机制只能制造和加剧这个矛盾，所以这个制度必然要衰败、死亡，要被新的社会主义制度代替。历史充分证明了马克思的英明论断。

一、新自由主义思潮

1974—1975 年，资本主义国家固有社会化大生产与私人占有制之间的矛盾再次激化，由此引发了周期性的不同于原有表现形式的新的世界经济危机，即西方工业化国家出现了“滞胀”形式的新式经济危机现象。曾经被认为是解救经济危机的凯恩斯的干预主义政策也束手无策，于是资本主义国家的政治家和大财阀急于寻求解决困境的方法。1978 年，美国经济学家罗斯和密尔顿出版了《自由选择》，抨击凯恩斯干预主义经济政策，试图开列一个既保持资本主义制度，又消除新的周期性经济危机的药方。在这个被认为是标志性的经济思想出现之后，随之又出现了一些为试图医治资本主义经济危机顽症而开出的药方，诸如弗里德曼提出的“货币主义”政策，卢卡斯提出的“理性预期”理论，还有供给学派理论等等。

这股思潮在西方被称为“新自由主义”思潮，其代表人物和信仰者都聚集在美国芝加哥的大学内，因而也被称作“芝加哥学派”。[①] 这些人推崇斯密、萨伊等人主张的自由经济，并对他们的观点加以新的解释和发挥，所以，他们被合在一起称为“新自由主义”者。他们也同时反对风靡一时的凯恩斯主义，因此，西方经济学界又称之为“后凯恩斯革命”。一段时间内，新自由主义在世界各地大肆蔓延，其中包括向中国渗透，企图影响中国大陆的改革开放政策等。

（一）新自由主义的“美丽新世界”

新自由主义学派的著作较多论述了货币投放和金融政策，运用一些诸如“货币方程式”和“剑桥方程式”的数学公式来分析经济变化，其中明确讲述学术的政治含义的著作是1979年出版的《自由选择》，是由曾任美国经济学会会长的弗里德曼主笔撰写的。弗里德曼也是芝加哥大学经济学教授，他特别推崇经济自由运行，崇拜亚当·斯密“看不见的手”能完全指挥经济活动的观点。他说：“这只‘手’是他对一种方式的想象，在这种方式中，千百万人的自愿行动可通过价格体系来协调，而不需要指导中心。”[②] 弗里德曼用语言、音乐等例子说明经济制度是“自愿交易”的结果，并以此来反对政府干预。他在《自由选择》一书中写道：“自愿交易占支配地位的经济，内部就具有促进繁荣和人类自由的潜力。它也许在这两方面不能完全发挥其潜力，但是就我们所知，凡达到繁荣和自由的社会，其主要组织形式都必然是自愿交易……自由交易却是繁荣和自由的必要条件。”[③]

弗里德曼是新自由主义中的“货币学派”的领军人物。他认为，社会主义制度的根本弊端就是国家计划，是违背“自愿交易”定律的。他竭力主张自由主义经济，政治上反对社会主义制度，且获得了诺贝尔经济学奖。有位旅居美国的中国台湾经济学者高希均教授，他在美国威斯康辛大学教授过经济学，知道弗里德曼的讲述货币理论著作的学术语言难懂和经济曲线过于抽象，于是写了一本书名为《经济学的世界》。高希均用通俗与客观的文笔介绍了新自由主义大师弗里德曼的理念，他将新自由主义学派所阐述的自

---

① 何秉孟：《新自由主义评析》，社会科学文献出版社2004年版。

② ［美］弗里德曼：《亚当·斯密与当今的联系》，商务印书馆1982年版，第130页。

③ ［美］弗里德曼：《自由选择》，商务印书馆1982年版，第16页。

由市场经济的拟想天堂模型描述如下：

> “政府的管制要减少到最低，人民的诱因要发挥到最高；消费者有足够的情报，可以作出明智的选择。赚钱的厂商应任其不断地扩展，亏本的事业应任其倒闭；政府预算不宜有赤字，货币供应量应当受到稳定的控制；穷人申请救济时就给他们现金，富人创造财富时就给他们减税；人员资金于货物可以在国内军法外自由地流动，没有本国的干预，也没有他国的限制。在公平的竞争下，效率比公平更重要；自由比平等更重要。”

这个“美丽新世界”真是美妙和谐无比，而通向那里的道路就是自由市场经济！问题是这个“人间天境”真的存在吗？如何进入这个如同古希腊学者柏拉图讲述的“理想国”呢？中国台湾籍人士高希均教授进一步评论：

> “亚当·斯密曾以一只‘看不见的手’指出每一个人在追求自利的动机下冥冥中指挥了经济活动的运作，产生了‘利己’也‘利人’的后果——价格机制，服务好、质量高！但是这只‘看不见的手’并不是一如形容的那样奇妙。1930 年期间的经济大恐慌，使政治部门——这只看得见的手——不得不干预，一方面带来了西方世界资本主义本质的改变，另一方面带来了以后凯恩斯理论五十年的风靡！”①

像每个人知道自己屋子里的家底一样，关于私有制的自由市场体制的弊端，在美国学习了经济学，又在美国讲授经济学，这样的学者知道的比任何人更清楚。

（二）新自由主义的实施结果

在 20 世纪 80 年代，新自由主义经济学思想与理论在西方世界颇为活跃，曾对美欧一些主要国家的政府决策产生了重大影响。美国的里根政府和

---

① 高希均：《经济学的世界》，（台湾）天下图书 1987 年版，第 15—26 页。

英国的撒切尔夫人政府实行的经济政策，就将这种思想理念推行于实际经济社会事务之中。这类政策的共同取向集中在两点上：第一，让政府功能最小化，放任自由主义；第二，让经济体制趋向私有化和自由化。可是，新自由主义经济政策的实施结果并未达到统治者所以为的一厢情愿，也没有产生如美国弗里德曼教授所描绘的人间天堂。例如，英国撒切尔夫人政府为了摆脱经济“滞胀”危机困境，发起了私有化运动，试图刺激呈现颓废之势的英国经济。可是在此项政策强行推行期间，英伦三岛内的失业人数猛然增加，工人掀起强烈的罢工抗议活动，反对资本家转嫁危机，残酷剥削劳工大众。1979 年，英国钢铁工人大罢工，到了 1983—1984 年间，煤矿工人又掀起大罢工浪潮。国内阶级和社会矛盾骤然激化，统治阶级内部陷于一片惊惶失措之中，相互埋怨指责。煤矿工人大罢工声势浩大，连带导致了英国的国民总产值下降 1%，国际收支损失 40 亿英镑。英国统治阶级万般无奈，政府被迫中止了私有化进程。

二、新制度学派的实质

特别需要提出的是，新自由主义思潮中有一个被称为“新制度主义”的小流派，代表人物是诺思与罗纳德·哈里·科斯。诺思比较系统地提出了“制度变迁”的理论，它们表现在由笔者所著的《经济史中的结构与变迁》、《制度创新与美国经济增长》等书中。诺思以“经济人”的假设为大前提，并把“边际”和“均衡”范畴作为推论依据。他认为，任何人都是自私的、讲求个人功利和自由竞争，这就是制度的基础，也是制度变迁的动因，所以，也就需要制度均衡或非均衡的制约。他说：“制度均衡是这样一种状态，即行为者的谈判力量及构成经济交换总体的一系列合约谈判给定时，没有一个行为者会发现将资源用于再建立合约是有利可图的。”① 这个说法显然是帕累托的边际最优均衡的展开，而帕累托最优理论所描述的情景在现实中并不存在。

诺思提出制度变迁是有着明确目的的。他认为经济史的主要线索就是制度变革史，是制度变迁的过程，也是政治行为的过程。诺思由此明确地将西方世界的经济增长归功于资本主义制度提供的激励机制。他说：“西方世界

① ［美］诺思：《制度·制度变迁与经济效绩》，三联书店 1994 年版，第 115 页。

兴起的原因就在于发展一种有效的经济组织。有效的经济组织需要建立制度化的设施，并确定财产所有权，把个人的经济努力不断引向一种社会性的活动，使个人的受益率不断接近社会的受益率。"① 他还特别声明，一个社会的所有权体系如果明确规定了每个人的专有权，那么这个社会就会更富有"革新精神"，而这个过程就是一个制度创新过程。由于新制度经济学派用最明确的语言为资本主义体制高唱赞歌，因而获得了资本主义世界政界和学术界的一片喝彩之声。

新制度学派的又一个重要思想是"产权理论"。1937 年，罗纳德·哈里·科斯发表了一篇经济论文《企业的性质》，首次提出了"交易费用"或"交易成本"的概念，建立了产权制度变更的最初理论。科斯描述了资本主义制度包含的产权有效性，能使人们自动地懂得什么可以做，在交易过程中如何受益，最终实现利益最大化。科斯又于 1960 年发表了另一篇论文《社会成本问题》，1988 年再发表了《社会成本问题注释》，较为系统地谈论了一些关于产权、交易费用和资源配置等关系的论点，这些就是被他的追随者所信奉的"科斯定律"。客观地讲，"产权理论"确实弥补了资本主义政治经济学家的一些理论错误，起到了稳固资本主义经济制度的作用。对此，科斯本人也毫不掩饰自己研究产权安排等问题的目的，他说："我的梦想就是建立一种能使我们对生产的制度结构的决定因素进行分析的理论。"② 科斯企图用产权制度变更的说法，论证私有化具备经济合理性能够刺激经济发展。新制度学派的理论对中国经济体制改革有一定的借鉴意义。但是，一些中国学界人士将它奉为至宝，抹杀它的阶级性和实效性，极力宣传和推广，试图以此改变中国的产权结构，使公有制经济私有化。这种做法不仅是荒谬的，而且后果极其严重。

（一）新制度学派推行"休克疗法"

关于新制度学派政治倾向的最有力的历史证据是，20 世纪 80—90 年代，有关产权变更的那些论调被资本主义国家的术士智囊输送到东欧前社会主义国家内，为那里出现的私有化运动提供理论基础。例如，美国有一些思想倾向非常明显的学者不断地向前苏联灌输自由主义经济意识形态，设计了

---

① ［美］诺思：《西方世界的兴起》，学苑出版社 1988 年版，第 1 页。

② ［美］科斯：《企业、市场与法律》，三联书店 1990 年版，第 233 页。

一个又一个所谓能提高经济效益的诱人变革方案，诸如“萨克斯休克疗法”和“哈佛500天方案”，诱导他们进行产权改革。前苏联及俄罗斯的戈尔巴乔夫—叶利钦进行的改革，就是具有新自由主义特征的经济政策，实际上是走向自我毁灭的经济改革。戈尔巴乔夫—叶利钦政府实施美国人设计的私有化运动，特别是叶利钦执政时期的完全私有化的“休克疗法”式市场经济改革，让俄罗斯经济全面崩溃，社会一片混乱，人民生活水平急剧下降。东欧前社会主义国家的产权革命的结果同样是生产下降，市场萧条，经济社会大混乱、大瘫痪。

经过近20年的以彻底私有化为特征的改革，前苏联以及多数东欧地区的原有国有企业被彻底摧垮了，国民经济整体地在世界市场中和国内市场中丧失了竞争力。但是罗纳德·哈里·科斯则大受西方国家的褒奖，并于1991年获得了诺贝尔经济奖。诺思也在1993年获得了诺贝尔经济奖。经过以产权改革为手段、经济私有化为特点的改革之后，目前东欧地区和俄罗斯经济已经成为西方跨国垄断组织拓展新的生存空间的经济“新边疆”，接着一个又一个“颜色革命”在原东欧国家和独联体国家出现，西方国家由此获得了具有重大战略意义的空前胜利。俄罗斯昔日具有的强大经济与工业全面瓦解，这就为美国强力推行“国家导弹防御体系”（NMD）并企图以此为后盾挥舞核大棒直接称霸全球提供了现实的可能性。这就是新自由主义经济的结果和目标，中国绝不能让它们得逞。

（二）伪装的意识形态工具

历史事实表明，新自由主义的学术气息仅仅是表象，而实质上是一种色彩浓烈的意识形态工具。它在西方世界史上最值得说道的事情，就是摧毁了前社会主义国家的经济。虽然鼓吹者说是新自由主义，可是从学术上分析，它其实并不是新理论。前面已经介绍过，西方经济学历史上的萨伊有个被称为定律的观点，即“供给自动创造需求”，主张不要干预经济。所以，萨伊本人被西方经济学界称为“自由主义经济学”的教父。萨伊的这套理论早就被一些西方学者驳斥过了。德国经济学家弗·李斯特（1789—1846年）就曾系统地批判了“自由主义”经济学鼻祖，他揭露了萨伊思想的真实面貌。他说：“这个人并没有广泛的知识，对于国家政策并没有深刻的观察力，也没有政治与哲学的眼光，心头只存在一种从别人那里取来的见解，然后从历史、政治、统计以及工商业关系中到处搜索，想从中发现足以支持他见解的那些孤立的例证和事实。”[①] 李斯特本身并不赞成当时已经在欧洲流行的社会主义思想，但是他还是反对萨伊自由主义的伪科学，他的批判无疑是正确的。

由于资本主义内部存在着不可克服的危机与矛盾，虽然凯恩斯主义经济学派曾于短时期内挽救过矛盾重重的资本主义经济。可是到了20世纪70年代，西方资本主义经济又出现了严重的新“滞胀”危机局面，政府赤字庞大，通货膨胀加剧，经济停滞不前。于是美国“后凯恩斯革命”除货币学派之外的另一个代表流派，即“供给学派”出现了。这个学派认为，凯恩斯的错误在于否定了“萨伊定律”的正确性，一味错误地实施干预经济的扩张性财政与货币政策，结果导致了“滞胀”。该学派的一个代表人物乔治·吉尔德认为：“萨伊定律，它的各种变化，是供给学派的基本规则……萨伊定律之所以重要，是因为它把注意力集中在供应、集中在刺激的能力或资本的投资方面。”[②] 他竭力呼吁应该抛弃凯恩斯主义，重新回到古典经济学宣传的自由主义经济路线去。他们叫喊要回到那个弗里德曼教授设计的经济模式中，实际上这是一种连美国社会现实都脱离了的空想。马克思曾指出：“庸俗经济学所做的事情，只不过是传教似的，拿这种生产的囿于资产阶级关系的代理人的观点来进行解释、系统化和辩护。”[③] 新自由主义经济学就是如此，其目的是掩盖资本主义经济生活的根本矛盾。

三、西方当代经济主体特点

从19世纪70年代到20世纪30年代，资本主义世界的生产技术出现了巨大进步，工业生产迅速增长，特别是重工业快速发展，企业规模越来越大，股份公司大量出现，资本和生产日益集中，出现了垄断组织。自由竞争的资本主义过渡到垄断阶段。世界上第一个社会主义国家的创始人列宁在著名的《帝国主义是资本主义的最高阶段》一书中，深刻剖析了资本主义的这种主体性变化，并且抓住帝国主义发动战争的时机，建立了人类历史上全新的社会主义国家，把马克思主义从理论变为现实。

---

① ［德］弗·李斯特：《政治经济学的国民体系》，商务印书馆1961年版，第208页。

② 乔治·吉尔德：《财富与贫困》，上海译文出版社1985年版，第61页。

③ 马克思：《资本论》第3卷，人民出版社1966年版，第958页。

资本主义垄断的形成和加强，经济危机的频繁和加剧，导致资本主义经济主体和经济学派都发生了深刻的变化。特别是20世纪30年代，资本主义世界经济大危机导致的深刻的社会危机，迫使西方经济强国采取了一些新的社会制度的调节政策，逐步形成了一个混合经济体制。以美国自1930年以来的变化为例，美国经济总体上逐渐地变化成为非纯粹的资本主义或纯粹的市场经济，而是一种资本主义导向的混合型经济，私人与政府均在市场中发挥经济影响力。美国大多数工业部门的特征是，为数相对很少的大企业支配着整个部门，而不是存在大量的小型竞争性企业。原先存在过的单一私有制的自由市场资本主义早已面目全非，这种形式的市场就是被列宁称之为的“寡头垄断”。目前在世界上包括美国在内的国家中，西方现代资本主义主体中垄断已经成为大型跨国公司，这些超级公司如同恐龙一样试图主宰世界经济命脉。跨国公司的运作不是纯经济的，行政干预对公司的影响很强。在德国，著名的大众汽车公司、汉莎航空公司等，都是国家参股的跨国公司。即使在私有化最激烈的英国，国营企业依然在国民经济中占有重要位置。

法国经济学家让·拉费、雅克·勒卡莱写过一本书——《混合经济》，对资本主义的经济变化作出一些研究。该书指出，“混合经济的基本思想，就是必须有一个强有力的国家及其计划机制实施市场调控和监督，从而对市场缺陷进行纠正和救治”，“混合经济并不是一种出自事先构想的制度，而是工业社会发展和资本主义制度演变的历史产物”。混合经济的基本施政思想有以下三点：（1）国家在调节市场方面发挥积极的干预甚至主导性作用；（2）通过建立全民性的、从出生到死亡的社会保障体制，实施广泛的社会收入和财富再分配；（3）私营部门和国有部门之间建立密切合作，国家根据社会总需求和国家发展总目标，以合作者或者开明监督者的角色对国民经济实施强有力的干预。20世纪的现代资本主义与19世纪前的古典资本主义不同，较大的一个不同点是，现代工业化国家诸如美国、英国、德国、法国、日本等国，都建立了一个成熟而高度完善的社会保障体系。这个体系为社会中的大多数公民提供了生老病死以及失业的最低生活保障。正是这个体系作为一个占发达国家社会中人口多数的所谓“中产阶级”的稳定存在，消除了从发达国家内部爆发暴力革命的主要危险根源，完善了社会福利政策。1945年，英国工党执政以后，先后通过和实施了社会保险、工业伤亡、家庭补助、社会保健四种社会福利法案。

1948年，工党政府宣称英国应当成为“福利国家”。工业化国家建立了“从摇篮到坟墓”的社会福利体系。

四、新自由主义经济学思潮怎样渗透中国

中国改革实施的国外背景是，西方经济发达国家推行谋求在全球获取高额利润的战略，最明显的就是全球经济一体化，用各种手段对别的国家进行经济文化等方面的渗透。如同一些海外有明显的国家政治背景的大跨国公司来华投资，目标是占领中国市场，而不是由于意识形态方面的一致而自愿帮助进行社会建设的。改革开放初期的20世纪80年代，中国大陆因为受到“文化大革命”的极左路线的长期统治，人民深受其害，因而当清算了这条错误路线后，一部分政治斗争经验不丰富的年轻人思想产生了很大混乱，社会意识形态领域客观上出现了反“左”后的真空。列宁曾说过，无政府主义是对工人运动中机会主义的反动。拨乱反正中出现的思想混乱，是极左路线造成的恶果，不足为奇。可是，一些西方大国出于国家利益的全球战略考虑，趁机对中国进行又一种类型的价值观念渗透，向中国输入新自由主义的经济观点，这也不足为奇。因为在20世纪的整个世界历史中，西方经济强国就一直利用各种方式推销和实施自己喜好的资本主义制度，例如，美国就一心向全世界推销着自己的价值观念，而且使用的手段最多，走得最远，可是实际上那些思想意识并不适合中国这个古老的东方大国。

通过一些渠道，曾盛行于美国、英国等国家的新自由主义进入了中国。一些新自由主义思想的鼓吹者将产权变更的作用吹得神乎其神。例如，有一位鼓吹来自新自由主义的观点经济学教授武断地说：“现在快速增长的每一个国家都主要是把经济建立在私有企业制度之上。就是说，大多数生产性资源都归私人所有，不受政府行为的干预。”担心别人不明白，他在一篇《卖桔者言》文章中大声叫喊：“让我再说一次，唯一没有经济浪费的竞争准则是市场价值。这种准则只有在私有产权下才可以有效运用。私有产权制度就是资本主义的骨干。假若取消私有产权，或在私产界定不健全的情形下，其他种种形式的竞争衡量准则会纷纷出现。适者生存，不适者淘汰的原则是没有改变，但换了衡量的准则，便会引起各种浪费现象。”他甚至主张无政府主义：“我认为没有政府管制和调控就不会

存在腐败”；他还武断地作出判断，“彻底消除政府等于彻底消除腐败”。[①] 这种所谓的理论完全不符合当代资本主义的实际，就是在资本主义的历史中也找不到任何有意义的证明。

无疑，新自由主义理论鼓吹的“私有化就能提高生产效率”是一种毒品。其伪善的理论包装在一个“经济科学”的华丽外衣之下，冒充为具有现代“产权观念”的“现代经济学”，蛊惑了不少幼稚和容易轻信的人。现代化大生产是个复杂的连锁性循环过程，其间每个环节的高效运作需要多种条件保障，绝不仅仅是私有化就能解决问题的。每个过程的私有化，如同画地为牢，是无法完成跨越国家的大型联合作业的。

人类社会发展过程中，一定的社会上层建筑领域总是同一定的社会经济基础相联系的。经济基础的状况决定上层建筑的性质，上层建筑又反过来为经济基础服务。现代世界主流经济学主要是英美流派，是从美国、英国等工业化国家的经济活动中抽象出来的思想理论。英美流派按照自己的逻辑解释世界，用自己创建的理论设计未来，是想让世界都按照自己的计划行事，按照自己的意愿改造世界。大量的理论阐述、案例分析都是围绕工业化国家的经济活动展开的，都是在研究如何使这些国家更加富裕，为经济强国获取更多的利润而出谋划策。只是到了20世纪60年代，从英美流派中才产生了一个研究发展中国家经济活动的分支理论，即“发展经济学”。这个新分支理论学派经常从局外人的角度，观察、分析发展中国家的市场发育状况、投资获利机会、金融外汇变化，明眼人一看就知道，这是为工业化国家占领发展中国家市场提供咨询。这些事实正合了西方经济学教课书开宗明义的一句话：“没有免费的午餐”。新自由主义经济理论也不例外，来者不善，善者不来。

（一）新自由主义影响中国改革

自20世纪90年代中期以后，在引导中国经济改革理念的市场设计中，出现了明显受到“新自由主义”思想影响的观点和建议，特别是新制度主义传播的所谓“产权革命”的说教。中国大陆一些人武断地认为，国有企业的效益不好，原因就是产权不清晰。仿佛只要改变了中国的国有企业的产权制度，就能使生产效率马上提高，使技术落后的企业起死回生。于是乎，

① 张五常：《经济解释》，商务印书馆2000年版。

一些单位少数人坐在屋子里制定了脱离实际的“股份制改革”方案，单边性质地分割公有财产权利给私人的方案，甚至是强制性地容许个别私人以合法的改革外衣来切割大众拥有的国有财产。国有企业实际上被分解和蚕食了，一些单位历经数十年创造和积累了可观的国有财产，可是就这样瞬时之间变成了私有财产。有些国有企业干脆被贱价变卖，国有资产流失严重。大多数劳动人民的血汗肥了少数掌有各种名目特权的人。一些国有企业虽然经过转制，但是其过程短促、方法激进，企业散了财、走了人，元气大伤，虚脱到不能自立生产。

在中国抗日战争蕴含的民族矛盾和阶级矛盾混合在一起的复杂斗争时期，中国共产党领导人毛泽东指导了一场提高思想认识、明辨是非的延安整风运动，指出革命队伍中的一些不思学习、盲目崇洋的不良现象。那时，有些知识分子，“他们从欧、美、日本回来，只知生吞活剥地谈外国”。他们从事中国革命却不深入研究中国的国情，也不去深入学习和理解国家的历史。毛泽东批评了这种自以为是、危害革命的言行：“经济学教授不能解释边币和法币，当然学生也不能解释。这样一来，在许多学生中造成了一种反常的心理，对中国问题反而无兴趣，对党的指示反而不重视，他们一心向往的，就是从先生那里学来的据说是万古不变的教条。”① 几十年过去了，中国学术界如今确又有一些知识分子自封为“精英”，他们脱离国情地谈论改革，兜售方案，从美国、英国搬来了新自由主义学说，将这些伪善的理论甚至是污水灌注到中国的改革田园内，还硬讲这是世界经济学经典理论。其结果现在已经非常明朗，误国误民，贻害非浅，历史往往有惊人的相似之处。事实证明，提高企业生产效率，乃是一项复杂的系统工程，产权改革仅仅是一个组成部分。社会生产力实现飞跃，关键是科学技术创新。没有铁器的发明，就没有农耕文明；没有蒸汽机的发明，就没有工业文明；没有计算机和互联网的发明，人类就不能进入信息时代。科学技术是第一生产力，这是颠扑不破的真理。产权变化代替不了创造发明。

更为严重的问题是，产权是经济实体中最为核心的要素，转变产权归属的做法具有震荡性，这对经济实体的正常运作产生的影响是极大的。特别是完全转变产权性质之后，经济实体的性质发生了质的变化。例如一些时期，在泛市场化思潮的怂恿下，“市场换技术”的说法盛行中国大陆。有些国有

① “改造我们的学习”，《毛泽东选集》，人民出版社 1968 年版，第 756 页。

企业为了引进西方国家的技术，大搞丢掉产权的合资经营，结果企业被外资吞并。可见当代资本主义根本不是什么建立在所谓的“明晰产权”基础上的私有化自由资本主义，而是对外扩张、兼并、垄断的资本主义，而关于这一点，马克思列宁主义的理论早就阐述得一清二楚。中国的国有企业被变成外方独资企业之后，实际运作的情况根本不是中方计划书中所预想的那么回事。因为没有了市场，也就没有了技术，更没有了当家做主的权利。海外投资者完全按照自己的意愿行事，不仅企业的物质财富被外方占有，国家和人民几十年积累下的财富化为乌有，就连企业的精神文化也被外方完全改造，企业员工言论行动丧失了自然流露本土民族文化特色的权利和机会，内心深处充满了彷徨、痛苦，长时间内往往不知所措。受制于封建礼教的压制，没有追求平等、博爱、自由的权利，这些正是资产阶级推翻封建贵族阶级、进行资产阶级革命的根本原因，就是当代资本主义也把自由奉为高于一切的权利。无疑，在受泛化市场观念的影响而采取了一些激进改革做法的行动中，“明晰产权”的措施数度失控，导致为提高国有企业效益而转变旧的僵化体制改革的实效未达预期目标，这是个不争的事实。中国共产党领导的延安整风基本解决了那些“言必称希腊”的不良风气，革命取得了伟大胜利。当代社会主义的改革也要通过加强学习，使人民群众认清新自由主义的真面目，经济建设才能大发展。

（二）国有资产大量流失

国际上少数经济强国总是想将自己的价值观念强加给中国人。进入中国的新自由主义思想披着漂亮的经济学外衣，主张实施“自由放任”的经济政策，主张企业产权完全私有化，非此即彼地宣扬这是发展生产力的惟一途径。稍有哲学常识的人都知道，在上层建筑与经济基础的相互关系中，虽然上层建筑对经济基础具有能动作用，但是并没有替代作用。物质的力量只能用物质的方式和手段改造，自由、产权等不属于物质力量范畴，没有神乎其神的完全替代力量。说到底，新自由主义实际上只是一种口号与意识形态，从来不会成为一项积极有效的经济政策。如前所述，属于经济学英美流派的新自由主义理论出自西方工业化国家，是美国、英国等经济社会活动的抽象原理，讲授者和宣传者也多数生活在工业化国家，或者在那些国家接受教育，所以，在这些理论中包含着明显或不明显的维护那些国家经济利益的观念。因而，具有独立思维的人一定会看穿新自由主义神化表演的用意，是想用资本主义的自由化取代社会主义的"开放搞活"经济思想，是想将社会主义中国经济纳入资本主义经济的轨道的企图。中国有些人，不从自己民族或国家的实际情况或传统出发，热衷于用表现资本主义社会经济基础的思想来分析中国社会经济生活水平，这是不科学的，更是不可取的，因为它们不符合中国的国情。

迷信"产权革命"的新自由主义说教，认为制度变是万无一失的改革方案。这种认识非常幼稚。1998 年 6 月 30 日美国总统克林顿在中国上海访问，作为上海人民广播电台"市民与社会"栏目嘉宾主持人，在回答上海市民提出的"对教育问题的看法"这一问题时说："没有任何一项制度是完善的，而投资教育的回报期虽较长，但是回报率却比任何投资都要高"。他讲的教育，道理清楚。如果借用他的话再问，产权改革制度是完美无缺的吗？答案显然是对产权制度改革迷信者的明确否定。前美国总统克林顿的话应当作为一个中国改革的警示，事实也确是如此。产权改革之前，保值增值是一个硬性的标准，可是能够达到这种预期效果的国有企业有多少呢？盲目的产权改革的投资回报率究竟有多高？过度地拍卖国有产权，不顾代价地合资所带来的恶果，也是一个令人震惊的答案。当很多重要的国有企业被外方收购，大批关键性的国有设备制造厂成为外方独资企业时，如何保障国家政权的经济基础稳固持久，就是一个必须严肃思考的问题。由此反思国企改革，也许人们会深刻地意识到，中国出现的短促时间内的国有企业改制，不是一种工作方式的失误，而是理论指导上的偏差（表 3－1）。

表 3－1　　中国城镇登记失业人数与失业率　　单位：万人；%

项目 \ 年份	1990	2000	2007	2008	2009
城镇登记失业人数	383	595	830	886	921
城镇登记失业率	2.5	3.1	4.0	4.2	4.3

资料来源：国家统计局编：《中国统计年鉴 2010》，中国统计出版社 2010 年版。

中国拥有全世界最多的人口，其中绝大多数农业人口是根本没有任何社会保障系统支持的。在城市中，过去的国有企业提供了医疗、养老等保障系统，维持了城市社会的安全与稳定。可是在实施了激进的国有企业改制之后，大量企业关门破产与大面积的工人下岗同时发生（见表 3－1）。虽然失业人数增加并不仅是国有企业改制带来的，但是失业人数的持续增加却是与那些改制相关的。同时，新增劳动人口大量进入就业市场，劳动保障和劳动就业立即成为十分突出的问题，经济、社会和政治等诸多领域，都感受到了巨大的压力。因为这样的情况冲击了社会中多数人的意愿和利益，远远有别于产权改革、提高效益的预定计划，而且其中蕴涵的变数也是国企改制所没有预见的。当太多的变数压向社会稳定大局之际，除了深刻反思工作进程，检讨失误，更需要认清的一个事实是，一定社会的经济基础会产生代表它的文化思想，这种观点意识既有超越基础的势能，也有脱离不掉基础的印记。在引入西方使用过的市场经济理论时，必须判明哪些是反映普遍的市场经济客观规律，哪些是带有资本主义意识形态的。对于后者，一定要提高警惕，不能任其冲撞中国市场，制造麻烦。

由于存在着理论误导与操作激进，曾以产权改革为突破口的行为造成了糟糕的局面。中国一些国有企业按照设计好的完美图纸进行了改革，人们很快发现相当一部分国有企业资产大量流失。2009 年 6 月 10 日，山西省沁水县 39 名党员干部联名举报了山西沁水有关部门通过非法国有企业改制等手段，在 6 年时间里，连续将该县 8 个国有煤矿转为个人资产，造成金额高达 800 亿元国有资产流失的事实。在近年来的新闻报道中，一起又一起国企改制爆出的丑闻足以证明，在一系列“暗箱”操作中，被改制的企业成了一块唐僧肉，一些人明目张胆地掠夺国有资产，将企业改制的过程变成了一个可耻的分赃聚餐会。[①] 我们不禁要问，那些有资产阶级思想的贪官污吏又是用什么方法来侵占国有资产呢？有人归纳总结出了二十种方法，但概括地说无非是这么几个方面，即当权派在用公款吃喝玩乐、用于个人及小集体消费；拦截国有企业的收入，虚增其成本费用，更侧重让国企现金收入短少，现金支出的成本费用虚高；以无当有，以次充好，亏空国有资产，从相关对方获取巨额差价或款项；冒充员工身份或利用内部员工的身份隐藏并转移款项；为其他资产阶级谋利，从而当权派也暗中获益；利用国有企业身份从其他行政部门非法获利；把国有资产剥离，名义上把不良资产剥离，实际是把优良资产给资产阶级占有。[②]

国有企业的所有资产，都是我国人民的辛苦劳作、节衣缩食积累的共有财产，只有认真分析损失产生的原因，才能如实客观地认定损失责任，从而

---

① 秦建中：“别让八百亿元国有资产下落不明”，《凤凰博报》，2009 年 8 月 15 日。

② 刘宇辉：“国有资产流失的前因后果”，http：//club. china. com，2011 年 12 月 29 日。

有效防止国有资产流失。为此，要仔细认真判别，检查是否是由于决策程序不规范造成的损失，或者是由于管理制度不完善造成的损失，或者由于控制体系不健全造成的损失。对于由于决策程序不规范造成的损失，要具体分为集体决策和个人决策两个层面。对于集体决策的分析重点是，是否是决策程序不科学造成了损失，如果决策早期科学，但是市场快速发生变化、市场信息没有及时把握，结果也可能造成了损失，也要寻找深层次的原因。如果是个人决策原因导致的损失，就必须分析个人决策行为，看是否对损失负有决策责任。同时，也要分析是否建立了内部决策控制制度，或者建立的内部决策控制制度是否是有效执行等等原因。总之，国有企业资产大量损失，绝不是偶然现象，是与企业改制指导思路和政策措施相关的。

五、警惕不同的偏向

虽然新自由主义在当代国际社会攻城掠地，在前苏联解体后似乎很张狂，可是历史总是曲折前进的。一位美国学者分析了新自由主义的历史与20世纪后期的表现后认为，横亘在原东德和原西德之间的“柏林墙”倒塌，前苏联解体，这些并不意味着自由主义这一意识形态取得了胜利。恰恰相反，自由主义反倒更加衰微了，1989年实际是其终结点，世界进入了“自由主义之后”的时代。种种政治思潮和社会现象在全球化中继续激烈变化，冷战历史格局不会再次重新上演。[①] 的确，21世纪人类社会的发展会有很多新事物出现，历史不可能沿着某些逆向思维设想的路线行进。更加值得高兴和赞美的是，在曲折复杂的改革进程中，中国共产党与中国政府的最高领导核心把握了大方向，对自由主义经济理论保持了清醒的头脑，种种空想主义的“制度创新”始终被抑制，那种以私有化为终极目标的所谓的深化改革被摒弃了。

为了继续发展有中国特色的社会主义市场经济，政府和人民要继续提高警觉，从中国的实际情况出发，努力发现和探索科学社会主义市场经济的规律。为此，要认清来自“左”的或者右的错误思想，也必须抛弃过去那种盲目排外的狭隘意识。自然，在中国现行的情况下，泛市场经济言论和行为必须首先抛弃，否则就很容易迷失方向，误入歧途。

---

① ［美］伊·华勒斯坦：《自由主义的终结》，社会科学文献出版社2002年版。

（一）不能迷信和搞泛市场经济

中国有些人对自由市场经济的效能幼稚盲从，或者是神话般迷信。他们似乎完全无视当代资本主义社会经济活动的新趋势，商品生产及其运行周期上的新特点。他们实际上做的事情是，追随斯密—萨伊提出的幼稚的自由主义经济理论，在中国推行私有化。这些人一味主张解散大型国有企业，认为小的就是好的，要回到以小企业、小私有制为主体的原始积累状态的幼稚资本主义。中国经济建设的实践一再证明，计划经济并非一钱不值，不能全盘否认。市场可以有计划，计划也能容纳市场，两者不相矛盾。发展具有中国特色的社会主义的市场经济，就是兼顾市场与计划的优点。绝不能夸大其词地讲市场化的作用，更不能将投机取巧作为致富的手法加以炒作。

（二）摆正国家管理的位置

从事社会主义经济建设，一定要摒弃那种旧传统中机械僵化的内容，保留科学合理的核心因素。绝不能固守旧有的社会传统意识，以意识形态作为经济对错的标准。同时，要在正确理论的指引下，由政府对关系国计民生的重大经济项目实施宏观调控，对公共产品的生产和消费给予适当的补偿，将经济目标和社会目标统一起来。国家管理要与市场调节结合起来，认清新自由经济理论的是非两面性，正确执行国有产权改革计划，剥离产权，重新配置资源，提高经济生产效益。

简而言之，该归政府管的归政府，该归市场调节的归市场。科学发展观恰恰就是如此。

第三节　科学驾驭市场经济力量

历史事实表明，市场经济并不是孤立存在的，而是在一定的社会体制与历史条件下出现并发展的。因此，要依据科学发展观念，遵循市场经济具有的客观规律，发挥优势，趋利避害，寻求资源的最佳配置，达到最优化的经济社会效益。

一、正确引导市场经济运作

那么如何正确认识市场经济呢？它的本质特点又是什么呢？前面简单的研究表明，对市场经济的分析，首先要研究它所运行存在的经济体制。一般来说，经济体制是一个社会配置资源和分配收入的各种机制、组织、规则和安排的体系，资源配置方式的不同形成了不同类型的经济体制。简单来说，市场经济就是一种通过货物交换，以市场作为配置资源的基础方式，实现分散决策的经济体制，或者说是一个通过交换关系把所有个体经济联结在一起的经济类型。商品市场作为市场经济的一个部分或者表现形式，既是抽象的又是具体的，它是自从商品产生以来人类社会经济活动的具体表现和反映。也就是说，市场的所有内涵都是人类赋予的，离开了人类市场就不可能存在。换个角度讲市场经济，它是人类社会以市场为目标和出发点的全部经济活动集合，而除了以市场为目标和出发点的经济活动外，人类还有其他内容和方式的经济活动。比如农民为自己消费而从事的生产劳动、家庭主妇为自己家人煮饭、环境保护人员的劳动等等。因此，从人类社会的角度来考察市场经济，就可以得出这样一个结论，即市场经济只是人类社会经济的一个组成部分，而非社会经济的全部。诚然，大力发展市场经济是促进社会经济发展的一个方面，而且是一个重要的方面。但是，市场经济不能也无法替代社会经济的其他内容和方式，人类社会的发展进步需要经济社会的全面发展。那种过度强调市场经济而忽视经济社会其他方面的思想，显然是不符合人类社会全面发展的。那种以牺牲非市场经济为代价来片面发展市场经济的思路，更是对人类社会历史发展方向的一种背离，因此当然也是不可取的。

（一）遵循市场经济规律

如同所有的事物都有自己特殊的存在规律一样，市场经济也有自己运作的市场规律，是不以人们的主观意志为转移的。什么是市场规律？所谓的市场规律实际上就是人们的经济活动在市场中的表现以及市场对人们的经济活动的反应，它包含两个基本点：一是供给方面在市场中的表现以及对市场变化的反应；二是需求方面在市场中的表现以及对市场变化的反应。实际上这两个方面的表现和反应都是通过以货币为中介的交换而得以体现的，因此市场规律也可以说是市场上的供求双方关系及其对商品价格的反应。简单来说，就是当需求大于供给时商品的价格就会上涨，当供给大于需求时商品的价格就会下降；当商品的价格上涨时供给就会增加而需求则会减少，相反当商品的价格下落时供给就会减少而需求则会增加。这两种逆向变化的结果使供求关系达到均衡，从而实现了商品的均衡价格。

在中国最流行的教科书之一是萨缪尔森的《经济学》，这本书的第一章就阐述了著名的市场调节原理，即“看不见的手”的理论。在这只手的调节下，经济结构和制度自动得到调整和运转，资源得到最有效的配置，长期来看永远不会有生产过剩和供给不足的情况发生。就此，资本主义便彻底摆脱周期性的经济危机，此观点也就是“萨伊定律”中所讲的“供给自动创造需求”的意义延伸。从历史的角度客观地分析，亚当·斯密在最早发现并表述市场规律时，限于当时的社会经济条件，他无法揭示市场规律的内在联系，于是把市场规律看做是超越人们的认识和控制范畴的，所以提出了著名的“看不见的手”这一假说。

可是，随着人类社会的进一步发展和科学技术的不断进步，人们对市场及其规律不仅取得了新的认识，而且也摸索出了一些掌握和驾驭市场及其规律的手段和方法。比如市场调研和预测，市场监督和管制，价格规范和税务调节等等。商业机构和政府通过这些手段和方法完全可以引导市场，进而弱化了市场规律对社会经济的决定因素。俄罗斯实施的“萨克斯休克疗法”、“哈佛500天方案”，将市场经济作为惟一的运行方式，其结果是连资本主义社会中的正直经济学者也摇头指责。实际上就是在美国，经济学家和政府都主张依据需要实施广泛的行政或社会调节。“反托拉斯法律、产业调节、社会调节和产业政策是政府调节经济结构、产品产量和项目工程的主要方式。”① 这些调节手段维持了美国经济的增长，也成为经济学教课书内的重要内容。美国人的那些方案意欲何为，清晰可见。盲目跟从，最后只能是落个残破结局。

（二）惩治违法违纪行为

今日中国社会，老少皆知市场经济，除了新闻媒介的宣传外，遍布各地

---

① McConnell, Campbell R. & Brul, Stanley L., Chapter Thirty - Two, Antitrust Policy and Regulation, *Economics: Principles, Problem, and Policies*, Fifth Edition, Irwin McGRAW - Hill, Inc. 2001, WI New York, U.S.A. p.665.

的商品市场最实际地告诉人们这个经济事物的存在。而且用市场经济手段解决各种问题，似乎已经成为个人与单位不可缺少的方式，一些人还将市场经济说成是可以包医中国现实社会经济病症的灵药。正是对于市场作用的这种不正确的认识，带来了一系列问题。诸如个人获得好处，直接依靠谋取私利，评价工作的优劣，决定干部升迁，依靠集中体现市场经济效益的 GDP，一切以利益为衡量标准。这样的认识与做法，结果是极容易引发经济违纪违规的。2010 年 6 月 23 日，第十一届全国人民代表大会常委会第十五次会议举行第二次全体会议。受国务院委托，国家审计署审计长刘家义向全国人民代表大会常委会作了国务院关于 2009 年度中央预算执行和其他财政收支的审计工作报告。刘家义介绍，在各项审计中，审计署上报国务院或直接向有关部门移送重大违法违规问题和经济犯罪案件线索 104 起，涉案人员 473 人。①

2011 年 12 月 26 日在北京举行的全国工商行政管理工作会议披露，2011 年 1—11 月，中国工商系统共查处各类经济违法案件 138. 95 万件，案值 268. 68 亿元人民币，流通环节食品安全监管成效明显。共取缔无照经营 4. 3 万户，查处不符合食品安全标准的食品案件 6. 2 万件，移送司法机关处理案件 251 件。共核发食品流通许可证 199. 88 万个。② 总结案件的纠查，可以发现，不管当事人违纪违规的具体情况是什么，他们都有一个共同的作案动机，即谋求利益，有个人的私利，有小团体的利益。事实证明，凡事都要与利益、金钱和市场等连在一起，这样的认识，不仅在实际中容易出差错，而且在理论上也会导致谬误传播。纠查银行系统违规违纪，还应当更加深入地进行，整治的重点应当放在以下领域，即：不良贷款控制、贷款分类偏离迁徙变化、房地产贷款风险、资产管理公司资产处置行为、信托投资公司关联交易、农村信用社关系人贷款和增资扩股真实性，因为这些领域内的案件发生频率高，危害性大。

目前，还有一些社会公益事业也已经被“市场”塑造了，似乎只有如此，才更可用以证明“商品化”才符合世界大势。人们之间的财富差距拉大、教育和医疗出现过多的市场化倾向，在一个涉及基本民生需求的领域，

---

① “今年审计报告呈现四大看点”，《人民法院报》，2010 年 6 月 24 日。

② “1 月至 11 月中国工商查处经济违法案件 138 万余件”，http：//www. chinanews. com/cj/2011/12－26/3558938. shtml，2011 年 12 月 26 日。

这种状况是不正常的。所以，要正确认识市场经济，进行从理论到实践的反思。人们不能在“符合市场经济的发展规律”的硬道理面前，对实际中出现的泛市场化带来的种种恶果无疑义，无担心、怀疑的理由，哪怕不堪重负也不质疑加速“商品化”的正当性，这都是不符合情理的。要从一个新的视角看待问题，提出值得思考的问题。通过有效的政策，对服务行为的过度市场定价进行干预，不能只让公众忍耐和承受，要使“看不见的手”继续发挥作用，要使“看得见的手”有力挥舞。几经观望犹豫，该出手时不出手，不该出手时却出手，这是绝对不行的。

二、研究世界市场经济模式

自由主义经济作为一种表现形式，并不是经济体系中最神奇的模式。现代西方国家通过实际，认识到“看不见的手”不是万能的神灵，必须依据各国的实际情况，实行不一样的市场经济运行和管理方法。那些绝对排斥政府干预的自由市场经济学家的主张被工业化国家修改，实际上在西方国家出现了不同的市场经济运行制度，管理方法也是有较多的区别。

不妨从 17 世纪以来市场经济形成时候开始观测，可以发现世界各国鉴于对市场经济本质的认识和对其局限性要求干预的程度及方式的不同，在市场经济实践中形成了不同的市场经济模式。它们概括起来大概有以下几种：

第一，美国式的自由市场经济模式。美国的市场经济继承了其特殊的文化和自由主义传统，它的运行是以经济高度分散为特征的。美国社会反对政府以任何规则、计划的形式干预经济活动。但事实上历届政府一直都以不同形式参与和调节经济活动，并非完全“自由放任”的市场经济。

第二，瑞典等北欧国家的福利市场经济模式。瑞典等北欧国家在私有制基础上追求经济效率与社会平等实践中形成的由经济机制、经济组织以及经济社会政策所构成的有机体系。它强调私人企业是经济发展的主要力量、高度发达的社会福利和高税收、互助合作精神等。

第三，德国的社会市场经济模式。社会市场经济实质上是一种以自由竞争为基础，国家进行适当调节并以社会安全为保障的资本主义市场经济。第二次世界大战后，德国历届政府制定各项经济政策基本上都是以此为依据的，实践证明是行之有效的经济管理体制。社会市场经济坚持两个基本原则：其一，经济活动以市场调节为主，市场作为基础和纽带在经济运行中始终处于主导地位；其二，市场活动要受国家一定程度的干预和协调，国家具有指导和调节经济的职能，并为其提供社会保障、公正和社会进步的社会福利政策。

第四，日本式国家主导型市场经济。第二次世界大战后，日本政府干预侧重点在于总供给方面并强调政府与企业之间的双向约束，尽量做到对市场最小限度的破坏，对企业最大限度的帮助，逐步形成了一种以私人企业为基础，以政府为主导的官民互调型的经济体制模式。

第五，法国式计划指导市场经济。第二次世界大战后，法国推行计划调节而被认为是“混合经济”的典型，其经济的快速恢复和发展，正是计划与市场有机结合的结果。

第六，发展中国家多样化地实践市场经济模式。发展中国家及转型经济国家都以自己国情和历史、文化传统为基础，结合其他国家经济发展的经验、教训，调整自己的经济政策，尝试走符合本国国情的市场经济发展之路。

从上述分析可看出，市场经济的模式是多样化的，战后世界各国，特别是西方资本主义发达国家，为适应所谓经济全球化发展的需要，对自身经济政策也在进行不断调整，并非完全模仿美国的市场经济模式。任何国家单纯地模仿某种市场经济，都是不可能成功的。

三、吸取人类文化营养物质

一些欧洲国家，特别是德国，在其社会经济发展实践中摸索总结出来一种适宜地区和国家的经济发展模式，即社会市场经济，颇有特点，值得专门叙述。

（一）借鉴德国社会市场经济模式

第二次世界大战之后，东欧国家出现了一批社会主义政权，国家经济文化迅速发展，影响日益深远。受此影响，还有战争期间发展壮大的共产党组织的推动，西欧老牌的资本主义国家内的“社会主义”思想浪潮迭起。原联邦德国保守政党基督教民主联盟也提出了“基督教社会主义”的纲领，认为“资本主义的经济制度不符合德国人民的国家与社会利益”，主张建立新的经济体制。1949 年，这个政党在大选中获胜，原联邦德国第一届内阁——阿登纳政府成立。联邦政府在经济和社会指导纲领中，提出了建立“社会市场经济”的原则，并且付诸实施。联邦政府通过成功实施币制改革等一些政策，原联邦德国国民经济较为顺利地自战时体制转移入“社会市场经济”体制轨道，这就为以后经济发展打下了较好的基础。[①] 原联邦德国实行社会市场经济体制，在20世纪50年代初到60年代上半期，国家经济快速增长发展，许多西方经济学家把这个时期的突出经济成绩称为“经济奇迹”。战后的原联邦德国联邦政府实行了一整套使人民最低消费需求得到适当满足、经济生活有一定保障的措施，它们是社会市场经济的重要组成部分。其内容主要包括通过控制货币供应量和严格财政开支，缓和通货膨胀率，使扣除价格上涨因素后的实际工资不断增长，促使社会的实际购买力增加。实行范围广阔的社会福利制度，内容包括给失业工人发放补贴、给退休和丧失工作能力的职工发放退休金和养老金、医疗保险等。[②]

社会市场经济的基础是混合所有制经济。它一方面十分强调市场竞争，另一方面又主张国家对经济进行干预从而具有宏观调控功能。这种调控不仅包括货币政策和财政政策，也包括国家的计划和政府向生产者和失业者提供救助的政策。国家所有制的高度发展是社会市场经济的重大特点之一。这种所有制的形式尽管与占统治地位的资本主义跨国垄断组织相比居于次要地位，但在国民经济中却起着重要的作用，尤其表现在由国家对那些盈利低的企业和经济部门（包括国防工业）进行直接经营，进行订货，也包括由国家资本主义企业对非国有制的资本主义企业以低价提供生产资料。虽然欧洲及德国的社会市场经济与中国的社会主义市场经济有很大的分歧，但是中国人依然可以从中学到一些有意义的经验，避免某些错误。

（二）评估市场经济机制假设条件

一些术士鼓吹的自由主义的市场经济与社会市场经济是不同的。自由经济作为一种特殊的体制，发生作用的内在机制就在于追求自身经济利益最大化的个人，在市场价格的引导下实现资源配置的最优化。然而，市场价格机制并不能孤立地发挥作用，它在配置全社会资源以实现全社会的最优配置过

① 裘元伦：《稳定发展的联邦德国经济》，湖南人民出版社1988年版。

② 朱正圻、林树众：《联邦德国的发展道路：社会市场经济的实践》，中国社会科学出版社1989年版。

程中还需要一些前提条件：第一，市场经济中的每个人在不危害他人利益的前提下有经济上的选择自由，个人自由选择是建立在互利条件下自愿交换和自愿合作基础上的。第二，个人的自利和人们之间的互利能够统一起来。

除了以上原则性的假设之外，现代经济及经济学的发展，又对市场经济条件下资源配置最优的实现提出了以下条件：（1）经济信息是完全和对称的，市场中买卖双方对交易的内容、品质和衡量标准有完全充分的信息，彼此知道的信息一样多。（2）市场是完全竞争的，即市场上有无数多的厂商，以致每个厂商都只具有最小的规模，任何一个潜在的竞争者进入这个市场都不存在任何障碍，每个厂商都是价格的接受者而不能操纵价格。（3）规模报酬不变或递减。即随厂商生产规模扩大、产品的单位成本不变或递减。（4）不存在外部性。即经济活动中的企业或个人的生产和消费行为不对经济活动之外的人或环境发生没有人承担责任的影响。（5）不存在交易成本。（6）经济活动的参与者都是完全理性的个人，总能最大限度地增加自己的福利。可见，如果没有这些假定，自由经济是无法运行的。人们都很清楚，上述假设是不可能完全实现的，所以，自由经济实际上是不存在的。

他山之石，可以攻玉。德国作为一个老牌资本主义国家，人们都明白过度的私有制和社会福利意味着什么。那么，从中国的经济改革过程与社会中出现的一些负面情况来看，人们有理由怀疑向中国灌输私有化理论者的动机。他们明知现代发达资本主义制度的安全性，正是建立在“福利资本主义”的社会保障体制基础上的，却仍然主张实施泛化的市场经济体制改革。实施国有企业改革速度过激，打破了旧有的劳保福利，没有建立起一个社会保障的国内安全体系。中国几千年来的历史经验证明，大量失业、无业人口的涌现，从来就是一个危险的表征，是导致社会分崩离析、天下大乱的根源。

四、规避市场功能的缺陷

市场经济制度在西方国家已经存在了数百年，形成了许多成熟的管理方法，提高了社会生产力。可是，这个制度依然带有一些严重的缺陷，尤其是在其发育的初期，在宏观调控还不规范、不系统和不健全的情况下，市场运作的冲击力强烈，容易给原有的经济和谐关系带来破坏作用，也会像幽灵一样干扰社会经济的正常运行。依附市场经济发展成长起来的西方市场经济理论也无疑具有很多优秀的理念，西方工业化国家的发展经验也有很多值得借鉴之处，这个在中国改革中已经得到证实。可是不能对西方的市场经济理论毫无保留地全面接受，尤其是西方世界自己也在不断革新这些理论。

20世纪90年代以来，西方经济理论界在对市场作用重新认识的同时，从宏观角度指出了市场及市场机制本身具有一定的活动界限，即政治界限、分配界限、社会界限、伦理界限、生态学界限等，也就是说，在这些领域内的市场经济活动时常会失败。中国建设社会主义仅仅依靠市场机制是不行的，是无法在一些重要领域获得高效益的，它们包括国民经济的骨干产业调整、公益投资项目、社会保障体系、生态环境保护等。市场经济不是万能的、万灵的，中国经济目前运行中的某些弊端就印证了这个判断。资本主义以个人利益为主导应用和发展市场经济，实际上是扩大了市场功能中的固有缺陷，西方一些国家的民众为此也饱尝了体制缺陷带来的痛苦。尽管资本主义制度还没有走到地狱的门口，但是人民群众要求改革制度缺陷的呼声日益高涨，抗议浪潮此起彼伏。因而，随着互联网络的高速发展与经济全球化的迅猛扩展，发达国家的人民越来越重视对于共同利益的追求，这种趋势在美国、法国、德国的经济中已经凸显。

例如，无论是德国幼儿园的游戏，还是美国MBA的课程，都在表现与讲述如何培养团队精神和合作理念。国际商业竞争也更加讲究寻求对手间的合作，买卖也要争取实现“双赢”。因为，利润是在交换中获得的，没有双方各自认可的合作交换，也就没有所谓的现代公司的发展。许多世界性著名跨国公司，对新员工的培训规则，就明令禁止鼓吹个人主义，禁止宣扬自私自利。跨国公司的实际运作均有团队合作条目，这个团队精神明显与个人利益不一样，其实就是主张双赢，就是达到共同利益目标。法国经济学家米·阿尔贝尔说：“大欧洲创造了社会市场经济，中国创造了社会主义市场经济。二者之间自然有许多不同之处，但是二者之间也有某些相似性。如果它们能融合于一，必定成为21世纪的法宝之一。”① 可见，共同利益符合人类社会进步的共同要求，也能使人类的共同愿望得到实现。

此处需要注意的是，合理的功利主义与财富追求活动是应当鼓励的，而市场经济能够为实现这些理性追求提供渠道。市场经济可以有效地行使激励机制，灵敏地传播、交流、反馈信息，自动调节供求关系，以求达到较高的

① ［法］米·阿尔贝尔：《资本主义反对资本主义》，社会科学文献出版社1999年版。

经济增长速度。国家财富来源于高效率的生产，社会劳动生产率获得提高，财富就会大幅度增加，商品供应就能丰富多彩。自然，市场经济的这些功能发挥，需要适宜的秩序环境，要依靠完善的法律体系保障，否则经济杠杆对资源的调节作用就无法实现。

概括地说，市场经济在中国的实施既凸显出提高效益的作用，又暴露了先天不足的缺陷。市场经济手段唯有和人的能动性结合起来，全国一盘棋，统一大市场，共同引领建设工作，才能达到最佳的效益。

第四节　勇敢走出思想认识误区

现代社会有着与自由经济时代几乎完全不同的经济特点。人们从自己的现实生活中也清楚地看到，完全用市场经济规律代替其他法规，国家的发展就要受到损失。所以，深入认识市场经济，采用合理手段发展生产，是未来社会建设的主要方式。唯此，需进一步解放思想，冲破西方新自由主义说教形成的迷雾，正确辨析社会矛盾和利益摩擦的真正原因，寻求解决问题的稳妥方式。

一、降低市场失灵的机会成本

西方经济学理论对市场经济的经典概括是一对抽象的供求曲线，在价格信号指引下，曲线彼此相对上升与下降，最后形成一个均衡交叉点。这个研究还要有一些假设条件存在，结论才能产生，理论才能自圆其说。实际上的社会经济均衡增长涉及很多因素，价格杠杆仅仅是一个方面。所以，不但是西方经济学理论有缺陷，市场机制本身也不完善。然而，泛市场化论调将市场机制的功能说得神乎其神，宣传采取攻坚的方式，强行实施激烈的经济竞争，优胜劣汰，迅速达到国际经济体制的结构转型。一些地方的实际贯彻结果显示，效果不好，谬误百出。其一，市场经济的优胜劣汰只钟情于强者，强力推行经济竞争，结果只能是加剧了利益分配上的两极分化，造成贫富悬殊，这显然与中国的民族传统不相一致。其二，某些全局性、长期性、公益性的社会经济活动及投资领域，市场机制的强制推行没有收到预期实效。而且，市场微观主体追求利益最大化的冲动与宏观利益往往产生矛盾，追求局部、短期利益时常损害了全局、长期的利益，这是与“三个代表”重要思想指出的方向相背离的。其三，市场价格信号形成的滞后性会对某些生产项目的资源配置给以误导，或者不能满足市场需求，或者浪费宝贵的资源，这对人口多、人均资源少的中国是很不利的。其四，用市场机制指导精神文化生活、政治生活，不仅是失效的，而且是误入歧途，掉入了陷阱。采用激进方式推行市场经济，将一切都市场化，非常容易出现人人痛恨的腐败现象，因为这是泛化行为的一个副产品。总之，市场经济不是万能的经济形式，必须对它具有的先天性多功能性缺陷有个清醒的认识。

一些依靠市场失灵而无法解决的问题，必须要由政府出面协调处理，市场失灵在公共产品方面表现得最突出。中国于2006年新春首次发布了“中国公众环保指数——民生指数”，它们是市场失灵后果可信而且确切的答案。这个“民生指数”对“污染源认知程度”、“个人空间环保行为”等34个环保指数进行了科学量化分析，十项公众环保认知反映了中国目前的环保现状：超过半数的公众认为，最严重的环境问题是工业污染导致的空气污染；公众了解最多的环境权利是宁静权和清洁水权；公众最常用的环境投诉方式是向居委会或街道办事处反映情况等。① 显然，单纯的实施市场经济运作是不能处理中国的经济矛盾和问题的。据全国人民代表大会财经委员会课题组2011年发布的《构建民生指数指标体系、初步发现及政策建议》报告显示，在对我国12个省市进行民生指数试编后，通过跨地区比较并比照不同地区的经济发展水平发现，经济发展指标与总体民生发展水平并非存在单一的正相关关系。民生指数指标体系共分4个一级指标，包括居民生活、生态环境、社会环境和公共服务。该体系由客观指标和主观指标两部分组成，客观指标使用政府统计系统数据，占民生指数的70%，主观指标通过问卷调查获得，占指数的30%。两者组合得出一个反映地方民生发展状况的民生指数。②

说市场经济不能解救中国的经济矛盾，并不等于说反对市场经济，人们在实际中也认识到，市场经济的一些积极功能激励着财富增长。人们反对的

① 顾瑞珍：“国内首个民生指数发布　超半数公众说出自己感受”，《山西日报》，2006年1月29日。

② “全国性民生指数正在编制　政绩考核指挥棒转向”，《中国经济时报》，2011年12月11日。

是目前那种市场经济唯大唯上的论调，而且是唯美国式的自由市场经济才有好效益的糊涂想法，它们是狭隘片面的市场经济主体论。美国经济学家埃克纳在《为什么经济学还不是科学》中提出，西方经济学理论中的无差异曲线、等产量曲线、供给曲线和边际产品曲线等四个部分存在理论不足的缺陷，它们却是微观经济学的基本理论框架，而微观经济学又是宏观经济学的基础。换句话说，如果这四个部分不能成立，整个西方经济学的理论体系就要垮台。

埃克纳在书中写道："关于这四个理论结构，最令人惊奇的是：尽管它们处于如此重要的地位，还都没有为经济学家在实践上加以证实。"[①] 他的话不仅代表个人意见，而是揭示了存在着的事实。中国出现的那些泛市场经济论调，在辨别是非方面可否像埃克纳那样直白，而不是一味追捧西方经济理论。尽管人力对于市场机制的自身缺陷是无法清除的，但是人们完全可以降低这类缺陷带来的机会成本，正确认识，积极预防，就是最好的办法。泛市场经济思潮已经影响了中国改革，误导了经济工作，使社会损失了很高价值的机会成本。坚决地扯掉那类错误说教的华丽伪装外衣，降低其带来的机会成本，这件工作绝不是理论界的纯学术事务，而是具有严肃的社会与政治意义的。中国应当走富有本土特色的社会主义市场经济之路，一条以兼顾社会和市场经济为内涵的发展道路。国家在大力发展市场经济的之际，也要提高对其他非市场经济的社会建设活动的重视程度，并且要不断提高公共投资的职能，为大众谋求福利。

二、清理新自由主义谬误

当代市场组织形态虽然五花八门，可是全部通过一系列正式的制度安排、规则和惯例在发挥作用。西方国家市场经济发达，那是几百年间的制度演进结果，其过程充满曲折反复，也衍生出各种经济理论流派。这些各持己见的经济学流派总结了资本主义经济制度经历过的经验与教训，提出了符合不同情况下资本主义制度发展的建议。例如，新自由主义大肆宣扬私有制市场经济万能论，攻击政府干预经济活动。[②] 毫无疑义，这个理论体系包含的

---

① Eichner, *Why Economics is not yet A Science*, Sharpe Inc., New York, 1983, p.208.

② 哈沃斯：《反对新自由主义——市场、哲学和神化》，路特里季公司 1994 年版。

资本主义意识形态成分十分明显，其目的具有双重性。一方面对资本主义社会起着团结稳定的作用，另一方面又对作为资本主义对立面的社会主义产生破坏和瓦解作用。中国泛市场化论调执意追捧新自由主义，公开宣扬要推进改革，实际上是将一些资本主义制度安排拉到中国，这个客观效果是任何托词都无法抹杀的。清理新自由主义，就是抵御资本主义的侵蚀，建立社会主义市场经济体制。不过对于中国来说，要在较短的时间内达到西方经过几百年才达到的水平，这个任务的确是十分艰巨的。要设计一系列可行的制度，不仅需要经常主动参加制度设计，更重要的是创造特定的条件，使其成长。改革就是对制度安排的重新定位，是一项伟大的创举，其重大意义不容置疑。

然而，改革有时候会遇到困难，甚至陷入困境。综观历史，每次影响深远、意义重大的改革，无论是激进型的改革，还是渐进型的改革，到一定阶段不可避免都会面临异常艰难的状况。此时，改革需要的成本加大，各类风险产生的几率增加。这个时候，表面上看，改革似乎处于停滞的状态，但这是十分必要，而且是万分有益的。因为，改革如同爬坡，在合适的时候，需要搭建一个平台，坐下来，歇口气，以便再登高。在这个时间，就要踩刹车，把过快的发展速度降下来，实施宏观调控。而且，在这个平台上，人们可以冷静思考，静观其变，理顺关系，化解矛盾。比如说，让富人充分了解穷人的疾苦，富而思源，做到富而不忘回报社会；相反，穷人也有机会充分了解富人创业的辛酸，并不仇富，做到积极进取勤劳致富。只要穷人之间、富人之间，穷人和富人之间能够建立相互尊重的和谐关系，那么高质量的发展便是值得期待的。

所以，在“十二五”期间的前段时间内，不妨把它称为改革过程中的缓冲期。反思改革，总结经验，调整政策，减缓社会转型带来的震荡。这种做法实际上是对未来改革进程的再设计，是一种新的抉择。改革事关中国的前途和命运，马虎不得，急躁不得。需要敏锐和智慧，需要胆识和魄力，更要高瞻远瞩。人们已经看到，国家正在进行的“十二五”规划纲要是谨慎和勇气兼备，先求和谐，再求发展。和谐发展并重，未来前景光明。

第四章

论中国社会主义市场经济体系

中国共产党第十三次代表大会通过的政治报告具有划时代的意义，是思想和意识形态领域内的一个重大收获，形成了关于社会主义初级阶段理论。大会通过的文献显示，中国正在建设以社会主义公有制为主，多种经济方式并存框架的大厦，这是一个既从中国国情出发又具有改革发展特色的经济建设蓝图，实践也检验证明了这个设计思想的正确性。按照党的十三大会议确立的政治思想路线和社会经济发展思路的指示，社会经济的全面综合平衡发展就是工作的指导方针，单纯商业利润和市场效益不是发展目标。自中共十三大以来直到党的十七大历次政治报告的公布，都将社会主义初级阶段视为中国最大的基本国情，形成了前后连贯的、左右一致的最大政治共识，也为高举中国特色社会主义旗帜，建设创新型国家，对内改革、对外开放奠定了理论基础。

第一节　重振经济之路曲折艰辛

中共中央总书记胡锦涛在党的十七大报告中指出，“经过新中国成立以来特别是改革开放以来的不懈努力，我国取得了举世瞩目的发展成就，从生产力到生产关系、从经济基础到上层建筑都发生了意义深远的重大变化，但我国仍处于并将长期处于社会主义初级阶段的基本国情没有变，人民日益增长的物质文化需要同落后的社会生产之间的矛盾这一社会主要矛盾没有变”。“强调认清社会主义初级阶段基本国情，不是要妄自菲薄、自甘落后，也不是要脱离实际、急于求成，而是要坚持把它作为推进改革、谋划发展的根本依据”。

中国在1978年以前实行的是计划经济，这是因为受到那个特定年代的历史条件限制，主要向前苏联学习而建立发展模式，当时无法引进、实行具有魔法般效能的市场经济。不过在新中国成立初期，计划经济充分发挥了带有军事指挥意义的高度统一性，在短时期内集中起全国的人力、财力、物力，建设起一批国民经济发展急需的重大经济项目。在斯大林领导的前苏联共产党和前苏联人民的援助下，中国于“一五”计划期间建立了156个重大工程项目，成为计划经济时代的经典代表，成为国家经济发展的基础设施。

但是随着经济规模的不断扩大，计划经济体制暴露出了一些严重的缺陷，尤其是在“文化大革命”中，从当时的理论上讲，其目的是要巩固社会主义制度不变质，但实际的行为却完全相反。在“左”倾路线指导下，中国计划经济体制逐步变得应变迟缓、效益低下，不仅没有产生“抓革命，促生产”预期的效益，而且使得整个国民经济滑向几近崩溃的边缘。那么究竟该如何建设社会主义呢？答案只有一个，根据人民需要、国家发展并遵循客观规律，确定社会主义建设的大政方针政策。恩格斯说过：“所谓‘社会主义’社会不是一种一成不变的东西，而应当和其他社会制度一样，把它看成是经常变化和改革的社会。”① 于是在1978年，在以邓小平为首的中国共产党第二代领导集体的带领下，中国开始实施改革开放新政策，建立社会主义市场经济制度，学习、引进、改造和创新工业化国家所实行的市场经济制度，为建设一个强盛的国家而奋斗。

一、社会主义市场经济体制建立

中国共产党十一届三中全会制定了正确的思想路线、政治路线和一系列方针政策，启动了中国历史上一次伟大的经济社会变革运动，引导人民走上了新的社会主义发展道路。1984年，邓小平同志在总结国家实践了五年多的建设途径时指出，“总的来说，这条道路叫做建设有中国特色的社会主义的道路”。中国社会主义阶段的根本任务是发展生产力，经济工作是国家建

① “致奥托·伯尼克”，《马克思恩格斯全集》第37卷，人民出版社1962年版，第443页。

设的核心。如何从事经济建设，改革开放的实践提供了使用市场手段发展生产、提高效益的经验。在1992年著名的南方谈话中，邓小平同志高瞻远瞩地指出，“计划多一点还是市场多一点，不是社会主义与资本主义的区别。计划经济不等于社会主义，资本主义也有计划；市场经济不等于资本主义，社会主义也有市场”。这一重要论断从根本上破除了市场经济姓“资”、计划经济姓“社”的传统观念，为社会主义市场经济理论的提出和社会主义市场经济体制的建立指明了方向。1992年6月9日江泽民在中共中央党校所作的讲话中，首次肯定了“社会主义市场经济体制”的提法。之后，10月12日在党的十四大报告中正式提出：“我国经济体制改革的目标是建立社会主义市场经济体制”。①

中国自1840年鸦片战争以来经历了一个多世纪被侵略的屈辱史，中国人民也书写了接受马克思主义进行新民主主义革命和建立新国家的历史，更有着运用探索性和创造性进行四个现代化建设的历史，无论是较长时间的挫折还是阶段性的胜利，无论是逆境还是顺境，实践都告诉中国人民一个真理，只有社会主义才能救中国。正如邓小平同志作出的深刻总结：“中国搞资本主义不行，必须搞社会主义。如果不搞社会主义，而走资本主义道路，中国的混乱状态就不能结束，贫困落后的状态就不能改变”。② 背离社会主义方向地从事市场经济，就是不符合中国国情、违背人民意愿和脱离时代发展潮流的市场经济。马克思主义和世界一些国家的实践证明，社会主义不是自然而然建立与发展起来的，要在人民政权保障下才能成功。中国的社会主义经济建设更是要在正确的战略、政策指导下，由国家职能部门进行宏观调控，同时发挥市场对资源配置的基础性作用，经济发展和社会建设才能取得丰硕业绩，最终实现全面建设小康社会的目标。

自从中国经济体制由单一的计划体制转入社会主义市场经济体制之后，国民经济发展业绩卓著。特别是刚刚过去的“十一五”时期，国家原先不合理的经济结构日益优化，经济总量不断稳定增加，经济以人为本大发展。“十一五”时期，三次产业均保持较快的发展态势，2006—2010年第一产业年均增长4.5%，第二产业年均增长12.1%，第三产业年均增长11.9%。从三次产业结构看，第一产业所占比重明显下降，第二产业所占比重略有下

① “社会主义市场经济体制的提出”，《瞭望》，2010年3月1日。

② “建设有中国特色的社会主义”，《邓小平文选》第3卷，人民出版社1993年版，第64页。

降，第三产业所占比重上升。其中，第一产业所占的比重从 2005 年的 12.1%下降到 2010 年的 10.2%，下降了 1.9 个百分点；第二产业所占比重由 47.4%下降为 46.8%，下降了 0.6 个百分点；第三产业所占比重由 40.5%上升为 43.0%，上升 2.5 个百分点。三次产业就业结构也发生了明显的变化。2005—2009 年，第一产业就业人数占总就业人数的比重由 44.8%下降到 38.1%，下降了 6.7 个百分点；第二产业就业人口所占比重由 23.8%上升至 27.8%，上升了 4.0 个百分点；第三产业就业人口所占比重由 31.4%上升至 34.1%，上升了 2.7 个百分点。[①] 分析“十一五”期间产业结构的变化，由于国家加大了对农村的支持和投入力度，加之可持续发展的迫切要求，因此第一产业比重明显下降。第二产业所占比重略有下降，这是国民经济工业化进程深度快速运行的结果。经济结构现代化的直接效果就是，以信息和重化工为代表的产业，已经取代了传统产业，成为经济发展的支柱。随着改革的不断深入，经济成分日益多元化，新兴服务业大量出现，因此第三产业所占比重的上升已成为一种趋势。

中国人口以农业人口为主，农民的富裕程度是国家富强的最主要的标志，而农业劳动力向工业的转移，产业结构的比例优化，就是农民富裕的重要途径。“十一五”期间，中国政府驾驭市场经济的能力不断增强，统筹城乡发展的政策取得了显著成效，宏观调控各项预期目标顺利实现。受惠于政府主导营造的宏观环境，中国大量农民外出务工，使农村人口现金收入量比过去有很大提高。据国务院农业普查办公室和国家统计局于 2008 年 2 月 21 日发布的第二次全国农业普查结果显示，农村从业人员中，第一、第二、第三产业就业比例分别为 70.8%、15.6%、13.6%；农村住户户籍劳动力中离开本乡镇外出务工人员 1.3 亿人，其中，男性占 64%，40 岁以下的占 82.1%，初中及以上文化程度的占 80.1%，在本县以外务工的占 80.8%。[②] 中国人口众多，农村劳动力向城镇转移的规模很大，人民政府情为民所系，创造各种机会解决就业问题。每年在城镇要求就业的，包括当年新增的城镇劳动力和上一年结转下来未能就业的人就有 2400 万人，再加上每年农村富余劳动力向城镇的转移大约 800 万人，我国的新增劳动力城乡加起来每年超

① “‘十一五’经济社会发展成就系列报告之十六：我国经济结构调整取得重要进展”，http://www.stats.gov.cn/tjfx/ztfx/sywcj/t20110311_402709772.htm，2011 年 3 月 11 日。

② “全国农业普查显示：农村劳动力 1/4 在外务工”，《北京商报》，2008 年 2 月 22 日。

过 2000 万人。① 如此大规模的就业安排，的确是一件非常不容易做到的事情。

社会主义市场经济体制改革所取得的成果不仅让国内的老百姓享受到了，而且也向全世界辐射开来。打开最能代表人类新时代的计算机与互联网络，关于“China Rising”的信息浩如烟海，因特网上可以随处阅读下载，它也是世界上主要媒体重头文章的主题。中国和平崛起已经成为基本事实和重大的发展趋势，你无法忽视它，更无法回避它。2005 年 7 月 30 日英国《经济学家》的封面文章是《中国如何管理世界经济》，副标题是《中国发生的事件越来越影响到全球工资、利润、物价和利率》。这样的事情在中国实行社会主义市场经济之前是不可能发生的，就是在改革初期甚至 10 年前都是不可想象的。可以自豪地说，现在中国的改革开放不仅在深刻地影响着这个历史悠久的国家，而且也在深远地影响着整个世界，不仅在迅速地改变中国而且在广泛地改变世界。这个成就的取得是坚持社会主义发展方向的胜利，是改革作为中国的“第二次革命”与“社会主义制度自我完善”相统一的充分体现。

二、经济社会发展经历曲折

虽然市场经济体制改革使中国经济总量与结构都出现了特别明显的进步和成就，但是国家发展程度依然不能达到人们所期望的水平。一个重要的不足之处在于，迅速增长的物质财富没有使全体人民都受到普遍的实惠，区域之间经济发展差距拉大，城乡之间建设不均衡出现，居民收入之间差距拉大，国民收入分配不均衡等明显存在。有些地方的经济活动效益低下，甚至出现悄然的逆向变化，社会矛盾集聚已有激化趋势。由于建立有中国特色的社会主义市场经济体系的历史任务，是一项前无古人的开创性事业，在实践中还有许多有待于继续探索和不断完善的地方，因此，经济社会发展中出现的不平衡也是在所难免的，有些矛盾产生也属议题之中的事物。

如何解决目前社会中出现的诸多矛盾呢？首先要认识这些矛盾，从纷繁复杂变化事物中找出主要矛盾。共和国的奠基人毛泽东在著名的著作《矛

① “全国每年新增就业人数 2000 万人　六措施促就业”，http://www.smxpt.cn/cjbnew/read-news.asp? newsid=9281&bigid=412&samllid=467，2008 年 3 月 9 日。

盾论》中讲到："在复杂的事物的发展过程中，有许多的矛盾存在，其中必有一种是主要的矛盾，由于它的存在和发展，规定或影响着其他矛盾的存在和发展"。客观现实要求人们需要再次研读这篇红色经典，正确认识矛盾，而后才能解决矛盾。如果对主要矛盾的判断错误，那么实际工作的损失将是非常惨痛的。历史是一面镜子，在解决现实矛盾时，回顾中国共产党从事经济建设的历史，是十分必要的。

1956年9月15日到27日，具有重大历史意义的中国共产党第八次全国代表大会在北京举行。这次大会通过了刘少奇同志代表党中央所作的著名的政治报告，判断中国社会主要矛盾已经转变了，共产党工作的重点也要实施战略转移，"由解放生产力变为保护和发展生产力"。在此之前的几个月内，毛泽东主席和党中央其他领导同志以前苏联的社会主义建设经验为借鉴，总结了中国从生产资料私有制社会主义改造开始后的一系列的探索性成绩，对中国怎样走社会主义道路的问题作出了初步的正确的战略部署。毛泽东据此写出了《论十大关系》这一光辉著作。正如刘少奇同志在中共第八届全国代表大会第二次会议的工作报告中指出的，"党中央委员会向第八届全国代表大会第一次会议的工作报告，就是根据毛泽东同志关于处理十大关系的方针政策而提出的"。

中国共产党八大政治报告和关于政治报告的决议指出，在生产资料私有制社会主义改造基本完成以后，"我国的无产阶级同资产阶级之间的矛盾已经基本上解决，目前，我们国内的主要矛盾，已经是人民对于建立先进的工业国的要求同落后的农业国的现实之间的矛盾，已经是人民对于经济文化迅速发展的需要同当前经济文化不能满足人民需要的状况之间的矛盾"。① 这次大会制定了正确路线，为社会主义经济建设事业发展和党的建设指明了方向。邓小平概括了此次代表大会所提出的任务："我们党的第八次全国代表大会提出的任务，就是调动一切积极因素，调动一切力量，为把我国建设成为一个伟大的社会主义工业国而奋斗"。② 这也正是党的工作着重点伴随社会主要矛盾的变化而转移的标志。人民群众更是强烈期望安定富裕，改变当时国内现实存在的一穷二白的窘迫境况。唐代著名文学家韩愈写过一篇文章

---

① "刘少奇：中国共产党中央委员会向第八次全国代表大会的政治报告"，《中国共产党第八次全国代表大文献》，人民出版社1998年版，第17页。

② "今后的主要任务是搞建设"，《邓小平文选》第2卷，人民出版社1994年版，第261页。

《送穷文》，中国共产党八大的路线就是动员6亿民众，大力发展社会生产力的方法送走穷鬼。

遗憾的是，随着1957年“反右”斗争的扩大化，共产党的八大作出的关于社会主要矛盾的判断被弃之一边，一种“左”倾的思想逐步在党内占了上风，经济社会建设的步伐令人痛心地开始减慢了，并且最终演变为九年后的一场史无前例的浩劫。这年2月，毛泽东在最高国务会议第十一次（扩大）会议上作了一次重要讲话，明确指出革命时期的大规模的急风暴雨式的群众阶级斗争基本结束，并把正确处理人民内部矛盾作为国家政治生活的主题提了出来。这是党的八大正确方针的继续和发展，具有重大的理论与实践意义。过了不久，全国开展了反右派斗争。同年6月19日，“关于正确处理人民内部矛盾的问题”在《人民日报》公开发表。由于对国内形势作出了过分严重的估计，作者在讲话稿的整理过程中加进了一些同原讲话精神不协调的论述，诸如强调阶级斗争很激烈，社会主义和资本主义之间谁胜谁负的问题还没有真正解决等。①

当年10月，中国共产党八届三中全会推出了无产阶级和资产阶级的矛盾、社会主义道路和资本主义道路的矛盾的说法，会议把“两个阶级、两条道路的斗争”当做社会中的主要矛盾，错误地改变了八大的正确提法。自1957年之后，全党全国各项工作的根本指导思想均定位于“以阶级斗争为纲”，后来又成为“文化大革命”中流行的“无产阶级专政下继续革命”理论的核心内容。一个理论是否正确，实践才是检验真理的唯一标准。在1978年以前，社会的生产活动受到以阶级斗争为纲路线的干扰和压制，空头政治盛行，人民温饱问题没有解决。

中国没有公布过1978年以前的贫困线标准，但是可以按照营养学知识标准计算。营养学通常的标准规定，每人每天的热量摄入不能低于2150卡路里。如果在每人每天的食谱中，要粮食提供90%的热量，那么每人每天至少需要消耗540.5克粮食，每千克粮食按一般含3580千卡热量计算。这样，每人每年至少需要消耗197千克粮食，这也正是世界银行规定的最低粮食消费标准。中国营养学会从中国居民正常生理功能需要出发，认为热量摄入标准不能低于每天每人2400千卡。中国国家统计局规定，一个人每年最

① “关于正确处理人民内部矛盾的问题”，《毛泽东文集》第7卷，人民出版社1999年版，第243页。

低粮食消费量为220千克。[①] 因此，可以按人均一年220千克粮食为标准，以此作为衡量1978年以前中国的贫困线情况，以197千克作为赤贫线。依据中国农业部提供的1978年以前城乡居民每年每人平均粮食（贸易粮）消费数据，单位量是千克，可以得出以下结果：1952年，中国每年每人平均粮食消费，城镇：241千克；农村：192千克；1957年，城镇：196，农村：205；1960年，城镇：193，农村：156；1965年，城镇：211，农村：177；1970年，城镇：202，农村：185；1975年，城镇：210，农村：187；1977年，城镇：211，农村：189；1979年，城镇：211，农村：206；1981年，城镇：216，农村：220；1984年，城镇：240，农村：250；1986年，城镇：245，农村：260。[②] 数据说明，1978年以前，中国城乡居民的粮食消费水平一直低于220千克的贫困线水平，很多年份甚至低于197千克的赤贫水平。依据世界银行的估计，1978年，中国的绝对贫困人口为2.7亿人，约占当时中国人口的1/3。[③] 中国学者的一本研究专著指出，“在公社时期，处于食品营养不足状态下的农民几乎占到一半左右。这其中，还有1/3的农民处于食品严重不足的状况。如果遇到收成不好的年份，这一比例将会接近60%。”[④] 中国社会曾经出现了严重的贫困，经历了一次民族大浩劫，国民经济滑向了濒临崩溃的边缘，这些都是由于对社会矛盾的错误判断和由此而实施错误政策所导致的。

中国“文化大革命”结束时，社会最大的问题是物质产品短缺，因贫困引发的不稳定因素弥漫整个社会。“上善若水”的态度，就是将社会的主要矛盾确定为贫困，将政策的中心转到发展经济上来，就是要给社会生产力的发展提供激励因素。由于那时不少人的思想还被“两个凡是”教条主义束缚，“左”倾的阴影没有散去，于是，中国共产党内一些坚持实事求是的人不畏艰难，用实际行动开始拨乱反正。安徽省一个普通的农庄小岗村共产党基层支部冒着极大的风险，秘密进行了土地承包制改革，显示了共产党人坚持马克思主义的坚强决心。后来由万里同志任书记的中国共产党安徽省委员会支持了小岗村的改革，并且在土地承包制改革取得初步胜利后，不失时

① 朱玲、蒋中一：《以工代赈与缓解贫困》，三联书店1994年版，第136页。

② 中华人民共和国农业部计划司：《中国农村经济统计大全（1949—1986）》，农业出版社1989年版，第576—577页。

③ 世界银行：《中国：90年代的扶贫战略》，中国财政经济出版社1993年版，第1页。

④ 夏英：《贫困与发展》，人民出版社1995年版，第316页。

机地向全省推广改革经验。一位德国的中国问题专家洛伊宁格尔博士评价这次改革为“未经中央讨论批准的反饥饿实验”。①

在总结了安徽、四川等省的改革实验成果后，1978 年 12 月，中国共产党召开了党的十一届三中全会。这次会议重新将中国社会的主要矛盾确立为“人民日益增长的物质文化需求与落后的社会生产之间的矛盾”，由此提出了以经济建设为中心的战略决策，这次大会是对“八大”精神的继承和超越。为了引导中国人民摆脱贫困，1986 年，国务院贫困地区经济开发领导小组成立，随后三次公布了国家级贫困县的确定标准和数量，由此确定了国家专项扶贫资金的投放范围和扶贫对象，中国扶贫工作在这一阶段大步向前迈进。1993 年，中央政府制定了《国家八七扶贫攻坚计划》，扶贫工作再次加大力度，使贫困发生率由此开始大幅度下降。1996 年 10 月《中共中央国务院关于尽快解决农村贫困人口温饱问题的决定》正式出台，国家采用更大的财政支持力度，推动农村部分人口脱贫。到 2000 年年末，中国基本上解决了人口温饱问题。这是自中华民族形成之后，中国产生的最了不起的伟大历史业绩。粮食足，天下定。从此，古老的中华巨龙开始了又一次腾飞。世界各国人士普遍预计，21 世纪将是中国和平崛起的世纪。

历史的经验与教训是不能忘记的。改革以前多年的弯路和改革开放以后辉煌的发展史说明，认清社会的主要矛盾，找准前进的大方向，事关千家万户的祸福乃至国家的兴衰。正如毛泽东所说：“抓住了这个主要矛盾，一切问题就迎刃而解了”。② 以史为鉴，才能继续前进。否则，找错了主要矛盾，就可能带来混乱乃至灾难。

第二节　正确认识改革开放目标及其取向

中国市场经济体制改革的最终目标是强国复兴，因此必须按照市场经济具有的客观规律和社会主义建设的根本目标行事，这个基本取向不能动摇。在中国推行激进的市场化运作，不讲社会主义原则和理想，显然是南辕北辙

① 李小林：《历史的期待——中国扶贫开发纪实》，解放军文艺出版社 1994 年版，第 94 页。

② “矛盾论”，《毛泽东选集》第 1 卷，人民出版社 1968 年版，第 294 页。

的做法。

一、以人民的意愿为改革开放导向

中国的改革开放始于20世纪70年代末，当时最迫切的任务就是增加粮食生产、增加工业制品生产，紧急为社会供给各种产品，满足人民群众的生活需要。也就是说，高速发展经济，扩大产品供给总量，是最主要的任务。追求经济利益最大化的市场经济机制在这个方面是基本成熟的，效益第一，利润挂帅，这些市场经济最原始的本能有力地冲击了国家当时存在的“大锅饭”体制。20世纪末，市场经济的强力作用在中国得到展示，推动着整个国家经济迅速发展。21世纪头几年，中国GDP的高增长率依然排在世界前列。中国国家统计局的分析表明，从2003年算起，中国经济已经保持了连续五年10%左右的增长，2005—2007年经济增长率分别为10.4%、10.7%和11.4%。2008年四川汶川特大地震以及全球性的金融危机之后，2008年和2009年还能分别保持9%和8.7%的经济增长率，已经是个奇迹。2010年，经济逐渐复苏，经济增长率又迅速回到10.3%的高位。[①] 用一句话概括：整个“十一五”期间，中国经济呈现稳健起步和迅速恢复的平稳增长态势。

虽然中国在“十一五”时期，经济社会发展计划主要内容和大部分内容都超额完成了，但是国家社会矛盾在此期间也悄然变化着。事物总是不断变化发展的，矛盾的出现也是正常的客观现象，人民需要不断地重新认识矛盾。共和国的第一代领导人毛泽东讲过：“在矛盾发展的一定过程或一定阶段上，主要方面属于甲方，非主要方面属于乙方；到了另一发展阶段或另一发展过程时，就互易位置，这是依靠事物发展中矛盾双方斗争的力量的增减程度来决定的。”[②] 今天中国社会的矛盾变化是什么？如何辨识主要矛盾呢？主要矛盾又表现在哪些重要方面呢？衡量矛盾其中一个重要指标是，老百姓的意愿变化。人心所向是社会发展的最重要的因素。

---

① “中国1978—2010历年通货膨胀率、一年期存款利率、经济增长率统计表”，http://www.chinacfo.net。

② “矛盾论”，《毛泽东选集》第1卷，人民出版社1968年版，第297页。

（一）坚持经济改革的社会主义原则

“民以食为天”是亘古不变的真理，而 1949 年以前的中国从来就没有满足人民的这个需求。通过新中国初期的社会主义建设，特别是通过已经进行了经济体制改革实践，共产党领导的人民政府释放了因不适宜时代的体制而束缚着的生产力，GDP 指标连续多年的高增长表明了这个事实。20 世纪结束时，GDP 指标等系列化的统计数据显示，国家生产大幅度增长，由此带来了丰厚的物质财富，人民的温饱问题基本得以解决。千百年来困扰中国的如何吃饱饭这个主要矛盾，第一次在社会主义制度条件下化解了。然而，生活和矛盾本就是一对孪生兄弟。一个主要矛盾基本解决了，新的矛盾又产生了。旧有的温饱矛盾在“端起碗吃肉”的情况下淡化了，今天的主要矛盾却在“放下筷子说粗话”的情况下凸显了。为什么吃饱了还要出言不逊呢？一些人也许是恨找不到工作，也许是怪罪教育、医疗收费太高，也许是怨拆迁房屋没有获得期望的补偿，也许是对腐败现象表示强烈的憎恨……所有这些抱怨，都是冲着社会公平来的，或者说是冲着社会公共产品短缺而来的。

公平与效率，长期以来就是经济学研究的两个根本问题。公平与效率有着相互联系、相互制约的辩证统一关系，不能简单地分出先后。保持公平与效率的动态制衡，是我们把握两者关系的重点。离开了公平原则，就不可能有真正的效率，而真正意义上的公平也绝不是平均主义。“效率优先，兼顾公平”，在特定的经济活动中，是有一定的积极意义的，但在政治和伦理的层面上，不能分出简单的先后。讲到公平竞争原则，正确的实行方法是，只要是能刺激我国各行各业向上发展，而又不至于招致让国家各行各业无法承受的竞争，都应当持肯定态度。但是，一旦这种竞争超过了一定限度，偏离了人民期望的初衷，最终反而成了致命的伤害。此时，政府就应毫不犹豫地下决心干预它，人民也有权力拒绝它。

市场经济失灵的领域恰好就是公共产品的生产与分配环节，这种先天性的缺陷从经济学说史的角度看，恰好也是资本主义固有矛盾的延续。资本的根本就是榨取剩余价值，而资本主义社会将一切都淹没在利己主义的冰水之中。历史经验告诉人们，解决私人占有与社会化大生产的矛盾，要依靠阶级斗争与暴力革命，建立人民政权。在中国实施的经济改革进程中，解决公众日益增长的公共品需求同公共品供给短缺低效之间的矛盾，需要依靠政府发挥资源配置作用，通过国民收入再分配机制，应用补偿机制的方式，进行再分配，缩小收入差距，保证社会各个阶层的正当权益和利益。这是社会主义制度优越性的一种表现，是保持社会稳定安全的重要措施。中国传统优秀文化十分注重平等和共同富裕，从封建社会农民起义追求的“均平富”，到孙中山主张的“天下为公”，都表达了共同富裕的愿景。邓小平在指导中国改革开放政策实施初期，就明确指出：“总之，一个公有制占主体，一个共同富裕，这是我们所必须坚持的社会主义根本原则。我们就是要坚决执行和实现这些社会主义的原则。”① 在强调市场经济的效益时，千万不要丢弃社会主义本来特有的性质。

（二）反对金钱拜物教倾向

经过几代人的市场化改革和经济的持续增长，虽然私人物品匮乏的现象在中国一些区域或人群中仍然存在，但可以说，私人物品极度匮乏而成为社会主要矛盾的时代结束了。是市场经济、自由竞争和全球化解决了改革开放初期和中期的社会主要矛盾，中国由一个曾经存在大面积贫困的社会成为部分地区已经实现了小康的社会，到处可以看见人们生活富裕后的灿烂笑脸，住别墅、开轿车、出国旅游在城镇居民中早已司空见惯。世间事物的发展总是复杂多变的，历史传承下来的传统农业社会正在以较快的步伐转变为工业社会。正是由于中国社会处于快速转型的历史阶段，新旧体制摩擦加剧，新旧思想碰撞激烈，新旧矛盾异常凸显，而泛市场化经济思潮也乘隙涌出。这种思潮对西方经济学理论的宣扬和模仿囫囵吞枣，引起一系列水土不服的不良反应。

近些年来，中国社会出现的种种损害公民整体利益和违反人类良知的现象说明，盲目信赖“经济人”假设以及在其基础上建立的西方经济学会产生很大负面效益，最终会影响到经济持续稳定发展，也会触及社会伦理道德底线。这些负面现象表现为：社会贫富差距飞速拉大，有限资源过度消耗，工业产品制造中的自主创新技术含量减少，商业销售日益依赖海外市场，经济可持续性受到威胁等。同时，一些人迷恋金钱拜物教、道德沦丧、行为动机绝对突出个人利益、见利忘义。有的人追求一切货币化，没有钱就没有积

① “一靠理想二靠纪律才能团结起来”，《邓小平文选》第 3 卷，人民出版社 1993 年版，第 111 页。

极性，好比上瘾的人没有毒品就受不了。泛滥成灾的市场经济利益准则至上的说教文章充斥媒体，侵袭了中华民族千百年来凝练下来的优秀传统文化，实际上成为“逼善从恶”的刽子手。

新中国建设初期，国家经济完全是一个烂摊子，工业几乎等于零，粮食短缺，通货膨胀。可是经过短短几年时间的建设，国民经济就得到迅速恢复，并在这个基础上进行了大规模经济建设。那时没有琳琅满目的商品供应，人们工作也得不到所谓的“红包”，但是创造的建设业绩即使用今天的标准衡量也是优秀的。中国人民的冲天干劲来自何方？中国依靠什么创造了奇迹？邓小平对此作出了总结：“靠的是什么？靠的是马克思主义，是社会主义。人们说，您们搞什么社会主义！我们说，中国搞资本主义不行，必须搞社会主义。”[①] 人总是要有一点精神的，物质刺激不能代替崇高的共产主义理想。经济体制改革引进了市场经济，实施了自由竞争，有了对私有产权的包容，外国资本开放了国门。但是这些做法绝对不可等同于照搬照抄资本主义的经济和社会模式，如若如此，只能使国家重新陷入落后，人民再度沦为贫困。

马克思主义经典作家曾经以资本主义社会为例，深刻分析了人类近代史中社会大众贫困的原因。马克思认为，资本主义所有制和资本积累是无产阶级贫困的根源。财产所有权是决定阶级、阶层经济地位以至政治地位的终极原因，无产阶级因为其“无产”地位沦为被雇佣者，以其贡献自己的“剩余劳动”作为被雇佣的条件，并且随着资本有机构成的不断提高和资本积累的增加而陷入贫困境地。因为“在一极是财富的积累，同时在另一极，即在把自己的产品作为资本来生产的阶级方面，是贫困、劳动折磨、受奴役、无知、粗野和道德堕落的积累”。[②] 当然，在资本主义发展的历史过程中，无产阶级的贫困并不是在任何时候、任何情况下都会发生的情况。当代主要工业化国家工人群众的实际情况与马克思生前有很大区别，一般民众的生活水平也的确高于其他国家。但是，绝对不能由此认为资本主义制度就是人间乐园，就应当照搬那一套社会制度。列宁在1902年针对一些人否认资本主义造成人民大众贫困的事实说：“指出资本主义制度下‘群众的穷苦和

① “建设有中国特色的社会主义”，《邓小平文选》第3卷，人民出版社1993年版，第63页。
② 马克思：《资本论》第1卷，人民出版社1975年版，第708页。

贫困’是十分必要的。我不主张说穷困和贫困的绝对增长”。① 这就表明，在资本主义制度下的不同国家和同一国家的不同历史发展阶段，民众的贫困会有不同的表现形式，经常表现为相对贫困状态。美国社会里一般民众是有房子、有汽车，但是，亿万富翁和一般民众的生活状况依然是天壤之别，相对贫困的事实不论是美国官方、新闻媒体，还是普通居民都是承认的。

半封建、半殖民地社会私有财产占有制度使中国长期贫困落后，资本主义财产占有制度使世界很多国家的无产阶级贫穷困苦，尽管这种苦难外在的表现形式有所不同，但都是绝对贫困和相对贫困的混合。因此，剥削阶级的财产占有制度是导致人民大众贫困的根源。要消除民众的贫困，必须推翻剥削阶级财产占有制度。在中华人民共和国 40 年华诞的庆祝大会上，江泽民同志代表共产党和人民政府发表了重要讲话。他说：“如果今后不坚持社会主义，而是像有些人主张那样退回去走资本主义道路，用劳动人民的血汗去重新培植和养肥一个资产阶级，在我国人口众多、社会生产力水平低下的情况下，只能使大多数人重新陷入极其贫困的状态。”② 只有实行社会主义制度，才能逐步实现人民共同富裕的愿望。

二、坚持社会主义文明方向

为了消除导致凝聚力涣散的错误论调，遏制社会上出现的大面积道德滑坡现象，就必须批判各种泛市场经济的奇谈怪论，有效地解决困惑民众的各种社会问题，教育并协助误入“金钱和利益就是一切”泥潭里的年轻人振奋其精神。

（一）经济建设需要红军长征精神

要大力弘扬以改革创新为核心的时代精神，弘扬以爱国主义为核心的民族精神，加强社会主义思想道德建设，巩固马克思主义在意识形态领域的指导地位。宣扬全国人民团结奋斗的思想，继承老红军、八路军和解放军的革命精神，形成积极健康向上的社会风尚。人是要有点精神的，这是克敌制胜

---

① “对普列汉诺夫的第二个纲领草案的意见”，《列宁全集》第 6 卷，人民出版社 1986 年版，第 212 页。

② 江泽民：“庆祝中华人民共和国成立 40 周年大会上的讲话”，《人民日报》，1989 年 10 月 1 日。

的法宝。革命战争年代，共产党领导的人民军队面临物质极端匮乏的局面。在著名的辽沈战役期间，数十万解放军集结在锦州地区。锦州盛产苹果，辽西战役之际，正值秋天水果成熟季节，老百姓家里有很多苹果，人民解放军驻扎在老乡家里，战士们都不去拿苹果吃。解放军没有动百姓的苹果，人民群众深切地认识到这是支全心全意为人民服务的军队。

毛泽东同志以此例分析说，“根本的是我们要提倡艰苦奋斗，艰苦奋斗是我们的政治本色”。[①] 解放军得人心，就出自这种高尚自觉的政治行为。军民团结，不怕流血牺牲，战胜了貌似强大的中外反动派，取得了全国胜利。今天中国有了安定祥和的建设环境，这种精神要代代相传，因为建设现代化强国的道路还很漫长。当中国人民在自秦朝汉朝以来的历史上第一次取得对反动统治阶级的革命战争胜利，在即将建立新中国的前夜，毛泽东就告诫全党，这个胜利只是万里长征走完了第一步，只是建设共产主义社会这出雄伟的历史剧目的一个短小的序幕，以后的革命和建设的工作更伟大，更艰苦。“这一点现在就必须向党内讲明白，务必使同志们继续地保持谦虚、谨慎、不骄、不躁的作风，务必使同志们继续地保持艰苦奋斗的作风”。[②] 战争年代形成并被凝练提出的两个“务必”的要求，对于进行新长征的现代人，同样是十分宝贵的精神财富。

（二）泛市场化是一股反文化逆流

继承两个“务必”精神的最好方式，在经济领域就是要正确认识中国当代社会的经济状况，由此而正确认识改革的目标取向。当前中国的经济正处于一种混合的经济形态中。由于计划经济的影响还在，加之几千年的封建意识很强烈，有着半官僚体制的影子，同时与经济发达国家的市场化程度相比较而论，中国尚处于一种半市场化的体制状态。自然，一个发展中国家从计划体制转向市场经济体制，有一个双重体制并存的转轨过渡时期。在这一时期，旧的约束体系崩溃，新的约束机制又未健全，因而市场管理、道德约束会出现漏洞。人们的求利欲望在计划经济体制下多年被压抑着，一旦约束放松则必然会出现刚性反弹，于是就容易滋生不同形式的

---

① “艰苦奋斗是我们的政治本色”，《毛泽东文集》第7卷，人民出版社1999年版，第162页。

② “在中国共产党第七届中央委员会第二次全体会议上的报告”，《毛泽东选集》第4卷，人民出版社1968年版，第1329页。

掠夺性经营，党政官员中也会出现腐败现象，社会经济中会冒出一些丑恶现象，泛市场化思潮泛滥也与此不无关系。而从历史的角度分析，这属于一种反文化的逆流。自然经济体制改革的操作也存在着不得已而为之的情况。例如，中国20世纪80年代中后期所推行的价格双轨制，就是属于不得已的办法，也的确带来了一些负面影响，再加上缺乏经验，管理疏漏，以至出现了一些社会闹剧和经济悲剧。一些人的发财致富做法是，从计划体制购货，于市场体制售货，结果造成同一产品不出库房，却能被买卖数次，这是一种价格突飞猛进的有中国特色的经济怪胎。一部分人通过在这个闹剧中扮演丑角，先富起来，他们与最开始时产生于农村经济、乡村企业的先富是完全不同的。

当然，这些人的富裕由于伴随着某些严重问题的出现，日积月累，渐渐也遇到了严重的麻烦。例如就业压力、腐败蔓延、环境恶化、民族分离主义等问题，其中，就业艰难是一项最为迫切且严重的难题。创造就业机会现在成为政府的首要工作并非偶然。因为中国大陆有9亿农业人口，随着改革推进的工业化进程加快，未来会有愈来愈多农田转为非农业用地，因此将有更多农业人口转向城市求职。同时城市大量适龄劳动人口进入社会，加上因为经济结构调整而下岗的职工，就业大军数量就更庞大了。就业问题与民众生活息息相关，对社会动向影响甚大，失业率高，使社会不安定因素变得越来越严重。面对这些问题，政府职能部门要做出历史性的研究和统一解决。在处理复杂的经济社会问题时，必须时时把握住社会主义的方向，不能在原则方面混淆是非，泛化的市场经济言行绝非改革的价值取向。

批判泛市场化论调，并不意味着不同地域的知识是截然对立的，即绝对不是一概排斥西方经济体制和经济理论。海纳百川，有容乃大。中国需要学习，吸收不同的制度包含的精华，掌握人类全部智慧的积累成果。要学习资本主义的一些管理制度和知识，吸收美国、英国等国家某些卓越的行政、经济管理方式。现在人人都在讲世界进入了信息时代，这个时代最鲜明的一个特征就是计算机技术和互联网络，而在这个领域，美国微软公司的“视窗”操作系统最普及、最先进，被包括中国在内的世界许多不同制度国家的各级行政管理机关和各个单位所使用。打开视窗上网，世界尽收眼底。辩证唯物主义和历史唯物主义告诉中国人，比资本主义文明更加高级的文明只能在资本主义文明的基础上产生，而不是在否定或者消灭资本主义文明的基础上产生。社会主义新文明的成长，不是与旧文明彻底决裂，必定是继承全部文明发展成果的成长，是一种扬弃和创新。这也是“三个代表”重要思想的深远意义所在。

第三节　对市场经济主体论的质疑

为适应中国改革开放的需要，这些年来经济学逐渐成了一门社会的“显学”，在此期间出了不少优秀的学者和一些比较成体系的经济理论。然而，在一些自诩为“精英”的经济论调中，经济学本该具有的严肃的独立探讨及学术论证淡漠了，哗众取宠的意味却越来越浓厚，甚至带有吸引眼球类似流行歌手的表演色彩。在一些“精英”生花的妙笔下，在改革开放过程中出现的一类重要事态，即下岗失业工人成千上万出现后的社会窘况，民众为就业艰难而在内心反复思量所产生的隐痛，这些事关重大而又极其复杂的问题，仅仅被归结为一个简单的理论说法，即为了建立市场经济体制而必须付出的“代价”。实际情况是，西方经济学说演变的历史清楚地显示，为了研究和探讨工业化进程中出现的就业和失业问题，经济学家围绕是是非非争论了许多年。凯恩斯的经济理论一度独占鳌头，当年的凯恩斯以就业问题为研究的突破口，撰写了一部《就业、利息和货币通论》，造就了风靡一时的“凯恩斯主义”。①

中国当前正处于从农业国向工业化国家转型的历史阶段，就业问题涉及的情况十分复杂，一种消极的“代价”辩析说无论如何是不能算作经济理论的。退而言之，假定模仿以就业问题为突破口的做法，深入研究，得出的结论一定不是简单的“代价”说。真正以马克思主义为基础进行的社会主义经济理论研究，一定会得出更加深刻与成熟的中国就业理论经济学说，因为中国改革开放所推动的经济快速发展业绩超过了西方工业化国家的建设速度，由此而提供的实践经验和教训都是非常丰富的。可以设想，如果有个相对而言是最好的实验室，却没有产生理应出现的高质量科学研究理论报告。如此一来，反思检讨，就是研究人员必须要做的事情了。

---

① 马涛：《经济思想史教程》，复旦大学出版社 2002 年版。

一、把握市场经济改革的方向

实践表明，在建立中国社会主义市场经济体制的进程中，理论问题有含糊的方面，导致经济社会出现了矛盾和乱象。你看，一些理论论证了经济优化重组的合理意义，实际中却出现了国有资产大量流入私人囊中成了“合法”资产。一些学说讲述“高薪养廉”的好处，现实中却冒出了贪官污吏肆意侵吞国家财富的多起案件。这些披着合法外衣与现实明显违背行为，绝不是市场经济体制建立过程中不可避免的“代价”，或者伴生现象。那些形形色色的“代价”辩说，其实质是基于一个思想理念，即市场经济主体论。此处有个似是而非的逻辑，因为中国的经济体制改革是要建立有中国特色的社会主义市场经济体制，所以，凡是为了建立市场经济体制而出现的问题，都是可以接受的。其实，错误就出现在丢掉了“社会主义”和“中国特色”这两个原则。结果，成为一个围着市场旋转的市场经济主体论。

（一）偏激的市场主体论

市场经济主体论丢掉了两个原则之后，就变成了一个偏激的论调，市场经济是社会经济运行的主体，因此必须让市场在其中发挥最基础的作用。这个主体论简单地主张，中国改革后的社会主义经济就是市场经济，而这个市场经济在社会主义制度下是可以有计划地发展的。换言之，这个有计划发展的主体就是市场经济。经济改革达到这个目标后，中国社会主义经济中就不再存在市场经济和计划经济两种经济的结合，而只有作为主体的社会主义市场经济的有计划的发展。这就是其市场经济主体论的最基本的和最重要的思想观点，言谈中虽然也将社会主义挂在嘴上，实际做起来，却只按照市场经济规律办事。须知市场不是空中楼阁，而是与一定的人类社会基础、民族国家相联系起来的。没有社会基础，规律也就不能发挥作用。

市场经济主体论还更简单地宣称，对于中国这个东方大国，市场经济具有更重要的现实意义。由于中国人口太多，如果不调动一切社会力量来搞经济，以让社会民众“自食其力”，想一切都由国家、政府包办，那对于众多居民来说只有“死路一条”！因此市场经济对于中国尤其至关重要。市场经济无非是在调动一切社会力量，面向社会来搞经济，因此它是符合社会主义精神的。相反，所谓公有制由于是由国家包办经济，难以有足够的力量来承担中国大众的生存生活问题，因此它是违反社会主义精神的。以社会之力量来承担社会大众的生存与发展问题，这是最适合的方式与道路，而市场经济便是最符合这个道路的经济运行形式。

在经济学中，通常是这样来表述市场的，所谓市场，就是一种将商品的生产经营者与商品的购买或消费者通过交换行为而结合起来的一种机制。①这种机制包含两个最基本的方面，即商品交换的方式和交换的场所。而在当代西方市场营销学中，又常常将市场定义为对同一商品有需求欲望且具有实际购买能力的消费者群体。因此，市场既是抽象的又是具体的，它是从商品产生以来人类社会经济活动具体的体现和反应，也就是说市场的所有内涵都是人类赋予的，离开了人类，市场就不可能存在。因此当我们从人类社会的角度来考察市场经济时就可以得出这样一个结论，即市场经济只是人类社会经济的一个组成部分，而非社会经济的全部。

诚然，大力发展市场经济是促进社会经济发展的一个方面，而且是一个重要方面。但是，市场经济不能也无法替代社会经济的其他内容和方式，人类社会的发展进步需要我们全面发展社会经济。那种过度强调市场经济而忽视社会经济的其他方面的思想，显然是不符合人类社会全面发展的，以牺牲非市场经济为代价来片面发展市场经济的思路，更是对人类社会历史发展方向的一种反动，当然也是不可取的。

市场经济主体论强调市场经济是社会经济运行的主体，实际上等于否定了其他非市场经济在社会经济发展方面的重要性。根据市场经济主体论的思想，在社会经济发展过程中必须让市场在其中发挥最基础的决定性作用。为掩人耳目，市场经济主体论者又不得不言不由衷地承认说，这种市场主体并不排斥某种调节性的计划性，只要这种计划是在利用市场规律的前提下，它就必须把市场规律认为是客观的自然规律加以严格遵守。在这里市场经济主体论者虽然提到了调节和计划，但另一方面却毫无掩饰地将市场规律作为把握社会经济的前提，实际上就是要人类社会经济无条件地服从被其冠以“客观”的市场规律。

市场经济是包括中国在内的世界各国目前所采取的主体经济运行方式，这已经是不容置疑的现实了，谁也不可能改变这个现实。可是，市场经济主

① Michael, Parkin & Bade, Robin, Part 2, How Markets Work, *Economics: Canada in the Global Environment*, Fourth Edition, Addison Wesley Longman, 2000, Toronto, Canada. p. 130.

体论调主张的是，中国改革的市场经济历程，是从排斥论起步，到消极结合论，再到积极结合论，最后到主体论，一步一步得到确定。其实这就等于是说，将一个抽掉“社会主义”和“中国特色”的市场机制强行塞进中国的经济制度中，而根本不愿意对这个舶来品进行适宜中国情况的改造和创新。从这里，也许或多或少能看得出来市场经济主体论调在学术上是多么的霸道，在理论上是多么的武断。就是讲，完全容不得一些在话语权方面属于弱势群体的人的意见，或者可以称为非主流见解对其市场经济主体论的置疑和分析，而且，更严重的是鱼目混珠，误导改革。令人欣喜的是，市场经济主体论调占据话语权的日子正在逐步消失，一些从实际出发、指正其错误的经济学观点出现了，而且已经得到人民大众的初步认可。泛化的市场经济行为得到了制止，就是最好的例证。

（二）市场经济主体论的结果

20 世纪 80 年代初期，中国的教育、医疗、住房、交通、金融等行业还处于计划经济体制之中，国营企业产品占据社会生产总量的绝大部分，对外开放也才刚刚开始，海外投资和商品都不能自由进入中国市场。在计划经济的大框架内，并伴随着对外开放以及竞争机制的逐步引入，市场经济的要素和运作已部分地进入城乡的各类商品生产单位中，产生了很好的企业经济利润和社会效果，取得了世人公认的改革成就。这一时期市场积极作用明显，而由于受计划框架的约束，消极作用不易溢出。

此时，市场经济主体论调也开始露头，产生了一些不好的影响。市场经济主体思想透过一些渠道散开，某种程度上导致了对市场机制的迷信。这个神化了的“市场经济”理论，既不符合中国的客观实际，也违背了建立社会主义市场经济体制的初衷。实际情况对此也有所印证，即一些地方过度开放市场，放开物价，加之当时实行了不得已而为之的价格双轨制，于是，投机蜂拥，“官倒”泛起，结果导致了 1988 年至 1989 年初猛烈的通货膨胀。市场的无序和混乱引起了民众的强烈不满，国外敌对势力和国内资产阶级自由化代表人物乘机兴风作浪，随后诱发了一场影响严重的政治动乱。市场紊乱的恶果并没有就此消失，它还是 20 世纪 90 年代初期“三角债”严重积压的根本原因。[①] 进一步分析，可以发现，“三角债”的出现其实质是中国

---

① 韩德强：“为什么说主流经济学家误导了改革?”，《第一财经日报》，2006 年 1 月 4 日。

第一次生产过剩的经济危机。怎样摆脱生产过剩呢？正确的方案是缩小城乡贫富差别，提高占人口大多数的农民的购买力，开拓最广阔的农村市场，扩大内需，消化经济过热制造出来的过剩生产力。而这就从侧面承认了市场经济周期性危机已开始作用，市场经济的负面效果已然出现。

上述事例仅是市场经济主体论调对国家和民族利益的最初侵犯。21 世纪初期，这种论调危及人民大众利益的情况更加严重。对于这一点，深受“教育产业化”、“医疗产业化”等泛市场化行为之害的中国民众，是最有发言权的。在市场经济主体论调的鼓噪下，狭隘的唯心主义盛行，甚至认为有了经济杠杆的撬动，整个大自然的资源开发就都会获得高利润。中国“大跃进”时期的一个错误是，极力倡导“人有多大胆，地有多大产”。一切唯市场经济马首是瞻的共同错误是，“只要能获利，什么都可干”。在经济利益的驱动下，各种各样开发资源的项目都一股脑的上马了。经济因素和经济利益异常突出，自然因素和生态价值全被排斥在外了。开山挖矿，垦坡造田，草原超载畜牧，江河过度捕捞，结果破坏了生态循环，环境恶化日趋严重。最后，大自然无情的报复来得一次比一次猛烈，中国每年因为环境恶化而损失的财富总量极其庞大。市场经济主体论调打出了高速度的经济增长幌子，标榜经济效率，实际结果却是，投入产出指标虽是高利润，但人民生活低水平，生存环境负效益。

中国的经济学研究工作者向来以解释和阐述国家的经济政策为己任，绝不能允许违反马克思列宁主义基本原理的论调四处散布，也不能容忍违反“三个代表”重要思想的说法肆意妄为。江泽民曾明确指出：“我们搞的市场经济，是同社会主义基本制度紧密结合在一起的。如果离开了社会主义基本制度，就会走向资本主义。我们搞的是社会主义市场经济，‘社会主义’这几个字不能丢，这并非画蛇添足，恰恰相反，这是画龙点睛之笔。所谓‘点睛’，就是点明我们的市场经济的性质，我们的创造性和特色也就体现在这里。”① 因此，批判市场经济主体论的错误，为国家决策献言献计，就是议题之中的事情。同时，清除了市场经济主体论调的谬误，中国预计建立的和谐社会目标就会更加容易实现。

---

① “社会主义市场经济体制是同社会主义基本制度结合在一起的”，《江泽民论社会主义市场经济》，中央文献出版社 2006 年版。

二、建立一个新内涵的市场

中国“十二五”规划纲要再次强调，要构建社会主义和谐社会，这是对全面建设小康社会指导战略的具体落实。在推动经济社会协调发展和保持社会稳定方面，新的挑战也会随着全球经济的发展越来越多。尽管中国的经济发展出现过一个又一个的奇迹，但社会经济结构依旧不够完善，为了顺利实现经济社会结构的成功转型，就不能不高度重视构建社会主义和谐社会，重塑社会主义市场经济的道德、信誉体系，解决各种社会矛盾，释放潜藏的社会生产能力。

（一）国内需要完善的市场经济

市场经济本来是人类社会发展过程中的一个自然的经济现象，在当代中国，既不能去超越人类社会发展的现实，试图人为地推进一个自然化的市场经济过程，也不能闭关锁国，中止加速发展市场经济的步伐，两者本身都是违背市场经济规律的极大错误。国家经营，就是要平衡两者，以求达到最佳状态。当然市场经济不等于市场，或者说，有市场不等于就有市场经济，市场经济是人类社会历史过程中的一个系统性的经济形式。要使市场机制能在整个社会资源配置中起基本作用、主导作用，必须要有一个完善的市场体系。市场经济作为一种系统性的经济形式，依赖于各个子系统的耦合和运转。主要包括：（1）完善的市场客体系统，比如商品市场、金融市场、劳动力市场，另外还有科学技术市场、信息市场、房地产市场等。（2）完善的市场机制系统，也就是市场内在运行的由供求机制、竞争机制、价格机制（包括广义价格系统）、风险机制的相互制约和耦合形成的运行系统，最终形成一只“看不见的手”的内在调节。

从完全的计划经济到市场经济体制的建立，这是经济制度的一大进步，但并不是要走入市场经济主体论指出的方向，那是一个背离了社会主义建设原则的死胡同。社会经济是动态性的经济形式，所以市场经济不是静态的，而是处在不断的运动、变化中，作为一种资源配置的有效经济形式，它也经历了从不发达、不成熟到逐步发达、逐步成熟的过程。资本主义市场经济作为历史上出现的私有制形态的市场经济已有300余年历史，先后经历了不同的发展阶段，无论在哪个国家，都是从实际出发，建设市场经济。一些人的主张将市场经济说过头了，试问，上述这些市场经济的基本要求在中国到底是不是成熟和完善的？假如不够成熟和完善你们又凭什么在中国鼓吹激进的市场经济？更为可笑的是许多市场经济主体论者把发展市场经济仅仅局限于建立商品市场，以为建好商品市场就万事大吉，这实在是对市场经济的一种无端亵渎。

因为市场经济机制带有先天的缺陷，其起源的西方工业化国家的经济学家都清楚无误地论述了这些不足。美国经济学家 C. R. 麦肯纳尔和 S. L. 布鲁说过："市场失灵明显存在，此时不能安排可以最大化满足社会需求的资源配置。其原因是市场机制存在有外部效益、信息问题和不能提供社会需要的公共产品。"① 市场机制的这些缺陷在整个经济运行时期都有所表现，特别是在市场经济发展初期，极其容易产生拜金主义盛行、物欲横流、唯利是图、掠夺经营等经济痼疾，中国改革的实践已经证实了这些情况。另一方面，计划经济也并非一无是处，一样具有社会特殊的优势。将计划经济与市场经济结合起来，建立一种新型的经济体系，应该是改革中的一项最优选择，德国实施的社会市场经济制度有很多值得借鉴的地方。

市场经济运行的假设条件是"经济人"，一切行为目的都是为了追求个人利润的最大化。而社会主义市场经济运行的方向是为人民服务，经济活动目的是为人的全面发展提供外部环境。例如，当前中国的中部和西部地区经济发展的一个重要任务是，继续大力发展民营经济，为大量涌入市场的适龄劳动人口更多地提供就业岗位。社会主义市场经济就要在坚持国有经济为主的条件下，为民营企业创造发展的空间，这样才能够为社会适龄劳动人口提供更多的就业机会。相关资料显示，"十一五"期间我国登记注册的私营企业数量年均增速高达 14.3%，已经超过 840 万户，成为我国最大的企业群体，占全国实有企业总数的 74%；私营企业注册资金年均增速达到 20.1%，总额超过 19 万亿元。个体工商户超过 3400 万户，注册资金超过 1.3 万亿元，较 2005 年年底分别增长 40.9% 和 133%。从投资规模上看，2010 年年底，民营经济城镇固定资产投资总额超过 12 万亿元，年均增速高达

① McConnell, Campbell R. & Brul, Stanley L., Chapter Twenty - Three, Market Failure: Spillovers and Public Goods, *Economics: Principles, Problem, and Policies*, Fifth Edition, Irwin McGRAW - Hill, Inc. 2001, WI New York, U. S. A. p. 487.

34.5%，民营经济在全部19个行业中的9个行业投资占比超过30%。[①] 民营经济在中国国民经济中已占有举足轻重的地位，社会主义市场经济要通过不断的自我完善，制定和实施系列化的新政策，为民营经济发展创造更加宽松的环境。社会主义市场经济体制还要鼓励人们转变就业观念，依靠政府推力完善就业体系，拓宽就业门路，营造就业环境，不断提高全社会的就业水平。通过积极就业推动经济发展，通过经济发展进一步扩大就业，形成经济增长与合理就业的良性循环。

（二）国际需要开放的市场经济

市场经济作为一种系统的经济形式，还意味着这种经济形式下所要求的市场在区域上是一个互相开放、互相联动的大系统，打破区域上的封闭、分割，形成全国统一的、国内外通开的市场体系。据中国商务部统计，自2004年4月新西兰率先正式承认中国完全市场经济地位以来，新加坡等国也相继承认，到2010年5月份，全球已有包括俄罗斯、巴西、瑞士、澳大利亚在内的81个国家承认中国市场经济地位，只有美国、欧盟及其成员国、日本等仍未予承认。[②] 另外，还有相当一批国内企业在反倾销调查中获得市场经济地位。自1995年1月1日至2010年12月31日，欧盟针对中国一共发起了99起反倾销调查。根据有关统计，共有94家公司分别在32起反倾销调查当中获得了"市场经济地位"。[③] 非市场经济地位问题使中国企业在应诉部分国家反倾销调查中遭受到不公平待遇，违反了世贸组织基本的公平贸易规则。应当采取有效的方式使有关国家能够作出客观公正地判断，中国市场经济体制建设所取得的成绩是不可否认的，敦促这些国家积极考虑并尽早承认中国的完全市场经济地位。所以，批判市场经济主体论，创建社会主义市场经济体制的战场并不局限于中国境内，因为在中国共产党的领导下，改革使国家以全新的面貌出现，经济社会业绩已经吸引了全世界的注意力。

诚然，中国的服装、运动鞋、玩具等商品制造产销量惊人，在这些方面成为所谓的"世界工厂"。尽管美国目前依然在世界经济排名中名列第一，可是中国和印度等亚洲国家经济的持续高速增长，实际上已经使世界经济重

---

① "'十一五'期间民营经济'走出去'有三特点"，http://www.chinanews.com/cj/2011/01-18/2795229.shtml，2011年1月18日。

② "拿市场经济苛求中国没有道理"，《人民日报》，2011年9月27日。

③ "应对欧盟反倾销　企业如何获得'市场经济地位'"，《国际商报》，2011年2月15日。

心发生了转移。在2011年，无论是在法国戛纳举行的二十国集团领导人第六次峰会，还是在亚太经合组织（APEC）第十九次领导人非正式会议期间，都可以听到与会人员对中国经济增长的一致好评，越来越多的国际人士赞扬中国经济对世界的贡献，而且对未来的发展势头依然看好。中国、印度等发展中国家的经济增长，已给整个世界带来相当大的影响。中国的发展对世界是个机遇，推动着国际贸易和全球经济的持续增长。很多国家的政府高官和著名企业主管都欢迎中国企业到海外投资，这些国际人士普遍认为，外部世界通过中国的贸易等多种活动，不仅可以从中获得利益，也会对中国有了更好的相互了解。

毫无疑义，中国需要尽快完善社会主义市场经济制度，推进企业不断进行技术创新，努力改善经济管理措施，培养一批国际型的高水平经理人才，这样才能提高国家在经济全球化环境中的竞争能力。为此，就必须发展既适宜国情又符合国际市场规律的经济制度，不断提高全体国民的经济意识和文化素质，加强政府高层管理人员的执政能力，继续加快国家扩大对外开放的步伐，加强与各个国家的经济合作，增加对海外的直接投资，在国际商品市场上明确地举起双赢和多赢的旗帜，不仅做生意，也要交朋友。社会主义市场经济在国内和国际两个领域内不断发展，犹如在中国经济前进的列车安装了两列新车轮，国家就能在更广阔的视野内，以高于以往的速度飞驰，奔向物质文明更加丰富的目的地。中国通过社会主义物质文明的大发展，为社会主义精神文明大发展提供支持，又通过精神文明的进步，推动物质文明向前进，将中华文明传播到世界各地。这就意味着：民族复兴的时候就会到来，伟大的中华民族将成为世界经济文化的领跑者，会为人类文明繁荣多作贡献。

总之，市场经济的理论本身没有错，建立有中国特色的社会主义市场经济也是改革的目标指向。关键在于不能狭隘地理解市场经济理论，更不能庸俗化地实施市场经济改革。要认真学习和实践市场经济的理论，要和国家的实际情况结合起来。中国有句古语“过犹不及”，大意是指凡事都要有个分寸，也就是哲学中所讲的“度”的概念，任何事务都要在一定的“度”的范围内才能得到适度的生存和发展，一旦超越了“度”的规定，事物就会向相反的方面发展变化。在市场经济理论中，GDP增长是个重要指标，但是实践表明，单纯的GDP是不能解决所有问题的。一段时间的经济数据的神化，其结果却并不理想，其中的原因从哲学角度来说就是有过“度”之嫌。国家发展经济的目的是为了满足人民群众的需求，如果关系人民生活的切身具体问题不能解决，诸如义务教育、医疗保障等，那样的经济发展就失去了本身的意义，最终也是违背中国特色社会主义理论体系的。

中国现在还处于社会主义初级阶段。解放和发展生产力，要求社会主义制度必须与生产力的发展相适应。一方面，随着生产力的不断发展，社会主义制度需要不断地调整和完善，即改革。在改革中建立市场经济体系，目标是自我完善社会主义制度，而不是冲击、瓦解社会主义制度。市场经济主体论及其实行结果，侵袭了社会主义体制，所以，必须制止此类言行。另一方面，中国当前的改革，是对原先社会主义僵化模式的根本性改造。过去搞的社会主义，没有体现社会主义本质，适应不了生产力发展的要求，在很多方面还阻碍和束缚了生产力的发展。因此，必须按照社会主义本质要求，围绕实现社会主义的发展目的进行改革。泛市场化的言行违背了社会主义的本质要求，根本不可能达到经济社会的全面高效率，因此，人民群众必然会唾弃它们。生产力的发展是无止境的，改革也是没有尽头的。任何形式的改革必须符合社会主义制度，必须为最大多数人民的最大化的福祉而服务。

第五章

实施国家经营管理的战略思考

目前，中国已从世界第四大经济体逐步上升为世界第二大经济体。中国取得的成绩是来之不易的，是中国共产党的正确领导和各族人民的共同努力的成果，国家的综合国力显著增强。不过，前进中依然有问题，特别是自20世纪90年代后期，中国内需长期不振，生产能力过剩问题浮出，导致民间投资势头疲软。此时，缩小贫富差距，寻找能够引导消费的渠道，扩大国内需求的方略依然是刺激经济发展的可行之策，也是符合社会主义立国方向的正确途径。若是这样去做，那无疑就意味着政府要加大干预市场经济的力量。在继续航行之前，回眸驶过的海域，总结经验与教训，提出新的航行方法，很有必要。

第一节　国家经营是民族之魂

中国共产党作为中华人民共和国的领导核心，在第十六次全国代表大会上确定了一个与时俱进的政治路线，即高举马克思列宁主义、毛泽东思想和邓小平理论的旗帜，在“三个代表”重要思想指引下，为全面实现小康社会而努力奋斗。此后几年中，中国经济保持可持续健康发展，交通运输通车里程增多，客货运量迅猛增加，国家实力增强。在此基础上，以中国共产党胡锦涛同志为总书记的新一代领导提出建立创新型国家，这是一个深受欢迎的高瞻远瞩的全局性战略理念，全体中国人民为之欢欣鼓舞。为了加快实现小康社会的目标，考虑中国的独特国情，这里提出一个关于转变政府行为与功能的新思路，以便实施创新型国家构想。概括的讲是实施国家经营战略，这是一个与以前计划经济不同的概念，也是一个包含民族之魂的理念。

一、国家经营追求科学发展

经营管理本来是市场经济的一个范畴，此处借用这个术语表达一个战略理念。对于政治领域事务的管理，或者说对于一个超级实体即国家的管理也需要有经营意识。因为当前的世界是一个崇尚经营的世界，而当前的时代也是一个经营力量得到彰显的时代。从小及大说，人生完善需要经营，感情美满需要经营，企业腾飞需要经营，地区发展要经营，国家也不例外，国家要实现经济社会的全面发展同样也离不开有效的经营。

（一）深刻认识国家经营观念

经营这个在现代西方发达国家被称做“营销”的理念，已经在西方世界流行了30多年。美国著名的营销大师菲利普·科特勒教授就是这一理念的代表性人物。他提出的著名的“国家营销”和“地区营销”概念，在国际上，对各国制定国家战略和地区战略，都产生了极大的影响。国家经营的概念是指，中央政府及其负责人作为国家的管理者，在经济社会活动中的行为要按照客观规律进行，用尽可能少的资源投资和最优化的组合，获取最好的社会经济效果，力求经济社会环境的协调发展，以满足人民群众对物质文化不断增长的需求。特别在处理严峻的经济、社会危机的时候，国家经营更是必要，而且也能够显示强大威力。经济危机出现是现代大工业时代的自我毁灭事件。马克思在分析资本主义再生产矛盾时指出，由于资本主义社会存在着一个自己无法解决的根本矛盾，即生产的社会化和私人占有形式之间的矛盾，所以周期性的经济危机爆发不可避免。除此之外，经济危机还有一个根源，那就是“生产的无政府状态是灾难丛生的根源”。[①] 此时危机的形式就表现为“生产资本愈增值，它就必然更加盲目地为市场生产，生产愈超过了消费，供应愈力图扩大需求，由于这一切，危机的发生也就愈益频繁而

---

① “哲学的贫困”，《马克思恩格斯全集》第4卷，人民出版社1965年版，第109页。

且愈益猛烈”。[①] 国民经济比例严重失衡，无疑就是危机的前兆。

如何解决经济比例失衡的险局，许多历史事实表明需要政府调节，或者说需要国家经营，处理宏观层面难题。此处需要明确这样几个关键问题：第一个关键问题是，谁才可以有资格当国家的经营者以及如何确定具体的经营管理者。第二个关键是，国家经营管理者应当经营什么以及如何经营。第三，国家经营管理的目标是什么以及应当怎么检验，由谁来检验目标实现的过程和结果。第四，如何确定对国家经营管理者的奖惩问题，也就是评议监督机制的问题。国家经营要求，中央政府的功能应当从过去的领导管理向经营管理转变，而政府的行为也应当从领导决策向经营决策转变。从领导管理到经营管理绝对不是一个简单的词语概念上的变化，而是一个具有深刻含义的国家管理机制的变化。

（二）分清国家经营与管理的区别

领导管理与经营管理在管理理念上究竟有什么区别呢？对此不妨从领导者与经营者这个两个概念入手进行分析。首先，领导者与经营者在权力与责任方面有所不同，领导者的权力大于责任而经营者的责任大于权力。其次，两者的决策过程不同，领导者大多凭意志决策而经营者则主要依据咨询决策。再次，两者的受约束机制不同，领导者大多只受到其领导系统内的约束而经营者则受到系统内外的组合约束。最后，两者的利益取向也不同，领导者以政治利益为主要目标而经营者以经济利益为主要目标。还可以举出更多方面的不同，但以上几条基本上能够勾画出两者不同的轮廓。

国家经营要充分发挥国有及国有控股工业企业的支柱作用，尤其是进入21世纪以来，国有企业的经营效益明显提高，国有资产和企业利润均实现了较快增长。以国有及国有控股工业企业（以下简称为国有工业企业）为例，2000年至2009年，国有工业企业资产总额由84014.94亿元增长到215742.01亿元，累计增长156.8%，年平均复合增长率为5.1%；国有工业企业利润总额则由4393.48亿元增长到34542.22亿元，累计增长686.2%，年平均复合增长率达23.9%。[②] 事实说明，中国的国有及国有控股工业企业

---

① “关于自由贸易的演说”，《马克思恩格斯全集》第4卷，人民出版社1965年版，第471—472页。

② 张晨：“国有企业是低效率的吗?”，http://finance.ifeng.com/news/corporate/20120106/5410817.shtml，2012年1月6日。

是有很强的竞争能力的，能够促进社会主义经济建设中的快速发展。

显而易见，从上述对领导者与经营者不同属性的认识中，不难区分领导管理与经营管理的不同。简单地说，领导管理机制重权力轻责任，重意志轻咨询，重政治利益轻经济利益，较少受到非系统内部约束，同时系统内部约束也往往流于形式。而在经营管理机制下，经营者的权力受制于责任，因此在决策上更加注重咨询而不是简单凭意志决策，在利益上更加注重经营的实际效果，以得到最大经济利益，同时还要受到来自多方面的约束。两种管理机制的优劣不言自明，可以作为启示。

（三）保障民族和国家利益最大化

国家经营的方式和范畴会由于国家性质的不同而不同。比如，有的大国以世界警察为己任，该国的国家经营的主要行业和产品均与军火有关，其他的行业还包括航天、邮政等。国家经营的效益问题在各个国家之间也并不完全相同。某些大国经营的一些行业，像航天、军事科研等，其效率在客观上是非常高的。在欧洲的一些国家，其国家经营的产业或行业效益也是很好的。中国的国家经营的某些方面在历史上也曾经创造过辉煌。现在，中国的广播电视、铁路交通、航天工业和金融服务等，基本上也是由国家来经营的。这些行业如果没有国家经营，中国就不可能在很短的时间内成功发射“神舟”系列飞船，遨游太空；无法想象每年在春节期间，能有20亿多人次旅客乘坐火车按时平安返乡，享受亲人团圆的天伦之乐。这类经营使民族和国家利益得到最大化。简单来讲，国家经营的内涵主要是指，国家作为抽象的经营者负责经营国有经济的行业和企业，还有相关的经济管理活动。由于各种因素的作用，中国的国家经营内容和方式与西方工业化国家不同，有些方面显得复杂的多，这里的复杂并不意味着高效益。

从国家经营的效益上考查，行政管理中的低效率是各个国家都存在的通病，因为此处有个客观存在的博弈规律起制约作用。不妨用一个高度抽象简单的办法来理解制约所产生的效果，即国际社会推崇的有效率的国家管理是法治管理，由此假设并认定，国家是一种契约，它的行为方式选择按照公众的利益目标来进行，也因为博弈原因而存在无效率的问题。但是，不能因为行政管理中存在低效率，就排斥国家动员和组织经济生产的职能，认定无秩序的经济竞争导致的无政府混乱状态也是合理有效的。

泛市场经济思潮抨击国家对经济活动的管理，主张自由主义的经济行为，认为这样就打碎了计划经济枷锁，国民财富就能涌流。这种论调早就被主张市场经济的国际先辈们所驳斥。英国学者琼·罗宾逊夫人活跃于20世纪中期的国际学术舞台，是属于新古典学派的经济学家。她认为："现实经济是在民族国家范围内发展起来的。经济哲学总是同爱国主义联系在一起。从一开始，国民财富的研究就是对于国家的财富以及怎样使它增加的研究。理论涉及对政策的支持"。[①] 政治经济学在本质上服务于国家政治，理论关系着国计民生，是政府经济政策的基础。

亚当·斯密于资本主义社会早期，竭力反对他自己的时代和他以前时代的国家管理，认为自由市场经济形式高于一切经济形式。如果在他那个时代还具有冲击封建贵族腐朽统治的积极意义，那么，在现代社会鼓吹自由主义经济，则完全是历史的倒退。泛市场经济思潮反对政府对经济活动实施管理特权，认为那样会导致垄断。可是市场机制不能解决公共产品的制造与销售问题，面对国防建设、义务教育等类型的战略性经营生产，市场失灵是一败到底，缺陷暴露更是一览无遗。国家管理此时尽显威力，调配资源，服务大众。当然，即使是完全按照理性办事的政府，纵使其动机仅仅是促进经济发展，在许多情况下也不得不授予一些企业以垄断特权，因为市场要素常常不是充分存在的，有时没有垄断特权，企业根本无法生存下去。此时，政府将不得不对相关工商业者的垄断行为采取暂时性默许的态度，但是，这种做法不能被看做是支持垄断，因为时过境迁之后，政府会及时调整不适宜的政策。

二、国家经营讲究兼收并蓄

实体是经营的前提，而每一种实体都有一个确定的性质和含义，这个性质和含义规定了这个实体的行为和最终的目标。那么国家是不是一个实体呢？如今，大家可能都会不约而同地认可国家的确是一个实体。那么凡是实体的都一定要经营吗？非经济实体也能经营吗？这里的关键问题是，国家的性质是什么？在世界历史上，早期资产阶级思想家卢梭曾将国家看做是一种由契约连结而成的社会组织，在这个组织中，人们的一切行为都受到相互关联的社会契约牵制。马克思主义经典作家恩格斯在其《论国家、私有制和

① ［英］琼·罗宾逊：《现代经济学导论》，商务印书馆1964年版，第5页。

家庭的起源》一书中，将国家作为因阶级和私有制的出现而发展起来的政治组织，是体现统治阶级意志并为统治阶级服务的社会机器。

由此人们得出国家是一个抽象的存在，这种抽象的存在以具体存在为其物质的体现。例如政府、军队、警察和监狱等，这些可以看做是国家的早期形式和内容，可见早期的国家是不直接从事生产经营活动的。随着社会生产力的不断发展和社会经济活动的复杂化，使得社会的某些生产和经营活动必须有国家来管理才可以行得通。比如为维护国家安全所必须进行的一些军事生产活动，诸如制造军事装备、建设国防工程等，于是国有经济便应运而生。说到此处，需要指出的是，泛市场经济的言论盛行之时，深化国有体制改革的推进速度很快，可是结果上却出现了这样的情况，一批又一批国有企业倒闭了，国有经济被削弱了。因此，那种理论和行为的正确性，至少是适宜性，的确是令人怀疑的。

（一）国家经营需要机制转变

要在中国建立经营国家的管理机制，关键在于重新认识中央政府和高层领导者的职责，并据此设计管理规范，理顺部委关系，制约管理行为与行为方式。由此而集中社会各个阶层的智慧，兼收并蓄，使社会和谐，人民安康。可以从这样两个方面来考虑。

其一，中国的经济体制转轨的基本完成。在中国共产党第二代和第三代领导集体的带领下，国家在经济体制上基本实现了两个转变，一个是由计划经济向市场经济转变，另一个是由粗放型经营向集约型经营转变。未来需要继续完善这种转变，提高新体制的运作效能。1978 年之前，中国的计划经济体制成本太高，所以在以后的 20 多年期间，通过改革措施转轨到市场经济，形成了市场经济体制。21 世纪中有个非常重要的转折是，中国加入了 WTO 这个市场经济的国家俱乐部，因此国家的管理体制必须要相应转变为经营管理体制。

其二，所有制的转变和投资主体多元化的基本实现。改革之前，中国是公有制一统天下，现在是由单一的公有制转变为多种所有制共同发展。与此同时，国内投资主体的多元化特点日益明显，非国有、非民族资本的发展遍及大陆各处，这个趋势还在继续扩大。要繁荣且有序地持续这种经济态势，国家管理体制就必须实行经营管理不可。从世界发展的趋势看，西方发达国家这些年来国有经济的增长在不断地加快，于是也就出现了国家经营的产业和行业企业，形成了国家经营的方式和范畴。

国家经营管理企业并不是用行政手段统治经济活动，而是集中各类资源，按照市场规律从事经济生产，为国家和人民的最大化利益服务。列宁在领导“十月革命”胜利之后，依据俄国当时的严峻经济军事形式，非常有创意而且勇敢地提出了一系列新经济政策，兼顾了国家和个人的利益，粉碎了国际帝国主义和沙俄反动派的内外联合进攻，并且取得了社会主义革命和建设的伟大业绩。新经济政策的理论基础就是国家资本主义。十月革命之后，苏维埃政权宣布已经消灭了私有制。可是列宁却要求，国家政策应向资本主义转轨。列宁设想这种转轨分为两个阶段，先向自由市场的资本主义后退，然后建立共产党领导下的国家资本主义体制。1918 年，列宁在分析俄国的现时经济状况时提出：“国家资本主义较之我们苏维埃共和国目前的情况，是一个进步。如果国家资本主义在半年左右能在我国建立起来，那就是一个很大的胜利，那就真正能够保证社会主义一年以后在我国最终地巩固起来，立于不败之地。”① 这是对那些以极左面貌出现的人士的批评，他们主张的所谓革命行动脱离俄国现实，尤其是脱离农村、农业、农民的实际情况，实际是在断送苏维埃政权。

列宁反复向苏共（布）党内同志说明这个新政策的含义，国家资本主义并不是共产党放弃领导，让一些人去建立资本主义社会制度。列宁说：“国家资本主义，就是我们能够加以限制、能够规定其活动范围的资本主义，这种国家资本主义是同国家联系着的，而国家就是工人，就是工人的先进部分，就是先锋队，就是我们。”② 共产党掌握国家政权，也掌握经济命脉，同时采取符合价值规律的经营活动，为全体人民的利益服务。那些想在俄国建立资本主义的右倾机会主义分子，同样被列宁严辞驳斥。这些观点充分表现出列宁的高瞻远瞩，列宁通过艰难地说服工作，使党内的思想逐步得到统一。1921 年 3 月，俄共（布）第十次代表大会召开，会议最终通过了新经济政策。正是通过对来自右倾和“左”倾两个方面错误的斗争，列宁领导的苏维埃政权日益壮大强盛，俄国经济得到恢复，社会主义在人类历史上真正得以实现。列宁关于国家资本主义的理论和实践，对于今天的中国改

① “论粮食税（新政策的意义及其条件）”，《列宁选集》第 4 卷，人民出版社 1960 年版，第 529 页。

② “俄共（布）中央委员会的政治报告”，《列宁选集》第 4 卷，人民出版社 1960 年版，第 654 页。

革和国家经营体系的建立，具有很强的启示意义。

（二）可以借鉴的西方经济学理论

工业现代化是近代国际社会竞争最激烈的目标，哪个国家先实现了现代化，哪个国家就能占领更多的国际市场。资本主义国家争夺霸权，实力就来自于工业现代化。历史上后进的国家采用国家管理的方式，通过实施符合本国实际情况的特殊政策，迅速动员人财物力，赶上先进国家，实现了国家目标，这样的事例和理论，在资本主义兴起的21世纪就出现了。

19世纪20年代，德国还是一个以宗法式的农业为主体的国家，生产发展水平落后于英国和法国。德国的经济思想家们从英、法两国输入古典经济学，并从本国社会实际出发解释这些理论，强调政治经济学的民族性，形成了西方资产阶级经济学中的历史学派。关于这个学派的政治倾向性，英国经济学家埃里克·罗尔评论说："他们没有严重怀疑过资本主义制度的继续存在。"① 虽然如此，这个学派的一些经济思想依然是有价值的，吸取其中有意义的理念，可以丰富社会主义经济理论。马克思主义经济学说就是吸收了资产阶级经济学说的一些合理的观点，集中众多流派的正确思想，通过扬弃、创新而发展壮大的。事实也表明，历史学派的思想尽管在实质上反映了德国资产阶级独立发展自己工业的要求，可是它们也的确在历史中引导了德国经济在短时间内赶上了英法等先进国家。资产阶级经济学历史学派的先驱者是德国经济学家弗里德里希·李斯特（1789—1864年），他的主要著作是1841年出版的《政治经济学的国民体系》。在此书中，他提出了国家经济的系列化理论。

李斯特经济思想中值得关切的观点是，国家经济学理论、生产力理论和经济发展阶段论。他主张政治经济学要从某一国家所处的具体形势和特有的国际关系出发，研究某一特定国家如何发展经济、繁荣富强，所以政治经济学应当是"国家经济学"。它应当以事物本质、历史教训和国家需要为依据，总结和研究某一国家发展经济的特殊道路。李斯特声明："作为我学说体系中一个主要特征是国家，……我的理论体系的整个结构就是以这一点为基础的。"② 他对"国家经济学"的概念进行了详细阐述："政治经济或国

① ［英］埃里克·罗尔：《经济思想史》，商务印书馆1981年版，第302页。

② ［德］李斯特：《政治经济学的国民体系》，商务印书馆1961年版，第7页。

家经济是由国家的概念和本质出发的，它所教导的是，某一国家，处于世界目前形势以及它自己的特有国际关系下，怎样来维持并改进它的经济状况。”① 他认为古典经济学说的主要代表人物亚当·斯密只重视财富或价值的增长，不重视生产价值的增长，是完全错误的。

李斯特说：“财富的生产力比之财富本身，不晓得要重要多少倍；它不但可以使已有的和已经增加的财富获得保障，而且可以使已经消失的财富获得补偿。个人如此，拿整个国家来说，更加是如此。”他系统地论述了生产力这一概念的内容及其发展的源泉，强调“国家状况主要决定于生产力的总和”。② 这些思想很有价值，英国经济学家埃里克·罗尔对此作出了这样的评论：“历史学派强调了社会生活的统一性，强调了个别社会过程与社会的有机的（以别于机械的）观点的相互关系”。这个学派的人士不断声明，“古典学派是从假设人仅仅是被私利的动机所推动而开始的”。这样一种假设是无根据的，因为“社会经济生活是一种超过了个人经济活动的总和的东西”。③ 换句话说，放任自由的“看不见的手”可以调节一切经济活动是不可能的。

李斯特认为，在世界上还存在先进国家和落后国家的情况下，自由贸易只对先进国家才是有利的，而落后国家则要实行保护关税，以保护自己的工商业，这样有利于建立起他们自己的工业。如此可以获得的是，“工业独立以及由此而来的国内发展，使国家获得了力量，可以顺利经营国外贸易”等等。④ 如果不发展本国工业，而是向外国购买廉价商品，看似合算，结果却是本国工业得不到发展，国家将长期处于落后状态。李斯特的理论在德国发展工业时产生了作用，德国工业在保护制度的扶持下，不仅在短时期内达到与英法等先进国家并驾齐驱的地步，而且在一些领域内还后来者居上。当今世界经济趋于一体化，贸易保护主义当然是不行的。

但是，发展中国家在 WTO 的规则内对本国的“幼稚工业”进行保护，依然是正确的做法。同时，李斯特也不主张永远实施贸易保护政策，只是主张等到本国工业发展的同先进工业国家一样了，这时就可以同他们进行自由贸易。他说：“从这个观点来看时，国家经济学似乎是这样一种科学：它正

① 季陶达：《资产阶级庸俗政治经济学选集》，商务印书馆 1963 年版，第 286 页。

② 季陶达：《资产阶级庸俗政治经济学选集》，商务印书馆 1963 年版，第 289—290 页。

③ ［英］埃里克·罗尔：《经济思想史》，商务印书馆 1981 年版，第 302 页。

④ 季陶达：《资产阶级庸俗政治经济学选集》，商务印书馆 1963 年版，第 296 页。

确地了解各国的当前利益和特有环境，它所教导的是怎样使各个国家上升到上述那样的工业发展阶段，怎样使它同其他同样发展的国家结成联盟，从而使实行自由贸易成为可能，并从中获得利益。”① 此处的国家经济学实质上宣传了国家战略的不同内容，讲述了如何应对复杂的国际竞争挑战。不可否认，李斯特本人是站在为德国统治阶级服务的政治立场说话的，他的理论也有很多不切合实际的成分。不过，他主张经济贸易要为国家发展服务，要通过国家的力量组织生产和国际贸易，这些思想具有深刻启示意义。对比那些在中国信奉和主张泛市场经济的言行，人们是可以从历史学派的观念中有所警觉的，也能够思考更深、更远的事情。

三、国家经营遵循法律进行

为了加快中国的发展，需要经营好国家的各项事务，特别是最能决定国家命运的加速经济增长的难题。所以，时代要求中央政府高层领导者将自己的公共社会角色转换为经营国家的管理者，而不再仅仅是以往的政治领袖。与此同时，中央政府的功能也要从领导管理向经营管理转换，以便在国际政治经济的大市场上更为有效地经营中国。自然，国家管理体制从领导走向经营，不仅其实质意义是非常重大的，一旦实现必将迅速有效地改变中国社会的未来和中国人民的命运，而且，也是一个全新的需要进行理论探索的课题。只要遵循马克思主义、毛泽东思想、邓小平理论、“三个代表”理论和科学发展观的精神原则，就能通过不断的探索实践，创立一个能够有效地建设社会主义的经营国家的管理体制。

（一）明确经营者的重大责任

经营国家与经营企业属于两个不同类型的经营，但是却也有某些相通之处。经营者肩负的重大责任之一，就是排除一切干扰，严格依法行事，处理好复杂的转型转换问题。在技术层面上，两者是有许多相同之处的。例如，无论经营企业还是经营国家，成败的关键因素在人，尤其是最高管理层面人物，即企业董事长和国家领导人的决策。国家领导人的施政方针能否成功，在于政策能不能充分调动全国广大群众的积极性和创造性。再如，无论是经

① 季陶达主编：《资产阶级庸俗政治经济学选集》，商务印书馆1963年版，第292页。

营企业还是经营国家，都要追求生产要素和社会要素的最优组合，讲求效率和效益，努力降低消耗、成本和费用，不断提高劳动生产率和社会生产力，以最少投入获取最佳经济效益为目标。又如，无论经营企业还是经营城市都要有法可循，依法经营。虽然说所依据的法律不同，但是必须遵法行事以及依据客观规律作为，努力建设一个小范围的和谐社会。由此可见，经营企业和经营国家的操作理念是相同的，经营的依据和客观规律也是相同的，通过竞争来达到提高竞争力的目标也是相同的。

经营国家与经营企业也有不同之处。首先，经营国家是当前人类社会上最高层次的经营方式和范畴，一个企业经营的好坏，只能影响局部；而经营国家的好坏，则影响国家整体。其次，经营的范畴不同，经营国家比经营企业面对的变量要多，社会的因素更复杂，背景更深远，因此经营国家也更艰巨、更复杂。再次，经营的组织架构和性质不同，企业经营是依据公司法或其他相关经济法规，按企业架构组织属于纯经济性经营，或者说是产品经营、生产经营；而经营国家是依据宪法，联合国宪章以及相关的国际法。按政府架构进行组织建设，属于行政性经营，其中包括政治经营，军事经营，国家地位经营等等。

按照效益原则指导企业管理，包括文化单位，服务行业，贸易公司等等，是管理性质的经营。由于经营国家具有高难度和复杂性特征，所以对经营人才的要求自然要远远高于对企业的经营者要求。因为随着中国经济社会的全面发展，社会中的原有的各个阶级和阶层都出现了重大的变化或异化。特别是改革开放以来，中国社会内部出现了新的利益划分和社会群体组合，一些学者称其为社会新的多样化阶层，有的研究者说是十大新阶层，有的则说是更多的阶层。必须肯定，这种深入的分析方法是科学的，符合人民领袖毛泽东领导中国革命和建设取得胜利的基本思想。现在中国社会的各个阶层既有共同的利益，也有各自差异的特殊利益；彼此之间既相互矛盾，同时也相互吸收、学习，总体上形成了一种良性互动。国家经营要认清各个阶层的新共性和特殊性，冲破旧有的价值观念重围，合理满足不同利益集团的诉求，协调存在的矛盾事物，求同存异，共同奋进。

国家经营者的范围局限于高级领导干部，尤其是中国共产党的高层领导人，国家大政方针均出自于这个领导集体。中国共产党是以马克思主义为思想和理论基础建立起来的一个政党，打从成立的那一天起，中国共产党就开宗明义地表明是无产阶级的先锋队，其基本纲领就是在中国建立起以工人阶级为领导的，以工农联盟为基础的人民民主专政的社会主义新社会，其最高纲领就是在全人类实现共产主义。经过几十年的艰苦奋战，中国共产党在全中国最广大人民的支持下实现了自己的基本纲领。由于中国社会基本上是个农业社会，现在的13亿人口中，农业人口数量达到近7亿人。与此相对应，中国党政高级干部中的农民背景成员占据多数。由于农民在社会历史中先天具有的局限性，且农业社会的抱残守缺、贪图安逸、眼界狭窄等落后意识长期存在，加上一些人不愿学习、不思进取的个人原因，某些领导干部在行使行政权力时腐化堕落了，侵害了人民的利益，使国家蒙受重大经济损失。

对于共产党内出现的腐败现象，特别是身居要职的干部的腐化堕落，中国共产党历来坚持的原则是，坚决打击，绝不姑息。1926年，中国共产党中央发现党内出现一些贪污腐化分子，便及时向全党发出《关于坚决清洗分子的通告》。这是中国共产党历史上最早的反对贪污腐化的文献。翌年，中央监察委员会成立了，开始实行党内监督制度。1932年初到1934年秋，中国共产党在中央苏区开展了第一次大规模的反腐倡廉运动，重点是反贪污浪费、反官僚主义。1932年5月9日，江西叶坪村苏维埃政府主席谢步升因为大贪污案件被揭发而在江西伏法，这是中华苏维埃政府成立后打响的惩治腐败分子的第一枪。时任瑞金县委书记的邓小平认为，“这是苏维埃临时中央政府成立以来发生的第一桩腐败案，此风不刹，何以了得！”1933年12月15日，中央执行委员会下发了由主席毛泽东、副主席项英签发的第一个惩治腐败的法令——第二十六号训令。训令规定，“凡苏维埃机关、国营企业及公共团体工作人员贪污公款在500元以上者，处以死刑；贪污公款300元以上500元以下者，处以2年以上5年以下监禁。”[①] 中国共产党以其廉洁为民的形象，赢得了全国人民的衷心拥护和爱戴，从而聚集了强大的力量，打败了日本帝国主义，推翻了腐败的蒋家王朝，建立了人民当家做主的新中国。新中国成立初期，共产党处于执政地位的和平环境之中，极少数干部经不起糖衣炮弹的进攻，腐败堕落。

1952年，共产党及时在全国范围内开展了大规模的“三反”运动，反贪污，反浪费，反官僚主义。毛泽东发出了“尤其注意打一亿元以上的大老虎”的批示，在这一年，曾经立过战功的天津市委领导干部刘青山、张

① 金鑫、徐晓萍：《中国问题报告：新世纪中国面临的严峻挑战（第三版）》，中国社会科学出版社2004年版。

子善因犯贪污罪，依据法庭审理程序，最后被共和国主席毛泽东批准执行死刑。“三反”运动是新中国成立后反腐败的第一次成功实践。毛泽东批斩打响的处决第一大贪污犯刘青山和张子善的枪声，在共产党内敲响了差不多持续30年的警钟。中国共产党以清廉的党风、政风和社会风气，进一步密切了与人民群众的联系，顶住了国际上的“反华大合唱”，成功地渡过了“三年困难时期”。

21世纪以胡锦涛同志为总书记的中国共产党新一代领导集体，继承了党的优良传统和一贯正确做法，于2004年2月开始实施党中央通过的《中国共产党党内监督条例》，严厉惩处极少部分腐化堕落干部，情节严重者被移交司法机关，判刑惩治。2011年6月22日，中共中央外宣办举行发布会，中央纪委副书记、新闻发言人吴玉良介绍了中国共产党建党以来反腐倡廉建设的情况。吴玉良说，改革开放30多年来特别是进入21世纪以来，中国共产党反腐倡廉建设取得了明显成效。2010年全国纪检监察机关共立案139621件，结案139482件，给予党纪政纪处分146517人，涉嫌犯罪被移送司法机关处理5373人。[①] 共和国高悬照妖镜，共和国高举斩妖剑，一大批贪官纷纷落马。在依纪依法查办案件的过程中，各级纪委、执法机关加强了监督检查，严格把握立案、调查、审理、处分、执行等各个环节，较好地发挥了查办案件和治本方面的作用。共产党有错必纠，严肃纪律，人民对此满心欢喜。

历史上的中国共产党始终代表着最广大人民的利益，领导中国人民取得了许多举世闻名的伟大胜利。自然，如若没有出现“大跃进”和“文化大革命”的重大失误，中国将取得更加辉煌的胜利成果。因此，为了奠定实现最高纲领的物质基础，中国共产党就必须始终不动摇地以工人阶级为主导力量来加强党的思想和组织建设，让党永远保持在新形势下无产阶级先锋队的光荣本色，做民族复兴大业的先导大军，所以，共产党员尤其是担任高层管理职务的党员干部要廉洁奉公。古代圣贤庄子曰：“故夫知效一官，行比一乡，德合一君，而征一国”，其含义讲的就是为民效力的道理。[②] 中国共产党肩负着前无古人的历史重任，人民群众更对中国共产党寄予很高期望。

---

① “中纪委通报中国共产党90年来反腐倡廉建设情况　去年全国党纪处分14.6万余人”，《人民日报》，2011年6月23日。

② 引自《庄子·内篇》。

民众拥护共产党，是盼望生活更加富裕，国家更加强盛。因此，必须在新时代更高地举起邓小平理论和“三个代表”重要思想的旗帜，坚持正确领导，及时修正出现的错误，继续广泛地宣传党章党纲，细致入微地教育广大党员干部，毫不动摇地清除党内的蜕化变质分子，妥善处理涉及人民群众利益的各类突出问题和群体性事件。这样就能使中国共产党的阶级属性中所蕴涵的创造性力量得到最充分地发挥，时时处处地从根本上代表中国最广大人民的利益，赢得亿万民众的深深信赖。

（二）依照市场经济规律运作

这些年来在中国共产党地领导下，中国社会内部发生了很大的变化，经济增长和人民富裕的显著成绩举世公认。但是，相比于世界工业发达国家，经济差距依然十分明显。在一个人口众多、资源相对不足的国度内，在国际竞争日趋激烈的环境下，进行社会主义经济建设，必须达到生产高效率，否则无法实现强国富民的目标。加拿大经济学家罗宾·巴德和迈克尔·帕金认为：“经济高效率在两种条件下才能得以实现，即生产效率和资源配置效率。”[①] 无数事实表明，要达到生产和资源配置两个高效率，必须以市场经济手段作为基础调节方式，遵循价值规律。同时，也要辅之以国家宏观调控，规范和保护经济总体持续运行，避免大起大落带来的损失。世界工业化国家兴起与发展，汽车制造业功不可没。

中国运用市场经济方式，建立起自己的汽车制造业体系。经过与国外汽车多年的激烈竞争和打拼，奇瑞、比亚迪等国产汽车的市场份额都在迅速提升，表明自主品牌汽车的质量和市场形象都有了根本提升，正在得到消费者的认同。在 2011 年 1 至 12 月汽车销量排行榜上，在销量排行榜前 10 名中，自主品牌中的比亚迪和奇瑞汽车榜上有名，比亚迪在 2011 年销售了419 834 辆汽车，奇瑞汽车销售了 403 900 辆汽车。[②] 实际上，早在 2005 年，奇瑞就已经是车市黑马：总销量 18.9 万辆，创造出 118% 的增长奇迹，同时年出口总量达 1.8 万辆，连续多年蝉联第一。[③] 自主品牌汽车终于开始扬眉吐

① Bade, Robin & Parkin, Michael. *The Economic Problem*, *Foundations of Microeconomics* 2nd *ed*, Pearson Education Inc. Canada, 2004, p. 65.

② “2011 年 12 月自主品牌汽车销量排行榜正式公布”，http://auto.hsw.cn，2012 年 2 月 3 日。

③ 涂露芳：“自主品牌迎来市场拐点”，《北京日报》，2006 年 3 月 7 日。

气，这对国内汽车业发展是一个积极信号。当然对自主品牌来说，提高汽车制造水平还只是壮大实力的第一步。牢固占据汽车市场竞争主动权，还要继续遵循经济规律研究和发展，提升整体质量水平，不断增强盈利能力。

同时必须清醒地认识到，中国社会主义经济建设实施于广泛而落后的小农耕作背景之下，类似于俄国十月革命时期的情况。所以在中国进行建设，拔苗助长式的大跃进做法不行，止步不前的闭关锁国做法也不行，必须从实际出发，调动各个方面的积极性，协调各种力量，不断促进经济社会向前发展。列宁在十月革命初期，高瞻远瞩地提出实施“国家资本主义”政策，即发挥国家宏观调节功能，推行市场经济经营，此举是不同于“左”倾和右倾的正确方针。

国家作为国民经济体制及运行的引领者，策划者和协调者，要在两大领域对市场活动进行宏观调控：第一，在经济发展和社会失去平衡时，国家要以稳定政策为目标，进行积极干预，恢复市场平衡，扩大社会剩余。第二，在达到平衡但是非帕累托最优状态，国家可以直接或者间接鼓励政策，更好利用社会上可以自由支配的全部资源，来获得帕累托改进。这种资源分配政策可以通过纠正市场缺陷，来增加社会福利。诺贝尔经济学奖获得者、美国哥伦比亚大学经济学家约瑟夫·E. 斯蒂格利兹于2006年3月中旬访问了中国，并接受了《中国日报》的专访。他认为，如果中国政府不增强在经济合作发展与政策方面的角色作用，那将是一个错误。这位前世界银行的首席经济学家指出，中国存在着过度削弱政府角色的危机，“这个危机的原因是对市场经济的狭隘理解”，他赞扬说，很高兴地看到中国政府在过去的岁月中已经认识到需要转变政府的职能，从管理增长目标转向为基础设施建设，以使市场充满活力。① 新自由主义理论就是在西方工业化国家，也并非是块香饽饽。可喜的是，中国的“十二五”规划纲要继往开来，并明确指出，要健全政府职责体系，提高经济调节和市场监管水平，强化社会管理和公共服务职能，加快政府职能的转变。

可是在泛市场化思潮影响之下，国家指导社会福利和纠正市场缺陷的功能受到严重制约和削减，一些人不顾一切地推行以市场经济为主体的改革方案。例如，某些公立医院错误地奉行金钱挂帅，遇到危难急重病人，不以救死扶伤的革命人道主义为准则实施医治，而是以患者的经济支付能力为标准

---

① Fu Jing. *Gov't' has Key Role' in Market Economy* [N]. China Daily, 2006-3-21.

来决策是否抢救。类似这样的情况，新闻媒介报道和社会公众议论已有一些事例。公立医疗机构按市场规律救治患者，实际上就是产业化经营一个企业，而这种做法必然会受到社会的谴责。自然，某个公立医院的这种违背人道主义的具体做法并不是其职业道德的内容，而是一种认识模糊的行为，或者讲是内心深处自我矛盾的迷惑做法，错误的根源在于，激进的市场经济化损害了中国社会的和谐，造成了常规意义上的是非观念的模糊，善恶行为偏颇。所以，离开了社会主义原则精神，实施以市场经济为主体的建设，其结果是不能达到理想的共产主义世界的。

中国在市场化快速推进方面遇到了很多阻力，某些主张自由市场经济的学者称之为遇上了艰险，其实是人民群众不赞同并抵制的激进做法所导致的。中国革命和建设的历史经验证明，真正能够改善人民生活条件，切实满足多数群众意愿，这样的事情和政策是一定会被老百姓所赞同的。如果大多数群众对某些做法和政策有意见，就不能狭隘地认为“虽然实际效果不好，但是动机是好的，或者理论是正确的”。所以，对原有的政策进行重新调整，十分必要。事实也是如此，当以中国共产党胡锦涛同志为总书记的新一代领导集体调整了医疗政策，诸如建立平价医院，销售平均药品，设施医治和药品分开等措施，人民群众拍手欢迎，社会和谐程度也提高了。总之，国家经济不能削弱，自由经济与国家调控同时存在，这才是符合中国情况的正确做法。

四、国家经营要突出财富创造

一个国家的富强要靠实力证明，所以必须继续增加财富总量，将蛋糕做得更大，为此要大力发展社会生产力。中国改革开放初期，总设计师邓小平就语重心长地谈到：“什么叫社会主义，什么叫马克思主义？我们过去对这个问题的认识是不完全清醒的。”他阐述了马克思主义的基本原理，讲到了社会主义初级阶段生产力和物质财富的情况，尔后明确地指出：“所以社会主义阶段的最根本任务就是发展生产力，社会主义的优越性归根到底体现在它的生产力比资本主义发展得更快一些、更高一些，并且在发展生产力的基础上不断改善人民的物质文化生活。”[①] 国家经营就要从宏观上继续调整经

① “建设有中国特色的社会主义”，《邓小平文选》第3卷，人民出版社1993年版，第62页。

济结构，转变经济增长方式，提高经济增长的质量和效益，大力发展社会生产力。为此，要着力推进产业结构优化升级，着力提高自主创新能力，着力建设资源节约型、环境友好型社会，着力提高劳动者素质，实现经济社会又好又快地发展。

首要任务是夯实财富增加的基础，加强基础设施建设。例如，信息时代的特点之一是全球经济往来增加，交通便利成为生产贸易的重要先决条件。通俗讲就是，要致富，先修路。中国政府在这些方面做了很多工作，中国的高速公路建设起步于1988年，大规模建设从1995年开始。据交通运输部部长李盛霖2010年12月28日在全国交通工作会议上透露，到2010年年底，我国公路网总里程达到398.4万千米，五年新增63.9万千米。其中，高速公路由“十五”期末的4.1万千米发展到7.4万千米，仍居世界第二位。[①]从2011年12月30日召开的2012年全国交通运输工作会议上获悉：2011年我国新增公路通车里程7.14万千米，其中高速公路1.10万千米，新改建农村公路19万千米。截至2011年年底我国高速公路总里程达8.5万千米。[②]

通过完善已经形成的多元化投融资机制，加强了对高速公路特许经营、滚动发展等问题的管理，促进了高速公路健康发展。国家集中力量在东部地区开始建设高速公路网，特别在长江三角洲、珠江三角洲和京津冀地区规划建设城际高速公路网。“十一五”期间加快进行的高速公路建设，给以后的国家高速公路网奠定了基本骨架。高速公路修建基本上是国家投资经营运作，整个建设过程显示了国家经济的威力。利用条件极大改善的交通运输，可以更好地从事产业结构调整工作，转变经济增长方式，提高生产效率问题，这是增加总体财富的关键因素。自然，国家经营的含义较为广泛，实际上投资建设的重点项目还很多。同时，必须强调指出，财富总量的增长要和财富公平的分配结合起来，要让创造财富的人民大众都能享受到改革的成果，这样不仅符合社会主义经济建设的目的，而且也使经济保持持续增长有了可靠的动力源泉和最重要的保障。

（一）不能片面追求GDP

世界是复杂的，事物发展也因此而曲折，所以，实际进行的经济建设时

---

① “十一五时期中国高速公路增加3.3万千米，预计2012年总里程将超美国居世界第一”，http：//roomx. bokee. com/6990576. html，2010年12月29日。

② “中国高速公路总里程达8.5万千米 今年新增1.1万”，《人民日报》，2011年12月31日。

常存在不如人意的方面。近些年来，特别是“十五”和“十一五”时期，中国经济社会发展变化速度之快是超出了任何人的想象能力的，举世惊叹，但是绝不能因此而故步自封。因为与此同期，出现的一个不可回避的事实是，国家财富总量迅速增长和社会贫富差距逐步扩大同时出现，由此所产生的一系列问题，其严重程度也是容不得半点马虎和轻视的。按照马克思主义的基本原理分析问题，显然可以认定是社会经济基础与社会上层建筑领域显示出了新的不适应性，因此必须进行新的调整和改革。发展固然是硬道理，而发展的结果必须有利于全国人民的根本利益则是更硬的道理。当经济建设的成果并没有被全国最广大民众充分享受时，那么就必须对改革开放的历史过程进行必要的分析，并及时予以调整，否则就背离了改革开放的大方向，甚至会危及社会稳定大局，引发难以控制的群体性动乱。

中国社会主义初级阶段要延续很长一段时期，经济总供给量会长时间不能满足社会总需求，特别是在大部分农村，经济短缺是绝对的，经济过剩是相对的，农村人口脱贫致富奔小康，是最主要的建设任务。“十二五”时期，国家将加快建设社会主义新农村作为首要任务，也是基于这个背景而设定的。新农村建设需要很多方面的配合，国家行政引导，财政积极投入，是开始运作的发动机。也只有在政府宏观调控之下，才能改变旧有低效的产业结构，转变经济增长方式，加速缩小城乡之间差距。农村中存在的一些亟待解决的重大问题，诸如增产不增收、剩余劳动力转移困难、义务教育缺乏和医疗保险薄弱等，此类问题出现的原因之一是，受到泛市场化论调的影响，一段时期内 GDP 指标的重要意义被片面地夸大了，结果经济社会协调发展的综合目标被忽略了，导致农村出现了较为严重的生产生活多种负面效益。虽然目前没有能完全替代 GDP 的指标，但是在评定新农村建设时，或者在判断国家经济发展质量时，应该附加诸如资源环境、社会人文等方面的综合考量指标。否则不仅偏离了“三个代表”重要思想所指引的社会主义经济建设方向，延误实现小康社会目标的时间，而且由于群众的积极性被挫伤，也会使实际进行的建设项目平添很多阻力障碍。

需要强调的是，片面地追求 GDP 指标现象的出现，是不完全的行政业绩衡量体系准则的一次暴露，也就是行政管理体制存在弊端的一个佐证。行政部门一些年轻干部在追求单纯 GDP 指标或者形象工程方面，表现出了识别能力薄弱的缺点，除了体制存在缺陷因素之外，主要原因是这些人缺乏艰苦锻炼，又过早地进入了重要领导岗位。结果使这些人自身缺乏必要的

“审慎独立”思考，过早地领教了权力的力量，可是又没有机会或较少有机会从小错误中吸取教训，以防止出现大失误或防犯大错误的能力。要通过理论学习和规范的工作实践，对年轻的行政干部加强教育，使这些人领会马克思主义精神实质，认清现实存在的国情。一段时期，中国出现了一种过分“年轻化”标准。较高级别的行政干部选拔、任命，被过度地要求在若干年龄段内，政治和能力标准反而实际上的屈居后位。一些年轻干部就是因为急于在短期内拿出政绩，才会违反客观规律单向地追捧 GDP 指标，建设形象工程。所以，行政部分以年龄为重要尺度选拔干部的做法应当予以纠正。不然，个别腐败分子乘势以权谋私，败坏共产党的形象，降低政府威信。他们自私的行为割裂了党与人民的密切联系，也激化了非公务员与政府之间的矛盾。

中国的经济体制改革是在政府主导下进行的，干群之间保持紧密联系非常重要。政府工作的最终目标是富民强国，而单纯的 GDP 指标则不能达到这个目的。因为，物质文明的建设不能代替精神文明的建设，而后者是人们生活中更高层次追求，是人的全面发展的重要组成部分。当大多数中国人摆脱了温饱问题的困扰之后，他们对高层次文化生活的追求欲望更加强烈，农村人和城市人相比，往往会加倍地自我创新营造出的精神文明氛围。近年来，为丰富农村文化生活，河南省汝州市加大了农村文化建设的投资力度，各乡都建起了文化服务中心，大部分村建立了文化大院、新农村书屋，通过弹响“种、送、育、管、树”“五弦琴”，唱响农村文化主题曲。“种”是指种文化，扎根基层，加大资金投入，加强农村文化阵地建设，为农村种下文化种子，让先进文化在农村扎根开花。“送”即送文化，增添活力。通过组织文化、卫生、科技、法律四下乡活动，向广大农村传播先进文化，增添农村文化活动力，营造农村良好的文化氛围。“育”即育文化，加强指导。不断加强农村文化工作人员的培训力度，培育一大批农村文化工作者。“管”是指管文化，健康发展。加强对农村文化市场的管理，建立了农村文化市场管理制度。“树”即树典型，推广经验。积极选树、培养、推出一批农村文化建设先进典型，发挥示范带头作用，以点带面普及推广，带动全市农村文化建设全面健康发展。[①]

由于地方政府的大力支持，不少农村地区乡土文化活动搞得红红火火。

① “河南汝州：农村文化大繁荣”，中国日报网，2011 年 12 月 16 日。

这些文娱活动对新农村建设有多重意义。它们调动了农民参与文化活动的积极性，宣传了新思想新风尚，丰富了偏僻乡村的社会生活方式，增加了人们工余后的休闲乐趣，为美好生活增添了色彩。由此也激发起农民的劳动热情，提高了劳动生产力。此类文化不需要专门的资金投入，通过动员和发挥民间力量，就在一定的层面上解决了农村文化建设的最大瓶颈。生活本来就是多彩多姿，一个 GDP 指标根本无法包揽。将其作为唯一的政绩考核指标，只能是为一些投机行为敞开方便之门。

（二）发展与社会公平

社会公平目前在中国是人们谈论较多的话题，而财富在人群之间的均等分配以及民众参与政府制定相应法律、政策的过程，也将有利于社会的共同富裕。政府通过二次分配增加教育、医疗、文化等方面的财政投入，为低收入者提供免费医疗和教育服务，免除农民应缴的农业税。这么去做，无疑可以缓解因地区差距、收入差距而造成的社会不平等。不过必须清醒地看到，当今国家处于改革开放的攻坚阶段，共同富裕的基础就是经济发展，而创造财富则是占着经济社会发展的首席位置。没有充足的经济成果，期望中的公平就难以实现。所以，不顾公平的片面发展是错误的，而过分强调二次分配也是不可取的，因为公平的分配财富不能脱离中国目前和将来一个阶段内的国情，即人口多、土地少、农民多、人均 GDP 水平还很低。例如，就算是建设一个低水平理想的社会，处处能够体现公平分配与和谐友好，目前也无能力做到财力方面的基本支持。

一些资料显示，如果要国家通过财政转移支付，消除东部和中西部在医疗、教育、生活等主要方面的差距，需要巨大如天文数字般的国家财力。以人口为 110 万人的广东省佛山禅城区为例，2010 年禅城的民生支出情况分为以下几块：教育优先发展全区投入 10 亿多元，提高义务教育补助标准，强化校舍安全，完善教育资源建设；公共安全支出投入 5.82 亿元；在公共文化服务上投入 0.22 亿元，平安和谐亚运经费 0.37 亿元，补偿 0.46 亿元；投入 1.84 亿元用于实施新型城乡居民社会养老保险制度，提高各类社会救助标准，建立普惠型社会福利制度……粗略算下来，这些方面的民生支出达到 21 亿多元。[1] 而同年有着 150 万人口的宁夏固原市财政收入只有 10 亿元，

① “有限财力如何保障可持续民生?”，《南方日报》，2011 年 11 月 22 日。

用于改善民生方面的支出显然有限。在国家财力有限的情况下，如何平衡东西部之间民生支出的巨大差异，在注意效率的同时兼顾公平，无疑是一个很严峻的挑战。那么怎么办呢？建立国家经营机制，是解决问题的一个捷径。通过国家经营，可以补偿西部地区遭受的价格体制不合理带来的双重损失。例如，西部地区矿产资源、初级农牧产品按原材料出售时价格很低，大量资源性利润流向东部地区的加工产业。东部地区加工企业的商品返销到西部地区，高额商业盈利又使西部地区大笔利润流失。这种初级产品和加工产品的价格剪刀差长期存在，必须依靠政府宏观调节，引导产业结构转变，才能最终解决。

中国共产党领导人民坚持改革，追求富裕，赢得了大众的真诚拥护。由于中国人口多、底子薄，要使最大多数的民众共同努力，消除贫困，致富达到小康，政府除了保证社会公平之外，最重要的是营造适宜大家创新的氛围，创建大家都能得到的进一步发展的机会。“十二五”规划纲要提出的加快建设社会主义新农村、促进区域协调发展等，就是将全国人民共同奋进的“起跑线”拉近，使建设小康社会的目标实现更加具有可操作性，政策指引的正确道路名副其实。尽管这些问题在五年内不能完全解决，但坚持深化改革、推进对外开放，特别是建设和完善一整套制度体系，无疑会让理想离现实越来越近。实践表明，机制作用是最重要的引导和制约力量，是国家经营的施政之根本。国家没有明确的和周全的法度，高效率的经营也只是空话一句。

中国以往出现过的那种以人治为主体特征的行政管理，是不能保证党的基本纲领在社会主义经济建设中完全贯彻执行的，因为在“一把手”说了算的制度下，加之缺乏必要的监督机制，官员腐败实在难以根除。已经受到法律惩罚的众多腐败领导干部，就是靠自己的向组织保证之后走上了领导岗位。可是当个人占据了关键岗位，掌控指挥楼宇地产交易、医疗设施采购、高速公路建设等重权，各种欲承包工程项目的公司就会找上门来。商业竞争是市场经济中每日每时都发生的事情，本不以为怪。如果监管机制健全，怪事通常不会发生。可事实却是，市场经济运行的监管机制在中国并不健全。由于缺少客观制约贪污腐败的机制，仅靠个人的力量就难以保证不在灯红酒绿的诱惑下动摇意志。看看那些腐败分子服刑后的忏悔自白，有意识的迎合也好，无意识的被动卷入也罢，都在无监管的体制漏洞下因贪污受贿而最终走上不归之路。所以，惩治腐败，关键是建立一套可靠的约束制度，而不能轻信有关个人品质的种种说法。一个单位出了腐败案件，制度松懈、监督不严首当其责。

自然，改革不适宜的旧制度，创建有生气的新制度，不是轻而易举就能完成的事情。要知道，世界资本主义发展了200多年，才设置了一个相对健全的市场经济法治法规体系，处于剧烈转型期间的中国的确无法在20多年时间内建立起一个完善机制。宏观层面有难题，微观层面多解题，这是一个符合辩证法的治理思路。按照中国共产党最高领导机构、全国人民代表大会常委会和国务院的部署，司法机关和行政管理部委，联合行动，正在建立反腐倡廉的制度保障体系。据统计，2011年1月至11月，全国共查办商业贿赂案件1.48万件，涉案金额42.8亿多元。各级治理商业贿赂领导小组及其办公室注重把查办案件摆在更加突出的位置，将其作为深入推进专项治理工作的重要手段来抓，加强组织协调，健全工作机制，加大督办力度。各级司法机关和行政执法部门认真履行职责，突出办案重点，强化办案措施，积极拓宽案件线索来源，进一步落实和完善查办商业贿赂案件协调机制，形成查办案件的整体合力。①

国家对商业贿赂的打击力度在加大，同时，商业贿赂案件也在逐年增加，这主要是因为商业贿赂的根源在于多方的利益驱动。只要有利益驱动，商业贿赂就不会停止，或者在某些行业和领域还会在相当长的一个时期存在。换句话说，不斩断利益的链条，就不会从根本上解决问题。因此，商业贿赂的治理在于标本兼治。既要斩断各方的利益链条，使之完全曝光于阳光之下，又要完善和改革制度，强化预防，只有这样，才能商业贿赂的腐败行为降到最低。② 最高人民法院适时地研究解决审判工作中遇到的问题，明确有关政策法律界限。各级法院则通过发布典型案例等多种形式，充分揭露商业贿赂的社会危害性，营造反商业贿赂的良好社会氛围，增强人民群众反对商业贿赂的决心和信心，消除其存在的社会文化基础，扩大治理商业贿赂专项工作的社会效果。

2006年5月23日，国土资源部印发了《关于组织开展国土资源领域不正当交易行为自查自纠及依法查处商业贿赂案件的实施意见》的通知。基

① “惩处商业贿赂不手软——治理商业贿赂专项工作取得新成效”，《人民日报》，2012年1月2日。

② “治理商业贿赂，必须标本兼治”，http：//guancha.gmw.cn，2012年1月3日。

于此，各级国土资源部门要高度重视依法查处商业贿赂案件工作，把查办案件作为深入推进治理商业贿赂专项工作的重要环节，积极配合执纪执法机关、司法机关，切实抓出成效。要围绕商业贿赂易发多发的领域开展查办案件工作。配合执纪执法机关、司法机关，重点查处土地出让、矿业权出让、土地和矿业权评估、项目发包等四个方面涉案金额巨大、情节严重、性质恶劣、群众反映强烈的大案要案。[①] 各级国土资源管理部门在地方政府领导下开展治理工作，树立国土资源市场的规范秩序。

五、国家经营要惩治巧取豪夺人民财产的行为

中国共产党在实现自己的基本纲领的初期，就全力打造和构建没有剥削压迫的社会主义社会。第一次国内革命战争时期，毛泽东在湖南发动乡村农民打倒土豪劣绅，清算剥削者的罪恶，人民群众一心一意跟着共产党闹革命，最终建立了新中国。中国在改革开放时期取得了很大的成就，特别是在人们的物质文明方面更是可圈可点。为了更好地改革和开放，高度实现中国共产党人在新时代提出的“三个代表”的政治理想，对于巧取豪夺，鲸吞国有资产的罪行，也要依法惩治，以顺应民意，凝聚党心。

分析中国出现的贫富差距拉大的诸多原因，只要坚持实事求是的原则，就不能否定其中一个因素，即社会上存在着严重的公权寻租和商业贿赂相互勾结现象，结果导致了一些极端的暴富事例。某些公职人员，某些私营业主，在很短的时间内，用非正常的方式聚敛大量财富，或者说利用国家资源在短期内积累起令人咋舌的巨额财富，并以此作为初始资本而进入市场经营的行列，进而成为身价千百亿元的富豪。因为在中国社会处于由计划经济向市场经济转型的现实条件下，行政监控或者经济法治的体系均不健全，特权可能具有比单一计划经济体制下更加明显的诱惑力，金钱腐蚀也能找到渗透的缝隙，于是一些人肆意破坏经济社会的游戏规则，或者利用公权大量四处寻租，或者行使商业贿赂各处投机。一段时期内，他们的投机和暴富没有受到惩罚，或者虽受了惩罚，得到的收益远远大于违法的成本。民众认为这类

① “关于印发《关于组织开展国土资源领域不正当交易行为自查自纠及依法查处商业贿赂案件的实施意见》的通知”，http://www.mlr.gov.cn/pub/mlr/documents/t20060518_74247.htm，2006年5月23日。

违法乱纪的暴利暴富，巧取豪夺，乃是一种与罪恶相伴随的资本的原始积累"原罪"，是被马克思主义经典作家批驳过的丑恶肮脏的罪恶。

可是在泛市场化思潮涌动期间，为了破除官员的心理抵触，避免社会动荡，有部分学者大胆提出，只有来一场对官员现有腐败问题的"大赦"，才可能换取行官员财产申报公示制度的出台。法学家何家弘甚至说，中国人民必须牺牲一次，宽恕一回。① 近些年来在中国已经形成一种"精英行政"互动的施政模式，可是却冷落了调查研究、走群众路线的优良传统。结果往往是所谓的"精英"先制造一顿舆论，然后行政部门就出一套文件。从教育产业化、医疗产业化，拍卖国有资产等莫不如此。而这一次的资本积累原罪特赦二重唱又是如此。如此重大的决策是否通过了人民代表大会议决？老百姓是否答应这种非法的洗钱合法化？对此，应当有明确的是非界线。

（一）不能对任何"原罪"都宽恕

少数人通过钱权交易获得暴利暴富，是靠不同程度地损害社会主义国有资产得来的，是把国有资产无偿地或者用象征性的价钱转到私人名目下的瞬间过程。2000 年，时任中国共产党总书记的江泽民指出："我国数万亿国有资产是全国人民几十年艰苦奋斗积累起来的，必须管好用好。"② 那些非法收入是对全国人民在党的第一代领袖们领导下辛勤积累的财富的无情掠夺，是将人民的血汗财富窃为己有，这是阳光下的罪恶，因此没有任何可以饶恕的余地。从"不劳者不得食"的古训来看，这样的清算也是完全应当的。这些人用非法手段取得财富，等到适宜的时机后便用计合法化，摇身一变成为民营企业家。如此宽恕下去，哪里还有什么正当致富呢？所以不能以促进民营经济发展为口实，对巧取豪夺的原罪就予以赦免。不管如何推动民营经济的发展，都要在法律允许的范围内作为，都必须按市场经济规律办事。要在推动民营经济发展的同时推动国家市场经济体制的建立和完善，也只有健全的市场经济体制才是对民营经济的最大支持。什么才是"完善"的社会主义市场经济体制呢？恰恰应该是一个具有健全法制规则，能够坚决施法的系统。所以，该追究的就坚决追究，绝不放过和轻饶违法乱纪行为，在法律

① "反腐学者：赦免贪官'原罪'，换取财产公示"，《南方周末》，2009 年 9 月 18 日。

② "当前经济工作需要把握的几个问题"，《江泽民论"三个代表"》，中央文献出版社 2001 年版，第 85 页。

面前人人平等。放过少数人的犯罪，轻饶少数人的罪过，就是对最广大人民群众根本利益的损害，就是背离了中国共产党的宗旨。

不追究少数人的经济犯罪行为，将会向社会传达一个错误的信息，即非法致富的速度快、成本低，那样在客观上只会纵容、鼓励更多的人铤而走险。它既严重戕害社会公正，损害社会公平正义，也损害法律的权威和尊严，更为严重的是挫伤公众对反腐败的信心，影响政府的公信力。这绝不是危言耸听，因为在现代社会中，法律是社会公正的底线和基本标准。严格实施法律是实现社会公正的最基本途径，这是看得见的正义。第十一届全国人民代表大会第四次全体会议通过的政府工作报告指出，要加快解决反腐倡廉建设中的突出问题，扎实推进惩治和预防腐败体系建设，把查办大案要案作为反腐败的重要举措，同时更加注重制度建设。随后不久，中央治理商业贿赂领导小组第八次会议于 2011 年 4 月 8 日在京召开。中共中央书记处书记、中央纪委副书记、中央治理商业贿赂领导小组组长何勇出席会议并讲话。他强调，要深入学习贯彻党的十七届五中全会、第十七届中央纪委第六次全会和国务院第四次廉政工作会议精神，采取更加坚决有力的措施，严肃查办商业贿赂案件，切实加强防治商业贿赂长效机制建设，努力取得治理商业贿赂专项工作的新成效。① 对那些鲸吞人民共有财产的犯罪行为，相关积极措施必将起到严厉的惩戒作用。

（二）改革体制完善规章

以历史的视野观察，部分国内民间资本原始积累的过程受到体制变动的强烈影响。在中国经济转轨的过程中，有许多领域的制度存在空白和漏洞，一些权力因素便乘虚进入经济领域，使得社会财富通过各种权力方式转移到少数人手中。例如，从价格双轨制开始，到公司上市、国有土地进入市场，还有政府采购等，一些人既用金钱收买权力，又通过被收买的权力攫取财富。一些民营资本的原罪问题，主要就是在这种背景下产生的。实际上哪位民营企业家不想通过合法渠道赚钱呢？倘若不合理的制度环境不能改善，社会就永远都会存在灰色收入。所以，鉴于治理制度不完善，必须深化体制改革，造出合法行商的环境。建立法制当家的科学合理制度，细化惩治贪污的

---

① “中纪委：严查官商勾结的商业贿赂案件 严处行贿行为”，《人民日报》，2011 年 4 月 10 日。

标准，是维护法律尊严，确保法律公正和实现社会正义的上上之策。目前中国共产党为了实施“十二五”建设规划纲要，再次做出了推动经济社会健康发展的重大决策，提出加强党风廉政建设和反腐败工作的部署，坚决打击以权谋私和商业贿赂犯罪。这些决策维护了人民利益，群众当然拍手欢迎。为贯彻落实党的英明决策，要明确划分政府管理和企业经营的界线，严厉禁止公权利直接干预商业交易活动，破除存在的少数经营领域内的行业垄断现象，从制度建设方面筑起一道抵御腐败侵袭的万里长城。

总之，在当前的情况下，应当重申国家经营和法治建设中一个原则：中国的经济制度虽然要建成混合所有制形式，但是要以大型国有制企业居于经济龙头和主导市场地位，不能偏转和背离这个大方向。所以，新中国成立之后，由十几亿民众经历半个多世纪用血汗积累的庞大国有资产是人民的共有财富，绝不能任凭巧取豪夺，使之逐渐分解、沦失、消融而被蚕食，落入极少数人手里。不能使通过钱权交易而得逞暴富者逍遥法外，眼看着他们用各种卑鄙手段和虚假名目得到的国家财产合法化。中国古代圣贤庄子曾经抨击过一种黑暗的现象：“彼窃钩者诛、窃国者为诸侯。诸侯之门，而仁义存焉。则是非窃仁义圣知邪?”[①] 在剥削统治阶级当政的封建社会，这是常常出现的情况。饶恕鲸吞国家财富的“原罪”，就是重现“彼窃钩者诛、窃国者为诸侯”的黑白颠倒之事。这种由地主阶级操纵在中国封建社会屡屡出现的悲惨局面，绝不应当让其在新中国发生。

但是，具体如何处理剥夺者的不义之财，必须从实际出发，以事实为依据，以法律为准绳。不冤枉一个好人，不放过一个罪大恶极者。正如江泽民曾指出的那样，“不能简单地把有没有财产、有多少财产当作判断人们政治上先进与落后的标准，而主要应该看他们的思想政治状况和现实表现，看他们的财产是怎么得来的以及对财产怎么支配和使用，看他们以自己的劳动对建设有中国特色社会主义事业所作的贡献”。[②] 最重要的一点就是，要充分考虑到国情，支持劳动致富，经商致富，这是开放政策给予的机会。国家宪法明确规定，保护公民合法财富。在施法中要惩前毖后，治病救人，切实贯彻共产党的优良政策。是否要彻底清算，如何清算，正确的答案只能来自施

① 引自《庄子·胠箧》。

② “在庆祝中国共产党成立八十周年大会上的讲话”，《江泽民论“三个代表”》，中央文献出版社 2001 年版，第 170 页。

法实践。

第二节　制度优势制胜法宝

在人类发展历史进程中，国家出现于原始社会末期。恩格斯在著名的《私有制、家庭和国家的起源》一书内，科学地揭示了国家形成的原因，分析了不同制度及其变更对古希腊、古罗马国家的影响。现代国际社会的发展同样证实，先进和文明的制度能够解放和增强社会生产力，是推进国家强盛富裕的根本动力。中国共产党引导人民建立起社会主义制度，让曾经贫穷落后、饱受列强欺辱的旧中国迅速强大起来，成为屹立在世界东方的巨人。改革开放为国家经营创造了实施的空间环境，由此向前推进，社会主义制度的优越性会得到更大程度地继续发挥，国家将会更加兴旺发达。

一、促进政治文明发展

社会主义制度的优越性首先是由政治文明而保障的。马克思主义基本原理表述的很清楚，政治文明是人们改造社会所获得的政治成果的总和，是在一定社会形态中关于民主、自由、平等以及人的解放实现程度的体现，是社会进步构成要素中最重要的组成部分。社会发展规律证明，现代政治文明最终以宪政文明和法治文明的形式表现出来，是现代民主政治发展的必然过程和鲜明特点。中国共产党第一代领袖毛泽东在领导新民主主义的革命中，首先提出了民主集中制和政治协商制，这些特色鲜明的政治文明建设思想极富有生气，鼓舞了全国各个民族和各个革命党派的士气，为新中国的制度建设奠定了基础，并保障了新中国成立初期经济建设的顺利发展。国家进入改革开放后的新时期，中国共产党在第十六次全国代表大会通过的会议报告中更加明确地指出：“发扬社会主义民主政治，建设社会主义政治文明，是全面建设小康社会的重要目标。”①

① 江泽民：《全面建设小康社会，开创中国特色社会主义事业新局面——中国共产党第十六次全国代表大会上的报告》，人民出版社2002年版。

一个国家的政治文明程度如何，对社会制度的实际运作影响极大，在一定的条件下甚至起着决定性的作用。社会主义现代化建设需要有发达的物质文明和精神文明，政治建设就必须体现出相当的水准。中国共产党新一代领导人胡锦涛总书记进一步强调了“社会主义物质文明、政治文明和精神文明协调发展的思想”，指出这是“三个代表”重要思想的一个内容。因为政治文明的发展过程，乃是对国家核心领导权利及其资源合理整合的过程。国家政治文明不断进步，必定推动“经济更加发展、民族更加健全、科教更加进步、文化更加繁荣、社会更加和谐、人民生活更加殷实、不断促进人的全面发展，不断向党的最终目标前进”。① 胡锦涛总书记阐述的思想紧密结合新的时代态势，生动具体地展示了马克思主义的精神实质，表明共产党新一代领导对社会主义建设规律的认识，达到了新的理论高度，开辟了马克思主义发展的新境界。

依据当代中国社会的实际，中国政治文明的建设发展要全面展开，这样才能保障国家经营带来的强国富民大结局。政治文明是一个多层次的抽象结构，可大致分为三个层次：政治意识、政治制度和政治行为。其中，政治意识主要指抽象的国家与人民的政治价值观，与精神文明有交叉；政治制度包含国家机构、社会组织机制以及法律、政策及其运行方式和特点；政治行为指政府的日常操作，政治团体及公民个体的政治活动方式及其特点。重点在于坚持中国共产党的领导，在党内继续和加强实行多年来形成的优良作风，吸收一些人类社会的智慧和公平的结晶，建设新的完全意义上的现代民主制度，没有这一条，就不可能有社会主义民主政治；其次要讲人民当家做主，改变过去一些地方存在的“一言堂”现象，抛弃僵化的思维方式，让人民群众真正享有民主权利；再次要讲依法治国，实现社会主义民主政治的制度化、规范化、程序化。有了国家和社会集思广益、生动活泼的政治局面，一个富强繁荣的社会主义中国就会屹立东方，民族复兴的目标就会实现。

二、认真办好群众需要之事

“十一五”计划期间，政府通过不断深入的体制改革，解放了生产力，

① 胡锦涛：《在“三个代表”重要思想理论研讨会上的讲话》，党建读物出版社2005年版，第246—248页。

推进经济高速发展，大众由此享受到了物质文明丰富后的福利。同时，人民更加深刻地感受到了政治文明建设带来的温馨气息。胡锦涛总书记提出的“立党为民”政治见解和主张，强调“权为民所用，情为民所系，利为民所谋”的民本价值观，恢复和发展了党的优良传统，受到了老百姓的衷心拥护，国内思想理论界也给予高度赞誉。在这个新文明的论述指导下，国务院相应出台了一系列新政策，协调了经济社会建设中的复杂矛盾冲突，人民群众的建设积极性再次高涨起来。

实施国家经营战略，是贯彻胡锦涛总书记新文明思想阐述的具体实践。中国社会主义经济建设在21世纪内需要做的事情很多，面对的难题也很多，按照实现全面小康社会的标准加以衡量，将又是一个新长征。肩负繁重的任务，唯有通力合作，方可战胜一切困难。此时，国家经营便可显示出齐人心、泰山移的特色来，因为社会主义制度的一个优势就是，能够集中人财物力，短时间建成大项目。工业化国家虽然财大气粗，还实行了所谓的民主政治，但是资本主义社会制度存在着致命的缺陷，社会化大生产和私人占有之间的矛盾无法从根本上得到调和。即使一些国家实行了不少制度改良措施，也只是触及皮毛，没有改变基本的矛盾制度体系。对于这一点，西方国家著名的制度经济学家内心是非常清楚的。例如，作为西方经济学中制度学派的著名人物、宣传产权革命的鼻祖诺思，他本人就不相信工业化国家改良经济制度能出高效益的说法。1993 年，诺思在获得诺贝尔经济学奖金时发表的演说中指出，“私有化并不是解决经济实绩低下的灵丹妙药”。轻信产权改革能解决一切问题，不仅在理论上不能自圆其说，而且也被实践证明是行不通的。他明确地讲，“将成功的西方市场经济制度的正式政治经济规则搬到第三世界和东欧，就不再是取得良好的经济实绩的充分条件”。因此，国外再好的市场经济手段，若离开了具体国家和区域内原生的条件和规则，也是“中看不中用”的。[①] 中国改革实践的成功也充分表明，只有按照社会主义制度的原则，实行市场经济运作，经济才会发展，人民才能富裕。所以，那些泛市场论者奢谈产权改革，宣扬产权置换能刺激经济增长，说好听一些是迷信连制度经济学鼻祖都不相信的奇谈怪论，若是照实评说，就是假借制度改革之名，宣扬和实现私有化之实。

---

① 卢现祥：《西方新制度经济学》，中国发展出版社 1996 年版，第 28 页。

（一）国家经营体现为替老百姓办实事

中国民众常讲一句老话，开门七件事，柴、米、油、盐、酱、醋、茶。此话表明，产品制造和市场销售，紧密连接人民的实际生活。若不提供和满足生活消费商品，人们无法生存，一切政治文化等活动均不能存在。国家是公众的总管和代表，政府的职责是关注人民的基本需求，为公众提供必需的公共产品，或者创造条件让民众便利的有偿使用半公共产品。例如，享用公共教育、社会保障、便利的交通设施和公共文体娱乐设施，处身良好的社会秩序、市场秩序、法律制度之下，生活于清洁的卫生环境之中。还有能够无特别困难地消费需要付费的暖气、燃气、电力、洁净的自来水，吃没有公害的食品，拥有着有效的疾病预防服务等等。这些都是公共服务应有的内容，应当在总体条件容许的情况下提供给每一个人，因为，这样的管理服务的首要价值在于实现普遍人权。公共服务才能满足民众的需要，而不是泛市场思潮所鼓噪的那种“私有化”或者将国有财产变为私有财产，似乎这样的产权明晰才能激发起所有者的责任心，才能将服务做好。其实不然，在股份改革的名号下，将公有制财产私有化，是不能做到谋利为民的。

马克思曾尖锐地指出，“私有制不能把粗陋的需要变为人的需要。它的理想主义不过是幻想、奇想、怪想……”。[①] 中国共产党带领劳苦大众革命暴动、流血牺牲，建立无产阶级专政性质的各级政权组织，这个国家建立的最伟大的历史意义，就是保证了社会主义公有制在中国得到了实现。通过中央政府的统筹运作，全国人民发奋图强，仅用了60多年的时间，就将一穷二白的旧中国建设成为世界第二大经济实体，基本解决了历史上从没有解决过的温饱问题，人民群众安居乐业，社会繁荣兴旺。所以，无论“商品化”也好，“放开市场”也罢，最大化的满足民众的需要，才是建设有中国特色达到社会主义市场经济的宗旨。如果不是以实现普遍人权为动因，改革就可能结出“为市场化而市场化”的苦果。

（二）国家经营要解决民众自身难办的事情

现代社会内最大多数的民众谋生方式是劳动就业。没有工作就没有收

① 《1844年经济学——哲学手稿》，《马克思恩格斯全集》第42卷，人民出版社1979年版，第132页。

人，就无法维持生活，因此，社会劳动就业规模就是人民改善生活状况的基础条件。中国共产党对社会就业率一直高度重视，胡锦涛总书记和温家宝总理多次走入工人农民的家庭，询问家庭主人的工作情况，尤其是关切下岗工人的生活情况。国务院在“十一五”期间就制定和实施了一整套符合国情的积极就业政策，把扩大就业摆在经济社会发展更突出的位置，实行积极的就业政策。基本确立了劳动者自主择业、市场调节就业和政府促进就业的合理机制，使就业结构进一步优化，就业总量稳步增长，就业局势保持基本稳定。人力资源和社会保障部公布的数据表明，“十一五”期间，全国城镇新增就业5500万人，农业富余劳动力向非农产业转移就业近4500万人，到2010年年末，全国城乡就业人员将达到7.9亿人左右，其中城镇就业人员3.2亿人，比“十五”期末增加4770万人。“十一五”期间，受国际金融危机影响，2008年年底部分农民工失去工作返乡。为此，国家制定实施了更加积极的就业政策，通过落实“五缓四减三补贴”等措施，为企业减轻负担400多亿元，稳定了大量岗位。2009年，全年新增就业超过1100万人，城镇登记失业率控制在4.3%，没有出现大的波动。[①] 总体上讲，我国实施的积极就业政策效果显著，就业形势保持稳定。

为了确保实施党中央确定的人才强国战略，劳动和社会保障部在“十一五”期间提出了“5+1”计划促进就业再就业，即重点实施五项计划和一项行动促进就业，加快培养一大批专业化高技能人才和数以千万计高素质技能劳动者。“5+1”计划行动分别指“新技师培养带动计划”、“城镇技能再就业计划”、“能力促创业计划”、“农村劳动力技能就业计划”、“国家职业资格证书技能导航计划”等5项计划以及“技能岗位对接行动”1个行动。实施好“5+1”计划行动，对于进一步推动就业再就业与职业培训很好地结合，形成以技能促就业，以能力促发展，实现提高劳动者素质与开发就业岗位以及经济社会可持续发展并举具有重要意义。[②] 国家职能部门的上述工作计划，显示了国家经营与人民生活的逻辑关系，诠释了共产党“以人为本”的执政理念。人民的冷暖得到保障，大家的生产积极性自然高涨，这就是中国经济持续多年快速稳健发展的秘密。

---

① “人社部部长展望十二五：保障和改善民生责无旁贷”，http://www.3158.cn/news/86-1-69/2011-01-17/657083-1.shtml，2011年1月17日。

② “以技能促就业　以能力促发展　‘十一五’期间全面实施‘5+1’计划”，《经济日报》，2006年2月8日。

不过，要彻底解决中国的就业问题，还需要国家实施更多的有针对性的政策。改革开放30多年来，中国已经有2.5—3亿个农民被转移到非农产业中来，打工的收入使他们迈过了温饱线。但是还要看到，仍然还有同样多的农民未被转移，缺少打工收入，他们的生活水平很不稳定。一些依靠权利分配不合理占有资源者没有为产权资源付费，即没有为社会创造理应增添的就业岗位。同时，原有的体制在转型过程中依然产生了大量的下岗职工，这是计划经济时代部分体制僵化造成的后遗症。就业不充分，加重了收入差距拉大问题。由于就业的原因涉及体制因素和发展因素两个方面，所以再创造更多的就业机会，解决弱势群体富裕发展的问题，还会有相当长的路要走，还要做大量的工作。

（三）国家经营要稳定物价保持社会安定

中国共产党长期的革命斗争经验显示，首长平时爱兵如子，战时士兵奋勇杀敌。社会主义建设实践同样表明，人民大众是经济发展的主力军，群众利益无小事，人的工作第一。为了保证改革开放的正确思想路线继续贯彻实施，推进社会主义代表的人类当前的最高文明不断向前发展，就必须切实保障人民群众能够安居乐业。为此，稳定物价，关心百姓生活冷暖，就不再是琐碎之事。2010年，中国城镇居民人均可支配收入和农村居民人均纯收入年均分别实际增长9.7%和8.9%，居民消费价格平均水平涨幅在3.3%，属于较高位。[①] 因此，使得价格总水平基本稳定，人民生活继续得到改善，也成为“十二五”规划纲要的目标之一。

不过，现实生活中的物价依然牵动百姓的心。在现实生活中，几乎所有的基本民生物品都只有很小的需求弹性，其需求难以通过刺激或者抑制来有效调节，我们不能通过价格调节来让一个家庭选择不吃熟食，也不能通过价格调节使一个北方家庭冬天不需要取暖。通常来讲，燃气、暖气、自来水既与吃饭、住房一样属于私人需求或私人物品，又往往只能由网络性的经营来提供，生产上的竞争性和消费上的选择性都天然的很弱，这些物品天然地对竞争和选择具有一定的排斥性，如果将它无条件地交给市场，将会使消费者陷入巨大的被动。在基本民生物品上，完全的市场定价可能使公众成为经营风险的直接转嫁对象，也可能使公众成为垄断价格的直接受害者。可是泛市

① “2010年成都市CPI涨幅3%低于全国平均水平”，《四川日报》，2011年3月14日。

场化论调却不顾及这些，宣称价格杠杆可以达到均衡之点。20 世纪 80 年代末期，正是在鼓噪一时的价格攻坚的口号引诱下，社会才出现了一次后果严峻的通货膨胀。产品供求失衡的混乱场面被一些资产阶级自由化的人物所利用，成为他们蛊惑人心、制造政治动乱的口实。所以，政府稳定物价就是稳定人心，因为对所有没有能力使用那些基本生活物品的人来说，通过政府稳定物价或者低价提供，乃是一项援助弱势群体的福利措施。因为一个人需要这些基本物品，如同饥者得食、渴者得饮、寒者得衣一样天然合理。如果从真正的以人为本的意义的上讲，所有弱生产竞争性和弱消费选择性的商品，所有涉及基本民生需求的物品，都是政府公共服务的领域，因为那是体现社会主义人文关怀的必要政策，应当设法去做。

当然，国家经营不是简单的大包大揽，这样认识问题并非慎重过度。因为随着改革的深入，社会深层次矛盾被触及了，敏感问题因此会变得比以往更尖锐化，社会情绪会因此而越来越大。此时，政府要做的事情很多，但怎样去做，把握好怎样的时机和分寸，这是非常难的。拉丁美洲的一些国家之所以掉进了“现代化陷阱”，就是过早地采取了发达国家包括社会保障制度在内的一些制度政策，结果造成了通胀问题、失业问题、社会财政负担过度等等问题，使得经济停滞和创造就业的过程停滞。中国政府必须非常重视公共政策的建立，充分认识改革和发展的艰巨性，提出和采取长远的公共政策，而它们的实施一定要符合客观规律，如此才能避免类似于拉美国家的“现代化陷阱”。

最后需要指出和强调的一个事实是，当代工业化国家在发达的市场经济基础上建立了大量服务于民众的经济、法律、卫生等系统机构，政府的许多亲民的措施则是向社会主义国家学来的，资本主义正在悄悄地上社会主义的新课，这些已经不是世界新闻了。中国在 20 世纪 70 年代实施改革开放政策，也是总结了世界共产主义与本国社会主义的历史经验，开始了虚心学习工业化国家的市场经济制度，此法曾被狭隘的认为是罪恶的拜金主义的根基。如今，改革的目标非常明确，继续继承社会主义实践中提炼出来的精华与宝贵历史遗产，吸纳消化来自海外资本主义实行市场经济体制中显现的优秀成果。也只有在糅合两个优越性的基础上，方能重塑社会主义，实现中华民族的复兴大业。

第三节　社会主义真谛永存

社会主义诞生的伟大历史意义在于，开创了以共同利益为根基的社会经济制度。社会主义经济体制可以改革，从计划走向市场；社会主义经济制度的生产关系可以进行调整，从单一公有制过渡为公有制为主体、多种所有制经济共同发展。马克思主义的经典作家认为，社会主义是一个充满变化的社会。所以，由此可以明确的是，一切都可以改变，不变的是共同利益的根基。共同利益根基的改变，就是社会主义经济制度性质的改变。20 世纪 80 年代，改革开放的总设计师对这个共同利益有更生动的表述。邓小平说："社会主义的目的就是要全国人民共同富裕，不是两极分化。如果我们的政策导致两极分化，我们就失败了；如果产生了什么新的资产阶级，那我们就真是走了邪路了。"① 这面旗帜不但荡涤了"贫穷社会主义"的谬误，而且坚持了共同利益的社会主义本质，指出了解放生产力、发展生产力的根本途径，就是要不搞资本主义的那一套。社会主义在 21 世纪的实践一定要继续高高扬起这面旗帜。

如何把握社会主义性质的真谛呢？社会主义最早提出了针对资本主义以个人利益为基础的社会弊端，而社会主义是建立在共同利益基础上的集体主义。只有从共同利益出发，才能对马克思社会主义的设想有更深刻的理解。因为计划经济也好，公有制、按劳分配也好，都是共同利益所派生的，共同利益是更深层次的抽象，把握住共同利益，就把握住了社会主义；把握住共同利益，就可以把握所有制关系和结构、分配关系和结构的调整，做到既不脱离实际、又不迷失方向，既不落后于时代、又不超越阶段。

一、正确认识计划经济的合理内涵

回顾历史，新中国成立之初，百废待兴，许多工业门类都是空白，国家

① "一靠理想二靠纪律才能团结起来"，《邓小平文选》第 3 卷，人民出版社 1993 年版，第 111 页。

可用于建设发展的资金和资源有限。美国利用武装入侵朝鲜的战争为借口，操纵一些西方资本主义国家对中国实行经济封锁。在条件非常困难艰苦的情况下，党中央和人民政府从国情实际出发，自力更生、艰苦奋斗，有计划、按比例地安排农、轻、重等各方面协调发展，全国一盘棋，调配各种资源应用到最需要的建设领域内。“一五”时期，中国在一穷二白的基础上建立了一批国有企业，这些企业生产发展迅速，全国工业总产值年平均增长率达到18%，其中生产资料生产年平均增长25.4%。1957年钢产量达到535万吨，使钢材自给率达86%。1957年与1952年相比，工人劳动生产率提高了52%，12个主要工业部门的生产成本降低了29%。[①] 由于计划经济强调突出重点的安排项目，一方面不仅在短时间内克服了长期战争带来的严重困难，而且奠定了后来国家工业发展的基础。另一方面有效地避免了各地方由于各自为政且盲目无序而造成的某些资源浪费现象，创造了一个新国家从旧制度废墟中站立起来的世界性历史奇迹。

那个时期计划经济模式的实施在实际中造就了国家经济快速、协调、健康发展的态势，也在理论与逻辑层面上表现出这个经济形式所具有的科学、合理的魅力。也正是由于有了计划，国家保证了全体人民基本生产、生活需要，保证了有限的财富资源公平分配给社会各个成员。社会经济大发展，人民生活大改善，这是新中国成立初期计划经济带给我们的成果，是不能否认的历史事实。用一句通俗的话来解释计划经济在这个时期的理论指导意义，就是“看菜吃饭，量体裁衣”，生活常识告诉人们，唯有这样，才能最大限度地保障和兼顾这样一个大家庭所有人的需求，自然这种需求是局限在一个边界清楚的范围之内。世人无一不承认，正是由于计划经济的实施，使中国在很短的时间里，不仅建成了独立的、比较完整的工业体系和国民经济体系，而且在工业、农业、国防和科学技术等方面都取得了举世瞩目的巨大成就。新中国成立初期在工业等许多方面的几乎是一穷二白，到了20世纪70年代中期就建成了初具规模的完整工业体系，这是多么了不起的成就。中国人民用不到30年的时间，走完了西方发达国家几百年才走过的历程，从而创造了世界奇迹。计划经济制度的优点不能一笔勾销，不能将政府管理直接斥为阻碍生产力发展的行政方式。

自然，政府管理经济也要抓住重点，不能事无巨细全都统管。改革开放

① 国家统计局：《中国统计年鉴1984》，中国统计出版社1984年版。

的经验表明，政府力量应当集中于那些非营利的基础设施部门和基础产业部门，包括供水、供电、交通设施、城市街道、通讯设施、环境保护等。政府规定大部分公共设施的服务标准，每一行业允许国有企业与非国有企业相互平等竞争，防止某一公司垄断某一行业的经营。政府要对公共产品加大投入力度，不断增加社会性公共服务的能力，如教育培训、公共卫生、计划生育、基础研究等。政府应保证这些部门的财政经费，并规定这些部门的服务项目和标准，不应提倡这些部门组织创收，更应当反对将这些部门市场化。同时政府也应当强化社会服务管理部门，强化社会服务保障职能。积极引导和督促建立失业、养老、医疗等社会保障制度，逐步形成适合中国现阶段生产水平的社会保障体系。该制度应保证所有公民都能获得适当水平的收入，尽量减少因年老、疾病、伤残、失业和其他个人不幸而遭受贫困的风险。国家负责保证最低限度的经济保障，其余由公民向社会保险基金付保险费，保险基金在公民因年老、失业或疾病等原因而失去收入或减少收入时提供经济补偿。只有如此才能将“三个代表”重要思想落到实处，也只有这样中国共产党才能受到全国人民的衷心拥护。

二、依靠法治提高管理水平

法治市场经济，打个比喻，就是要用政府的“有形之手”握住市场的“无形之手”，其中的含义包括不断增强计划性，遏制市场负面作用，建立一种计划与市场相结合、垄断与竞争相结合、公有和私有相结合、开放与保护相结合的混合经济体制。这个体制应当通过集思广益的改革，对计划经济与市场经济优缺点进行取长补短、去伪存真的增减，在运作的经济肌体中插入新的活力基因，抑制旧的病变基因，使经济肌体在更安全健康的生命环境中活动。如同20世纪后半叶，由于不科学的生产与生活方式的作用，生态安全凸显在世人面前。人类通过辨析反思，研讨出全新的可持续发展理论。全球追求与构建人与自然的和谐世界，而最终目标是实现人类经济社会的可持续发展。为使此处倡导的这个新型混合体制具有良性循环功能，需要大家共同努力，深刻认清当前中国存在的经济社会难题，深化改革，建设创新国家管理体系，推进现代化伟大目标早日实现。

（一）规范私营经济行为

当代中国所存在的许多问题都是由于法治不健全所造成的。法治发展意味着所有市场进入者明确自己的责任与义务，懂得违法成本高昂而不可承受。法治监督催生了自律行为，而自律行为又保障了廉洁的工作。所以，通过不断推进法治建设，就能造成一个善意从事市场经济活动的环境，从而完善和巩固了符合客观规律的市场制度。私营经济就其本质来讲，是时刻谋求利益最大化的。如果法治健全，管理没有漏洞，同时，配合正面激励，私营经济在市场运作中将是活力四射。依据中国2009年12月25日公布的第二次全国经济普查数据显示，全国当年共有359.6万个私营企业，与2004年第一次全国经济普查相比，增加了161.4万个，增长81.4%。[①] 在私营经济集聚的东部沿海城市，由于地方政府不断完善法治管理制度，私营经济表现出了极高的经济活动能力，使东部沿海对外开放开展得红红火火。大量产品销往海外，成为中国“世界工厂”的主要车间。

社会法治健全的重要因素在于政治制度民主，管理透明，人们畅所欲言。中国已经具备实现民主化的所有资源，比如人民代表大会制度和政治协商制度，而且这些制度处于不断地改革与完善之中。民主政治的发展意味着国家干部能正确认识国情，正确对待私营经济，为民间资本运作创造条件。国家干部肩负为人民服务的重大职责，要长期保持廉洁的行政工作，这也是巩固和完善中国的社会主义政治制度最好的注解。近些年来，资金密集型和技术密集型的民营企业越来越多，投资房地产、信息产业和新兴服务业的民营企业数量逐年提高。国家干部有了很高的政治觉悟，不仅能完成复杂的经济管理事务工作，而且能继续有效推进体制改革，正确促进产业结构调整，而所有这一切努力都是为了增加人民的福祉。同时，社会法治的健全也会促进执政的共产党加强自身的法治建设，在内部进一步推行和落实民主政治和民主集中制，这就能推动从事国家行政管理的党员干部克己奉公，通过自己的勤奋工作继续创造和发展富有中华文化传统的政治文化。在此基础上，将会诞生出人类社会史上最好的最有效率的民主制度，这种制度将会使人民享受过去所从来没有的政治权力，激发民众的生产积极性，使中国在2020年

① “第二次全国经济普查主要数据公报（第一号）发布”，http：//www.gov.cn，2009年12月25日。

左右成为世界上第一经济大国。

（二）建设乡村民主制度

社会发展不仅仅是经济繁荣，而且要井井有条，法治纪律畅达，人民才会热烈欢迎。如果单方面追求物质财富增长，无视精神文明建设，社会发展会出现很多不顺利的情况，甚至带来灾难。例如，地处西部地区的重庆市不同于其他直辖市，那里地势是山多坡多，农村乡寨信息闭塞。可是乡村重视法治建设，依法治理渐成风气。重庆市自 2003 年部署开展“民主法治示范村（社区）”创建工作，先后有 42 个村被授予“全国民主法治示范村”称号，724 个村、264 个社区被授予全市“民主法治示范村”、“民主法治示范社区”称号。特别是“五五”普法以来，各区县（自治县）以发展基层民主，扩大基层群众自治范围，完善民主管理制度为目标，大力开展“民主法治示范村”、“民主法治示范社区”的创建工作。通过创建活动，全市各村、社区法制宣传教育和法律服务不断深化，民主制度逐步健全，民主渠道进一步拓宽，有力地促进了基层民主法治建设，有效推进了社会主义新农村和“平安重庆”建设。① 重庆市这些村庄依据当地社会的具体条件，结合国家法律制度，制定符合群众需要的乡规民约，维护了当地社会的稳定与和谐。

村看村，户看户，群众看的是干部。依靠法治管理村落事务，能够使干部的行政管理遵法进行，杜绝随心所欲的行为，这样就协助从事乡村工作干部提高了素质。干部有了高超的管理艺术，就能带动乡村经济快速发展，如此，不仅繁荣了农业商品供给，而且稳定了乡村社会人心。中国城乡的民主政治和法治管理相结合，人民群众有了思想大解放的客观条件，也获得了更多的经济决策自由权利，因而焕发出无比巨大的社会生产热情，从而迅速有效的提高社会生产力。重庆市和其他农村经济活跃的地方，人们劳动致富的积极性高涨，消极落后的观念与违法犯罪减少，社会物质文明和精神文明平稳向前发展。

（三）做好监督审查工作

法治管理要通过监督来得到确保。因为中国社会主义初级阶段中残留了

---

① “重庆 299 个村（社区）获‘重庆市民主法治示范村（社区）’命名表彰”，http://www.cq.gov.cn/zwgk/zfxx/346271.htm，2011 年 9 月 13 日。

很多旧社会腐朽落后的东西，它们时时刻刻侵蚀着人们的思想，影响着人们的行动，所以，物质文明和精神文明的建设不能仅仅依靠道德意识来保障，管理者本身的行为也需要约束和监督，要定期对行政管理部门的工作进行审计。2011 年 6 月 27 日，审计署审计长刘家义向全国人民代表大会作《关于 2010 年度中央预算执行和其他财政收支的审计工作报告》，报告资料显示，经过对 54 个中央部门的审计，还有延伸审计 467 个所属单位的审计。此次审计发现的违规问题有 80% 以上发生在所属二三级单位，涉及金额 49.3 亿元。在各项审计中，审计署共向有关部门移送重大违法违规案件线索 139 起，有关部门已依法查处并结案 20 起，其他案件正在进一步查处中。[①] 审计结果表明，多部委都存在预算、资金、账目管理等问题，包括中国人民银行未经批准使用资金 1.8 亿元；农业部 12.61 亿元专项和基建资金闲置；住房和城乡建设部未经审批用 2.7 亿元购办公房；国家税务局少征当期税影响收入 263 亿元；教育部 15.48 亿元未提出细化方案；中国红十字会总会超标采购 420.33 万元。[②] 各种违法违规行为，已经给国家造成了大量损失。

此外，一些省级的审计单位在对 2010 年省级预算执行情况进行审计时，也同样发现不少违法违规的问题资金。例如，甘肃省审计机关对省财政厅等 9 个部门进行了审计，发现二级、三级单位存在较多违规违纪资金。在资金管理使用方面，有 3 个部门挤占挪用、滞留专项资金 2327 万元；8 个部门少计收入 2187 万元；7 个部门结余资金和资产不实涉及资金 1.4 亿元。在非税收入制度执行方面，涉及问题资金 1.1 亿元。在固定资产管理方面，涉及问题资金 1.2 亿元。[③] 再比如，2010 年安徽省共审计和专项审计调查 7976 个单位，查出违规问题金额 45.5 亿元，损失浪费问题金额 2.2 亿元，管理不规范金额 400.1 亿元，侵害人民群众利益问题金额 3868 万元。[④] 虽然由于体制原因，上述省级审计查处的问题金额数的少部分与国家审计查处的金额数会有重叠，但是大量违规资金的出现乃是一个事实。问题资金不仅使国家财产遭受重大损失，而且损害了共产党和人民政府的形象，造成不良社会

---

① "2010 年中央预算执行和财政收支审计工作报告实录"，http：//www.zfcg.com/purchase/2011-06-27/A325947_4.html，2011 年 6 月 27 日。

② "审计署发布 2010 年审计报告　央行未经批准使用资金 1.8 亿元"，《北京晚报》，2011 年 6 月 28 日。

③ "甘肃省 2010 年度省级预算执行和其他财政收支的审计结果公告"，《甘肃日报》，2011 年 9 月 22 日。

④ "安徽省 2010 年度审计查出违规问题资金达 45.5 亿元"，《安徽日报》，2011 年 2 月 13 日。

影响。

检查和约束政府资金应用，惩治腐败，这是审计工作的中心目标，它不是一个单纯的技术工作，而是体现法治建设和政治文明建设的严肃工作。中国共产党在经过历史上著名的遵义会议后，就把全心全意为人民服务概括为党的宗旨和反腐倡廉的根本指导思想，确立了任人唯贤的干部路线，进行了延安整风，形成了理论联系实际、密切联系群众、批评与自我批评这三大优良作风，有力地保证了党和革命根据地政府的纯洁。审计工作要遵循遵义会议后形成的正确党风行事，着眼于发扬党的光荣传统，从业人员必须具有清醒的思维，坚强的为公为国的意念。为了堵塞行政管理方面的漏洞，需要稳步地逐步扩大审计监督范围，进行地级市市长经济责任审计试点，扩大县委、市委书记和县长、市长的审计覆盖面，大力开展任中审计，提高审计监督的时效性。为此，要采取积极稳妥的方法改进具体审计过程中技术工作操作，采取分层次分区域的推进方针，避免出现操之过急的现象。要敢于制度创新，广纳贤能，为政治文明建设不断注入新的活力。审计的过程也是一个教育的过程，通过公布审计结果，既能教育干部，也能持续长久地发展国民教育，提高公职人员的政治素质，促使普通公民正确行使自己的知情权、监督权，这些是公共政治权利的重要组成部分。

第四节　公共产品与政府职责

国家工作集中一句话，就是人民的政府就应当把人民的利益放在第一位，当前中国人民最需要的是什么？可以毫不犹豫地回答：中国人民现在最需要的是稳定的劳动就业，完善的社会保障。尽可能地满足城乡劳动适龄人口各就其业，为人民大众提供各类社会保障，这是政府的职责，也是中国共产党正确领导的具体表现。

一、运用宏观调控办大事

中国是一个社会主义的发展中国家，人口众多和资源缺乏是国家最大的国情，唯有集中力量科学配置资源，合理发展经济，才能丰富供给，满足需求。传统市场经济是通过市场规律这只看不见的手而发展的，无论是资本的原始积累，还是优胜劣汰的竞争，其最终结果都是导致垄断和超经济剥削，都带有残酷性甚至血腥味，有着明显的意识形态痕迹。有中国特色的社会主义市场经济建设的最终目标是人人机会均等，大家共同富裕，社会和谐欢乐，这个目标是单纯的市场经济竞争所不能达到的。中国行政管最重要的职责是，建立以社会主义公有制经济为主体，以私营经济、集体经济和海外投资经济等多种非公有制为补充的社会主义市场经济体制。无论在何种情况下，中国公有制经济的主体地位不能动摇。马克思指出："在一切社会形式中都有一种一定的生产支配着其他一切生产的地位和影响……这是一种普照的光，一切其他色彩都隐没其中，它使它们的特点变了样。"[①] 这种"普照的光"就是社会主义公有制，它的主导地位在中国必须改变着其他经济的作用和方向。

按照泛市场化的论调，只要是市场内活动的经济形态，都可以成为主体，这样就将公有制的主体地位抹杀了。实际上中国前几年的情况也是如此，各种市场经济形式混战一场，结果不仅牺牲了社会主义原则，而且社会经济的综合平衡发展机会也没有了，形成大范围的贫富不均，从而造成社会不稳定或者动乱。所以，依据国家的实际情况，有中国特色的社会主义社会市场经济是一种改革后的商品经济，要让那只"看不见的手"变得可以看见，是政府认清并把握市场规律并根据这个规律调控社会经济发展。这样可以避免让千千万万的微观经济体盲目地和被动地让那只"看不见的手"拨来拨去，也就是避免了过度竞争，免去了民众的无谓牺牲。这样的国家经营理念并非孤芳自赏，西方经济学中的凯恩斯主义理论阐述的观点，实际上就是强调政府在宏观经济上的调控功能。因此将市场规律对社会经济的作用盲目夸大，就像泛市场经济思潮鼓噪的那样，实际上是一种逃避责任的说法，也是一种破坏正常社会秩序的说道。当前中国社会的各种矛盾，集中起来就是盲目的以市场经济为主体的说教和操作所造成的。

（一）把握市场经济的社会主义性质

中国发展的关键在于确立适度发展的战略，而市场经济主体论依据追求

---

① "'政治经济学批判'导言"，《马克思恩格斯选集》第2卷，人民出版社1972年版，第109页。

利润最大化的市场原则，醉心于超越客观的“赶超”目标，为了达到高指标的GDP增长，不惜牺牲环境为代价，结果招致自然界凶狠的报复，如此的具体事例不胜枚举。古代圣贤庄子曾说：“夫乘天地之正，而御六气之辩，以游无穷”。[①] 按照客观规律行事，才能成功，欲速则不达。政府作为公众的代表，应当教育和说服抱有不切实际想法的一部分人，抛弃短期超越工业发达国家实现四个现代化的不清醒认识，做好扎扎实实共同致富奔小康而且也只能是小康的心理准备。此处反对以市场经济为主体，但却不是反对发展市场经济。因为从中国的国情出发，正确的抉择是以社会经济的全面综合平衡发展为目标，在经济方面坚持社会主义公有制为主，多种经济方式并存的格局，这是既符合中国国情又具有改革发展特色的经济道路，而不是单纯的以市场经济为目标的做法。

2007年10月中国共产党第十七次全国代表大会通过的政治报告指出，“实现未来经济发展目标，关键要在加快转变经济发展方式、完善社会主义市场经济体制方面取得重大进展。”“要深化对社会主义市场经济规律的认识，从制度上更好发挥市场在资源配置中的基础性作用，形成有利于科学发展的宏观调控体系。”这就清楚地说明，“社会主义”这四个字不是可有可无，而是经济制度的性质规定，否则就会滑向资本主义。坚持了社会主义方向，国家的经济总量、综合国力和人民生活水平才能上升一个大台阶。西部大开发、振兴东北、中部崛起等大规模的区域发展，三峡大坝、青藏铁路、南水北调等特大工程项目，都是在社会主义宏观调控下进行或完成的，是市场经济单项力量无法胜任的。

可是在一个阶段，一些人在中国经济的发展上过多强调了市场的作用，甚至不惜夸大市场机制的作用，因此造成了一种畸形的官僚式的市场经济与传统社会经济不相共存的经济形态。一般来讲，西方国家的市场化过程是一个自然的推进过程，而在中国，这个过程是由政府推动的一个政策作用的过程。自然，如果这个过程把握适度，经济社会就会平稳地提速发展。可现实的情况却是，市场化推进态势趋于激进，拾遗补缺的配套措施滞后。结果是一些本来不应当市场化的产业或产品，比如教育、医疗保健，由于片面性的认识和理解，先期进入了市场化，结果不仅扰乱了社会正常的经济秩序，而且给政府和人民都带来了一定的危害。在激进的市场化作业背后，是泛市场

① 引自《庄子·内篇》。

化思潮推波助澜。所以，要校正过激行为，就要批判错误。

泛市场化论调其实是一种唯心主义，因为它是相信看不见的手操纵下的金钱刺激作用，而完全忽视社会主义制度下人民群众主人翁的劳动干劲。对于这种唯心主义，毛泽东在领导人民进行武装斗争时就批判过。毛泽东在1949年9月的新中国成立前夕，驳斥了侵华列强的代表人埃奇逊的“资产阶级的唯心的历史观”。他指出，在共产党领导下，依靠觉悟了的广大民众，什么人间奇迹也可以创造出来。“相信革命能改变一切，一个人口众多、物产丰盛、生活由于、文化昌盛的新中国，不要很久就可以到来。”①改革开放是中国的第二次革命，社会主义市场经济显示了力量，中国富强已经成为实事，这一点是包括西方资本主义国家在内的世界各国都公认的。

（二）提高行政管理服务质量

政府宏观调控与计划管制完全不同，后者是主管主义的命令，前者靠的是正确的政策引导，也可以说是富有艺术性质的科学服务。用服务业刺激或者带动经济增长，也是经济历史的必然进入的一个阶段。20世纪世界经济发展最快的行业是什么？不是农业、不是工业，而是生产性服务业，即第三产业。在美国、日本等国，人、财、物最集中的行业不是重工业，甚至不是工业，而是服务业。在这些进入后工业化的社会中，服务业异军突起，很快就超过了整个工业，成为国民经济中最大的产业。美国经济最富有的行业是金融业，那些世界著名的金融机构的业务多数是，为企业融资的生产性服务业务，也正是依靠这些服务活动和服务产品，美国控制了世界上数量最庞大的资金，美元被视为黄金的等价物，美元帝国统治世界超过了半个世纪。美国的势力因为金融服务业而超级膨胀，同样，美国的近些年来也因为滥发滥用美元而外强中干。事实表明，服务业的意识形态色彩要强过其他产业。

中国虽然没有完成工业化进程，可是历史又将信息化的重任摆上台前，生产性服务业在国民经济中的比例越来越大。这种服务业可不是通常所讲的餐饮业，它的服务产品不是卖给消费者的，不是拿去直接消费的，而是卖给生产者的。现代社会常见的研究开发机构所从事的工作就是生产性服务的，还有咨询机构提出的政策性建议也是属于生产性服务业。生产性服务业发展起来以后，传统工业就出现一个新情况，工业里面有许多服务业的含量，可

① “唯心历史观的破产”，《毛泽东选集》第4卷，人民出版社1968年版，第1401页。

以称为服务业和制造业融合，即一体化了。政府的经济工作主要是制定政策、颁布规则，间接地指挥生产，因此也是一类高级服务。中国经济持续发展，海外舆论说是政府实行的政策得当。所以，提高行政管理的服务质量，就是要制定正确的政策，采用适宜的方法，使经济社会协调发展。政策不正确，服务不到位，经济增长就要受到损失。

例如，中国的国有企业，特别是一些大中型国有企业，它们在经济社会建设中起到了其他社会组织所不能起到的作用，国有企业不仅平衡了中国生产力的区域布局，为社会提供产品，为职工提供收入，而且还承担了许许多多的社会功能，比如托儿所、中小学和职工教育、维护社会秩序、公共福利事业等等。可是，泛市场化思潮推动的激进市场化过程中，一些出台的政策似乎没有考虑国有企业在非生产经营方面的功能，一方面以所谓非生产经营功能社会化为原由，迅速废除了国有企业原来所具备的社会功能，造成一些原本由国有企业承担的社会功能陷入瘫痪，也因此埋下了有可能迅速成长的社会动乱的种子。另一方面，一些政策又将本来集生产或经营、社会、福利、教育、文娱等功能于一身的国有企业推向市场的前沿，同只具备生产或经营功能的所谓“三企”（外企、私企及中外合资企业）竞争，结果是国有企业无法适应激烈的纯市场竞争而纷纷倒闭。上述两类不同损失的产生都与政策的服务质量存在相关，而提高此类服务质量必须依靠深化政府管理体制改革。

行政管理服务的深层次含义就是西方经济学中的“交易成本”理论，它的系统化与重要意义与经济形态不断趋于复杂有关，与经济学演进历史有关。低成本、高效益历来都是经济活动的追求目标。生产成本靠什么降低呢？靠分工深化。分工越深化，就越要有协作关系，即要有大量交易，而处理交易就需要成本。在过去古典经济学、新古典经济学、后凯恩斯主义等主流经济学里，都只有生产成本的概念，而没有交易成本的概念。现代经济活动中的交易频繁，范围扩大，交易成本在总成本中的比重就越来越高。经济学家诺斯曾估计在20世纪80年代的时候，美国国民收入中47%都是用于交易的。服务业的作用，就是降低交易成本，西方经济学称之为“科斯定律”。中国目前为社会公众服务的系统资源严重短缺，生产性服务业很不发达，不断提高政府服务经济的质量，就显得尤为重要。

二、解决民生最为迫切难题

政府服务涉及面虽然广阔，可是宗旨是为人民服务，而现在大众最关心的议题是就业。乡村剩余劳动力期望就业，城镇青年、学生企盼有个好工作，有了劳动岗位，人们才能谋生。尽管中国经济发展举世瞩目，而且"十一五"期间就业规模也在持续扩大，可是全国就业压力并没有减轻。第一是未来几年中国人口总量仍将保持增长态势，庞大的人口规模对劳动市场的冲击力度很大，也使得就业市场显得相对狭小。第二是目前拥有的经济总量、财富储备和现实情况表明，国家发展已经进入了加速城市化和工业化的阶段，大量农村剩余劳动人口需要寻找出路。国家统计局于2012年1月17日公布的2011年主要宏观经济数据显示，2011年中国大陆总人口为134735万人，其中，城镇人口已达69079万人，乡村人口达65656万人，城镇人口首次超过农村。中国劳动学会副会长苏海南在接受中新网财经频道采访时表示，这是历年来城镇化建设积累所达到一个新程度，城镇化率的提高会带来新的就业压力。①

在2010年6月12日举行的第十届中国人文社会科学论坛上，国家人力资源和社会保障部副部长张小建就透露，我国在"十二五"规划期间，每年城镇就业人口供给将达2500万人，而按照经济增长8%的速度估算，现在的经济结构每年能增加900万人就业，同时每年还将产生大约300万人的自然减员，实际能提供的就业岗位约为1200万个。也就是意味着"十二五"期间每年将会有1300万人难以就业。② 如此大量的人口集中于城市，使得劳动就业压力越来越大。第三是随着社会现代化因素增多和程度加大，就业所需要的有机构成也提高了，这样就使得经济增长对就业的拉动作用逐渐减弱。国家统计局负责人称经济增长对就业的拉动作用在下降。"九五"期间GDP年均增长8.6%，年均增加就业人数804万人；"十五"期间GDP年均增长9.5%，年均增加就业人数只有748万人，比"九五"时期少56

① "学者：CPI对低收入者影响大　城镇化加大就业压力"，《中国新闻网》，2012年1月17日。

② "'十二五'期间我国城镇就业缺口每年达1300万个"，《中国青年报》，2010年6月13日。

万人。[①] 2011 年 3 月 2 日统计局公布了“十一五”经济社会发展成就系列报告显示，“十一五”期间，我国增加就业人员 2170 万人，年均增加 542.5 万人，比“十五”时期少 205.5 万人，但与此同时，GDP 的年均增长竟然高达 11.2%。很明显，中国经济在快速增长的同时就业增长速度却呈剧烈下降趋势。这就使得经济发展中的就业矛盾日渐突出，并已经成为社会性问题。

如此严峻的就业压力表明，中国经济繁荣背后隐藏着社会不稳定的重大隐患，有些地方的就业危机态势极其险峻，各种因为下岗失业而连带引起的民间不满在增长，包括贫富悬殊、腐败蔓延、部分农民贫困等，这些能量一直累积集聚着，处理不好便会失控，类似活火山及地震，一经爆发，将难以控制。要及时解决潜在的问题、困难和高危险性的不稳定因素，认真考虑通过完善机制和提高水平的方式，加大社会保障力度。所以，要进一步促进经济转型，坚持就业优先的原则，把经济增长与扩大就业紧密结合起来，加快经济发展，提高就业能力。同时，政府应当大量提供公共产品，在服务领域内缩小福利待遇的差距，全面落实“以人为本”的方针政策。

（一）千方百计扩大就业

2011 年是“十二五”规划纲要实施的第一年，安居乐业具有社会稳定和谐的奠基作用。人力资源和社会保障部部长尹蔚民在 2011 年 2 月 22 日举行的全国就业工作座谈会上指出，当前乃至整个“十二五”期间，我国就业形势依然严峻，就业任务十分艰巨。2011 年将有 660 万高校毕业生，比 2010 的 630 万人多了 30 万人。预计“十二五”期间应届毕业生年均规模将达到将近 700 万人，总量压力有增无减。[②] 为解决早已存在的就业难题，国家相关部门需要不断用新思路来研究新问题，调整已经逐步建立起的就业评估、监测和预警机制，完善就业政策体系，加大对困难地区和困难群体的就业扶持力度，尤其是要将高校毕业生的就业放在重要位置。

反思失业人口增多的现象，其中有其必然原因。马克思曾经指出，随着资本有机构成的不断提高，可变资本部分则相对减少，过剩人口即失业就会

---

① “国家统计局负责人答高增长为何未带来高就业”，http://www.northnews.cn/2008/0612/49086.shtml，2008 年 6 月 12 日。

② “2011 年我国就业形势严峻　结构性矛盾将进一步加剧”，http://www.cnr.cn/china/gdgg/201102/t20110222_507705675_1.html，2011 年 2 月 22 日。

出现，这是资本主义生产资料私有制的必然产物。可是绝不能由此武断地认为，社会主义没有失业。因为马克思明确说到，资本“对劳动的需求，不是由总资本的大小决定的，而是由总资本可变组成部分的大小决定的，所以，它随着总资本的增长而递减”。[①] 换句话说，当有些部门或企业使用新的技术设备，迅速提高资本有机构成时，资本对劳动力的需求就会绝对的减少。在当代中国，随着现代化建设的步伐不断加快，企业大量采用新技术和新设备，笨重的体力劳动被机械化代替了，劳动工人少了，劳动生产率却提高了。经济结构转型时期的原岗位工人下岗，这是经济发展的正常现象。此外，还有其他需要认真考虑的原因，因为经济学原理昭示，在一个社会如果有大量的生产要素闲置，那么一定是那个社会的社会生产制度有问题。回顾以往改革中经济政策的设计和操作，可以寻找到一些与此有关系的因素或失误。比如，没有大力发展劳动密集型产业，没有加快第三产业发展步伐，没有使用有力度的激励方法鼓励城乡年轻人自强自立，自谋职业等等，这些都是制度安排方面出现的漏洞，要通过深化政府体制改革来解决。

（二）耐心处理好社会矛盾

中国目前正处于社会转型之中，改革涉及的领域不断向横向宽度与纵向深度拓展，事物变化快、变化多，新旧体制转轨的摩擦加剧，新思想与旧观念的碰撞剧烈，导致了国家经济和社会生活中出现了许多从来没有遇到而又绕不开的矛盾和问题，在中国当前出现的各种社会矛盾中，解决好部分社会成员收入差距过大和人民内部物质利益矛盾，这方面的意义尤为重大。因为如前所述，中国居民收入分配的基尼系数在2000年就已经超过0.4的国际警戒标准，且在“十一五”期间每年都有所上升，而且其中重要的原因是由不公平分配造成的。例如不法经营、偷税漏税、垄断收入、权力寻租等，它们使少数人获得了巨额非法收入。同时，差距拉大又引出利益矛盾，不同利益群体、不同社会阶层、不同社会成员的具体利益和局部利益的差别越来越大，利益矛盾越来越突出，成为人民内部矛盾的主要表现形式。这些矛盾很多是由涉及群众切身利益的问题引起的，它们包括房屋拆迁、土地征用、就业再就业、社会保障待遇等。而且这类利益分歧往往通过群体性矛盾、领导与群众的矛盾或者说干群矛盾的形式表现出来。共产党作为执政党，既要

① 马克思：《资本论》第1卷，人民出版社1975年版，第690页。

坦诚地承认社会矛盾特别是社会收入分配的差距，又要真诚地为解决这些矛盾、缩小这种差距而奋斗。

虽然差距与利益矛盾交织在一起的表现形式是很复杂的，可是以中国之大，以政府之权威，要解决中国的这些社会问题，绝对不是不可逾越的障碍。收入差距的矛盾有些时候呈现出尖锐化的态势，低收入阶层并不是要跳入高收入阶层的行列，这些人也完全明白绝对平均在任何一个社会都不可能实现，他们的诉求实际上是指社会公平。人们赞赏勤劳致富，对那些违法谋利行为深恶痛绝，特别是憎恨侵吞公有财产的卑劣行为，诸如利用国有企业改革，将人民血汗换来的国有财产窃为己有。政府对于这类矛盾的处理，要采取坚决果断的措施，除恶扬善，以平民愤。对于人民内部的利益矛盾，则应采取耐心说服或者拾遗补差的方式，妥善解决。很多时候，平衡利益矛盾要靠政府科学配置公共产品来实现，或者说用周到的服务来使人民满意，这是政府最本职的工作。

政府为社会提供优质服务，尤其是公共物品，永远应该以服务大众和价格低廉为本，从经济学角度讲，服务就是一个满足于消费者美好愿望的过程，即政府或社会“应该如何”做的问题。当然，“应该”不等于“可以”，在市场经济条件下，还要考虑价格要素。例如铁路运输，它不仅属于公共物品，而且是由政府垄断，应该是优质低价。如果在人们最需要的春节时候铁路车票涨价，那么从情理上说就类似于趁火打劫。但是，单纯从市场经济理论来说，市场经济需要价格杠杆调节，铁路车票涨价也符合科学道理。难道人们都认同和期望的事情就无法办到吗？非也！在市场和服务之间达到平衡，这就是政府的工作职责。解决春节铁路运输的难题，可以通过多种渠道来解决。其一是优质服务，提前售票、团体预订、开设专售票窗，为农民工专售等，可以减轻人们因为购票而产生的紧张、焦虑。当乘客因为列车过度超员而倍感不适时，可以充分挖掘停车站台的服务功能，舒缓乘客的烦躁，缓解抱怨。这些工作完全可以减轻人们对春节乘车不便的种种不满，使大众情绪趋于理性化。其二是吸引社会资金修铁路。最终解决铁路运输瓶颈的方法是增加铁路通车里程。中国铁路网密度与欧洲相比有较大的差距，国家增修铁路的资金又短缺，因而放宽政策，吸收国内外社会资金修建铁路，乃是一条可行之路。铁路运输带有军事命令性质，完全民营是不行的，但是完全国家垄断也是不经济的。

许多事实表明，垄断的产品质量与服务都不经济。20 世纪，包括中国在内的十几个国家曾经用几十年的时间实施高度集权的计划经济，让政府垄断一切行业，包办一切服务，结果是不堪回首的。所以，当政府用提供公共产品来满足大众的需求时，要调动各方面的积极性，群策群力，这样才能达到预期的质量与服务目标，均衡不同阶层的利益诉求。春运难题单凭提高火车票价是不能解决的，而且它带来的直接负面作用就是票贩子猖獗，黑市票价暴涨。以为只要包办铁路运输就能控制价格，能控制价格就能造福人民，这样的改革思路与效果都不是最佳的。扩大就业、提高铁路运输效能等是当前社会的热点、难点问题，政府在处理这些难题方面责无旁贷，也进行了一些改革。可是事情结果并不总是能如愿，其中的重要原因是，行政管理的力量没有与人民群众的力量结合起来，上情不能下达，下情无法上传。改革的进行需要人民的合作与理解，因为再好的政策也必须有老百姓的认可，即便是为了人民办好事，也要把困难摆到桌面上。只有群众真正懂得了改革政策中包含的富民、利民内容与指向，人民就一定会全力地拥护这项改革。

三、切实关注社会弱势群体

生活就是矛盾，矛盾充满了生活，这是一个普通的道理。可是，当一定阶段内的矛盾成批量地出现后，作为整个社会生活代表的政府就需要考虑矛盾出现的原因了。中国社会目前有些方面的矛盾数量增加，个别地方和单位甚至矛盾层出，究其原因，可以集中为一点，就是贫富差距在逐年扩大。一些富有者通过正常或者不正常的手段获利而暴富，而很多贫穷者因为遭遇种种超越他们控制能力的事情，最后演变为弱势群体。中国千百年来的传统思想意识是“不患寡而患不均”，封建社会的历次农民起义，推出的所有口号，集中反映的思想就是“均贫富”或者“平均地权”。

究竟如何解决社会民众之间拉大的收入差距、城乡差距呢？从应急与可操作性的角度来讲，最好的办法是采用行政手段，实行稳定的并日趋完善化的公民社会最低生活保障制度，为弱势群体解决最直接与最急需的问题。同时，以经济的手段加大调整社会财富分配严重不均的力度，并用更加有激励意义的方式，加速社会生产总量的增加及质量的提高。1999 年，中国的财政收入方才突破 1 万亿元大关，2003 年和 2005 年分别突破了 2 万亿元和 3 万亿元的关口，2007 年和 2008 年连续达到 5 万亿元和 6 万亿元，2010 年为 8.3 万亿元，2011 年则又跨越式地突破了 10 万亿元大关，稳居世界各国财政收入第二的宝座。[①] 财力的持续增强，为公共政策的实施奠定了物质基础，而这样做有利于减小收入差距带来的负面作用。

（一）稳定生活必需商品物价

开门七件事，柴、米、油、盐、酱、醋、茶。讲的是百姓日常生活离不开的一些物品，它们的供给应当非常稳定。换句话说，尽管在市场经济体制中，与老百姓利益密切的有些商品，也不能完全的市场化。保证这类商品供给，需要政府宏观调节，以便缓解市场追逐利润和民众切身利益之间的冲突。生活商品不足所引起的矛盾虽然是小事，但是在特定时期却可以激起较大的社会矛盾冲突，破坏和谐氛围。例如，早在2005年冬，在一些地区，涉及民众生活的某些必需品价格上浮，导致某些不稳定现象出现，街谈巷议，批评不断。在南方的广州市，15千克瓶装液化气"指导价"随着市场涨幅波动，成为市民2006年春节前议论担心的焦点话题。在北方的石家庄市，有关冬季"甩开福利供热包袱"的说法，也同样引起居民的对取暖体制市场化的评说忧虑。[②] 的确，受国际市场原油价格涨落无定数的严重影响，国内能源供求及其价格问题凸显，"看不见的手"正在有力挥舞。

英国最大的工会组织联合工会领导人托尼·伍德利曾说过，从人们的生活必需品上牟取暴利是不道德的。伍德利的一番话针对的正是大发垄断之财的石油巨头。众所周知，公共事业的市场化曾经让我们吃足了苦头——房价暴涨、学费飙升、看病贵看病难等等，而2008年又开始冒出来一个"供水市场化"，而且近年来，一些国际水务巨头也开始在中国攻城略地。他们之所以高溢价收购国内供水企业，无非是看中了国内水价上调的巨大空间。[③] 经济学原理显示，不管一件商品是怎样生产出来的，也就是说，不管它的生产者是自由竞争者还是垄断者，这件商品的价格和分配，都要服从不可抗拒的价格规律。可是，那些与民众生活密切相关的商品价格连续上涨，直接影响到大家的生活，进而影响到社会稳定，反过来会损伤劳动者的生产积极性，这也是一个规律。在稳定压倒一切的大背景下，政治规律更具有不可逆变的严峻性。如何处理经济规律和政治规律的矛盾呢？此时，必须清楚地知

① "全国财政收入增长迅猛，预算民主透明迫在眉睫"，《南方都市报》，2012年1月21日。
② 刘洪波："为什么老百姓一见'市场化'就害怕?"，《南方都市报》，2005年12月22日。
③ "生活必需品：水资源不能完全市场化！"，《珠江晚报》，2008年11月7日。

道，中国体制改革的目标是建立社会主义市场经济，而不是资本主义市场经济。同时，国家的市场经济体制是同社会主义基本制度结合在一起的，可以一方面发挥市场经济的优势，另一方面可以发挥社会主义制度的优越性，问题的关键在于如何应用高超的管理方法，让两种优势都显示出来。

改革开放初期，中国就提出了建立市场经济的目标，后来党的十六大政治报告又对最初的"市场经济"理论的局限性作了一定的弥补。这个重要报告从国家社会主义现代化建设的战略全局考虑，把社会主义政治文明同物质文明、精神文明一道作为实现小康社会的基本途径，这不仅丰富了现代化建设的内涵，也丰富了社会主义政治文明的理论宝库，是对社会主义建设指导理论的升华。按照市场经济规律，一个生活必需品的上游价格发生剧烈变动，其下游产品必然随之变化，消费者必须接受这种市场价格的波动。世界市场原油价格上涨，与此相关的天然气、煤炭价格上涨都是市场经济的正常反应。可是，广州市和石家庄市并没有任凭市场依据价格规律波动，在对燃气、暖气、自来水、电力等人民生活必需品的供给方式做出决策之前，两地市政府管理阶层的主政人员观察问题的角度就把握得很好。主政人员除了从"市场"视角和"商品"视角观察之外，还有社会主义政治文明的视角，得出了对现实复杂事物更加清晰与全面的结论，并由此决策，采取在市场价格博弈中实行生活必需品最高价格限制的政策。从表面上看，南方与北方的两个人民政府没有作出"符合市场经济规律"决定，可是，两个城市的实践效果表明，限制价格政策稳定了人心，送去了温暖，使人民群众过了一个舒适祥和的新春佳节。显然，如果用泛市场化的思路处理问题，基本民生物品一旦变成"商品"就由着市场价格波动不止，涨幅不停，而"看得见的手"静止不动，必定使人们见"商品化"甚至见"改革"就心惊胆寒，这是改革的失败，而不是改革的成功。权为民所用，心为民所系，情为民所动，这才是人民政府的本色。

（二）完善新的社会救助制度

由于地区差异、贫富差异以及个人情感等问题的存在，社会上总是有些人终日四处游荡，流落街头。为了维护社会正常秩序，国家曾执行了收容遣送政策。2003 年，中国实行了新的救助制度，经过几年发展，逐步建立了覆盖全体流浪乞讨人员的救助制度，只要是有需要的流浪乞讨人员，在他自愿的前提下，政府救助机构都会给他们提供必要的保障与救助。截至 2011

年年底，社会救助体系覆盖全国，当年各级投入社会救助资金1460亿元，比上年增长20%，有效保障了8100多万名困难群众基本生活；城乡低保月人均补助分别比上年增长10%和15%；城乡医疗救助惠及人（次）比上年同期增长16%；农村五保集中和分散供养标准分别比上年增长11%和13%；临时救助制度已在25个省份建立。① 社会救助制度的完善不仅体现国家对人民的关爱，同时也可以让贫困、需要帮助的人员感到社会的温暖，消除不必要的矛盾，维护社会稳定。

自然，任何事情仅仅靠政府是不行的，国家也要提倡和动员社会力量积极参与救助事业。2010年8月份，闷热的天气袭击全国部分地区，民政部即发出通知，要求各地及时为街头流浪乞讨等生活无着人员提供救助服务，保证其生命安全，并调动社会力量参与街头，发放必要的防暑降温药品、饮品和食品，开辟更多的避暑场所。② 民政部门对此次活动的积极号召，各界社会力量也积极参与其中，受到社会一致好评。对贫困人士的慈善的基础来自于中国人自古以来的乐善好施友爱精神。此次社会力量组织参与的救助，说明除了国家政府对需要救助的人员充满关爱外，个人和企业等都对社会公益事业充满激情与自觉，它所昭示的社会意义远远超出了一般意义上的人文关怀。它也表明了中国关心“弱势群体”的活动已经由市民个体对个体的施舍，发展到集合社会力量向整个社会公益事业奉献的层面，很好地体现了社会力量在主动救助方面的尝试。不过有些地方举办的类似活动没有收到预期效果，流浪乞讨人员继续影响社会正常生活秩序。深入调查，原因在于社会力量在类似活动中缺乏经验，而民政部门则因为是私营人员出头操办，担心其中隐藏另外的图谋，不表态、不支持。

社会上出现流浪人员，这在发达的工业社会也是常见的事情。美国、加拿大政府针对流浪人员实施了一些福利色彩浓厚的救济政策，将他们对社会的扰乱控制在很低的程度。中国社会近些年来流浪人员增多，涉及的原因较为复杂，其中有些因素与收入差距悬殊、缺少公平竞争有关。同时，差距和不公的存在又与一系列体制因素相关联，比如旧体制中产权分配不均带来的资源占有的苦乐不均、过度崇尚市场竞争而导致的两极分化等。尽管每个成

① “陈传书：健全制度　完善机制　加快城乡社会福利和救助体系统筹发展”，http：//www.zgylbx.com/czmunyuanew34051_1/，2012年2月14日。

② 吴鹏：“民政部要求对生活无着人员开辟避暑救助　对乞讨人员要发放防暑药”，《新京报》，2010年8月1日。

年人都有义务对自己及其家庭负责，依靠自己的劳动为生，可是政府更有责任为公民创造公平的竞争机会，有义务引导流浪人员终止漂泊，步入正常生活和劳动轨道。对那些一时无法承担起这种义务的人员，政府要提供短时间的应急生活保障。“老吾老及人之老，幼吾幼及人之幼”，这是中国传统文化的优秀理念，国人受此教诲而皆有仁爱之心。人民政府一方面主导社会救济，另一方面组织社会力量积极参与救助，这就为国内外的人士传达了一个强烈的新信号，光大仁心慈爱，建设和谐社会。因为这类活动是和谐社会中非常动人的音符，如果在官方与民间的力量动员之下，整个社会都将奉献一份善心作为美德传送，作为义务实施，让人性的光泽都能惠及每一位需要救助者的身上，那将是多么美妙的风景线啊。

四、加强舆论监督　促进管理方式转型

为了集中全国各族人民的智慧和能量，在短时间内将国家建设成为现代化强国，中国现代化进程采用了“政府主导型”的发展模式。这个方式在逻辑和历史上都符合社会主义发展的规律，新中国的建设成绩也证明了这条道路的正确性。可是由于世间任何事物的形态都是多面体的，所以“政府主导型”的发展模式也存在着折射阳光的部分。中国历史上行政权力就很强大，社会主义初期实行的计划经济体制又强化了行政权限，改革进程中的新旧体制摩擦使政府管理系统出现了制度不完善的紊乱。特别是在泛市场经济思潮的涌动中，权钱交易沉渣泛起，导致一些不规范的行政作为，或者是行政强制权力滥用的现象露头。近年来这种逆流而动的表现有些典型事件，诸如在征地、拆迁中滥用强制权，致使纠纷涌现；在项目投资、环境保护中以权谋私，引起纠纷不断等。前者多是对公民乱作为，后者则多是对公民的合法要求不作为。

“乱”和“软”都是公权力滥用的表现，而且它们在公共领域内呈扩散趋势。公权力一旦逾越边界，必然侵犯公民的合法利益，即使是以滥用的强制权力来对抗个人违法行为，也必然引起人们对行政执法合法性的质疑，最终使政府及司法的权威性受损。实践表明，严格完善的法律法规是管理国家的法宝，除此之外并没有什么神秘之处。正如马克思在总结法国巴黎公社的经验时所说：“从前有一种错觉，以为行政和政治管理是神秘的事情，是高不可攀的职务，只能委托给一个受过训练的特殊阶层……”。马克思指出，

巴黎公社的管理办法打破了这个神秘，“现在这种错觉已经消除”。他将那些方法总结和概括起来，强调公社通过民主普选，推选出“勤务员”管理复杂的行政事务，这些勤务员能“以真正的负责制来代替虚伪的负责制，因为这些勤务员经常是在公众监督下进行工作的”。[①] 马克思在这里明确而清楚地指出，“公众监督”是行政管理有效运作的关键。监督必须要有标准，法律法规就是监督的标准。巴黎公社的经验和马克思的总结对现今的中国经济社会发展有指导意义。

2011 年 3 月，中国第十一届全国人民代表大会第四次会议通过的“十二五”规划纲要在今后五年经济社会发展的主要目标中就明确提出：“社会主义民主法制更加健全，人民利益得到切实保障”。要按照“十二五”规划纲要的明确要求，统筹谋划，认真部署，全面推进法制建设的工作。在社会主义建设中形成的中国特色法律体系内，依法行政是依法治国中的一个重要部分，也是民主政治的一个重要内容。现在提倡和努力建设的服务政府、责任政府、诚信政府、公开政府等，最终都要落实到法治政府。为了建成法治政府，需要关注以下两个方面：

（一）加强行政执法监督规范

维护公共利益和社会秩序，保护公民、法人或者其他组织的合法权益，一直都是中国共产党和各级人民政府关注的事情。为了规范行政强制措施的设定和实施，保障和监督行政机关依法履行职责，全国人民代表大会和国务院十分重视依法行政。1989 年，《中华人民共和国行政诉讼法》颁布实施，这是中国首部行政单行法，使得“民告官”“行政程序须合法”等理念落实到了法律层面并渐入人心。1996 年《中华人民共和国行政处罚法》首次引入听证制度，遏制了“乱处罚”的势头，使得行政程序的理念得以生根发芽，之后出台的一些行政单行法，如《中华人民共和国价格法》，其中均不乏关于行政行为听证程序的规范。2003 年《中华人民共和国行政许可法》中关于许可程序的规定，制止了“乱审批”的做法，更使得程序立法的繁荣达到巅峰。2004 年，中央政府颁布了《全面推进依法行政实施纲要》，提出“十年建成法治政府”的目标，振奋人心。2011 年 6 月 30 日，第十一届全国人民代表大会常委会第二十一次会议表决通过了《中华人民共和国行

① “法兰西内战”，《马克思恩格斯选集》第 2 卷，人民出版社 1972 年版，第 414 页。

政强制法》，并从2012年1月1日起开始施行。这是中国特色社会主义法律体系进一步完善的重要标志，是全面推进依法行政新的里程碑。[①]

以立法的形式规范政府行政强制行为，是给“文明执法”的口号进行法律加固。这对于保护公民的私权尤其是受宪法保护的基本权利，是一种进步。从国家改革发展的实际情况来看，未来实施的行政强制法需要强化五大原则：其一是法定原则，即未经法律、法规授权，任何机关和组织不得实施行政强制。其二是适当原则，即选择适当的行政强制方式，最小限度损害当事人权益。其三是不得滥用原则，即在可以不用法治时，不得使用行政强制措施。其四是和解原则，即可以在不损害公共利益和他人利益的前提下，与当事人达成和解。其五是裁执分离的原则，即合理配置行政强制权力，在行政机关内专设执行机构（如在司法部或财政部下专设执行署），可以考虑由法院专司裁决。这样做既可以使行政权力机关需要强制执行时多一层监督，以避免因出错而侵犯公民权利，又可将一切行政强制措施由法院裁决，以保持公正，也有助于减轻当前“执行难”的困扰。

行政强制法最重要的就是程序化，要力求将公民的损失降低到最小限度，不过要实现这个目标并不轻松。例如，长期以来行政管理机构形成了一些习惯性做法，各个地方政府以及大型企业在北京建立了办事机构，多数这样的机构被称为“驻京办”。据不完全统计，2010年在北京副省级以上单位的驻京办有52家，市级单位驻京办520家，县级单位驻京办5000余家。如果加上各级（主要是省）政府职能部门及各类开发区管委会设的联络处（或办事处）、各种协会、国有企业和大学的联络处，各种驻京机构超过1万家。[②] 这些大大小小的“驻京办”的工作任务主要有两项：一是招商引资，跑部委，要项目，收集信息；二是接待地方来京办事的领导及有关工作人员等等。[③] 从行政管理的理论上讲，这种做法是正常的，既具有浓厚的民本内涵，也为维护地方政府形象方面做了大量工作。

但是，“驻京办”的工作也出现了一些不正常的事情，存在的腐败沉疴破坏了行政程序，甚至是破坏了国家法治。近年来在全国引起震荡的一些腐

---

① “以贯彻实施行政强制法为契机 加快推进法治政府建设”，《海南日报》，2012年1月10日。

② 杨琳、李松：“我国出台方案半年内将撤销数千家驻京办”，《瞭望新闻周刊》，2010年1月23日。

③ “特别报道：‘驻京办’：地方第二行政中心？”，《瞭望新闻周刊》，2005年7月23日。

败大、要案中，“驻京办”工作人员的名字也时常榜上有名。比如沈阳的“慕马”案，最后沈阳市驻北京办事处主任崔力被判了刑；河北省国税局局长李真案，也牵扯到了河北省驻北京市的办事处主任王福友，最后被判了无期徒刑。在2010年年初，777瓶假茅台酒被某“驻京办”买去了，又被大家当成了一个案例。这样的话，“驻京办”在人们心目中，由原来的美食天地，变成了腐败温床。[①] 政府机构行为违法乱纪，其负面影响之大非同一般。原因是什么呢？主要在于有些掌握着资源分配权或项目审批权的官员，享有的自由裁量权太大。少数执掌权柄的人就可以决定大笔资金的分配。这就给所谓的“政府公关”活动留下了运作的空间，跑项目、跑资金、跑计划、跑审批这样的制度外之公关性质的“跑”才有机会实施。同时，中央各部委除了预算资金外，还有一笔中央转移支付款项。这些“大钱”也掌握在少数人手中，他们怎么花的钱，人民代表不知道，老百姓更不清楚，公共财政成了部门甚至少数人任意支配的“小金库”。于是在一段时间，几个掌握项目审批权的部委门前经常是车水马龙，官员和企业轮番进京周旋于各个相关部委，探测政策动向，设法钓上项目。

问题的解决需要从制度改革上着手，关键还是要减少行政审批项目，下放行政审批权，增加财政预算的透明度，加强财政预算的审议和公示。如果管好了上级机关官员手中的权柄，从制度源头限制审批官员的自由裁量权，那么就能杜绝只要送礼就能在公共资源配置中占有优势的怪现象，“驻京办”问题就能迎刃而解了。自然对于当事方来说，这会是一种难言之痛。首先，限制行政审批必然会触动那些利用“驻京办”搞腐败的官员的利益。至少他们通过“驻京办”搞腐败不像以前那样方便了。其次，约束了地方政府的任意行为，限制地方局部利益过度膨胀，使地方政府不得不收敛自身越权行事的做法，维护了全局利益。第三，鞭策了中央各部委的工作，“驻京办”如果规范化了，回归其公共服务功能，那么，某些中央部委就没有那么多“油水”可捞了。总之，通过完善审批制度，健全监督机制，约束了部委的权力；通过建立起公开透明的公共财政制度，堵塞了漏洞，政府公关也就无机可乘了。

在党中央和国务院的一些廉政反腐的精神指导下，一些省份的“驻京

① “专家称部分驻京办成腐败温床　应该被撤销”，http://news.sina.com.cn/c/sd/2010-01-26/101919548737.shtml，2010年1月26日。

办”已经改正了工作思路，有意识地弱化应酬、公关和接待职能，强化为民服务的职能，如信访、进京农民工的各种协调服务等，这也正是创建和谐社会的客观需要。事实说明，只有将所有公共权力运行纳入公众监督视野，从制度改革入手，加强干部教育，管好人的工作。这样将使中央政府各部门的资源分配与项目审批的标准和程序完全公开而透明，地方各级各部门不需要额外支付成本就可以平等地获取相关信息。这样腐败的公关才会得到遏制，社会风气才能得到净化。

（二）学习外国优秀管理经验

中国从事了多年“在法律面前人人平等”的实践，积极推进“依法治国”，建设社会主义法治国家，积累了不少经验。可是法治国家的建设也不可能一蹴而就，它是一个类似政治体制改革的渐进的长期过程。他山之石，可以攻玉。学习国外行政管理中的法制经验，是非常有必要的。17 世纪的英国学者洛克对政府和国家管理有过很多研究，他曾经作出这样的论证：在所有国家权力中，行政权力是最桀骜不驯的。① 基于此种认识，西方人最初通过权力相互制衡来实现对行政权的严格控制。但是，因现代化而逐渐增加的公共事务改变了国家权力结构，行政权力的扩张已经成为世界性的趋势。面对日益扩张的行政权力，如何保护公民的权利一方面免受行政权侵犯之苦，另一方面免遭行政不作为之怠，成为一个亟待解决的新课题。20 世纪世界各国的行政程序走上了法典化的道路，这就表明人们找到了一个重要的行政权力规范新机制，那就是通过对行政权力的运行过程进行正当程序控制，来确保其公正、高效地行使。

对行政权力的监督与管理意义很大。回顾历史，现代西方工业化国家在 19 世纪内外矛盾重重，风雨飘摇，腐朽不堪。可是到了 19 世纪末期，这些国家进入了新的经济增长周期，又恢复了一些活力，以至于整个 20 世纪都度过来了。腐而不朽、垂而不死，在不少方面还表现出勃勃生机。这是怎么回事呢？有一个原因就是，工业化国家依法行政，新闻媒体掌握着很强大的监督权利。制度约束制止了对行政权力的滥用，制度约束使赏罚分明。有了利于技术创新、学术繁荣的环境，有了制度化的激励机制，经济发展的障碍物就被清除。西方世界的法理、法治值得我们学习。

---

① ［英］洛克：《政府论上册》，商务印书馆 1964 年版，第 10—53 页。

中国全国人民代表大会的法律资料显示，中国现行法律法规中有48部法律和72部法规对各种行政强制措施作出了规定，其名称多达200多种。可是由于没有统一的法律规范，一些行政机关在执法过程中，既存在对某些严重违法行为缺乏强制手段以致处理不力的情况，也存在行政强制手段滥用的情况。长期以来，包括强制拆迁等行政强制权力，多有未经法律授权者，其越权行政带来的问题，正是近年民众上访反映的焦点之一。法制建设的目的指向要清晰，要在积极稳妥的渐进发展中规范和约束政府的行政权力，用程序进行预设规制。“十二五”时期需要凝聚改革共识，要在与普通老百姓的关系尤为密切的经济生活方面做出更多具体的法律突破，这也是“法治政府”能否建成的重要标志。

依法施政就是行政管理的法治化，它不仅能提高管理效能，而且可以扫荡侵害国家管理的腐败思想。中国共产党和国务院已经提出和实施了多种形式的反腐倡廉规则与措施，这是对公务人员的个人品质的高标准要求。一些党员公务人员视自己承担的管理责任为“做官”，干事为了“谋利”，因为他们一旦成了关键岗位的领导，就不接受或者脱离了组织监督，官僚主义，独断专行，调配大额资金，谋取个人或者小集团的私利。他们头脑中陈旧腐朽的观念在充满诱惑的商品经济大世界内恶性膨胀，不惜以身试法跳入罪恶的泥潭。江泽民同志曾经深刻地剖析过此种现象：“官僚主义，在很大程度上源于我国封建社会形成的‘官本位’意识。”他还一针见血地指出那些跑官、买官和卖官现象的危害作用：“当前，‘官本位’意识的要害，就是对党和国家的事业不负责，对民族和人民的利益不负责，只对自己或亲属或小团体负责。其危害极大。”的确，不少已经被司法机关判刑的大案要案表明，腐败在某些地方很严重，尤其在官本位的保护伞下已经到了无法再任由其发展的地步，“因此，对于历史上遗留下来的‘官本位’意识，必须狠狠批判和坚决破除。”①

清除旧社会遗留下来的“官本位”意识，遏制腐败，首先要对公务人员进行思想教育，提高道德水准，形成正确的意识，用全心全意为人民服务的思想改造形形色色的封建主义、资本主义意识。有了先进的思想，才能增强反腐防变的能力，才能有正确的行动。当然仅靠道德意识反腐，那是不正确的，也是鲜有成效的。如果制度不健全，没有制衡机制，还是难以消除官

① “关于改进党的作风”，《江泽民论“三个代表”》，中央文献出版社2001年版，第77页。

僚主义。所以行政管理还要程序化，通过制度约束极大地压缩腐败行为的活动空间。在这种制度框架内，法治约束着权力，个人决断没有条件，违法乱纪不能行为。实践表明，必须主要依靠制度来保证国家公务人员队伍的纯洁性，要改革传统的行政干部录用和使用制度，这是挽救和保护干部免犯错误的可靠方法。

简而言之，公共产品的交易与使用是市场经济无力经营的事物，政府则是这方面管理义不容辞的承担者。处理好公共事物，可以维护社会公平，带来希望曙光，鼓舞民众士气。从这个角度讲，经营公共产品，需要的不仅是经济思维，更重要的是政治思想。而且，也只有在政治文明的统领下，才能使公共产品的配置效益达到最佳状态。

第五节　全球战略观锤炼国力

和平发展与文明复兴是中国实施社会主义市场经济改革的大背景，中国走自己独立自主的国际主义路线，在国际事务方面做出了一些有利于世界和平与发展的事情，向全世界展示了中国的实力和对世界和平负责任的态度，新形式的冷战已经存在了，不管人们主观上愿意承认还是不愿意承认，都不能改变这个业已存在的客观事实。这个新冷战对中国来说既是一个挑战更是一个机遇，关键就在于我们如何认识和把握这个我们想躲也躲不开的新冷战了。中国完全有足够的政治、经济、社会、自然和国际资源取得这个新冷战的主动权并最后胜利。

一、和平发展道路并不平坦

中国是人类四大文明古国之一，文明渊源流长达五千年之久，有文字可考的历史即为3600余年。几千年来，生活在这片土地上的中华民族，创造了辉煌灿烂的科学文化，为人类的发展奠定了坚实的物质文化基础。但是，当汉唐盛世的强大延续到日渐衰微的清帝国时，由于统治阶级妄自尊大所带来的闭关锁国，中国在近代与西方的先进科学文化失之交臂，导致了西方列强的入侵。在洋人的坚船利炮下，中国丧失了300多万平方千米的国土，丢掉了无尽的宝藏，沦为列强任意宰割的羔羊。危难时刻，中华民族的先驱者们开始了拯救祖国的行动。然而，无论是声势浩大的太平天国运动，还是一厢情愿地保持皇权的戊戌变法，乃至于孙中山先生领导的推翻帝制的资产阶级革命，最终都未能挽救颓败的中国。直到 1949 年，以毛泽东为首的中国共产党人领导中国人民取得了民主革命的胜利，建立了人民共和国。然而，当 21 世纪的春风再次吹拂这个古老国度时，中国又一次面临严峻的威胁。

随着 20 世纪 90 年代前苏联的分裂与解体，世界性的旧冷战对峙结束了，但新世纪的天空依然漂浮着新冷战的乌云。非常明显的事实是，旧冷战是以意识形态的冲突为主要内涵的，表现形式就是美国和前苏联两个超级大国争夺全球霸权，而新冷战则是以地缘政治为基础的一种可以被称之为“民族国家利益”的冲突，这是与 20 世纪 90 年代以前存在的社会主义同资本主义两大阵营的意识形态对峙的不同矛盾。因为地理地形分割的原因，世界上各个国家的存在是以不同的主体民族为划分的。统治阶级总是将自己狭隘自私的利己观念强制性地变成主体民族的意志，进而上升为国家战略和政策。在国际博弈始终是以政治、经济、军事实力为后盾的条件下，处于不同历史发展阶段上的民族国家利益是很不相同的，甚至是针锋相对的。由于利益的不同，在对待和处理不同国际事务时，必然就会有不同的价值取向。任何国家政权领导人的替换，都不会改变已经形成的国家利益。

当代国际社会最明显的表现形式是，在全球经济一体化的带领下，一些工业化国家利用经济、军事、技术等优势，对世界上许多发展中国家进行经济侵略和资源掠夺。这种剥削虽然不同于第二次世界大战之前的殖民地掠夺，但是依然是资本主义和帝国主义扩张抢劫本质的体现。发达资本主义国家通过债务、投资、贸易等途径掠夺发展中国家，例如在 20 世纪末期，“1990 年发展中国家外债已经达到 1.3366 万亿美元，一年还本付息额超过 1300 多亿美元。”① 世界财富源源不断地从南向北流动，从而造成世界范围内发达国家更加发达，落后国家更加落后的经济政治格局。“最富裕国家的人均收入与最贫困国家人均收入的比率，1870 年为 11 倍，1960 年上升到 38 倍，1985 年上升到 52 倍。”② 这种贫富严重不均的国家利益分配格局在 21 世纪内继续加深。据世界银行的资料，自全球化以来，全世界的穷人增

① 郭传玲等：《转变中的世界经济》，时事出版社 1993 年版，第 161 页。

② 世界银行：《1995 年世界发展报告（中文本）》，中国财政经济出版社 1995 年版，第 53 页。

加了两亿多人，同美国、英国、德国等发达国家的经济发展水平相比，一些不发达国家的社会经济差距更加增大。世界贫富差距拉大源自于人类历史进程所处的阶段，马克思主义的经典作家对此有过深刻地论述。

（一）深刻认识面临的国际环境

世界上第一个社会主义国家的创始人列宁对现代资本主义的本质曾有过入木三分的揭示。列宁通过学习马克思的《资本论》，掌握了其中的思想精髓。他从《资本论》第一卷第七篇中关于资本积累的历史趋势为先导，逐步深刻地阐述了资本垄断和帝国主义经济的本质和基本特征。列宁从1914年起收集资料，研究资本主义到帝国主义的发展变化过程，先写了《关于帝国主义的笔记》，并由此展开，最终完成了历史巨著《帝国主义是资本主义的最高阶段》。列宁归纳了帝国主义的五大基本特征，指出："帝国主义是发展到垄断组织和金融资本的统治已经确立、资本输出具有特别重大的意义、国际托拉斯开始分割世界、最大的资本主义国家已把世界全部领土分割完毕这一阶段的资本主义。"① 作为最高阶段和最后阶段的一个历史庞然大物，帝国主义内在的各种矛盾必将导致资本主义链条在某一环节十分薄弱，由此出现革命爆发的机会。列宁在资本主义统治最薄弱的俄国胜利地领导了"十月革命"，建立起世界上第一个无产阶级专政地社会主义国家。尽管"十月革命"已经过去90多年了，世界形势发生了极大的变化，但是列宁主义并没有过时。资本主义和帝国主义用民族国家利益的新面孔出现了，用更加隐蔽经济的手段侵吞他国的财产。

当今的中国选择了和平发展的道路，其最深刻的最实质的内涵是，争取在21世纪上半叶，实现中华文明的复兴。可是，西方工业化国家特别是领头的美国，一方面为中国经济快速发展说些好话，另一方面又千方百计地限制和阻挠中国的发展。例如，所谓的"中国威胁论"就是由东南亚一些右翼分子，或者崇美分子为配合其主子的全球战略而首先提出来的，然后又让美国借题发挥地用来打压中国。所以，遏制中国发展，分裂中国领土，便被一些境外势力提上了公开的日程。这究竟是为什么呢？2011年1月19日，中国国家主席胡锦涛在白宫与美国总统奥巴马举行会谈。在谈到中国台湾问

① "帝国主义是资本主义的最高阶段"，《列宁选集》第2卷，人民出版社1972年版，第808页。

题时，胡锦涛强调，台湾问题事关中国主权和领土完整，事关中国核心利益，是中美关系中最敏感问题。中方重视并赞赏美方多次重申坚持一个中国政策、遵守中美三个联合公报、不支持任何旨在分裂中国的势力及其活动，希望我们推动两岸关系和平发展的努力得到美方更明确的支持。① 实际上，美国国内总有一些人不乐意看到中国和平崛起，他们总是想以各种方式甚至是武力方式在中国还未完全强大之时，摧毁中国所作的自力更生的努力。美国的所做所为传递出来的信息是，联邦政府在各方面都有利于美国的前提下，才会对中国表示友好，因为美国时刻追寻的目标是国家利益第一。所以，美国认为自己没有获得最大化的利益之时，联邦政府就一定会向中国政府施加种种压力。

一些迷恋西方的自由环境者幼稚地说，只要中国实现了民主政治，美国就不会视我为敌了。还有一些“左”派人士则认为，美国同中国永远成不了朋友，因为中国是无产阶级专政的国家，而美国是资产阶级专政的国家。这两种理念的根本错误就在于，没有认识到21世纪全球存在的民族国家利益冲突。中国和西方强权国家的目前的矛盾和冲突，集中起来就是这个民族国家利益冲突。因为中国的强大不仅会直接影响美国在亚洲的利益，而且也会间接地影响到美国在欧洲等其他大陆的利益。因此，从民族国家的角度看，美国没有任何理由希望中国强大，更不用说帮助中国强大了。那种不认识眼前实实在在的民族国家利益矛盾，依旧将其简化为政体和意识形态方面的冲突，显然是对美国社会和文化了解不够，特别是对美国政治了解不够，主观地按照惯性思维想象所产生的错误判断和分析。

美国《外交政策》杂志于2011年11月号刊登了美国国务卿希拉里·克林顿写的题为《美国的太平洋世纪》的文章，希拉里说：“由于我们独一无二的地理特点，美国既是大西洋国家，也是太平洋大国。我们对于欧洲的伙伴关系及其成果感到自豪。我们现在的挑战是建立跨太平洋的伙伴关系和机构网，使之与我们的跨大西洋网络一样持久，并与美国的利益和价值观一致。”“与以往许多国家一样，作为美国帮助建立和努力维系的基于规则的开放系统的组成部分，中国也实现了繁荣发展。今天，与中国的关系是美国有史以来必须管理的最具挑战性和影响最大的双边关系之一，需要进行

① 胡锦涛：“台湾问题事关中国核心利益，反对任何分裂活动”，中国日报网，2011年1月20日。

审慎、稳定和动态的管理。我们对中国的方针是立足现实，注重成效，忠实于我们的原则和利益。”①

无独有偶，2011 年 11 月 10 日，希拉里·克林顿在美国夏威夷大学的西方中心发表演讲也重申了这一观点。希拉里说，亚太地区将是美国今后外交战略的重心，21 世纪将是美国的太平洋世纪。而回想 2010 年，希拉里就曾宣布，中国宣称拥有全部主权的南海，也是美国的关键利益所在，此举无异于一把抓住中国政府的衣领当面挑衅。② 其实，美国此举并不突然，甚至可以认为是一场有备而来的预谋。早在 2010 年岁末，奥巴马就向全世界宣告要做“美国第一个太平洋总统”。上任伊始，奥巴马就已做出了将美地缘政治、经济、军事重心由欧亚大西洋东移至亚洲太平洋的战略性转移。③

有关“中国威胁论”的言论一直就未停歇过，尤其是美国，一直都在刻意渲染中国称霸世界的假象。根据设在华盛顿的 2049 计划研究所 2011 年 9 月 14 日公布的报告，中国新增了一个公路机动旅，该旅装备的“东风—31A”型（DF—31A）导弹能打到美国大陆任何地方。报告作者马克斯·托克斯说，设在湖南邵阳的某旅是二炮第二个装备“东风—31A”型导弹旅，该导弹的射程为 1.12 万千米。报告中说，中国政治部署新型反舰弹道导弹“东风—21D”，据说它能击沉美国一艘航母或使其瘫痪。④ 报告重谈中国威胁论的老调，美国这样做究竟意欲何在？其实美国的用意已然很明显，谁都知道这些年来的美国外交史，哪个国家不愿意听从美国的指挥棒，这个国家就会被美国定性为独裁政权，必欲除之而后快。要知道在美国政府的眼中，自己是唯一的超级大国，可以独往独来。而现在中国的发展速度之快，被动地被置于风口浪尖之上，也同时成为美国的“眼中钉”、“肉中刺”。

（二）西方反华敌对势力依然存在

美国推销美式民主的目的是谋求世界霸权，获取最大的资本主义利润。美国始终想控制包括中国在内的世界资源，这是资本主义国家最大限

---

① “美媒刊登希拉里文章：美国的太平洋世纪”，http：//news.ifeng.com/world/news/detail_2011_10/14/9852877_3.shtml，2011 年 10 月 14 日。

② “太平洋世纪属于谁?”，英国《金融时报》，2011 年 11 月 18 日。

③ “美国从未离开亚太：‘太平洋世纪’另一种解读”，http：//www.chinanews.com/gj/2011/12－31/3575716.shtml，2011 年 12 月 31 日。

④ “老美又在渲染中国威胁论”，《参考消息》，2011 年 9 月 14 日。

度地占有稀缺性生存资源的必然，是自由经济竞争必然导致垄断的结果，也是两种截然不同的文化、价值、意识以及社会系统运行的结果，是不可避免的历史矛盾冲突，它们的存在不以人们的主观意志为转移。自从前苏联解体之后，美国就视中国为其霸权主义的竞争对手。因此遏制中国的发展，分解中国是其实现和捍卫所谓美国利益的不可置否的国策。美国对中国的打压升级一直没有停过，什么对台军售、核弹调头、战略转移、西藏法案等等，还有在中国南海设置第一岛链封锁、支持印度核武器计划、怂恿日本右翼势力等，大有黑云压城之势。其中最重要的打压行动是分裂中国，尤其是暗地里或者公开支持台独活动。

美国要分解中国并非始于现在而是一个长期以来的战略目标，只是善于把握国家政治经济格局的美国在自以为各方面都有利于美国的前提下，才若明若暗地将分裂中国提上了公开的日程。出于民族国家利益，为了消除竞争对手，实现霸权主义美梦，破坏中国的经济建设和发展，美国就时不时地出来拿中国的台湾问题来压制中国。美国在中国的台湾问题上发出“一定要保卫台湾”的誓言。其实就是要把中国拉入新的军备竞赛，一来拖垮中国的经济，二来也好抹黑中国，以中国威胁论为幌子，在国际社会上孤立中国，而这一切都是以中国的台湾问题为基本内容的。

中国共产党胡锦涛总书记曾经在2004年1月深刻地分析了当时的国际局势，并且指出：“世界仍很不太平，不稳定、不确定、不安全因素有所增加。美国单边主义倾向突出，霸权主义和强权政治有新的表现……，西方敌对势力在加紧对我实施西化、分化的政治图谋。”① 显然美国在拨动自己的如意算盘，一是想方设法延缓中国的经济建设和发展，实施各种经济限制措施，增加不同名目的贸易壁垒，不让中国和平崛起，成为现代工业强国。二是想方设法缩小中国的国际生存环境，在中国周边地区实施军事围堵，多年来一直进行针对中国的泛亚洲战略布局，包括毫不隐讳地将中国列为核打击的对象之一，并千方百计地将中国同其所谓的邪恶轴心国拉在一起。对此图谋，中国人要有清醒的认识和防范措施。所以，在国际事务上的战略考虑中，中国不能使用儒家思想中的“仁”和“德”，不需要看人家的脸色行事，更不能跟在他人的后面行事。中国要从认识实实

① “在全党大力弘扬求真务实精神，大兴求真务实之风”，《胡锦涛在中央纪委第三次全体会议上的讲话》，党建读物出版社2005年版，第269页。

在在的民族国家利益的冲突入手，针锋相对地建立起自己维护国家主权和民族利益的全球战略。对外交往必须把握国家政治经济格局的大目标，团结一心，对于任何试图将世界置于单极统治下的做法，坚定地说“不”，否则就会迷失方向。

中国改革开放前，经济建设走了一条重积累、轻消费的路线。之后，由于存在泛市场化论调的蛊惑，国家经济发展重消费、轻积累，投资导向更注重近期消费而忽视长期发展后劲的培育。这种脱离国际大环境的做法所产生的一个直接的结果是，国防工业的发展受到很大的制约。有些人错误地认为，中国已经成为世界第二大经济实体，因此国际上那些对华心怀叵测的人不敢轻举妄动。这是一种幼稚的想法。国家拥有财富，经济科技发达，并不一定就强大。依据史料测算，中国历史上的北宋朝代的 GDP 曾经占到了当时世界经济的一半，人民生活较为富足。国家拥有有印刷术、指南针、火药等伟大发明和运用，科学技术可谓高度发达。但是因为武备松弛，军力孱弱，结果自毁长城。北宋先败于经济、科技落后的辽和西夏，后败于同样落后的金。而经济、科技落后的蒙古，却凭其超强的骑兵军力，灭掉了经济、科技发达的南宋，横扫欧亚。在今天这个强者生存，弱肉强食的时代，中国要想真正赢得 20 年的和平发展时期，就必须实行强军战略，强化军备，来最大限度地维护自己的主权尊严和领土完整，维护自己的国家利益，以稳定未来长期的基本和平的建设环境。如果不高度重视国防力量建设，那么，在不远的将来，中国将会为自己的错误付出沉重的乃至于亡国灭种的代价。

根据目前中国所处的国际国内环境，在经济方面应加大对军工企业的投资力度，特别是对战略武器研发的投资。中国是一个奉行独立自主和平外交政策的、安全环境又非常复杂的大国，必须拥有一支与国家地位相称、同国家发展利益相适应的军事力量。必须弥补 20 世纪 80—90 年代这 20 年来国防建设的亏空，打造一支能坚决捍卫国家主权的国防力量。中国“十二五”规划纲要中提出，要将“调整优化投资结构”作为重大政策导向之一，这是十分英明的举措。有了重工业支持，国防建设就能大步迈进。必须以科学发展观为指导，协调发展经济和加强国防两大战略任务，强化战略规划、系统优化、效益为上和科学管理意识，以世界的眼光推进中国特色军事变革，全面提升军队应对危机、维护和平、遏制战争、打赢战争的能力。

二、实施积极防卫主义战略

鉴于国际敌对主义势力一直处心积虑地围堵中国，而且已经煞有介事地付诸行动，中国必须要有自己的全球战略构想，具体落实就是实施积极防卫主义战略。这个战略的主要目标是，确保中国安全和国家利益不遭受任何形式的损失，因此其性质仍然属于防御范畴，但是它是以进攻为手段从而达到防御的目的。这个战略既不同于美国全球争霸的战略思路，也有别于中国传统的消极防卫主义。它是在中国被威胁的国际环境中形成的，是不惧怕别人批评的。中国全球战略布局实际上就是中国参与国际间政治、经济、军事、文化等斗争的布局之综合。

（一）积极防务掌握主动

中华民族自古以来便是一个爱好和平的民族，这种民族精神和文化传统一直流传至今。这种民族精神和文化传统对普通老百姓自然有很大的影响，而且对中国的历代统治阶级的影响更大。在这种民族精神和文化传统的影响下，历代的统治者们的治国方略向来以如何提高对内统治的效率为主，以巩固统治地位和为民做主为最高原则。在对外方面则从来都奉行广积粮、高筑墙的以防为主的国策。这种防御性外务策略成为近现代中国历届政府外交和外务的主体思想，可简称为防务主义。

在人类缺乏有效解决长距离快速运输兵力的时期，在人类尚未发展出战略性远距离攻击武器的情况下，防务主义对中华民族来说不失为一个有效的战略选择。然而时至今日，随着社会生产和科技的发展，一国将兵力在几十分钟内运送到千里之外，已然不是神话，而一个军队对敌军的致命打击也已经可以操作在万里之外。1991 年出现的海湾战争，2003 年至 2010 年的伊拉克战争，2011 年的利比亚战争等，都是最好的说明。从全球的角度来看，面对这种新的战争手段和军备条件，单纯的防御可以说是防不胜防的，因此，防务主义已失去了它原有的积极意义。换言之，在当代战争中任何形式的防御都是被动的，最终逃脱不了失败的命运。也正因为如此，中国在国防战略上早已到了应抛弃防务主义的消极国防的关键时刻，取而代之的是确立以攻为守的积极国防战略。

谈到中国建立以攻为守的积极国防战略，这并不是说我们要首先发动战争，而是在我们遭到敌国进攻的第一时间，能够即刻向敌国进行战略进攻，对其予以致命的打击，消灭其再次战略进攻的能力，直至敌国停止对我方的进攻，可简称为积极防卫主义。事实上，一直奉行霸权主义的美国也已预见到，四处扩张必定会面对和平国家的积极防卫主义战略的打击，所以才要搞什么“国家导弹防御体系”（NMD）之类的东西。历史上向来就是矛和盾之争，矛刺穿盾，盾总是处于矛的攻击之下，被动挨打。国家导弹防御体系没有那么神乎其神，就连美国人自己也不相信那个玩意真的能管用。即便真的像吹嘘的那么神奇，它也总还有薄弱环节。在实施积极防卫主义战略时，首先击穿薄弱环节，事实上任何一个环节的破坏，即便是最薄弱的环节被击穿，也等于系统的瘫痪，尔后给以坚决彻底的致命打击。美国又搞弹道导弹防御，又研发新的战略攻击武器，不自量力，分散资金。一是顾此失彼，雷声大雨点小；二是抬升机会成本，等于降低他人防卫成本。美国现在已经放弃两个战场同时打赢的战略思路，实际上就是力不从心的表现。

（二）全球战略维护国防

实施积极国防战略的前提是首先建立正确的全球战略。将中国作为敌人并予以消灭是美国的既定国策，所以中国的全球战略说到底就是中国和美国在全球范围内的较量，这是无可争议的，是不以我们的主观意志为转移的。20 世纪 60 年代，毛泽东号召全世界人民团结起来，反对一两个超级大国欲谋称霸世界的企图，这实际上就是中国那个时期的全球战略，它使中国成功地抗衡了外部势力图谋南北夹击或者百万大军压境的威胁，捍卫了民族利益和国家领土完整。80 年代以后，国际局势逐步发生了重大变化，中国放弃了原来的全球战略而改之以寻求最大的经济利益为导向的新国际战略（注意这不是真正意义上的全球战略）。如今国际局势又发生了重大变化，由于美国实行单边主义，台海战争的阴云一直笼罩不散，敌对势力企图由此压迫中国大陆处于战略劣势地位，因此严峻现实要求中国必须从速选择和确定自己的全球战略。中国古代圣贤孟子曰：“困于心，衡于虑，而后作……，然后知生于忧患，而死于安乐也。”[①] 中国一方面要尽最大耐心、诚意实行祖国的和平统一，另一方面要以大无畏的气概迎击任何分裂国土的阴谋，以自己的全球战略对外国的威胁形成战略威慑，使其对中国不敢轻举妄动。

---

① 引自《孟子·告子下》。

中国全球战略应当包括：舆论战略，装备战略，基地战略，区域（国别）战略，太空战略，海洋战略，战略动员和战略指挥。台湾是中国的一部分。为防止敌对势力或国家利用台湾分裂中国，我们也必须有两岸统一战略。

1. 宣传中国和平发展思想。要向全世界广泛宣传中国一贯奉行的不称霸的国策，反击敌对势力制造的“中国威胁论”，使国际社会了解中国建设并理解和平政策。特别要做好对美国人民的舆论工作，抵制和揭穿美国极右势力妖魔化中国的做法，减少美国人民对中国产生的“被扇起的仇视”和误解。同时，加强与欧洲朋友的联系，保持与非洲人民的友好关系，在南美洲结交新朋友，特别是主动与日本恢复友好往来。在一定的时间内，要充分利用现代传媒工具网络、电视等造势交友。

2. 加速发展国防工业。面对国际敌对势力用弹道导弹防御系统、航空母舰战斗群、太空激光武器等掀起的威胁，中国必须针锋相对，加速发展国防工业，重点放在发展空中与水下的远程打击的核武器上。为此，要恢复因为泛市场化鼓噪而惨遭破坏的包括国防工业在内的重工业。国防工业的发展会带动其他国民经济部门的发展，美国的经济史已经说明了这一点。加大对生产资料生产的投资力度，特别是对科研和教育的投资，抢占信息科技高地，打赢未来的高科技局部战争。

3. 抓好战略基地的建设。实施积极防卫主义战略，其成功的关键在于要有一批适宜的战略基地。现阶段应主要考虑中国大陆境内的战略基地建设，必须科学选择论证基地位置。等待时机成熟之后，也应当考虑在境外建立中国战略基地，须知在国际斗争中温、良、恭、谦、让的儒家主义是行不通的。

4. 修改以往的不结盟主义外交路线。目前的国际形势与 20 世纪 60 年代大不一样，中国应当重新审视曾经执行的国际不结盟主义，不可再机械地延续下去。要深化和完善“上海合作组织”这个成功的国际联络范例，在国际上分层次地同所有可能结盟的周边国家结成不同的战略同盟，特别是大幅度加强与俄罗斯在国防工业上的科技合作和提升档次，这样可以减少国家承担的国防压力成本。要加强与世界上其他地方国家的交往，以减少中国被迫用非和平手段实行统一大业时对敌军打击的阻力，实际上是降低进攻成本。在经济贸易方面也是如此，要适度减少对美国等一两个国家的依赖，加强同欧洲特别是欧盟的经济和贸易往来，减少以美元为手段的外汇储备，以现有外汇储备为动力促进我国的科技发展，也就是说动用那些闲置的外汇储备购买技术和设备。

5. 开始着手进行太空战略部署。信息技术和数字技术使太空成为竞争的场所，因而要像美国和俄罗斯那样尽快组建自己的太空部队，将其作为一个新的兵种。与此同时，要加快发展以太空部队边缘技术为依托的民用太空工业，这样不但能提高中国军队的战斗力，而且也可以促进国家的经济。

6. 分两个层次实施海洋战略。第一，努力争取和平，进行海洋开放。万不得已实施如下：第一层次是台湾海峡的 20 万—50 万帆船渡海准备战略，用人民战争击败侵略势力。第二层次是外海作战战略，远洋攻击船舰不宜追求体积大，而应以体积小、航速快、火力强、载机少为设计思想。这样可以避免模仿别国建造航空母舰的旧俗套，因为那样的亦步亦趋，根本无法在现实中获胜。

7. 切实建立战略动员体系。中国享有的和平环境已经持续了 30 多年，可是国门内的歌舞升平不能消除国门外的军事威胁。为此，必须宣传忧患意识，做好军事准备工作，建立国家战略动员体制。战略动员在目前阶段应当以战略储备的形式展开，仍然以发展经济为主要内容。如何实施，要靠战略指挥安排。战略指挥主要是最高统帅的智慧、魄力和意志问题，同时也包含了战略参谋集体的组成、锻炼和发展问题。

8. 强化对台战略。台湾问题是制约中国全面发展的最主要的因素。全世界都知道，美国在极力维护其在亚太地区的利益中，视中国台湾为其永不沉落的航空母舰，因此美国不希望中国大陆与台湾实现统一，中国台湾对于美国的全球战略利益的重要性目前比以往任何时期都高，已经成为美国钳制中国的王牌。但是，中国神圣领土绝不容许外来势力入侵，而国家只有完成了统一大业，才能实现民族复兴。中国一方面对台独的态度决不松软，使台独势力在台湾岛上不得人心；另一方面要更加务实地处理台湾问题，支持台湾的统一派势力，扩大对台湾的经贸往来，让台湾人民意识到祖国大陆才是台湾福祉的源泉。在上述各项准备完善后，台湾问题将再不成为难题。同时，自从共产党和国民党开始第三次合作之后，台湾蓝绿阵营正在发生深刻变化。自 2008 年马英九当选为台湾地区领导人以来，两岸关系不断升温，冲突明显下降。国民党从与共产党的合作中获得历史性的利益，开始走出了逐步衰落的困境，将视野从台湾地区扩大到全中国。但是，我们决不能掉以轻心，因为台湾岛内的局势还没有发生根本性的转变，台海外围的军事形式依然十分严峻。所以，加强国防高科技研制开发，全面提高解放军现代作战能力，做好军事斗争准备，不怕与台湾进行军备竞赛，并且以军备为手段摧垮台独势力的经济基础。

总之，敌对破坏势力对中国的战略围剿气势逼人，已经构成了严重的威胁态势，对此不能为了避嫌所谓的“中国威胁论”，而采取什么绥靖主义路线，那无疑是卖国主义的路线。相反，中国要从速加强自己的国防建设，让若明若暗的威胁中国的密谋破产。当然具体做法应当更隐蔽，内紧外松，在可预计的前提下，减少或避免与霸权主义正面冲突，以确保自己国防加速战略。中国全球战略的目标指向是，保卫自己的国家安全和国家利益不遭受损害。可是目前能对中国的国家安全和国家利益造成最终伤害的敌对势力不仅远远没有消失，而且还在明目张胆地集结。中国自我壮大的步伐迈得越大，也就只能越来越多地引起国际敌对势力的不安。受民族国家利益的驱动，单边主义和霸权主义绝不会自动推出历史舞台。所以说，中国必须居安思危，立足于忧患方能自强于世。

三、灵活执行全球战略

中国全球战略不仅要斗勇，更要斗智，是两者的巧妙结合。也就是说，在全球战略的布局上能够牵制住敌对势力，就能大获全胜。届时，不仅中国会民富国强，人民安居乐业，而且全世界人民也将享受到我们战略的胜利果实。虽然当今世界单边主义横行，但那只是一厢情愿的想法和短期现象，历史车轮的前进方向从来没有因为强权而扭转，和平与发展是当今时代的主题。尽管上述的新式民族国家利益冲突涵盖的范围广泛，不宜掌控，但是也有很多力量可以用来制衡其中的霸权主义。在稳定世界和平方面，中国是支不可忽视的力量。因为通过30多年的改革开放，中国已经成为世界第二大经济体、第三大贸易国、第一大外汇储备国，是世界唯一的超级大国美国的国债最主要的买家。中国的和平崛起是以符合现代文明的方式进行的，是在创新中加速实现中华文明的复兴，是以文明大国的形象屹立于世界民族之林的。

从历史发展的高度来看，这样的和平发展与文明交汇局面，必将促进整个人类文明进程产生结构性调整。在时代和平力量逐步壮大的情况下，在世界局部战争和地区冲突不断的条件下，中国要善于处理有利因素和不利因素并存的变化矛盾，把握住重要的战略机遇期，实现中国人100多年来的救亡图存和兴国之梦。要着眼于21世纪新阶段的时代特征和国情军情，从政治高度和国家利益全局思考和处理军事问题，从维护国家利益全局出发来思考和筹划军事斗争准备和军队建设。将国家利益作为军事工作的根本出发点和归宿，是中国从战争年代的革命军事制度向和平时期的国家军事制度转变的必然趋势。维护国家利益，是提高人民解放军战略能力的根本目的之所在。

在当前不断变化的国际形势下，中国是否妥善处理了对美关系显得日益重要。为了赢得相对稳定和有利的国际环境，全面提升国家整体实力，中国国家战略要点是尽量不与美国正面对抗，减少不必要的摩擦消耗，多方面积极地扩大对美合作，集中力量解决国家民族面临的最紧迫的历史任务。中国经过多年努力，已经在世界上建立起了最发达的国家和最大的发展中国家之间的新关系，即政治上加强交流与互信，经贸领域平等互利合作，国际事务中充分沟通协商，双边问题努力谈判解决。这个结局的产生是中国实力的不断强大，产生了一对没有依附关系、可以和平发展的合作伙伴。

2011年1月18日，中国国家主席胡锦涛再度对美国进行国是访问，这是中国外交在2011年的开篇之作，也是自2006年4月后，时隔近五年第二次访美。胡锦涛主席于18日当晚出席了美国总统奥巴马在白宫为欢迎他到访专门举行的私人晚宴，并明确表示此行的目的是为增进两国人民相互了解和信任而来，为扩大两国交流合作而来，为加强双方在重大国际和地区问题上的有效协调而来，更为开创中美关系发展新局面而来。[①] 20日胡锦涛主席在华盛顿出席美国友好团体举行的欢迎宴会，发表了题为《建设相互尊重、互利共赢的中美合作伙伴关系》的重要讲话。胡锦涛强调，我们将始终不渝地走和平发展道路，继续通过争取和平国际环境来发展自己，又以自身发展维护和促进世界和平。胡锦涛指出，在刚刚过去的21世纪第一个十年，中美两国共同努力，推动21世纪积极合作全面的中美关系不断向前发展，中美关系发展达到从未有过的广度和深度，并为了把健康稳定的中美关系带入下一个十年，提出了五点主张，[②] 高度概括了中国对美国发展关系的政策与诚意。

---

① “2011专题：胡锦涛访问美国”，http：//politics. people. com. cn/GB/8198/211914/index. html，2011年1月18－21日。

② “胡锦涛在美国友好团体欢迎宴会上的讲话（全文）”，http：//politics. people. com. cn/GB/1024/13780787. html，2011年1月21日。

纵观全球，美国要处理好棘手的全球或地区事务，似乎都越来越需要与中国合作。无论在朝核问题、伊核问题、联合反恐，还是稳定全球经济形势，中国都显示乐于合作。所以，从经济实力上看，中国当然还远比不上美国，可是中美两国间的差距在不断缩小，中国综合实力壮大的速度很快，成为深刻影响中美关系的一个重要因素。很多事实充分表明，中美经贸关系在各自外贸中所占的比重都极其重要，虽然中国对美国贸易有较大顺差，但双方经贸互补性极强。任何因贸易而起的恶性对抗，都可能对双方经济发展造成极大破坏。

从资本牟利的本质出发，2005 年秋天，美方提出，中国是美国的“利益攸关者”，胡锦涛主席2006 年在与美国布什总统会谈时，布什也再次确认了这个认识。同样，2011 年胡锦涛主席的再次访问也重申了这个共识。奥巴马在为胡锦涛主席举行的欢迎仪式上致辞说，胡锦涛的访问将为中美今后 30 年的关系奠定基础，称两国的成功对彼此都有“巨大的利害关系”。美国将中国看做一个“利益攸关者”，即美国的态度即反映出那种民族国家利益的国策来，也表现出只有同时与中国加强合作才能达到其国策目标。胡锦涛主席说，在同奥巴马总统的会谈中，就中美关系及共同关心的国际和地区问题深入交换意见，并达成重要共识。一直以来，中国都是负责任的国际社会成员，也必然会是“负责任的利益攸关者”。尽管美国内部不断有声音鼓动对华遏制、制裁，但中美关系的主流基调只能是相互尊重、互利共赢的合作伙伴关系。

然而要长久保持的一个清醒思维是，在当前世界各种经济政治力量急速变化和重组的多事时期，在人类生存环境持续恶化的历史性转折时期，在民族国家利益主体的前提下，在世界经济的艰难复苏进程中，国外敌对势力总是要竭力围堵中国。不仅在 2006 年美国朝野所谓的“新华盛顿共识”中，表现出继续遏制中国的意图，而且在 2009 年奥巴马访华中，仍然不忘所谓的《对台关系法》，不忘提起与美国利益无关的达赖，是否又暗含遏制之意呢？因此，中国绝不能高枕无忧，那同样是自我灭亡的幼稚思想；中国也绝不能四面出击，那是自我毁灭的愚蠢做法。认清这两点是十分重要的，这样中国就不会让其他国家牵着鼻子走，而是你围你的，我走我的，中国集中精力搞好国内的经济建设和经济发展，同时采用一切手段，坚定不移地保护民族利益、国土安全。

四、坚决防卫国家金融战线

近些年来，美国、日本以及欧洲的工业化国家采取多种手段，强压中国人民币升值。该不该调整人民币汇率，这个问题本来属于中国内部的金融政策，可如今却成为国际经济社会中的一个重大话题。实质上美国挑头对中国人民币汇率施压，其用意在于扭转美国对外贸易逆差，而本质上则是推行金融霸权主义，获取霸权主义主导下的垄断利润。第二次世界大战结束之后，美国凭借其在国际货币体系中的主导地位，建立了美元帝国，使金融霸权成为军事霸权和经济霸权的延伸，不断获取霸权利润。可是，美国四处扩张，到处碰壁，国力耗损过度，美元帝国已经垮台。美国期望通过美元贬值，转嫁其各种经济危机。每次美元大幅贬值，都能使美国债务减少约三分之一，又能刺激其产品的出口，还能成为其对其他国家进行剥削的主要形式。这实际上就是战争，是货币战争，是新型的金融战争，通过这种战争手段同样可以将敌对方置于死地。

历史上美国就曾经多次以汇率为武器，在经济上围剿其他国家。20 世纪 80 年代，日美经济摩擦不断，美国立即采取了所谓的“敲打日本”的政策，不断强迫日元升值。为了遏制廉价日货出口狂潮，1985 年美、法、德、英的财政首脑迫使日本签署了“广场协议”，从而逼迫日元升值 30%。“广场协议”后，日元对美元等主要国际货币不断升值，日元对美元在不足 10 年的时间内升值 4 倍多，日本出口产业几乎丧失了价格优势，不得不向劳动力成本更低廉的周边东亚国家迁徙。鼎盛的日本经济丧失了国际竞争力，最终陷入衰退。

自 2001 年以来，美国为了刺激衰落的经济，美元持续贬值。美国政府原来期望能使国内经济全面复苏，可是却没有能达到预计的效用，相反却极大地增强了中国企业的出口竞争力，刺激了中国产品的出口。据中国海关统计，从 1973 年到 1992 年，20 年间美国对中国贸易顺差为 280. 2 亿美元。从 1993 年到 2009 年，中美贸易额从 276. 5 亿美元增加到 2982. 6 亿美元，加上 1972 年，18 年间中国对美国贸易顺差为 10583. 36 亿美元，[①] 因此人民币升值便成为美国推行金融霸权主义的战略的重要构成。实际上大凡熟悉美国社

---

① 王剑：“‘美国制造’能否平衡美中贸易逆差?”，《科学时报》，2011 年 9 月 14 日。

会经济的人都明白，美国外贸逆差剧增的原因不在于中国人民币汇率政策本身，而是美国产业结构调整、对外直接投资扩大、个人消费支出的增长以及美元贬值曲线效应等多种因素综合作用的结果，是美国外强中干的写照。可是美国政府为了阻碍中国商品出口占领国际市场，维护其“金融霸权国”地位，随意按照自己的意志强制性地推行其政策，蛮横地施压人民币升值。

值得重视的是，日本也又一次将自己绑在了美国的战车上，迫使人民币升值，是日本争夺未来“亚元”（亚洲货币）主导权的战略举措。近年来，关于“亚元”问题的讨论已越来越热，谁能成为未来亚元的主导，已变成一个日益敏感的话题。日本由于其经济十多年来的萎靡不振，日元充当亚洲货币主导的可能性在变小。相反，由于经济在超过1/4世纪内的持续性高速增长，中国已经逐渐成为亚洲经济发展的“火车头”和世界经济发展的重要推动力量。因此，人民币的价值日趋明显，并在中国周边国家已经开始形成一个“人民币地带”，这就导致了日本对此忧心忡忡。尽管日本财务大臣和央行行长于2010年4月22日，也就是华盛顿G20会议的前一天，公开表示反对就人民币汇率重估向中国公开施压，①我们仍然应该谨防日本转变态度进而附和全球压制人民币的呼声，通过人民币升值，打垮人民币对日元的挑战，确保日元的未来主导地位。

对于西方列强的金融霸权主义，中国政府以全体人民的利益为原则，既没有向国际恶霸势力低头，又采用高超的斗争策略，有利有节地进行了斗争，全国人民为此叫好。今后这样的斗争还会继续下去，全国人民要与中央保持一致，坚决抗衡和巧妙躲避外部敌对势力的金融轰炸，维护国家和民族的最高利益。如果说美国、日本和欧洲国家出于其国家利益的战略考虑，强逼人民币升值是对中国新形式的经济侵略的话，那么国内一些崇尚泛市场经济论调的所谓学者，竟然配合美国、日本和欧洲国家的恶势力，也鼓吹什么人民币汇率高估而应“合理”升值的论调。这些人不以国家和民族的利益为最高原则，而是以自私的小团体的利益为判断准则，公然同中央政府的既定方针相对抗。他们打的小算盘是极端自私的，是想借此机会将自己的人民币存款也来个升值，而其中必定有大量种种非法所得，以便他们出国观光甚至是长期居留海外，这无疑是一种新型的背叛行为，是市场经济决定一切论

① “日本反对就人民币汇率问题向中国施压”，http：//money. 163. com/10/0423/14/64VA4A8F00253SI7. html，2010年4月23日。

调真面貌的大暴露。

随着中国经济、文化、军事等综合国力的增长，国际敌对势力必然图谋捣乱破坏，对此国际霸权主义者也从不隐瞒，现有的国际和平环境也具有一些可发生逆转的因素，所以，中国未来所面临的国际环境的危机是绝对的、长期的，因此，居安思危的警惕性绝对不可以松懈。不过，无论敌对势力如何阻拦，中国都要继续走改革与和平发展之路。“两岸猿声啼不住，轻舟已过万重山”。用这首唐代诗人李白的传世佳句形容现代反华势力的徒劳之举，也借以表达中国人民必胜的信念和已有的业绩，应当是很适宜的。一个和平与繁荣的中国必将崛起，必定会对全球繁荣作出重要贡献。

第六章

社会主义新农村建设及其途径

中国是个农业大国，自从实行家庭联产承包责任制以来，如何使我国农业沿着一条持续快速健康发展的路线向前进发，实业界、政界和学术界一直在不断地探索。由于农村问题很复杂，所以解决好农业、农村和农民的“三农”问题，仍然是今日中国共产党工作的重中之重。从一个全新的战略思考出发，中国确定了“十二五”期间建设社会主义新农村的总体指导纲领：“在工业化、城镇化深入发展中同步推进农业现代化，完善以工促农、以城带乡长效机制，加大强农惠农力度，提高农业现代化水平和农民生活水平，建设农民幸福生活的美好家园。”① 要通过完善农村发展体制机制，全面推进农村的经济、政治、文化和社会建设，使农村成为繁荣、富裕、民主、文明与和谐的新天地。

第一节　从“先富”走向“共富”

中国社会的最大组成部分是基本属于小农经济的传统社会。中国当代改革的一切辉煌成果，都是源自于一个小村庄的包产到户。当初十几家农民为了吃饱肚子进行的冒险，最终造就了一个历史大趋势，为包括城市经济在内的整个经济体制改革提供了借鉴。这些成功的经验，对于现在解决“三农”

① “中华人民共和国国民经济和社会发展第十二个五年规划纲要”，http：//www.china.com.cn，2011年3月16日。

问题依然具有启示意义。“十二五”期间强农惠农、加快社会主义新农村建设，是在农村发生了巨大变化的基础上提出来的，也是从历史性地解决新阶段出现的新问题角度提出的战略计划，而在加快发展现代农业的同时，拓宽农民增收渠道被列为首要任务。

一、继续提高农民群众生活水平

21 世纪的中国农民生活水平大大高于 20 世纪 70 年代前期，是改革开放带来的硕果。中国改革起自于农村，而改革的序幕是由农民自己拉开的。1978 年以前，安徽省凤阳县小岗村是全县有名的“吃粮靠返销、用钱靠救济、生产靠贷款”的“三靠村”，每年秋收后几乎家家外出讨饭。1978 年 11 月 24 日，小岗村 18 户农民搞起了“大包干”，正式揭开了中国农村改革的序幕。第二年秋收，小岗村包干到户见成效，粮食总产量 6.6 万千克，第一次向国家交了公粮，还了贷款。1980 年，小岗村产粮 6.95 万千克，1997 年增至 38 万千克。目光敏锐的邓小平及时总结了农村改革的经验，指导中国开始了改革开放的历史进程，进行了中国共产党领导下的第二次革命。小岗村一场包产到户的冒险，掀起了波及全中国的农村产权制度改革。

1982 年，中国共产党发出了中央一号文件，明确指出包产到户、包干到户或大包干“都是社会主义生产责任制”。这个中央一号文件突破了传统的“三级所有、队为基础”的体制框框，肯定了“双包”（包产到户、包干到户）制，而且说明它“不同于合作化以前的小私有的个体经济，而是社会主义农业经济的组成部分”。从此以后，包产到户这个最具有乡土气味的古老办法走上了中国的政治舞台，全国农村由此发生了翻天覆地的变化，经济社会面貌焕然一新。当然，农村改革的道路并不是一帆风顺的，其间经历了很多艰难曲折。

中国是个人口以农民为主的国家，农民增收是国家富强的基础。受一些客观因素的影响，自 20 世纪 90 年代以来，农民增收幅度相对较小，因此成为国家发展与社会稳定的一个难题。“十五”期间，中国采取了一系列促进农村经济发展的政策措施，着重解决农民群众生活水平问题，使农民人均纯收入及其增长速度出现大幅增长。中国农民人均纯收入的年增长速度从 2001 年的 4.2% 上升到 2005 年的 6.2%，农民人均纯收入从 2001 年的 2366 元提高到 2005 年的 3255 元，年均增长 5.3%，不仅超过了“九五”年均增速，也超过了“十五”计划5%的目标。[①]

“十一五”时期，农村经济发展继续高歌猛进，农村居民人均纯收入从2005年的3255元增长到2010年的5919元，实现了8.9%的年均增长，大大超过了“十一五”规划的5%的增长目标。[②] 人民能够“甘其食，美其服，安其居，乐其俗”，这是中国古代圣贤描述的梦想境界。[③] 中国当代农村发生的上述变化，虽然离千百年来的这个境界相差还有很大的距离，但也是自盘古开天地来的第一次。毫无疑问，这些发展获得了人们的喝彩与敬佩。

尽管中国改革开放之后，农业经济和农村社会发生了巨大进步，但是，中央政府和人民群众清醒地知道，中国还是一个发展中国家，农业依然处在艰难的爬坡阶段，城乡居民收入差距扩大的趋势并没有根本改变，农民收入增长缓慢是个最突出的矛盾。2004年至2009年连续六年发布以“三农”（农业、农村、农民）为主题的中央一号文件，强调了“三农”问题在中国的社会主义现代化时期“重中之重”的地位。2011年1月29日，《中共中央国务院关于加快水利改革发展的决定》下发，首次对水利工作进行全面部署。至此，中国在21世纪已连续出台了八个指导“三农”工作的中央“一号文件”，有力地促进了农民增产增收，提高了农业综合生产能力，开创了社会主义新农村建设的新局面，也给农业健康发展、农民持续增收和农村长期稳定带来强劲的动力。

马克思主义经典作家十分重视农业、农村和农民问题。马克思、恩格斯以及列宁都曾从农业发展的一般规律出发，强调农业在国民经济发展中的基础地位和作用，注意对资本主义时代工农关系和城乡关系及其发展趋势的分析。特别是他们首先把农民问题作为无产阶级革命和社会主义建设的重大问题提出来，从无产阶级革命的需要出发研究工农联盟问题，突出强调在农民占人口多数的国度建立和巩固工农联盟对于无产阶级革命和社会主义建设的重要性。他们还从社会主义建设角度考虑如何解决农民、农村、农业问题，也就是中国现在提出的“三农”问题，并且对未来社会农民、农村和农业发展的前景进行了科学的预测。

---

① 《中华人民共和国国民经济和社会发展第十一个五年规划纲要》，人民出版社2006年版。

② “中华人民共和国国民经济和社会发展第十二个五年规划纲要”，http://www.china.com.cn，2011年3月16日。

③ 引自《老子·八十章》。

恩格斯曾仔细研究了欧洲的农民问题，写下了《德国农民战争》、《法德农民问题》等名篇。他提出了如果未来无产阶级用暴力革命手段掌握了国家政权，应当在社会主义社会中改造小农经济的一个原则性的设想，“不是采用暴力，而是通过示范和为此提供社会帮助。”① 列宁在俄国“十月革命”胜利的初期，从农村的实际出发，反思了1918—1920年期间布尔什维克曾在俄国农村推行极“左”而干过的“许多蠢事”，坚决并耐心地说服了俄国共产党中央委员会的同志们，于1921年春天开始实行他提出的“新经济政策”，那是解决俄国农村问题的正确方针。新经济政策的一项重要内容，就是以粮食税政策取代余粮征集制。② 为什么实行新经济政策呢？因为十月革命后的头几年，苏维埃俄国受到外国列强的军事进攻，局势极其严峻。俄国共产党被迫采取了在农村强化土地国有制和对农民余粮扩大实行无偿征集的激进过火政策。

列宁指出了激进政策的负面后果，“我们遇到了苏维埃俄国内部巨大的、我认为是最大的政治危机，这个危机不仅引起相当大的一部分农民的不满，而且引起工人的不满”。那个时候大量的农民群众站在了对立面，“农民暴动可以说是俄国的普遍现象”。列宁深刻地认识了其中的原因：“这种特殊的、对于我们自然也是极不愉快的情况是由什么引起的呢？是因为我们在经济进攻中前进的太远了，我们没有给自己保证足够的根据地；群众已经感觉到直接过渡到纯社会主义的经济形式和纯社会主义的分配，不是我们力所能及的事情，如果我们不能实行退却，只去完成一些比较轻易的任务，我们就有灭亡的危险。”③ 列宁实质上倡导实施的是退却的新经济政策，保障了农民的利益，取得了新中国成立初期的胜利。斯大林在领导前苏联进行社会主义建设过程中过早地宣布停止退却，不再实施新经济政策中的依然适宜的重要内容，没有解决好前苏联农村、农业、农民问题，他在相当程度上以剥夺农民的办法来实现前苏联的工业化。当然采取这个办法，有一定的历史原因。然而自第二次世界大战结束后，前苏联依然没有纠正在“三农”问题上的错误，这也是前苏联模式最终失败的一个重要原因。

新中国成立之前，中国农村经济发展滞后，缺少社会服务，农村人口文

---

① “法德农民问题”，《马克思恩格斯选集》第4卷，人民出版社1995年版，第310页。

② 中共中央编译局编：《列宁论新经济政策》，人民出版社2001年版。

③ “俄国革命五周年和世界革命的前途”，《列宁选集》第4卷，人民出版社1960年版，第694—695页。

盲率高，怎样才能建设一个富裕、繁荣的农村呢？农民需要什么呢？中国共产党进行了艰苦耐心地探索。毛泽东指出："过去我们同农民在土地革命基础上建立起来的那个联盟，现在农民不满足了。……现在要有新的利益给他们，这就是社会主义。"① 发展农村经济，就是要建设社会主义，脱离了这个大方向，农民就不能富裕，农业就依然落后。遗憾的是，中国农村的社会主义建设走了很长一个阶段的弯路。中国实行改革开放政策之后，共产党最高决策层一切从实际出发，逐步深化了中国特色社会主义现代化建设发展的指导思想和基本思路。邓小平设计和实施了中国农村改革，把土地分割成小块承包给农民。土地承包制的实质是土地分租的一种形式。地租，其实就是农民向国家缴纳的公粮，这也相当于粮食税。与列宁实行的新经济政策相比，都是以有限的实物税（地租）代替全部余粮（或公粮）的无偿征集制。

邓小平与列宁都是深入地了解国情民情，实行了休养生息的安民、富民政策，而且其伟大的历史意义和作用都是世界公认的。从中国共产党的十六大到十六届三中、四中、五中全会，党中央形成了解决 21 世纪新阶段"三农"问题的总的思路、措施、目标和要求。2006 年 2 月的中共中央一号文件阐述了建设社会主义新农村的理论政策，提出"坚持'多予少取放活'的方针，加快建立以工促农、以城带乡的长效机制。"② 这个方针是党的十六大以来党中央全面落实科学发展观、解决"三农"问题的基本思想和思路的集中体现，是解决"三农"问题的新理念。重温恩格斯预想的"提供社会帮助"，毛泽东提出的"有新的利益给他们"，可以清楚地知道，世界社会主义理论的开创者，社会主义新中国的创立者，21 世纪中国社会主义新农村建设的指导者，不同国籍，不同时代，共产党领袖们的精神风采一脉相承。

毫无疑义，按照中国新一代领导集体指明的方向，持续地使农民群众生活水平、文化水平不断提高，努力地使农村社会的物质文明、精神文明和政治文明都得到长足发展，这样，社会主义新农村建设就会成功，中国全面建设小康社会的历史目标就能实现。

---

① "农业合作化的一场辩论和当前的阶级斗争"，《毛泽东选集》第五卷，人民出版社 1978 年版，第 196 页。

② 新华社授权发布："中共中央国务院关于推进社会主义新农村建设的若干意见"，新华社，2006 年 2 月。

二、推进农村各项制度建设

中国现代化建设的基础在于农民、农村和农业，而“三农”问题仍然面临着许多困难，特别是农民收入增长速度目前依然缓慢，贫困农民总数规模还很庞大，城乡居民收入差距拉大，这些问题的产生很大的原因是经济体制存在一些缺陷，而要解决它们还有很长的路要走。2011 年 11 月 29 日，中央扶贫开发工作会议在京召开，会议决定，将农民人均纯收入 2300 元（约合 355.6 美元）作为新的国家扶贫标准，相较于 2009 年的年人均收入低于 1196 元的标准，新标准提高了 92%。2300 元的新“贫困线”意味着，全国贫困人口数量和覆盖面也由 2010 年的 2688 万人扩大至 1.28 亿人，占农村总人口的 13.4%，占全国总人口（除港澳台地区外）的近十分之一，[①]比绝大多数国家的总人口数还多。

同时，根据世界银行统计资料和中国公布的数据来看，2010 年中国 GDP 总量超日本 4044 亿美元，但人均 GDP 与日本仍有近 10 倍的差距。即便我国超过日本成为全球第二大经济体，但离第一大经济体美国还有很大距离，美国的经济规模在 15 万亿美元左右，是中国的 3 倍。根据国际货币基金组织等国际组织数据，2010 年，中国人均 GDP 在世界排在第 100 位左右。按照每人每天 1 美元收入的联合国标准，中国仍有 1.5 亿人贫困人口。[②] 正如温家宝总理 2006 年 4 月访问澳大利亚时对外国朋友所做的概括的那样，“目前中国人均国内总产值还排在世界 100 位之后”，仍然是世界上最大的发展中国家。“中国要实现现代化，还要很长的路要走，需要几代、十几代，甚至几十代人的不懈奋斗。”[③] 任何松懈或者自满都是要不得的，都无法实现全体人民共同富裕的目标。

（一）建设新农村要以增加农民收入为主

在第十一届全国人民代表大会第四次全体会议上，温家宝总理明确提出

---

① “农民年收入不足 2300 元，就是贫困人口”，《南方农村报》，2011 年 12 月 1 日。

② “日本终结 40 多年‘经济奇迹’我国成为世界第二喜忧参半”，《东亚经贸新闻》，2011 年 2 月 15 日。

③ 温家宝：《坚持走和平发展道路促进世界和平与繁荣——在澳大利亚总理霍华德举行的欢迎宴会上的演讲》，*Beijing Review*，2006 年 5 月 18 日，第 2 页。

坚持把“三农”工作放在重中之重，在工业化、城镇化深入发展中同步推进农业现代化，巩固和发展农业农村好形势。将农村现代化发展提到了战略的高度，无疑是对现实问题的新解释，是认识提升之后的新境界，为建设社会主义提供了思想理论指导和决策依据。温家宝总理强调，“确保农产品供给，多渠道增加农民收入，提高扶贫标准，加大扶贫开发力度”。① 最近两年农民收入虽然增加较多，但城乡居民收入差距扩大的趋势并没有根本性改变，农民收入增长困难依然是最为突出的矛盾。农村社会事业发展同样呈现明显的“短腿”，现代化社会的多种服务农民享有的比例很少。近些年来，农村居民家庭平均每人生活消费中的食品支出所占比例下降了，表明温饱问题基本解决。但是对衣着支出、家庭设备用品及服务、其他商品及服务的比重却徘徊不前，文教娱乐用品及服务更是呈下降趋势（见表6-1）。说明农民生活单调，社会配套服务不足，改革带来的多样化福利没有被农民充分享有。

表6-1　1990—2009年农村居民家庭平均每人生活消费支出构成　单位：%

项目＼年份	1990	1995	2000	2005	2008	2009
生活消费总支出	100.00	100.00	100.00	100.00	100.00	100.00
食品	58.80	58.62	49.13	45.48	43.67	40.97
衣着	7.77	6.85	5.75	5.81	5.79	5.82
居住	17.34	13.91	15.47	14.49	18.54	20.16
家庭设备用品及服务	5.29	5.23	4.52	4.36	4.75	5.13
交通通讯	1.44	2.58	5.58	9.59	9.84	10.09
文教娱乐用品及服务	5.37	7.81	11.18	11.56	8.59	8.53
医疗保健	3.25	3.24	5.24	6.58	6.72	7.20
其他商品及服务	0.74	1.76	3.14	2.13	2.09	2.11

资料来源：国家统计局编：《中国统计年鉴2010》，中国统计出版社2010年版。

据《2010年全国教育经费执行情况统计公告》显示，2010年全国普通小学教育生均预算的公用经费支出为929.89元，比上年的743.70元增加了

① 温家宝：《政府工作报告——第十一届全国人民代表大会第四次会议》，人民出版社2011年版。

25.04%。其中，农村生均公用经费支出为862.08元，虽然比上年的690.56元增长24.84%，[①] 但依然低于全国平均水平，更远低于城市生均公用经费。全国普通初中教育生均公用经费也是如此，存在难以掩盖的城乡差距。

2011年，卫生部公布了《2010年我国卫生事业发展统计公报》。以"有效减轻居民就医费用负担"为总目标之一的新医改三年规划在2011年进入收官之年，但2010公报的统计数据显示，2010年医院门诊病人次均医药费用和住院病人人均医药费用，按当年价格比上年分别上涨了9.7%和9.0%。住院病人日均医药费用590.6元，上涨幅度略高于住院病人人均医药费用上涨，为9.3%。[②] 由此可见，医改任务依然十分艰巨。从卫生部公布的统计报告上发现，虽然在近几年的卫生总费用中，老百姓个人卫生支出的占比在逐年下降，但是绝对数仍在上升，如2007年为5098.7亿元，2009年为6570.8亿元。[③] 这些类似顽疾的医疗难题是由多种原因长期积累造成的，主要是医疗资源结构失衡、医疗卫生费用支出不均、药品流通秩序不稳定、医疗服务繁杂且昂贵、医疗市场监管不完善等问题导致的。

中国医疗资源结构性失衡，造成了持续"看病难、看病贵"的问题，尤其是对于农民而言。要解决现在的农村没有能力承担起的医疗方面的问题，需要投入很大的人力、物力、财力，而且也不能指望"毕其功于一役"。为此，在2011年12月11日举行的"2011第六届中国全面小康论坛"上，国务院研究室综合司司长陈文玲提出了"共享、共建、共有、共赢"八字方针来解决城乡医药卫生事业的巨大差距。具体指城乡共同享受优秀医疗资源的供给；推进城乡一体化设计；城乡共有好的医生、好的设备、好的技术、好的服务；通过医疗服务体系再造，城乡一体化医疗供给，实现城市农村的共赢。[④]

人们的身体健康情况如何，也与生态环境质量密切相关。不良的生态环境能够传播疾病，直接影响到人们的生活质量。由于农村经济发展滞后，农业生产科技含量低，农民缺少资金，没有足够的实力美化家园，因此中国农

---

① "教育部等关于2010全国教育经费执行情况统计报告"，http://news.xinhuanet.com/edu/2011-12/31/c_122516872.htm，2011年12月31日。

② "卫生部2010年公报：看病贵看病难问题解决了吗?"，《21世纪经济报道》，2011年5月5日。

③ "中国看病难看病贵现象持续　探究过度医疗根源"，《人民日报》，2011年4月14日。

④ 陈文玲："'八字'方针缩小城乡医疗差距"，http://news.xinhuanet.com/health/2011-12/12/c_122407812.htm，2011年12月12日。

村生态环境质量呈现逐年下降趋势。在很多农村，低水平的耕作和传统落后的生产形式依然存在，使得农药、化肥等农用化学品被过度施用，小规模的畜禽养殖遍地开花，畜禽粪便、随意屠宰等各种养殖业，畜牧业的废物无秩序的排放，秸秆焚烧，生活污水，垃圾污染，绿地的减少等等，导致了农村的生态破坏日趋严重，生态系统呈现由结构性破坏到功能性紊乱演变的发展态势。同时，城市工业化所产生的污染物肆意排放，污染后果也直接影响到了农村的生态。最后的恶果具体表现为：水土流失问题尚未得到根本解决，土地沙化和石漠化问题突出，局部地区土壤盐渍化增长势头仍在加重；森林面积增加，功能却在下降；草地面积持续减少，质量降低；水资源不合理开发导致河流断流，湖泊绿洲萎缩，地下水位下降；因矿产资源开发造成的土地破坏面积大，且呈持续增长的趋势。农村生态环境恶化不仅直接影响到农民群众的身体健康，而且使农业经济的发展在低水平徘徊。如果不采取更有力的措施解决这一难题，将直接影响全面建设小康社会的进程。

“十一五”规划纲要将建设社会主义新农村放在头等重要的地位，并且提出许多新的指导方略，这也是对以往经济社会建设经验的总结与发扬。在新中国的经济历史上，关于如何进行新式农村建设，曾经历了长时间的探索。在21世纪50年代，中国制定国民经济“二五”、“三五”计划时，就提出建设社会主义新农村问题。但是在“十一五”时期进行的社会主义新农村建设同以前相比有很大的不同，它有着鲜明的时代背景和重大的历史和现实意义，是实现现代化的基础，“十二五”规划纲要更是继承并发扬了这些指导方针。因此，要通过加强领导，狠抓落实，贯彻中共中央关于加强“三农”工作的大政方针，抓住当前国家农业和农村发展的重要机遇期。要把增加农民收入作为农村全面小康建设的中心任务，进一步调整农业结构、加大工业反哺农业和城市带动农村的力度等措施，建立和强化农民增收的长效机制。为此，要从经济体制改革入手，从根本上克服阻碍农村发展的困难，妥善处理工农城乡关系，使农民生活不断有所改善。

（二）不合理的“剪刀差”和土地征用窃取了农村财富

改革开放之前，中国社会以户籍制度为核心，城乡人口和经济与社会生活，被人为地分割为两个隔离的部分，中国社会资源的再分配在城乡之间实行两种截然不同的制度，在这些制度的背后，两部分居民身处两种不同的经济和社会待遇，相互不能自由流动，农村的资源被大量抽取到城市以支撑工业化进程。工农业产品"剪刀差"比价长期不合理，当时城里人所消费的主要是来自农村的产品，城里人的大部分收入通过购买生活必需品又流入了农村。不过那时在极左思潮下，农民的劳动付出所得很少，不少地方的农村劳力苦干一年，得到的主要是实物分配用的"工分"和很少的现金，个别地方甚至年终还倒欠生产队一笔债务。大量农村财富被用不合理的"剪刀差"方式集中到城市，成为工业化发展的投入资金。部分农村发展缺乏资金投入，由城乡二元结构造成的断裂形态十分清晰。改革开放之后，城乡二元结构经历了一场深层次的演变。

特别是在近十年左右，城市居民快步进入耐用消费品时代，其中有相当一部分人是跑步进入奢侈品时代。法国、德国、美国的昂贵奢侈品大量进入中国，由暴富者领头掀起的超前消费在城市迅速四下蔓延，可是它们无法成为农村消费的现实，于是农村在客观上被排斥在现代生活的享受之外。住房、汽车、电器、医疗、教育、旅游等城市消费项目的支出越来越多，它们事实上也很难流入农村去，与此同时，原产自中国农村的农副产品在城市居民消费中占有的比重越来越小，农民为回收货币付出的代价明显高于人民公社时代。农民成为弱势群体，部分地和被无奈地推入了现代进程的边缘化境地。

此时，工业化和城市化又用低价征用土地转移农村财富。土地是农民最基本的生产要素，土地权利是农民最重要的财产权利。要素资产化、配置市场化是完善市场经济体制的内在要求。在市场经济体制下，土地要素配置、土地资产经营实质上是土地权利的契约化交换，必须建立在产权清晰界定的基础上。农地产权制度是农地所有权、使用权、收益权、处置权等各项权能的设置和划分，是规范农地利用关系的制度体系。作为农村土地关系中重要的利益主体，农民的土地财产权利与农村土地产权制度密切相关，土地权属界定、土地权属转移、土地关系立法等环节都直接影响着农民的权益。可是，目前这些法律并不完善，农村土地的产权虚化，而不合理征地则侵害了农民利益，引起了尖锐的矛盾。

中国土地征用制度存在三个突出问题：一是征地权的适用范围扩大化。征地范围过宽、大量经营性项目借助公权征用土地，是农民权益受到侵害的主要原因。二是征地程序缺乏理性。现行体制下，各级政府出于财政压力、利税动因及政绩效应，其自身利益很容易与企业利益整合，并形成共谋关系，随意启用征地权，而农民缺乏协商机会和谈判能力，其土地权利受到了相当程度的漠视。三是征地补偿过低并被层层截留。在成熟的市场经济国家，征用土地必须按照“公平的市价”对土地所有人给予补偿，其补偿标准的确定既要考虑土地现期的市场价值，也要考虑土地的预期收益。中国也实行征地补偿办法，虽然补偿费存在一定的地区差异，可是现金形式的补偿还是发放的。可是一些地方由于实施了某些激进的市场化措施，任意截留征地补偿，这类问题事情的发生曾经较为普遍。浙江省在征地活动频繁出现的2004年曾做过一项调查，结果显示，如果征地成本价为100%，被征用土地的收益分配格局大致是：地方政府占20%—30%，企业占40%—50%，村级组织占25%—30%，农民仅能得到5%—10%。[①] 失地农民得不到合理补偿，又没有社会保障，不少农民处境艰难。

早在2005年中国科学院就提交了一份报告研究，进一步深刻地分析了这种泛市场化性质的不平等财富转移现象。报告认为，如果从1979年中国改革开放计算，每年平均各种建设占用耕地按400万亩计算，25年共征用了农村的耕地1亿亩左右，每亩最低按照10万元计，农民给改革开放以来的工业化和城市化提供了相当于10万亿元的土地资产。报告在连用三个惊叹号之后道出了现实：“估计失地农民可能只得到了1/20左右的补偿。20年中，失地农民从土地上得到的补偿最多不超过5000亿元，25年的工业化和城市化，国家和城市工商业从农村集体土地低价格中转移和积累了9万多亿元资产。”[②] 而且，很长一段时间，政府都起到了推波助澜的作用，比如政府可以以低价征收农民的土地，使之从集体土地转变为可以公开进行招标的国有土地，出让给建设用地中标人，其中的差距每亩可以达到几百甚至上千元。

直至2011年年初，《国有土地上房屋征收和补偿条例》出台，城市拆迁按照市场价补偿的原则初步落定，但集体土地的征收和补偿却仍然处于含糊的状态。[③] 不难想象，工业化和城市化过程中出现的城乡间巨大土地财富转移，仅为目前中国城乡二元问题的一个缩影。实际上，这是城市和农村之间一种新形式的断裂，这种断裂主要不是由行政性质的户籍制度造成的。究其原因，是由脱离中国实际和不配套的激进的市场化推进造成的，大量失去

---

① 陈明：“产权虚化是农地弊案的制度性根源”，《农民日报》，2004年5月20日。

② “中国城乡二元结构亟待改变　久违攻坚拉开了大幕”，《瞭望》，2006年3月9日。

③ “政府不再以公共利益名义低价征收农民土地”，《广州日报》，2011年10月26日。

土地的农民沦为失业游民，生活陷于困境之中。虽然城乡二元结构是一种无法避免的历史现象，但是这种由市场主导征地而引起的混乱，是一种更为深刻的城乡分割，是一种威胁社会稳定的内部动荡。

低价征用农民的土地，是农民利益流失最严重的一个方面。土地征用不仅没有富裕农民，而是造成了大批农民失地失业；城乡差距不仅没有缩小，而且是加大了社会不公。因此，要以保障农民权益为核心，改革征地制度，允许农村集体非农建设用地直接进入市场流转。要修改相应的法律法规，只要符合土地利用规划，只要在严格的土地用途管制控制之下，就应该通过开发商和土地所有者进行平等的谈判，让土地所有者——农民集体经济组织与地方直接谈判和交易。允许和鼓励农民以租赁、参股等办法，参与土地收益的二次分配，获得长期稳定的收益。近年来，农民土地权益问题已进入高层决策视野。

2011 年 11 月 11 日至 12 日，在北京召开的第二届国土资源法制与市场学术研讨会上，“征地制度改革”成为焦点话题。与会专家学者一致认为，现行征地模式已经难以为继，必须从落实科学发展观、推动经济发展方式转变高度认识征地制度改革的重大意义，尽快改革现行征地制度。[①] 显然，中国共产党和国家最高领导阶层已经开始着手进行土地征用改革的准备工作，并将其与户籍制度改革并列，实行城乡劳动者平等就业的制度，建立健全与经济发展水平相适应的多种形式的农村社会保障制度。[②] 在土地问题上，决不能犯历史性错误。必须充分运用法律手段管好土地，切实保障农民的土地财产权利。

三、重新认识阻碍财富公平分配的错误论调

城乡收入差距拉大，社会贫富悬殊，尤其是农民收入水平滞后，成为弱势群体，还有数千万人没有解决温饱问题，这是中国目前最严峻的事实。中国自古以来的思想意识与文化传统就是“不患寡而患不均，不患贫而患不安”。贫富不均是最容易引起社会不稳定的因素，更是直接牵动国家兴亡的

① 范晓辉：“专家学者热议征地制度改革”，http://media.china.com.cn/cmdf/cszx/zjsy/2011/1114/67031.html，2011 年 11 月 14 日。

② “中共中央国务院关于推进社会主义新农村建设的若干意见”，新华社，2006 年 2 月 21 日。

重大问题。古代圣贤孔子曰："盖均无贫，和无寡，安无倾"。[①] 故而，如何由改革开放开始的"先富"走向"共富"，如何使整个农民阶层富裕起来，如何使社会财富分配更加公平，乃是当前中国最需要解决的问题。面对贫富差距，泛市场化论调起初是抹杀不公平，后来这个思潮又宣扬决不要渲染"仇富"心理，那个心理是有害的，不能靠"杀富济贫"解决中国的问题。再后又冒出一个论调，谓曰，什么是公平？过去认为平均分配是公平，后来认为机会均等是公平，现在看来，公平来自认同，一个人融入群体中，认同为群体的一分子，就会感到公平。诸如此类的错误论调目前尚有市场，它阻碍解决农民收入增长减缓问题，必须予以清除。

（一）究竟什么是公平？什么是认同？

科学地分析，认同是多方面的，比如国家认同，民族认同，文化认同，社会认同等等。对城乡收入差距的理解显然属于社会认同。社会认同也是一种组织认同，它与宗教认同，语言认同，地域文化认同，阶级阶层认同，职业认同，性别认同等等有着类似的心理机制。社会吸引导致的组织凝聚，不是组织成员之间以个人特性的相似、相互依赖或交换而形成的人际吸引并导致的组织凝聚，而是形成的组织认同。这种认同即形成了"我们感"，它是事业共同体和利益共同体形成的心理基础。"我们感"就意味着个体将自己归属于群体，自我认定是组织中的一员。组织中的成员在"我们"意识的推动下，才能风雨同舟，因为组织是"我们的"，而不是"他的"、"他们的"。

在"我们"意识推动下，处于组织中各级权力地位的人，才能在组织权力结构之外的意义上尊重处于从属地位的人，因为组织是"我们的"，而不是"我的"。同样，在"我们"意识推动下，处于组织中同一级，处于特别是核心领导层的人才能减少和避免权力争夺和工作摩擦，因为组织是"我们的"，不是"我的"，不是"你的"，也不是小团伙"你们的"。

形成社会吸引的心理机制是，完成个人的"自我类化"，形成心理群体从而达到"群体凝聚"的效果。在个体心理历程上需要经过社会比较，社会类化，社会区隔和社会定位四个阶段，最终得到"我们感"而凝聚成共同体。因此，认同具有双重意义，一曰，从个人的角度来讲就是寻求与获得

① 引自《论语·季氏》。

一种归属感以及被该群体所接受；二曰，从群体的角度讲就是对某一个体的（本群体成员资格）承认和接纳（该个体为本群体的成员）。可见认同是一个双向运动的过程，即认同者不仅要主动去认同还要被动地被认同，如果仅仅有主观上的认同而没有客观上的被认同，或者说如果仅仅被认同但却没有主观上的认同感，那么这种认同就是单方面的，就是没有实际认同意义的。

再来看什么是公平，它由哪些要素构成以及它的含义是什么。公平是人类道德的重要价值之一，它虽然具有很强的主观性但却是一个客观存在，至今没有一个大家都认可的概念和标准。公平在圣经中被译成许许多多不同的意思，马克思主义经典理论家们也曾探讨过公平。其实所谓公平就是指在绝对平等的原则下处理一切事情，在绝对平等的条件下建立和谐并正当的人与人之间的关系。公平是在人与人关系的比较中获得的一种评价，公平的本质是对主体间相互交往关系的反应。公平的性质和程度取决于主体间相互作用的社会关系的性质和程度。公平可以从经济、政治、文化等不同的角度来进行分析。作为一个道德与价值的判断，公平也是一个历史性的概念，具有阶级基础和经济基础，不能离开特定的经济关系和社会关系去研究社会公平。

（二）什么是经济生活方面的公平？

人们总是站在不同的立场上争论经济公平，而且往往互不相让。所有争论归结起来，大致有三个方面：规则的公平、资本的公平和结果的公平。规则是指人们参加经济活动（游戏）的规则，规则公平是指参加经济活动的人在权利方面是否平等。从人们的社会生活来看公平主要用于判断人们的经济生活过程及其结果。马克思主义认为，经济规则公平主要体现在劳动者之间是平等的、自由的。规则公平是体现公平的重要和主要方面。资本是指生产经营者拥有的土地、资金等资源，能力和受知识教育训练等方面，资本的不公平是指这方面的差别、不平等。马克思主义认为，资本的不平等是造成结果的不公平的根源，是产生社会问题——贫穷、犯罪、社会战乱的根源。社会应实行资本的公平——共产主义，实行结果的公平——平均分配生活资料。

可见，公平并不仅仅是指劳动成果分配上的公平，而且还有资源配置上的公平，更重要的是机会上的公平。社会主义市场经济的建立，正不断改变着传统的利益结构和人们的价值观念。面对社会转型，不同的经济成分、组织形式、分配方式、生活方式在社会上的出现，人们的收入分配差距也在扩大，社会公平问题便构成了人们普遍关注的热点问题。研究社会公平问题有着重要的学术价值和应用价值。从学术层面来说，主客体关系的现代重建、社会结构的调整和控制、社会道路的多样选择等，都与社会公平的研究有着密切的关系。只有进一步深入研究把握社会公平问题，才能对上述重大理论问题有一个科学的把握。从应用层面上来说，社会公平问题直接关系到社会主义初级阶段基本政策的制定。

泛市场化论调（代表既得利益者），或者一些暴富者认为，结果的不平等是调动刺激生产者积极性的最好办法，只有这样才能促使社会有效率地生产。这些人过度强调规则的公平，认为只要是公平的经济规则自由平等的竞争规则，社会生产率就会大幅提高，就会出现物质财富丰富。所谓馅饼做大了，人们的生活水平就自然会整体提高的天方夜谭。他们认为，市场经济模式是保证自由平等的最好的经济模式，而政府干预经济，总是破坏规则公平，压抑生产者积极性，并且在改变分配结果方面是无效的。他们认为对收入再分配将牺牲效率，这种努力是徒劳的，最终得到的是效率下降和不公。自然，公平与效率是经济学研究的两个根本问题。“效率优先，兼顾公平”，在特定的经济活动中，是有一定的积极意义的，但在政治和伦理的层面上，不能分出简单的先后。而且社会公平与否是一个客观存在，是可以得到测量计算的各种社会经济指标及其参数的综合反应，而绝对不可能是根据什么虚无漂渺的认同感而产生的。

从共产党一贯倡导的实事求是的思想方法和工作路线出发，必须勇敢地承认这样的现实：在激进地向市场经济过渡中，全国各地广泛出现了效益和收入分配上的巨大差距，它们包括企业内部、企业间、行业间和地区间，其中尤其以农村最为明显。本来有差距应当是正常的，但差别应控制在社会公平认同的范围之内，如果超过了社会公平认同的范畴那就不仅仅是一个认同问题了，而是一个严重的社会问题。不可否认现在的经济是比以前繁荣多了，可同时也出现了尖锐的矛盾，即下岗工人增多，贫富悬殊加大，老百姓有病不敢看医生，农村孩子交不起学费而辍学。这个严峻局面的产生就源自于泛市场化思潮鼓吹的“竞争就是一切”，就是所谓的只要有了经济效率就可以不顾社会公平的负面杰作。

一个国家的真正力量在于他的制度和管理方法，如果这一切都按着真理、公正、和平等去行使，那么这个国家就必然有力量。然而公平的力量何在呢？在于公平可以满足一个人或一个国家心底深处那种深沉的平等需求。

公平为人的生命追求一个最真实、最好的平等条件。公平可以叫国土上那些不满的声音止息，这种不满的声音，是一个国家生存安危的最大威胁，是全国性的危机，对于一个民族国家来说最可怕的地方不在于外面来的攻击，而是存在于内部的不稳定，而这种不稳定往往就是由于社会公平没有得到认同而产生的。当前中国社会内部各种乱像、不稳定其源皆出于此。

严肃地讲，中国之所以出现严重的贫富分化问题，在很大程度上，与泛市场化鼓噪下的生搬硬套西方的经济理论和经济制度有关。这个错误思潮不顾中国社会的现实和文化传统，误导或者强加于政府决策部门以荒谬理念。至于泛市场化论调抛出的什么“仇富”心理，客观上也不是空穴来风。其实中国老百姓中间原本并不存在什么“仇富”心理，人民大众对于那些像袁隆平一样通过自己的科学创造而富起来的人，像李宁等体育健将通过自己的特殊才能而富起来的人，还有千万个靠自己的企业家精神和艰苦创业而富起来的人，绝对没有任何仇恨的心理，相反，有的只是佩服和尊敬。对于那些慕绥新式的贪官污吏依靠出租公权力而富起来的人，对于那些像赖昌星等靠走私而富起来的人，还有那些靠行贿、违法而富起来的人，老百姓的确是恨之入骨，我们也完全容许老百姓仇恨这些社会之败类。因为这些败类的富裕是非法的，是建立在让更多的老百姓更贫困的基础上的。

高度重视合理调节收入分配的问题，改变当前收入分配领域存在的矛盾，要走新路子。一些带有中国农村特色的方法，在留洋学者眼里，或者某些公务人员的思维中，它们却被列为低水平，甚至可笑的做法。但是，实际操作会更方便些。为什么会如此呢？恐怕这样的答案最接近现实：舶来品属于“现代性”物件，符合国际化的市场经济准则；老办法代表着“传统性”事物，束缚于一些计划经济的教条。市场经济准则就是万能的吗？看看那些市场经济发达国家的人是怎样认识的吧。德国学者罗伯特·库尔茨就认为，虽然市场经济是资本主义发达国家的基本经济制度，商品竞争使很多地区日趋富裕，但从全人类的角度看，资本主义仍使少数人富裕而使绝大多数人贫穷。广受赞誉的科技进步越来越成为人类的负担。

资本主义存在一个基本的悖论，即商品经济不为人服务，而人成为这个体系的附庸。[①] 这位学者抨击资本主义产生的无数似是而非的具体现象、思

---

① ［德］罗伯特·库尔茨：《资本主义黑皮书——市场经济的终曲》，社会科学文献出版社2003年版。

想方法和学术见解的同时，提出了诸多独到的见解和惊世骇俗的观点。在泛市场化思潮影响下，中国前几年出现的一些怪事就验证了库尔茨的结论。目前一些地方社会主义新农村建设的事例说明，有些泛市场化的洋教条在中国农村的环境里显得非常的不合时宜，而且其结果直接令人捧腹大笑。所以，不能不分青红皂白地嘲笑计划经济方式中蕴涵的某些合理的因素，斥责老办法或者计划经济的影响力糟糕得很，其实国家主导下或者提倡下的社会责任和集体主义，它们是社会主义文化中最珍贵的组成要素。建设社会主义新农村，就是要脚踏实地，群策群力，扎实推进。

第二节　适度发展是条坦途

近百年前，中国历史上的一批先行者就做了改变农村面貌的尝试，虽然无果而终，但是仍值得后人钦佩。中国共产党人在领导新民主主义革命中深刻认识了农村工作的重要意义，也对如何改变中国农村的旧面貌进行了长期艰苦地探索。总结以往的经验教训，扎实推进，是 21 世纪建设社会主义新农村的最佳选择。

一、探索适宜的农村发展道路

在 20 世纪初期，中国社会的一些热情的、较有名气的年轻知识分子如梁漱溟等人曾经搞过新村运动，他和一些同仁离开北平（今北京），走进北方乡下的村庄。他们住在农民家里，满怀梦想地进行过新村运动的实验。周作人在 1919 年 7 月至 8 月也曾两度访日，他满怀热情地参观了当时由武者小路所创办的乌托邦式的新村。周作人回国后写文章、作演讲，成为中国新村运动最积极的鼓吹者和组织者。当时的青年毛泽东没有见过鲁迅，却在 1920 年 4 月 7 日特地拜访了周作人。他正在起草建设新村的计划书，其中一部分已经在《湖南教育》月刊上发表。毛泽东后来在长期的革命斗争中，始终倾心于改变中国农村的旧面貌。他在中国革命史上第一篇经典文献就是 1927 年 3 月撰写而后发表的《湖南农民运动考察报告》。在这篇著名的革命文献内，毛泽东总结了农民协会的工作，将它们归结为“十四件大事”。这些由农民自己起来做的大事，初步改变农村的政治、经济、社会和文化面貌。其中有些大事时至今日依然具有指导意义，诸如包括“普及政治宣传”、“文化运动”和“修道路，修塘坝”等。

新中国成立之后，身为国家主席的毛泽东最关注的事情就是农村的建设。从20世纪50年代开始，土地改革、合作化运动持续不断地进行着。1958年在“大跃进”的高潮中，全国农村几乎都建立了人民公社。特别值得提出的是，就是在党内很多同志最乐观的情况下，中共中央仍然对少数民族地区的农村建设保持着清醒的判断并作出了正确的决策。在西藏、新疆等一些藏族、维吾尔族等少数民族集聚地区，中央决策不实行或者缓期实施人民公社制度。那些决策对于民族团结、巩固国防起到了关键性作用。

新中国成立初期的“大跃进”失败了。它使中国共产党认识到经济规律的重要性，也认识到农村建设的艰巨性。虽然当时中国是学习苏联的建设模式，可是自1958年底到1959年，毛泽东已经认识到机械照搬外国模式的危害性。他从一个新的而且是更深刻的角度向全党提出了“关于读书的建议”，他建议党员参读斯大林《苏联社会主义经济问题》，研究经济法则，寻找经济规律，反思中国的社会主义经济建设，防止栽跟头。毛泽东总结了农村建设的经验与教训，对一些“大跃进”中的明显的错误做法进行了严肃批评。他尖锐地指出：“现在横竖要放‘卫星’，争名誉，就造假”。他还具体地列举了一些地方出现的造假事例：“绿化，年年化，年年没有化，越化越见不到树。说消灭了四害，是‘四无’村，实际上是‘四有’村”。[①]中共中央采取了一些措施，扭转了工作中的部分严重错误。但遗憾的是，“大跃进”中呈现的“左”倾路线并没有得到彻底解决。毛泽东本人虽然认识到了放“卫星”、造假的错误，但是没有从思想上真正明白“左”倾错误的根源，也就没有在后来领导全国的经济建设中沿着曾经意识到的正确方向继续思考和决策，最终以悲剧色彩结局，这是非常令人痛惜的事情。

中国共产党以胡锦涛同志为总书记的新一代中央领导集体，继承毛泽东在湖南从事农民运动时运用的马克思主义，结合21世纪中国的国情，领导社会主义新农村建设。从1927年到现在，已经80多年了。如今中国建设社会主义新农村，既要胸怀毛泽东提出的一万年太久、只争朝夕的精神，拥有立志完成伟人遗愿的历史使命感与时代紧迫感，又要遵循科学发展观，实事

① “在武昌会议上的讲话”，《毛泽东文集》第7卷，人民出版社1999年版，第446页。

求是，运用适度政策，扎实进取，发展农村经济、社会、文化等诸项事业。从世界工业发达国家农村的建设实践中，也可以看出这是一项十分艰巨的任务，急躁冒进绝不能成功，所谓欲速则不达。现在国务院的统一部署下，中国已经开始了第二次农业普查，这就将为建设新农村摸清家底和为国家决策提出可靠的第一手资料。

二、稳步推进农村经济建设

中国农村发展的一个关键是，通过广泛的宣传与动员，调动农民群众的积极性，因为改革这场中国的第二次革命自农村兴起，而社会主义新农村建设又将为改革大业打下坚实基础。正如毛泽东评价以农村包围城市的中国第一次革命的性质时说："乃是广大的农民群众起来完成他们的历史使命"，觉悟了的农民群众，"他们将冲决一切束缚他们的罗网，朝着解放的路上迅跑。"① 中国第一次国内战争时期，共产党领导的湖南农民运动搞得有声有色，重要的动因是农民协会将农民发动起来，使农村的政治、经济、社会和文化出现了新气象。当代中国，全国已经按照"十二五"规划纲要行动起来，正在社会主义市场经济框架内，为农民提供各种帮助，让农民自己安排和建设乡村美好家园。

（一）统筹规划农村经济发展

中国人口众多，广阔的地域内存在很大差异，为了实现建设社会主义新农村的目标，要从实际出发，确立适度发展的战略，抛弃"赶超"发达国家，实现例如北美国家那样的农业现代化的不清醒认识。全面建设小康社会是党的十六大提出的21世纪头20年的奋斗目标，2000—2010年又历经了中国的"十五"时期和"十一五"时期。为此，根据《全面建设小康社会统计监测方案》，国家统计局统计科学研究所和各地统计研究部门对2000—2010年全国及各地全面建设小康社会进程进行了统计监测，2010年中国全面建设小康社会的实现程度达到80.1%，比2000年提高20.5个百分点，平均每年提高2.05个百分点。而从"十五"和"十一五"两个时期考察来看，中国全面建设小康社会进程在"十五"时期年均提高1.51个百分点，

① "湖南农民运动考察报告"，《毛泽东选集》第1卷，人民出版社1968年版，第13—15页。

在“十一五”时期年均提高 2.59 个百分点，高于“十五”时期 1.08 个百分点，增速有所加快。[①] 在看到成就的同时，我们还应该有更为清醒的认识。据 2011 年年初农村全面建设小康社会监测课题组的一份研究报告指出，今后一段时期我国农村全面建设小康进程中的难点和重点集中表现在以下几个方面：农业基础薄弱，保障主要农产品基本供给的压力大；西部农村全面小康进程落后，如期实现农村全面小康目标的难度大；农民收入保持较快增速难度加大，实现程度尚未达到全面小康目标进程的一半；农村养老保障事业刚刚起步，全面小康实现程度低。[②] 上述问题还需进一步统筹协调，逐步解决。

社会主义新农村建设是个全方位的建设，不是泛市场化论调宣扬的单纯经济建设。而这个建设又是在市场经济大背景下展开的，所以要正确认识和把握“市场经济”的本质，避免滑入泛市场化的陷阱。因为在一段时期内，新农村建设曾出现了一些偏向。一些地方为了实现所谓的市场经济效益，一方面在征用农民土地、收取管理费用等方面违法乱纪，或者征地不给足补偿费用，或者巧立名目、摊派乱收费用，使农民被迫牺牲自己在社会主义制度下理应得到的酬劳，严重侵犯了群众的合法利益。另一方面，少数行政部门又闭门造车投资建设一些无效益的企业，大搞“形象工程”，或者提出不切合实际的高指标，使农民不得不接受决策失败所带来的财产损失，替官僚主义负担债务。这一切社会问题产生的重要根源，就是泛市场化思潮。假如不清楚一个个具体案例所披露出来的此类社会问题实质，就会陷入看不到方向和出路的为了改革而改革的做法，其实际上是浮夸的、脱离实际的空想，是一种极左观念掩盖下的极右倾向，也可称之为一个“发展泥坑”，或者“增长陷阱”。

因此，建设社会主义新农村需要统筹协调，将社会主义市场经济、社会主义民主政治和社会主义先进文化的发展统一起来，实质是要不断促进物质文明、政治文明、精神文明和生态文明的协调共进。唯此，才能贯彻胡锦涛总书记提出的关于建设社会主义新农村的思想。一个具有纲领性和决定意义的决策，是真正体现了为民谋利的精神的，是充分体现了社会主义生产目的

① 统计局发布：“全面建设小康社会进程统计监测报告”，http://finance.sina.com.cn/roll/20111219/162811018499.shtml，2011 年 12 月 19 日。

② “农村全面建设小康社会实现进程过半”，《中国信息报》，2011 年 1 月 5 日。

的战略。列宁说："只有社会主义才可能根据科学的见解来广泛推行和真正支配产品的社会生产和分配，也就是如何使全体劳动者过最美好、最幸福的生活。只有社会主义才能实现这一点。"① 显而易见，落实建设社会主义新农村的战略部署，要让物质文明作新农村建设的基础，精神文明为新农村建设的指导，政治文明是物质文明和精神文明的保障，人与自然和谐相处就是生态文明。没有这四个文明，新农村的建设就是没有保障的，就成了一句空话。四个文明在哲学理论上是紧密相连的，它不仅能开拓对实际问题深刻认识的途径，促进实现党的十七大报告提出的全面建设小康社会的奋斗目标的新要求，也能显示出对马克思列宁主义理论宝库的最大贡献，能为整个中华民族的文明发展做出重大创新。

（二）新农村建设是民心工程

适度发展就要作出计划安排，调控经济，统筹解决社会主义新农村建设中的问题。可在泛市场化思潮的侵袭下，计划经济完全被抛弃了。不可否认，中国农村建设在计划经济时代还是有一些值得保留的东西，诸如全国一盘棋的大局意识，照顾"五保户"的社会责任，这些理念与做法不仅对今日的商业活动有益，而且是一种任何民族的文化中都视为准则的淳朴道德。本来这些优良的文化精神如果传承下去，完全可以成为医治现代性商品经济不可避免的"市场失灵"的一剂良药。可是被极端化了的市场经济一度恣意行为，"效益优先"的口号被狭隘理解了，社会责任在一些人的思想内成为微弱的意念，相关的实际经济行为也成为社会上的弱势活动。于是，在农村建设中出现了一些怪事：为了牟利，涉农商品市场上不断出现假冒伪劣的种子、化肥；为了利益，商业公司对农村的经济活动中欺诈事件层出不穷；为了金钱，给异地搬迁农民盖的住宅、修建的道路内隐藏着一个又一个豆腐渣工程……

所有这一切，在一定程度上都是对"泛市场化"的一种自然反应。对于社会责任缺失后坑农、害农的惨痛后果，相信目前每一个农村人都已经入骨三分地感受到了。甚至在学术界，一些20世纪50—70年代中期使用过的支援农业的老办法，被沦落为保守落后的代名词，如同一些晚会电视节目的

---

① "在国民经济委员会第一次代表大会上的演说"，《列宁选集》第3卷，人民出版社1972年版，第571页。

小品中常常看见的那样，乡下农民的朴实憨厚不被认为是一种珍贵品格，反而成了让城里人娱乐的噱头。从农村最需要的实际出发，建设社会主义新农村，就能遏止上述侵害农民利益的事件发生的几率。所以，新农村建设不是一个含义，其中包含着深刻的社会意义。

早在2006年1月25日，在中共中央政治局第二十八次集体学习时，胡锦涛总书记就曾强调，要从全局出发，深刻认识建设社会主义新农村的重要性和紧迫性，切实增强做好农村各项工作的自觉性和坚定性，积极、全面、扎实地把建设社会主义新农村的重大历史任务落到实处，使建设社会主义新农村成为惠及广大农民群众的民心工程。[①] 建设社会主义新农村是“民心工程”，这句话说得多好啊！总书记情系人民群众，体现了中国共产党人为民谋利的政治本色。一个政党只有同人民情感相通，心心相印，才能永葆青春。建设有中国特色社会主义事业，离不开农民，因为中国农村人口占大多数，农业和农村发展搞不上去，农民生活得不到显著改善，国家就不能实现全面建设小康社会的目标，不能实现全国的现代化，不能实现全国人民共同富裕，不能实现国家长治久安。

所以，“十二五”时期，促进农业农村发展有一个总体的基本思路：深入贯彻落实科学发展观，把建设社会主义新农村作为战略任务，把走中国特色农业现代化道路作为基本方向，把加快形成城乡经济社会发展一体化新格局作为根本要求，坚持“三农”工作是重中之重的指导思想，坚持统筹城乡发展的基本方略，坚持工业反哺农业、城市支持农村和多予少取放活的基本方针，加大投入力度，创新体制机制，强化农业基础，增加农民收入，促进农村和谐，为实现全面建设小康社会的奋斗目标打下更加坚实的基础。[②]全党必须统一思想，以人民利益为最高行为准则，科学规划，扎实推进。

必须清醒地看到，同全面建设小康社会的要求相比，中国农业和农村发展还面临着一些突出的矛盾和问题，彻底解决需要一个较长的历史阶段。实施“民心工程”可以在现有的物质条件下，最大化地满足农民的需求。因为建设社会主义新农村除了经济内容之外，最深刻地含义就是文化意义。中国历史上不是没有出现过市场经济，新中国成立前夕江南一带也曾经有过资本主义萌芽，上海外滩也曾经是车水马龙的外国盛行模式的市场经济聚集之

---

① 胡锦涛：“要使建设社会主义新农村成民心工程”，新华社，2006年1月26日。

② “‘十二五’时期农业和农村发展挑战与选择”，《农民日报》，2010年11月9日。

地，可是那些毕竟没有成为中国社会的经济主体，资本主义列强也不让中国真正发展市场经济。于是，历史让中国人创造了自己的价值体系和文化传统，“患不均而不患寡”实际上是最富有中国特色的社会人文价值，此外还有诸如主张谦让反对过度竞争的折衷主义等，这些的确是与泛市场化观念不相一致的价值观。可是，为了贯彻“多予少取放活”的新农村建设方针，为了切实推动工业反哺农业、城市支持农村，为了建立乡风文明、管理民主，一些优良的民族文化传统价值依然要传承。在一个特定阶段，一个特定场合，一般人们都需要的“谦逊”精神和意识是必须的，而过度张扬、斤斤计较的经济利益，则是需要克制的。这样的做法将有利于支农惠农的重大方针政策和有效措施的落实，有利于农业和农村经济的成长。

第三节　培养人才　实现愿景目标

全面建设小康社会，最艰巨、最繁重的任务在农村，而承担这个重任的主力军团是农民自己。现代化建设是个复杂综合的系统工程，需要科学指导，需要统筹调配，运筹帷幄。唯有掌握了知识文化的劳动者，方可胜任这项工作。

一、明确物质文化双重建设的意义

建设社会主义新农村既是一个物质生产的过程，也是一个文化生产的过程，双重建设中包含深刻的辩证转换意义。提高农民认识和改造世界的能力，掌握科学文化知识，就是双重转换的关键。列宁深刻地指出：“在一个文盲的国家内是不能建成共产主义社会的。”① 新中国的教育是在极其落后的基础上起步的，但是经过60年的不懈奋斗特别是30多年的改革开放，我国教育面貌发生了翻天覆地的变化，取得了举世瞩目的历史性成就。1949年，我国80%人口是文盲，小学和初中入学率仅有20%和6%，高校在校生仅有11.7万人。但是2008年，全国小学净入学率已达到99.5%，初中毛

① “青年团的任务”，《列宁选集》第4卷，人民出版社1972年版，第357页。

入学率达到98.5%，青壮年文盲率降低到3.58%以下；全国各类高等教育在学人数达到2907万人，毛入学率达到23.3%；全国中等职业教育和高等职业教育招生总规模达到1100万人，在校生超过3000万人。[①] 新中国60多年来教育发展取得的巨大的成就，不容轻视，也不能忽视。

中国新农村建设的表面形式是将市场经济活动引入广阔的地域内，改变传统的小农经济制度，可是这不仅是个单纯的经济形式和组织制度的推广，更是一种文化的组织制度的引入，因为市场经济活动涉及政治、社会、历史、文化和心理等诸多因素，特别是市场经济是一种契约文化制度，而这个文化最早可以上溯到公元3000年前左右。世界上现存最早和最完整的契约文化是《汉谟拉比法典》，它产生于公元前18世纪人类古代文明发祥地之一的两河流域内，是用一种早已消失了的梯型文字刻在黑色玄武岩石柱上的奴隶社会法律，也叫“石柱法”。1901年，一支法国考古队在伊朗古城苏萨遗址发掘了它。在这个石柱上，今日市场经济的一些基本且重要的活动诸如契约、债权、抵押、合伙和雇佣等，都有法律规范和记载。随着市场经济的发展，那些活动现在比数千年前复杂不知多少倍，而且还在向复杂方面发展。没有文化和知识，如何建设社会主义新农村呢？

办好社会主义新农村建设，农村教育是一项伟大而艰巨的任务，因为教育是涉及全局的事情，不能就教育抓教育。要跳出“就三农抓三农”的传统定势，用全新的理念思考农村教育，把农村教育发展放到整个国民经济的大格局内和民族文化的大背景下，把以教育推动农村进步放到整个社会的进步中。打破城乡分割的教育体制障碍，树立统筹城乡教育发展的新观念。教育行政部门要增加和延伸各种教育业务部门为农村服务的项目，尽力排除难题，让农户家长不再为子女上学操心苦恼，让家长安心种田，在生产第一线为国家多作贡献。政府部门担负着让农业发展快速现代化的职责，所以在农村教育方面要考虑周全，统筹规划使用公共教育资源，及时处理教育方面出现的一些特殊情况，保障农民们的切身权益。

二、用制度化和国际化眼光看待农村教育

在社会主义新农村建设中，各地政府部门作出了不少规划，要为农村提

① “新中国：从80%文盲到全面信息化教育”，http：//www.edualpha.net/article－1084－1.html，2010年10月11日。

供良好的基础设施，要为农民兴建漂亮的房子，改善农民的生活和生产环境，这些固然是题中应有之义。可是，最重要的是办好教育，培养人才，因为即使政府包办新农村建设，为农民修了路、建了房等，现在看起来是再好的基础设施，终有一天也会有老化的问题。如果农村缺乏人才，农民的发展能力得不到提高，那么基础设施老化问题靠农民自己还是解决不了，新农村迟早还会变为旧农村。所以，社会主义新农村建设的最核心部分应该是，让农民自己掌握知识技能，具有较强的发展能力。不管他们在农村还是在城市，他们都会有能力去改善他们的生活条件，农村会保持常新状态，城市也会保持着活力。

（一）改变不平等的教育与培训管理

市场经济中高科技的商品才能有高附加值，而高科技源自于教育。现代教育既是社会前进的发动机，也是个人获得大幅度进步的最重要的基本渠道，因为自中国农村实行联产承包制度之后，农户小规模的劳动、交换等成为农村的主要经济行为。微观主体在市场经济中的商务联系主要是一种自主横向联系，不断进行物质、信息、能量的变换，优化资源配置。这就明显区别于自然经济、计划经济、权力经济下的纵向指令性经济联系。各种社会经济主体之间的横向联系得以正常进行，靠契约关系、道德约束、法律规范来维持。因而现代市场经济也是信誉经济、法制经济。企业取得盈利的过程同样应是向社会输出文化、扩散文化的过程；企业配置资源的过程，也是输入文化、吸纳社会商品、文化的过程。可是不少农民兄弟缺少科学知识，甚至没有文化，这不仅削弱了农民的竞争能力，而且使他们逐步向社会的弱势方向滑去。由于外界存在泛市场化思潮，于是在市场经济以追逐利益为本质的商业活动中，农民往往在一些商业老板们的势利眼中被视为另类，他们缺少或者没有以丰富知识垫底的工作能力，所以，这些无知识人的权益就常常被有知识人忽视或者侵害。

虽然国家开始在农村特别是中西部农村实施免学杂费政策，这确实有利于农民接受更多的教育。但是现在的问题是，中国教育水平，城市高而农村低，中心城市最好、偏僻地方最差。低质量的农村教育难以培养新农村建设所需要的高层次、全面型的人才。当政府出资让适龄青少年免费接受九年义务制教育后，改变和提高低劣的农村教育质量就成为主要问题了。因此，即使取消了学杂费，在教育竞争上农村孩子显然还是不能与城市孩子相比的。

目前，就连农村的孩子都不愿意上自己乡村的学校，宁愿花钱也要到镇上和县城的学校读书，但事实上他们往往不能如愿以偿。在城市打工的农民工更舍得花钱让子女上好学校，可是他们面临的情况往往是即便交了学费，也无法享受到良好的教育。一些为农民工开办的学校，农民不愿意送子女就读，只因为教学质量太差。

造成这种不平等现象出现的主要原因是，城乡教育资源分配差别非常悬殊，地方有关管理部门在配置师资、下拨经费等方面，没有真正做到公平合理。对于这样的教育管理方式，暂且不评价在多大的程度上达到了科学发展观的标准，而是应该首先要求管理阶层的一些人员扪心自问：是不是从内心就没有平等地对待农民技能教育、农民子女教育，是否从起点就暗含歧视乡下人？现在的升学考试竞争、市场竞争并没有因为农村教育质量差而惠顾农民，事实上也做不到，这是一个不争的事实。尽管这种局面不是一下子就能改变的，但是，农民家长仍然渴望自己的孩子接受好的教育，乡下的孩子也有志气通过接受高质量的教育，从而达到参与社会竞争、实现报效国家的宏伟志向。

可是在不平等的教育竞争中，农民的孩子自然会处于劣势。在差距矛盾永远存在的现代社会，人们最期盼的首先就是机会公平。如果连个机会公平也没有，就等于将大部分参赛的田径运动员拒之于跑道的起跑线之外，程序上堵死了年轻一代争取发展机会。这也就是为什么有些地方涉农教育的措施叫好不叫座的原因。所以，在新农村建设中，行政管理部门可以通过政策和体制调整，把提供更多的教育资源作为一项重要的支持措施，促进农村教育质量的提高，而这就不仅仅局限于取消学杂费了。教育质量如何，事关农民在城市化、工业化、市场化和全球化竞争中的生存和发展问题。

中国社会的基础是农业，农民为国家做出的牺牲最大，现代化建设成败的关键在于农村。“三农”问题如此重要，农村教育是否搞得好，教育管理服务是否做得好，显得格外引人注目。因而，在农民兄弟承担新农村建设的主力军时，他们期望得到良好的教育就是理所当然。特别是当农民们付出了与其他行业的人进行贸易时等价的货币，他们就更有权要求得到等值的服务。可是由于教育管理结构性的差错，农民们本来是花钱要求购服务的，可是服务态度和质量都恶劣，这就让本来最能忍受、不讲究条件的农民顾虑和害怕。所有，无论是从农业是国民经济的基础这个层面上来说，还是从关爱弱势群体的这个角度来说，教育行政部门的服务都应当提高标准。管理者在想做好事的时候，多想一想，往深处想一想，加强管理，把好事做好、做彻底，这是“十二五”大政方针确定之后，办好农村教育应该做的最实际性的工作。

（二）建立庞大的从事国际贸易的农业专家队伍

市场经济活动目前在中国农村已经非常普及，有的活动促进了经济发展，例如，协助农民建立绿色农副产品的出口基地，大规模出口特色农产品赚取外汇，富裕了一方乡亲等。有的活动破坏了经济建设，例如，坑农害农的假冒伪劣销售案件屡次打击，难以消除；以农产品出口为诱饵，让农民出钱交费饲养所谓的珍稀动物，种植所谓的奇异植物，结果是出口公司骗取了农民数百万甚至数千万的血汗钱。正可谓是泥沙俱下，鱼龙混杂啊。市场经济在21世纪表现的这些特性与20年前完全不同，是不离土不离乡的农民祖辈从没有接触过的世界经济一体化。商品要辨别国际市场经济行为的真假，就需要高文化水平的人才，需要深刻了解市场经济的演变历史与国际行情，不仅是表面上的国内商品交换，更是深层次的国际经济文化交流。

市场经济作为一种发达的商品经济形式，其区别于自然经济、权力经济的一个重要特征是，它有深厚的内在经济和文化层面的积淀，在21世纪，这种经济和文化越来越多地超越了国界。市场经济为什么会在资本主义社会得到充分的发展呢？为什么会成为当今全球化的基础呢？这是有历史原因与逻辑关联的。人类最早的生产形态是自然经济，它的对应经济形式是商品经济，其产生于原始社会末期。商品经济历经奴隶社会和封建社会，一直是缓慢地发展着。但到18世纪下半叶，当英国出现蒸汽机之后，世界性的第一次产业革命开始了。在欧洲社会，大机器生产代替了原来的手工劳动，海洋远程贸易取代了陆路近地贸易，国家统一市场与世界市场取代了分割的地方小市场，完善的生产要素市场体系取代了单一的商品市场，公司制企业取代了家庭式手工作坊或工场，商品经济逐渐进入了她的成熟阶段和发达阶段，即市场经济出现了。

历史表明，市场经济的形成是与文艺复兴、产业革命、海洋贸易、大机器生产等的产生相联系在一起的，早期是自由的市场经济竞争，利润至上的竞争产生了贫富差距。为了追逐高额利润，开始实施市场经济的英国、法国、荷兰、西班牙、葡萄牙等国家开始对外扩张，并且不惜发动侵略战争。战胜国毫不留情地垄断了世界市场，经济、政治、文化等全都在其统治之下。沿着利润—竞争—垄断—再竞争—寡头垄断的路线走下去，自由市场经济竞争往往会演变为寡头垄断，而寡头垄断的极端形式往往与资本主义、帝国主义相连。一国范围的市场经济目前已经演变为世界经济一体化。经济全球化在一个方面，是国际资本要在全球范围内追求利润最大化，以美国为首的西方国家由此更加强大富裕，而广大的第三世界发展中国家相对地更加贫穷化；在另一个方面，是发展中国家在经济科学技术直接吸收最新的成果，获得一个跨越式发展的机遇，追赶经济发达国家。

市场经济的这个历史过程和其中包含的经济文化含义对于建设社会主义新农村意义重大，而将大批乡村农民培养成具有国际贸易知识与能力的专家，则是最关键的环节。自从中国加入 WTO 后，“三农”问题已经不只是局限于国内了，因为面对美国、加拿大的大批登岸的农业产品，中国传统农业经济正在艰难地背水一战。众所周知，中国申请成为 WTO 成员最艰难的谈判是农业谈判，而进入 WTO 后逐渐感到沉重压力的也是农业。从国家的角度讲，政府已经在尽最大力量在 WTO 的谈判桌上为中国农业、农村和农民争取贸易公平，为乡村农户创造合理合法赢利的条件。例如，早在 2003 年世界贸易组织举行的坎昆部长会议上，初次亮相的中国就面对了世界不平等的农业产品贸易。置身于严峻的挑战之中，中国政府代表团坚持了既要维护中国和发展中国家利益，也要推动谈判取得进展的立场。后来，中国在多哈回合谈判中与“20 国集团”其他发展中成员一起发挥了建设性作用，成为世界贸易组织最复杂艰难的农业谈判中举足轻重的中坚力量。

2011 年 12 月 15 日，世贸组织（WTO）第八届部长级会议在瑞士日内瓦拉开了帷幕。对于中国来说，本次部长级会议具有更深一层意义：2011 年是中国加入世贸组织十周年。10 年来，中国全面履行了加入世贸组织承诺，贸易和投资自由化便利化程度显著提高。中国在获得自身发展的同时，也为各成员国的消费者和世界经济带来诸多益处。[①] 多哈会谈受阻的主要原因之一在于发达国家和发展中国家之间围绕农产品补贴问题有较大分歧，中国在积极推动多哈回合谈判的同时，也坚持本国的农业利益立场。当然，毫无疑问，政府代表团在谈判桌上签署的国际文件，是要靠农业耕作在国内土地上生产出合格产品来兑现的，最终要由新型农民来落实和实现的。所以，

① “多哈回合谈判或难破局　反贸易保护应有所作为”，http：//www. seabay. cn/news/20111216/6925012. shtml，2011 年 12 月 16 日。

新农村需要的人才不再是乡土人物，而应当是千百万国际农业专家大军。组建与训练这支大军，必须用与以前完全不同的方式，要用新思想、新教材、新教员和新的训练基地。

为培养国际农业专家大军除了注重学校教育之外，还应当注重目前在生产第一线工作的农民。对于这些已经错过受学院式的国际教育机会的农民来说，行政管理部门应当采取的一项重要补救措施是，为他们提供更多的国际贸易、绿色农产品生产技能等方面的培训。虽然各个地方已经对农村出口创汇基地内的农民实施了一定程度的培训，但是现在的问题是，培训的范围和深度以及实施的方法都存在不少问题，直接影响了培训效果。出现的问题不少，例如，培训投入非常有限，一个人平均数百元或者更低的培训费不足以支撑复杂的国际商务的培训，而且不少农民培训并没有考虑到农民需要什么样的实用技术，而是采用提供者能提供什么就培训什么的办法，结果是农民难以学到有用的技能。当然这背后的深层次矛盾是培训机制的问题，技能培训的供应与需求相脱节，培训的效果就可想而知。最佳的办法是政府买单、向社会招标培训，这样会使农民真正受益，通过培训真正获得一定的技能，能更好地参与到市场竞争中去。

三、培养大批自主创新人才

中国农业急需学者型、国际型的人才，其紧迫程度怎么说也不过分。此类人才能够达到合格标准的最显著的尺度是，要用自己高科技含量的农副产品打入国际市场，扩展占领阵地，从而获得世界贸易话语权、主动权，进而逐渐成长为重量级的成员，逐步越来越多地参与制订全球贸易规则。中国农业人才要为维护广大发展中国家的利益而努力，为开创世界贸易公平局面做出成绩，为建立世界经济新秩序作出一些开创性的贡献。目前培养农业人才最基础性的工作是，坚决地改变实际存在的教育产业化的倾向，纠正被泛市场化思潮异化了的教育工作，使错误的做法如同过街老鼠，人人喊打。因为教育的产业化，在中国实际上就成为所谓的市场化，造成一方面有些人利用各种既得优势，或者将自己的子女送出国留学，或者干脆自己来个什么在职攻读，获得一个真的假博士或硕士学位，而另一方面则是许多农家子弟或下岗职工的子女因为交不起学费而失去了教育的机会，国内有关为交不起学费而出现的辍学甚至自杀等典型事例层出不穷。消除了教育产业化，就奠定了在农村培养大批自主创新人才的基础。

（一）清除教育产业化的恶劣影响

对于农村的教育要清楚地分开层次，按照义务教育、高等教育和职业教育等不同层次分析问题，采取具有针对性的解决措施。加快教育改革发展的总体思路是："按照优先发展、育人为本、改革创新、促进公平、提高质量的要求，推动教育事业科学发展，提高教育现代化水平"。[①] 要统筹发展各级各类教育，建设全民学习、终身学习的学习型社会；要大力促进教育公平，加快缩小教育差距；要全面实施素质教育，促进学生德智体美全面发展；要深化教育体制改革，健全以政府投入为主、多渠道筹集教育经费的体制。国家的教育事业资金，可以既由国家财政适当投入，同时也由市场进行资源配置，因为中国借助于市场力量解决教育问题可以追溯到 1992 年。那一年邓小平同志发表了南方谈话，他老人家提出了计划和市场都是促进经济发展手段的精辟论断，拨开了一时乌云般迷乱人们视线的姓"社"还是姓"资"的论调。中国各个行业开始借力于市场寻求发展机会，教育也被推到了市场的前沿。当年，国务院颁布了《关于加快第三产业发展的若干规定》。规定中明确将教育列入第三产业，并强调教育应以产业式体制，坚持"谁投资，谁受益"的发展原则。这正是中国寻求用市场解决教育资源配置的开始。

仔细思考与此相关的历史实践过程可以认识到，对于教育是第三产业的界定本身并没有错误，借助市场力量进行教育资源配置也没有错误。关键问题出现于此：一是当教育被列入第三产业时，没有将义务教育和非义务教育进行属性界定，于是，在被泛化的市场经济功能万能的思潮之下，用产业化手段配置有限的教育资源的合理内涵被歪曲和异化了，结果教育的层次性被日益模糊，教育领域各个角落都笼罩着市场的烟雾。二是在教育领域部分引入市场经济机制和扩大学校自主权的过程中，由于缺乏相应的制约和规范，导致了教育主体与学校的行为扭曲，出现了很多不择手段追求经济利益的腐败行为，这归根到底则是拥有金钱和选择权力的人们进行政治博弈和公共选择的过程，也是很不公平的事情，现在必须彻底加以纠正。

---

① 《第十一届全国人民代表大会第四次会议批准中华人民共和国国民经济和社会发展第十二个五年规划纲要》，人民出版社 2011 年版。

（二）教育为农民兄弟服务

中国农村教育条件目前还很落后，即使国家在“十二五”期间大幅度增加对农村教育的资金投入，依然不能完全解决农村滞后的教育现状。所以，在培养农村新型人才时，更是要排除泛市场化思潮的困扰，因为市场经济不是以需求为取向的而是以利润为取向的，它从逻辑上就排斥普通的义务教育。不信你看，由于利润的丰厚，中国饮食服务业从南到北一派兴旺发达，造成供给过剩；相反，中国的普通教育虽然有需求，但由于利润少而难以得到发展，不得不需要外界捐款援助。清除了教育产业化，就是遏止教育歧视，也就为教育农村劳动适龄人口和非劳动人口创立了条件。

教育关怀要注重方式，运用不当就会适得其反。例如，2009 年重庆市南川区道南中学为农村留守儿童专门开设“农村班”，引起家长抵触，并视其为教育歧视。一些教育心理学界专家认为，道南中学设立“农村班”初衷充满善意，但刻意提出“农村”二字，等于为留守儿童贴上身份标签。关爱农村留守儿童，首先应注重孩子的精神、心理和情感需求；其次要赢得留守儿童家长的认同，再好的关爱举措，不贴心也会事倍功半。① 以此为鉴，社会主义新农村建设中的教育首先不能有任何性质的歧视，同时也要协助辍学的学生回到课堂，帮助他们解决生活困难。今日学堂内的学生，就是明日社会的建设者。

四、提高乡镇干部管理水平

政治路线确定之后，干部就是决定性的因素。教育农村干部应提高管理水平，特别是县级干部的管理水平，这是目前的紧迫任务。县级政府麻雀虽小可五脏俱全，而且县级政府直接与人民群众互动，县党政正职岗位重要，责任重大，群众关注，在国家机器运行中起着上情下达和下情上达的重要作用。经过县级政府锻炼的官员稍加理论上的提高，就能够担当大任，所以要努力建设一支善于治县理政的高素质县党政正职队伍。② 他们能否正确行使

① “学校为留守儿童专设‘农村班’歧视还是关爱?”，http：//edu. hsw. cn/system/2009/05/27/050190127. shtml，2009 年 5 月 27 日。

② 中共中央组织部：“关于进一步加强县（市、区、旗）党政正职队伍建设的意见”，新华网，http：//www. xinhuanet. com，2006 年 1 月 26 日。

权力，能否做到清正廉洁，直接影响一个地方改革发展稳定的大局，直接影响共产党的威信和形象，必须从严要求，强化监督。在新农村建设中，对于那些将财政收入增长不用于适当地方，热衷于搞“形象工程”的人要加强教育，因为形象工程的目标是为个人的私利。干部虽然创造了致富业绩，可是难道财政收入别无他用，可以随意让腐败分子以其拥有的公权去积累的无形资本吗？

（一）建设好县级干部队伍

要针对存在的突出问题，抓住薄弱环节，制定有力措施，通过加强学习，保证县党政正职正确行使权力并健康成长。一些乡镇机关不重视学习教育，整天忙于事务性工作，实际效果却往往不如人意。这种不管教育的做法的确非长久之计，因为干部总是依靠手中的权力进行管理博弈，失去的实际上是科学发展和行政机关的尊严。时间追溯到2002年，当时全国各地都有建设新区的想法和行动，全国上下“搬城成风”。上行下效，鄂尔多斯市、呼伦贝尔市等地区以及下面的旗县便开始了“造城运动”。顺理成章地，2002年内蒙古呼和浩特市清水河县打算在距离老县城26公里外的山坡上兴建新区，并欲投资61亿元，迁址县城，新城区占地面积达6000多平方米。而颇具讽刺意味的是，清水河县是国家级贫困县，当时的财力年仅3000万元。正是在相差如此悬殊的财力主导下，新城兴建6年后集体烂尾。时至2010年，历经十多年的时间，展现在众人眼前的是各种成型、半成型的建筑荒芜在原地，成了名副其实的鸟巢。十年努力，终成南柯一梦。[①]

诸如以上的“造城运动”事件经常被政府官员冠之以“城市化”或“市场化”之名，而且大多以失败告终。继呼伦贝尔的“空城”、鄂尔多斯的“鬼城”相继被媒体报道后，又出现了清水河的“烂尾城”。在上海市交通大学法学院行政法教授朱芒看来，城市化及城市发展过程中，经济要起飞则必须吸引资本。于是便有了上述一系列的为实现招商引资而不切实际地城市盲目扩张。这类事件既说明县级和乡级干部学习教育的重要性，也说明激进式市场化的推进过程已经并且将仍然继续给中国社会各个方面带来巨大的影响，现实和历史都迫切需要对“单纯的市场经济究竟能不能救中国”进

① “内蒙古清水河县60亿元建新城续：官员对原因讳莫如深”，http：//news. sina. com. cn/c/sd/2010－05－12/034320251564. shtml，2010年5月12日。

行严肃的思考。对于在改革开放初期一些问题的论述要深刻思索，不能当做包袱，不能再用以不变而应万变的心态来处理中国社会经济问题。人毕竟拥有认识能力，在运用金钱和权力之外，还有获得知识、突破金钱和权力之局限的能力。

当前，对县党政正职要重点在干部选拔任用、重大问题决策和廉洁从政方面加强监督，培养和建设好一支无私为公的干部队伍。古代圣贤云："是以圣人为而不恃，功成而不处。"① 政府工作能否做好，干部队伍是关键。要构建一套便利、管用、真正有约束力的监督机制，切实发挥各方面的监督作用，重在学习教育，形成监督整体合力。全面深入地读书学习有利于乡镇干部队伍的稳定，有利于调动工作积极性，有利于进一步明确管理权限，不断改进管理办法，提高工作效率。按照贯彻落实科学发展观和正确政绩观的要求，研究制定符合县委书记、县长岗位特点和要求的考核办法，以形成良好的用人机制和正确的用人导向。

（二）正面进行农村干部教育

经典榜样引导，是干部教育的主要办法。教育内容的最重要的议题应当是两个方面：其一是法治和民主政治教育，其二是与人民群众同甘苦、共命运。这两个内容既是符合中国现实社会情况的，也是出自马克思主义经典作家对社会主义革命实践的经验总结。马克思和恩格斯生前经历的唯一的一次社会主义建设实践是参与了法国"巴黎公社"革命运动。也就是从巴黎公社这个世界上第一个无产阶级政权组织进行的经济、政治和军事斗争中，马克思恩格斯发现了未来社会主义国家必须防范的可能会出现的弊端，即社会公仆变成社会主人的危险。恩格斯高度概括了这种防范对策，他说："为了防止国家和国家机关由社会公仆变为社会主人——这种现象在至今所有的国家中都是不可避免的——公社采取了两个正确的办法。"② 一个是民主选举，一个是官兵薪水一致。只要符合人民的意愿并给人民带来福利，就是好理论，就值得我们努力学习并贯彻执行。

用马克思主义理论是为了告诉人们，对人类行为来说充分的理性设计和理性指导是不可能的，因为人的知识能力是有限的。但是，人的知识即便是

① 引自《老子·七十七章》。

② "'法兰西内战'导言"，《马克思恩格斯选集》第2卷，人民出版社1972年版，第335页。

有限的知识，也多多少少能够起到寻找正确航道、避免险滩暗礁的作用。而要更好地确定正确航道，更好地避免险滩暗礁，至少是在既有航道处于到处碰壁且不可再用之时，能够有一条备用的航道，这就需要建立一种风气，鼓励发挥每一个人的认知能力，鼓励争论，在争论中寻求真知，从而尽可能拓宽知识的可能性。联系到当代中国的社会经济实际，就要认真思考，难道解决中国的社会经济问题只有市场经济这么一座独木桥吗？在没有大规模激进式地推广市场经济之前，中国在社会经济发展方面也曾取得了让世界瞩目的惊人成就，认真总结取得这些成就的经验和教训是完全有必要的。中国共产党新一代领导集体已经发现了中国社会改革开放以来所产生的许多问题，胡锦涛总书记提出了具有强烈时代感的“以人为本”的治国政治主张，并且对其中的含义进行了全面的阐述。新的治国理论是对中国共产党成立以来的实践之高度概括和总结。这个理论所阐述的内容，是中国共产党几十年来所一贯倡导并努力实践的理念。贯彻新一代领导集体的思想，就是要强调为中国人口最多的农民服务，要强调造福全中国人民，以实现小康社会的直接目标。

现在中国共产党肩负着历史赋予的使命，从国家和民族的利益出发，果断英明地中止了只以 GDP 为中心的发展步骤，切实地把“三农”工作摆上重要议事日程，扎实推进社会主义新农村建设，这是中国共产党在历史的转折关头自我完善和自我发展的必然结果。从中国共产党的历史来看，几代领导集体都是高度重视农村问题的。新农村建设理论充满新意，是多年的实践概括和总结。农村的现代化进程与小康社会目标紧密相连，要动员全国力量，很好地实践这个理论。农村基层组织，更要突出人民属性，分析农村实际问题，进行广泛的理论宣传工作。不能用追求利润的口实，弱化对农村的经济投入。

第四节　庭院经济与正大模式

改革开放初期靠着对生产关系的有限调整，中国曾经有效地解决了农民收入相对较低的状况，农业生产有了较快的发展，农村社会面貌也有了明显的改变。然而，随着改革开放的继续深入，农民逐渐丧失了他们在改革开放初期所获取的有限利益，农业生产增产不增收，农村建设大幅度滞后城镇建设。“三农”问题困扰着中国经济社会的全面发展。从中国农村社会的实际出发，以下提出一个庭院经济与正大模式相组合的方案，作为解决“三农”问题的思路。

一、庭院与庭院经济

通俗地讲，此处提到的庭院是指农户居住地房前屋后的院落，还有其周围一定界限范围内的闲散土地和零星水域，包括庭、院、园三个立体空间层次。庭，指的是房屋内外及其上下空间；院，指的是房前屋后的院落、空间和周边隙地；园，指的是宅基地周边附近的小面积自留性土地、山地、荒水等可供开发利用的资源空间。庭园经济采用生态农业耕种方式，是指农民在自己的住宅院内及与宅基地相连的自留地、承包地、水面上，依据生态经济学的基本原理和系统工程学的基本方法，充分利用庭园的设施、资源、劳动力等优势，因地制宜地从事种植、养殖、农产品加工等各种庭园生产经营。这种经营从规划到布局，从物质、能量的输入到输出，更趋向于科学、合理、高效、低耗、优质和高产，是经济效益、生态效益和社会效益俱佳的生产形式。它具有巧用食物链（网）和共生生态关系，把绿色植物的生产、家畜（禽）的饲养和微生物的繁殖有机地串联起来，使物质多层次循环利用，能量高效率利用，形成一个布局合理、环境优美的生产、生活两用基地，并能获得较高的经济效益和生态效益。

概括地说，庭院经济就是以庭园生态农业为基础的农民经济，通过以单个农户为生产单元，种植业、养殖业和加工业的科学结合，多层次对土地、空气、光热、动植物废弃物等自然资源进行深度利用。这种经营用较少的投入获得最大的效益，有利于生态平衡，使庭院处于周期性的良性循环之中。这样不仅能改变农村庭院“脏、乱、差”的卫生面貌，而且还提高了农产品的产量和质量，增加农民收入，引导农民脱贫、致富，促进全面建设小康社会。

在中国广大农村，发展庭院经济的有利条件很多，因为家家户户都有一个庭院。有些庭院的面积比较大，在其内从事种植业，不挤占耕地，不与粮食争地，也可以从事大田无法经营的一些项目，具有经营的集约性和转向灵活性的特点。庭院经济是以家庭为单位的，农民闲暇时即可侍弄，加之所经营的都是本人有专长或感兴趣的项目，这就使得农民积极地学习新技术，形成各种技术性较强的产业。农民可以因地制宜地从事多种多样的生产项目，它们规模不大，固定资产不多，经营灵活应变能力强，能够根据市场的需求情况及时调整自己的经营项目，市场风险小。下面以河北省宽城满族自治县农村发展庭院经济的具体实践为例，来图解庭院经济的发展及其效果。① 该县的经验具有启示意义。

近些年来，宽城满族自治县积极组织和引导农民，充分利用庭院经济的有效空间，以市场为导向，大力发展“三位一体”的特色种养业，包括养猪、獭兔、鸡、蜗牛、食用菌，种植时差菜、香椿苗、葡萄苗等，它们增加了农民收入，安置了大量剩余劳动力，取得了良好的经济、生态和社会效益。该县结合县域山场丰富的实际，重点发展规模养殖业和特色种植业。到2010年，培育了生猪、板栗两大优质农产品基地和42家农业龙头企业，其中省级2家、市级22家，帮助农民年人均增收3000元。② 大部分农户依靠发展庭院经济，走上了脱贫致富奔小康的道路。

（一）能够加速产业调整

宽城满族自治县的实践表明，在广大农村地区发展庭院经济，具有明显的经济和社会效益，可以推动产业结构调整，具体表现在这样几个方面：

1. 为大量的农村剩余劳动力寻找到了广阔的就业空间。中国改革开放解放了生产力，农村出现了大量的剩余劳动力。扩大劳务输出，可以为部分剩余劳动力找到出路，其余的剩余劳动力则必须立足农业和农村的实际，向生产的深度和广度发展。发展庭院经济可使广大农民足不出户，就能够找到脱贫致富的门路，更重要的是，也使农村剩余劳动力得到妥善安置，对保持农村社会稳定具有重大意义。

2. 促进了农业结构调整，增强了农业抗灾御灾能力。宽城县人均耕地0.88亩，一个三口之家的农户，在正常年景，如种植玉米等大田作物，以亩产玉米400千克计算，户均纯收入不足600元。可是有几年，该县连续遭受百年不遇的旱灾，如果沿袭传统耕作观念，单纯依靠大田产出，绝大多数

---

① 刘春朋、李长江：“发展庭院经济是农民脱贫致富的有效途径——宽城农村发展庭院经济情况调查”，http：//www.help-poverty.org.cn/helpweb2/kaifuyuzhifu/KFZF-2-7.htm。

② “河北省宽城满族自治县大力发展现代农业产业”，http：//snzx.hdol.cn/Web/XXZD_NewsInfo.asp？ID=13&D_ID=4835，2010年1月13日。

农户将无法维持正常生活。可是，该县政府以发展庭院经济为切入点，积极促进农业结构的快速调整，切实增强了农业抗灾御灾能力。汤道河镇毛局子村1999年遭受了严重旱灾，农作物基本绝收。但是通过发展庭院特色种养业，全村人均纯收入达到了2630元，比正常年景的上年全县人均纯收入1715元还高出915元。

3. 保护了生态环境，提高了农民健康水平和生活质量。庭院养殖的猪、鸡、兔等动物粪便含有丰富的有机质和微量元素。施用有机肥既减少了农户对化肥的开支，又培养了地力，改善了土壤团粒结构，提高了抗旱保水性能。庭院舍饲圈养大量草食性动物，不仅提高了农民秸杆综合利用的积极性，而且在政府引导下，农民能迅速转变观念，主动在海拔25度以上坡耕地植树种草。另外，"三位一体"养猪等庭院养殖业的发展，将所有的人畜粪便、生活污水及其他杂物引入沼气池内，清除了农村卫生死角，改善了农民的生活环境。而沼气的综合利用，又大量节省薪柴。该县的植被覆盖率逐年提高，生态环境明显改善。

（二）具有特殊的生产优势

中国农业发展最大的问题是人多地少，因此利用庭院从事农业生产经营活动也就古而有之。其实，庭院虽小，但围墙之内的几百平方米也是一个小天地，认真做起来，也可成就一篇农业大文章。相对大农业经济而言，庭院开发具有下述各种优势：

1. 庭院经济投入小、产出大、转项快。宽城满族自治县一家农户建一个6立方米的"三位一体"沼气池，还可养三元杂交瘦肉型猪三批共30头，不仅可以使农户利用沼气年节约能源开支600元，利用沼肥年节约化肥、农药开支600—800元，而且年纯收入可达4680元。一个农户购进两组8只獭兔，一年最少能繁殖150只，獭兔从出生到出栏仅需5个月，除去仔兔成本和饲料费、防疫费、水电费等全部生产费用，年可获纯利润3750—4500元。从事食用菌、肉鸡、乌鸡等庭院养殖或从事庭院特色种植，一次性投入仅需3000—5000元，年纯收入至少在3500元以上。以户为单位的庭院种植养殖因其投入小、规模小，容易根据市场需求转项种养其他品种，不会因供过于求而有较大损失。相反，各家各户的庭院种植、养殖，化零为整，合起来又具有一定规模，可迅速占领市场。该县石柱子村一家人利用6平方米的闲屋来饲养蜗牛，一次购进2000只，不到4个月的时间，繁殖到

20000只，获纯利10000多元。其他5户饲养蜗牛的人家，每户饲养蜗牛均达到10000只以上，平均获利5000元以上。

2. 充分利用资源。庭院开发可最大限度利用庭院占用的立体空间，创造出可观的经济效益。庭院经济可以把经济建设和环境建设有机地结合起来，通过生产沼气，既可获得较高的经济效益，又美化了生活环境，使经济效益、生态效益和社会效益高度统一。庭院经济相比大田最大的优点是面积较小、土壤肥沃、水分充足、小气候环境稳定、管理方便，最适宜精耕细作，发展高优、特色、高效农业。

3. 充分利用现有农业科技成果，效益优先。庭院是一个缩小的农业，能应用到的现有农业科技成果应该在这片小天地中首先试用。科技是第一生产力，这么小的环境要获得大收入离开了科技就是空谈。庭院经济以小见大，合理安排，特色经营，精耕细作。[①] 高效的院落生态系统，年年可见收益。

总之，中国大部分人口分布在农村或小城镇，家家户户都有大小不等的庭院可以利用，发展庭院经济有很大潜力，而这些小庭院连在一起就是一个大农业。充分利用这些现有的资源，对于发展农村经济是有巨大促进作用的。

二、正大模式与中国农村经济发展

正大集团是由华裔实业家谢易初、谢少飞兄弟创建于1921年的知名跨国企业，在中国以外称作Charoen Pokphand Group（卜蜂集团）。公司从农作物种子的销售开始，逐步发展壮大，形成了由种子改良——种植业——饲料业——养殖业——农牧产品加工、食品销售、进出口贸易等组成的完整现代农牧产业链，成为世界现代农牧业产业化经营的典范。近30年来，正大集团在家族第二代管理者的领导下，不断革新农牧业的经营理念，在壮大优势产业和主导产业的同时，还积极涉足其他行业，如电讯、石化、房地产、医药、零售、金融、机械和传媒等领域，成效卓著，跻身于东南亚规模最大和最具影响力的企业集团之列。

---

① 苏燕生：“小庭院经济做出大商机”，http：//info. china. alibaba. com/news/detail/v2－d5360169. html，2004年7月10日。

著名的正大模式，实际上就是一种“公司+农户”的经营方式。在20世纪70年代，泰国正大饲料公司为了开辟中国市场，由公司向农户提供技术服务和种鸡饲料等生产资料，带动农民家庭发展养鸡业，使公司得以在中国站稳脚跟并获得长足发展。这就是我国较早一批“公司+农户”的实践，称之为“正大模式”。这也是中国农业产业化发展的最初形式，目前这种形式已在中国许多地区得到发展。在此基础上也萌生发育出多种产业化组织经营形式，其经营内容涉及种植养殖业、加工运输业、商业等农村各个行业，并取得了显著的经济效益和社会效益。但是，人们很快发现，初级的农业产业化，虽然贸、工、农三方都有合作的愿望，希望建立稳定的合作关系，但由于各方的利益独立，不可避免地导致各自都尽力追求自身利益的最大化，特别是长期习惯于靠价格“剪刀差”积累的工商贸易部门和企业，实质上仍然把农业当做攫取利益的对象。也就是说，农业产业化要获得真正的发展，就必须以市场为导向，建立起公平的利益约束机制，达到真正意义上的风险共担、利益均沾的贸工农一体化。

比如，上海大江有限公司及其相关企业，是一个以饲料、畜禽和肉食品三个生产部门为主体的连贯作业体系，是由中外合资、多厂联营、乡村集体经济组织配套“三大块”相结合的多层次、多成分的具有雄厚的经济实力和较强竞争能力的企业。“大江”及其关联企业固定资产投资总额达6亿多元，建成大型现代化鼓饲料厂，并把原来支持的农村专业户和农户养鸡场改建为21个大规模现代化养鸡厂，还联结数万个养鸡养猪户和上百家国有、集体养殖场，形成规模宏大的饲料、肉鸡产销系列，实行产销一体化经营，年产全价颗粒鼓饲料60万吨，父母代肉种鸡苗200多万套，父母代蛋种鸡苗100万套，年产商品代鸡苗1亿只，饲养肉鸡4000万只，屠宰加工鸡肉6万只，出口冻肉鸡2万多只，年出口创汇5000多万美元，在全国农牧业中位居前列。

三、庭院经济+正大模式：中国社会主义新农村建设的战略思路

长期以来，农业之所以属于弱质产业，是因为农业仅限于从事初级产品生产，滞留隐性失业即剩余劳动力过多。农业产业经营通过从事集约高效的种养业，着重发展农产品加工业和运销业，可以吸纳相当多的劳动力就业创

造价值扩大增值；同时，城市里的农产品加工业及其他劳动密集型产业应当向农村区域转移，为农村发展第二、第三产业提供更多机会，乡镇企业要以着重发展农产品加工业和运销业为战略方向，适当集中，与小城镇建设结合起来，从而形成众多的强有力的经济增长点，转移更多的农业劳动力。在相同条件下，农业占用劳动力越少，农业劳动生产率就越高，这是现代农业发展的一般规律。①

现代科学技术普遍地运用于一体化系统再生产的全过程，使农业生产率增长超过工业生产率的增长，大大提高了农业的比较效益，为农业由弱质产业向强势产业转变创造了广阔的空间和现实的前景。各地先行者们取得的良好绩效，以雄辩的事实证明，农业产业化的经营是高效益的，农业可以转变为强势产业。尤其是养殖业、农产品加工业越来越成为赚钱的领域，成为投资回报率很高的产业。产业发展理论给农业产业化发展提供的理论依据是，农业产业化是推进农业由低级层次向高级层次进步的重要手段，产业的发展规律要求农业产业化必须站在现代经济的角度发展农业。

发展适度规模经营是中国农业改革和发展追求的重要目标，规模经营就是要实现规模经济。所谓规模经济，是指因生产或经营规模扩大、平均成本下降、收益上升的经济趋势。国际流行的经济学理论认为，规模经济是由以技术进步为主体的生产诸要素的集中程度决定的。农业生产技术和生产工具的进步，必然导致农业的生产规模不断扩大。农业产业化是实现农业规模经营的一条重要途径。它通过社会化、专业化、一体化生产形式，不仅有利于扩大经营主体的规模，还有利于形成关联产业群体的优势。

从理论上讲，充分利用规模经济大致有两条途径：一是扩大经营主体的规模，可以通过建立合理的土地流转机制等途径，逐步推进适度规模经营。二是靠产业群体内各经济主体的联合来实现。这种联合，本身不一定就是一个经济实体，而是通过各种组织形式把众多农户连接起来。在其内部，尽管单个农户规模小，但由于他参加了整个组织或系统的分工与协作，避免了独立进入市场的许多障碍，可以大大提高生产率，因而使整个产业系统获得系列效应或规模优势，取得良好的经济效益。②

国内外历史经验都表明：农业尤其是种植业，实行家庭经营最有效率，

① 牛若峰："农业产业一体化经营的理论框架"，《中国农村经济》，1997 年第 5 期。

② 汪艳、徐勇："论农业产业化的理论基础"，《农业经济问题》，1996 年第 12 期。

这也是我国农业的一项基本制度。虽然农村工业化和城市化进程的加速，为将来扩大农业生产经营规模创造了条件，但是在一个较长时间内，仍然改变不了我国农户小规模经营的现实。因此，在中国发展庭院经济具有非常现实的意义：第一适合人多地少、山地多平原少、资源不平衡的地方特点。特别是在一些土地资源紧缺、经济相对落后的地区，根据市场需求状况和本地生产情况，在发展大田经济的同时，搞好庭院经济，可以解决资源缺乏、开拓农民增收渠道的一条好路子。第二是在庭院内发展种植业、养殖业及其他产业，受自然环境等外界条件影响较小，不会因为自然灾害造成较大的损失，对于抗御自然灾害能力较弱的农民是可行的。第三是在经济欠发达地区，工业基础薄弱，没有能力进行大规模的农业公共投入，农业自身资金缺乏，庭院经济所从事的项目所需的资金和设备较少，发展庭院经济可以发挥农民的创造力，引导农民自己去解决发展初期的困难。第四是发展庭院经济可以使农民自发地调整农业产业结构，改变以往生产项目单一、效益低下的状况。

将庭院经济和“公司 + 基地 + 农户”的组织形式结合起来，可以强化农业资源开发，增加产出，并使其增值。这种类型的经济具有的主要特点是，公司企业与农产品生产基地和农户结成紧密的贸工农一体化生产体系，其最主要和最普遍的联结方式是合同（契约）。公司企业与生产基地、村或农户签订产销合同，规定签约双方的责任和权利，企业对基地和农户具有明确的扶持政策，提供全过程服务，设立产品最低保护价并保证优先收购，农户按合同规定，定时定量向企业交售优质产品，由公司企业加工、出售制成品。公司 + 农户的农业产业组织作为一种在市场经济条件下适应生产力发展所需要的崭新生产经营方式和产业组织形式，实质上是生产的专业化。农业产业化是经济发展的必然趋势。在自然经济状态下，是谈不上农业产业化经营的。自 20 世纪 90 年代起，随着经济的发展，中国非农人口逐渐增加，由此引起农产品需求量的增加，而商品量的多少又决定了农业生产的专业化的程度。为了适应市场扩大的需求，农业生产必须采取专业化的方式。专业化促进规模经济越来越大，生产成本也就越来越少，从而使得那些非专业生产农户的生产变为不合算的行为。因此，产业化就成了经济较发达地区农业生产的必然选择。

所以，提出将庭院经济的发展同正大模式相组合，形成具有中国特色的社会主义新农村发展模式，是完全可行的，因为以“龙头”企业带动，以公司或集团企业为主导，以农产品加工、运销企业为“龙头”，重点围绕一种或几种产品的生产、加工、销售，与生产基地和农户实行有机的联合，进行一体化经营，形成“风险共担，利益共享”的经济共同体。在实际运行中，公司企业联基地，基地联农户，进行专业协作。这种形式在种植业、养殖业特别是外向型创汇农业中最为流行，各地都有比较普遍的发展，而且效果很好。

社会主义新农村建设的实施再次表明，中国共产党在用脚踏实地的工作，代表中国先进文化的前进方向，代表先进生产力的发展要求，代表中国最广大人民的根本利益。全国上下热烈拥护并积极进行社会主义新农村建设，就是最好的证明。

第七章

建立创新工业体系

西方资本主义国家目前在经济、资金、科技和国力等各方面都强于发展中国家的重要原因，在于拥有现代化的工业企业。中国工业建设起步虽晚，但是国家通过充分调整经济布局，学习创新别国的先进经验，工业已经显示了强大的竞争优势。在未来以信息化带动工业化的进程中，尤其不能照搬泛市场化鼓吹的单纯模仿式的做法，要继续用改革开放政策促进工业企业提升生产力，以先进设备和技术反哺农业，增强“世界工厂”的竞争能力，不断扩大产品占据国际市场的份额。

第一节　增强技术创新能力

从1840年开始到1949年，中国遭受了资本主义列强的多次欺辱，人民陷入深重的苦难之中，究其原因是旧中国经济落后、社会制度腐朽。落后就要挨打，必定遭遇国破人亡。改革那些不适宜历史发展的体制，大力发展社会生产力，乃是建设一个强国的一条正确的道路。

一、艰难起步迅速成长

中国现代工业起始于1860年左右的清代洋务运动，而在此之前的半个世纪，英国发生了工业革命，社会生产力迅速成倍增长，并制造出了用于向海外扩张的坚船利炮。英国资产阶级在实施野蛮的资本原始积累过程中，将舰船上的大炮指向物产丰盛的中国。在1840年的中英鸦片战争中，一直自诩为东方天朝大国的清朝政府遭到了惨败，在只有西方弹丸之地却军备精良的英伦岛国女皇政府威逼之下，被迫签订了屈辱的一系列不平等条约，中国从此一步步沦为殖民地和半殖民地社会。

丧权辱国的条约极大地激起中国人民的义愤，部分朝野人士为了雪耻国难，立志效仿英国工业，制造洋枪洋炮。洋务运动的主导理念就是工业救国，军事自强。这个理想经历了当时的改良、失败，再延续经过戊戌变法的革命、失败，全都没有完成。唯有后来通过中国共产党主导的抗日战争的斗争、胜利，还有驱除反动派解放全中国的革命斗争胜利，最初的理想终被凝练为一些珍贵的历史经验。这就是毛泽东在《中国共产党第七届中央委员会第二次全体会议上的报告》中所作的精辟概括："在革命胜利以后，迅速地恢复和发展生产，对付国外的帝国主义，使中国稳步地由农业国转变为工业国，把中国建成一个伟大的社会主义国家。"新中国成立前夕产生的理论观念，今天依然正确无误，催人奋进。一个落后国家要在世界上不受列强的欺辱和壮大强盛，要想保证人民大众的富裕幸福，就必须要学习创新，不断地用更新的科学技术来武装自己，及时改造原有的传统产业，建立新型的现代工业体系，这样才能自立于世界民族之林。

（一）科学技术创新能力得到提升

21世纪的第一个5年，围绕着"创新"和"产业化"目标，中国在"促进产业技术升级"和"提高科技持续创新能力"两个层面进行了战略部署。国家组织实施了"863计划"、"攻关计划"、"973计划"、"星火计划"、"火炬计划"、国家农业科技园区建设、国家科技基础条件平台建设和农业科技成果转化资金项目等科技计划，加之各个地方和企业进行了更加具体和多样化的技术改革，由此使得国家科技创新能力得到显著增强。信息产业是当今经济和技术的战略高地。通过有所为和有所不为的科技创新，中国在微电子通讯设备、高性能计算机、纳米材料与器件和自动化控制等高技术领域取得了重大进展，形成了具有中国自主知识产权的高新产品和先导性产业，培育出许多新的经济增长点。仅以集成电路专项为例，集成电路设计产业产值从1999年的5亿元增长到2004年的近100亿元，有力地支撑了国家信息技术和产业的发展。

由于各项科技计划顺利实施，一系列创新成果形成了巨大的生产力，改造了延续几千年的基础产业。国家加大了对农业的科技投入，在提高农业生产效率、建立农民增收的长效机制方面，技术进步和科技创新发挥了巨大的推动作用。国家农业科技园区联合管理办公室的统计显示，2008 年 36 个国家农业科技园区实现产值达 959.92 亿元，年利润额 131.51 亿元，年出口创汇 37.75 亿元。通过园区内企业的有效组织和带动，周边地区 2862 万农民人均年收入增加 800—1000 元，并创造社会效益 3000 亿元以上。[①] 类似的这些变化实实在在地提高了中国经济增长的质量，改善了人民的生活质量，对推动国家经济持续增长和社会全面进步发挥了重大支撑作用。新型科技发展结出了累累硕果。

（二）国家经济力量得到增强

新中国成立之后，面对西方资本主义国家的经济封锁，以毛泽东为首的共和国第一代领导集体开创了一条以自力更生为主、争取外援为辅的发展道路。中国人万众一心，自强不息，突破了封锁，坚持走社会主义道路，坚强地建设起一个新国家。中国工业自 1949 年之后得到大力发展，成长迅速，到了 1978 年，一个初步现代化的工业体系已经形成。进入新时期，在西方资本主义国家依然固守剥削、奴役发展中国家的国策不变的实质性条件下，中国人民用符合国情的方式，抓住了新的发展机遇，在“十一五”期间取得了突出成绩，增强了国家经济实力。2004 年中国外汇储备余额为 6099 亿美元，超过日本同类数额，成为当年全球外汇储备增加最多的国家。随后几年，这一态势得以继续。据 2012 年 1 月 13 日俄塔斯社报道，截至 2011 年年底，中国外汇储备余额达到 3.18 万亿美元，再创历史新高，并首次超过 3 万亿美元。中国继续保持世界领先地位，其次为日本和俄罗斯。2011 年第四季度末外汇储备较 2010 年年末增加 3300 亿美元。[②] 中国虽然取得了进步，但是还远没有达到世界发达工业国家的水平。

现在的西方工业发达国家经历了 200 多年的资本主义发展阶段，积累了物质财富，发展了科学技术。在 20 世纪发生的两次世界大战中，尤其以美国为例，不仅由于本土远离战场，工农业基础没有得到毁灭性的破坏，而且

---

① “36 个国家农业科技园区年产值近千亿元”，http://news.163.com/09/0908/22/5INKVLAD000120GU.html，2009 年 9 月 8 日。

② “俄媒报中国外汇储备再创历史新高”，http://finance.sina.com.cn/roll/20120116/142511213978.shtml，2010 年 1 月 16 日。

还以战胜国的身份发了战争横财。这些是西方工业国家目前在经济、资金、科技和国力等各方面强于发展中国家的根本原因。但是，由于西方资本主义国家内外积累的矛盾很多，从而导致了一连串深刻的经济危机的爆发。随着2008年以来的接连两次金融危机和经济衰退，欧美许多人开始意识到，在全球经济相互关联、金融杠杆无所不在的今天，市场调节的结果，往往是趋利，而非趋向公平，这种愈演愈烈的社会不平等非但阻碍了社会和经济的正常发展，而且往往造成“富人愈富、穷人愈穷”的更多不平衡。[①] 当然，在资本主义大潮短暂退却面前，我们不能盲目乐观、沾沾自喜。西方模式的暂时挫折不能自动提高我们的发展层次、发展质量，因为我们还不富裕，还面临结构性脆弱。我们不能被捧杀，我们依然任重道远。[②]

当下，美国依然充当着世界警察的角色，对外扩张的国策没有改变，而且对中国的西化、分化从来没有停止过。中国从19世纪40年代起到20世纪40年代中期，共计105年时间，遭受了全世界几乎一切大中小帝国主义国家的侵略。毛泽东在20世纪60年代曾经深刻分析了这段历史，指出：“其原因：一是社会制度腐败，二是经济技术落后。”新中国成立之后，第一个原因基本解决了。解决第二个原因，实现四个现代化目标，赶上和超过西方国家，要面对更多的艰难险阻。可是不管有多难，也要奋勇直前。“如果不在今后几十年内，争取彻底改变我国经济和技术远远落后于帝国主义国家的状态，挨打是不可避免的。”[③] 所以在“十二五”时期，必须要继续以科学技术为第一生产力，付出比解决第一个原因更加多的努力，以科技强军，以科技强国，建设社会主义国家，维护世界和平。

二、开创工业化的新途径

世界各国都在进行工业化建设，都想占领经济制高点。中国工业建设起步虽晚，需要学习别国的先进经验，但是不能单纯模仿，尤其不能照搬泛市场化鼓吹的唯利是图的做法，必须要坚持自己的社会主义政治优势，实施

---

① “西方资本主义制度遇到危机”，《国际先驱导报》，2012年2月13日。

② 学者：“未可轻信资本主义的全面危机”，http://news.ifeng.com/opinion/gundong/detail_2012_01/29/12169252_0.shtml，2012年1月29日。

③ “把我国建设成为社会主义的现代化强国”，《毛泽东文集》第8卷，人民出版社1999年版，第340页。

“以人为本”的发展战略。这将是保障国家后来者居上的唯一正确之路。

（一）工业建设要走自己的路

经过新中国成立后半个多世纪的努力，中国建起了自己的工业体系。中国工业发展没有走资本主义国家的老路，避免了人类社会曾经出现过的痛苦，纺织行业的发展就是个典型的例子。纺织工业是人类社会拥有的现代工业的启动产业，也是市场经济体制在英国初始建立时期的承载生产作业形态。二百多年前，当纺织工业自英国起步之时，也是市场经济开始形成之际。当时兴起的资本主义社会用“圈地运动”和“羊吃人”的残酷方式建成了这个行业，也使市场经济在英国劳动人民的血迹中逐步成型。在社会主义的中国，纺织业的成长却是另辟蹊径，以企业重组方式取得巨大发展。在2011年6月28日中国纺织服装行业社会责任年会上，中国纺织工业协会会长杜钰洲透露，“十一五”期间全国纺织服装出口增长了八成，其中贸易顺差约增长九成二，其5年贸易顺差总额占全国货物贸易顺差的七成二；中国纺织服装出口增长中价值增长的贡献率首次超过数量增长的贡献率，达到约五成七；中国纺织品服装在美国进口总额中的比重从2005年的约二成五，上升到2010年的约四成一。“十二五”期间，中国纺织业将以加快转变经济发展方式为主线。[①] 中国目前不仅拥有世界上规模最大、结构最完整的纺织制造业体系，而且建立了稳固的纤维原料基础。

纺织行业“十一五”期间所取得的业绩是中国工业的一个缩影，这些业绩的取得归功于国家改革开放政策的实施，是在有中国特色的社会主义市场经济体系框架内获得的。事实再次证明，市场经济作为一种人类使用的生产形态具有很大的可塑性，可以出自或者适用于不同的国家、不同社会制度，也就有不同的特定的模式。这是因为各国生产力水平阶段不一样，政治体制不一样，文化背景不相同，社会价值取向不相同，居民的民族及文化素质不相同。中国建立市场经济，一定要符合社会主义国家的性质，不能让“羊吃人”，也不能照搬资本主义的那一套。中国采用市场经济体制，目的是为了最广大人民的福祉，不然“则民无所措手足”。[②] 就是资本主义国家

---

① 闫晓虹：“‘十二五’中国纺织业将以加快转变经济发展方式为主线”，http：//www.fjsen.com/j/2011－06/29/content_5023434.htm，2011年6月29日。

② 引自《论语·子路》。

之间，采用的市场经济体制也是不一样的。例如美国作为一类代表，实行的是垄断性市场经济或消费者主权型市场经济。瑞典作为另一类代表，实行的是北欧国家福利型经济模式。德国实行的是社会市场经济模式，日本实行的是"官、企、民协调型"市场经济模式，韩国、新加坡实行的是政府主导型市场经济模式。

此外，许多发展中国家市场经济模式也都具有本国民族文化的特征。可是，喧嚣一时的泛市场化论调却无视市场经济的多样性形式，硬要偏激地追捧一种模式，把美国市场经济模式中的一些做法说成是金科玉律。其实，就是美国的模式有些人也没有完整的认识，也只是以偏概全。如此狭隘，显然与实际情况相距甚远。市场经济作为一种独立的经济运行形式，它不是一种社会经济制度，也不能作为政治制度的基础。它既可以和私有制经济相结合，也可以和公有制经济相结合。可是，那些泛化的市场论者或者说市场经济主体论者在否定了市场的多样性之后，就将私有化或者私营化作为市场经济的核心来宣传。这种做法恰恰是在市场经济的多样性特色方面背叛了市场经济，在他们看来只有私营化才是市场经济，恨不能使中国在一天内就实现私有化从而实现他们的市场经济主体思路。批判泛市场化论调，最本质的一点就是，不能全盘私有化、美国化，而是要建立以公有制为主体、多种非公有制经济活跃发展的社会主义市场经济体制。

（二）不断创新产业发展模式

在人类历史上，一个新制度艰苦卓绝的发展取代旧制度，其形式虽然是各式各样的，时间也是有长有短的，但是，旧制度必定不会自行消亡，伺机扼杀的活动一天也不会停止，新旧制度的种种交锋旷日持久。中国和平崛起在世界上获得了广泛的赞誉，也对世界经济与政治产生了深刻的影响，这也很自然地招致了一些敌对势力的仇视。中国出口贸易倍受一些工业发达国家的封堵，遭遇违反 WTO 规则的贸易壁垒阻拦，就是一个明显的事例。国内企业虽然勇敢地面对挑战，多次挫败贸易保护主义的拦截，但是结局并不是十分理想的。分析那些过程，可以看到，国内企业在迎接挑战的准备方面，没有做好充分的调整，也没有成功地实施转型。适时调整产业结构，将是今后重要任务之一。

一直以来，中国工业产品的出口并非一帆风顺，而是历经磨难，这一切都表明"民族工业"的理念与实际存在并没有过时。中国彩电自 20 世纪 80

年代就开始出口欧洲，但是欧盟委员会采用了贸易保护主义的做法，以莫须有的罪名从1998年开始对中国产品征收反倾销税。欧盟与中国彩电业贸易摩擦的根源，在于欧盟拒绝承认中国的市场经济地位，并且不公正地对待中国彩电企业。2006年，欧盟部长理事会对中国7家彩电征收高达44.6%的反倾销税。受到欧盟反倾销的影响，中国彩电基本被挤出了欧盟市场。后来中国企业主动做出了让步，付出很大牺牲和努力。2012年，欧盟反倾销再度来袭，只不过这次针对的是中国陶瓷业。2012年2月16日，中国轻工工艺品进出口商会网站发布《关于欧盟对我国陶瓷厨餐具开始反倾销调查的通知》显示，欧盟委员会发布立案公告，对原产于中国的陶瓷厨餐具进行反倾销调查。据中国陶瓷工业协会相关负责人透露，这一立案将涉及2000多家日用陶瓷企业。若按照2011年中国与欧盟日用陶瓷交易额算，涉案金额高达7亿美元。① 欧盟委员会多次对中国产品实施惩罚性关税，带有明显的歧视性质，缺乏法律根据，并且违反了公平贸易原则。中国一些公司如大型鞋类企业已经联合行动，抗辩欧盟反倾销。这些事例说明，国际市场上的没有硝烟的商业战争异常激烈。

为了迎接严峻的挑战，国家需要进行大幅度的经济体制改革，解决复杂棘手的各类问题，建立符合中国国情的市场经济体制，这副担子的确很重。中国要向发达的工业化国家学习，借鉴世界各国已有的市场经济模式，遵循国际惯例，但决不能照搬任何一国现成的市场经济模式，特别是不能照搬市场经济主体论者们所推崇的所谓的美国式的“自由市场模式”。所以，必须有针对性地实施一些正确的市场经济改革措施，创造出有中国特色的社会主义性质的市场经济，反对那种实际上是将市场经济主体化的做法。可以将这种经济形态定义为社会—市场经济，其中蕴含的内容是以社会经济的全面综合平衡发展为方向，以最大限度的满足全体中国人民的物质需要为目标，而不应当单纯地以市场经济为目标，这样的模式才是有中国特色的社会主义市场经济。

同时要特别注意，中国地域辽阔，民族众多，各地区经济社会文化发展水平差异很大。因此，各地在发展市场经济的过程中，都应根据本地的经济文化特点，创造出多样化的市场经济模式，而不能千篇一律地照搬一个模式。温州模式、苏南模式、南横街模式，这些改革中曾出现的经济形式都具

① “欧盟反倾销来袭　扶持陶瓷出口政策遭‘拷问’”，《中国经营报》，2012年2月18日。

有不同的社会特点，也就充分地说明了中国市场经济发展的模式具有地域上的多样性。与社会—市场经济相适应，在经济制度上也应当放开，国有、公有、集体所有、个体所有、合资企业，还有一些人提出的劳动合作制等等，都应当在中国社会主义社会—市场经济的发展中获有同等重要的地位。中国发展社会—市场经济形式，这是一个符合国情的方式。

三、工业反哺农业

社会主义新农村建设，是中国未来一段时期的经济、社会工作的重心。“十二五”规划纲要提出“在工业化、城镇化深入发展中同步推进农业现代化”、“完善以工促农、以城带乡的长效机制”，促进城乡区域协调发展。“十一五”期间，中国农业经济在一个更加开放的环境下得到了稳定的发展，而农业在未来的几年内将面临新的转折，更加需要工业支持农业，需要全社会支持农业。2011 年是中国进入加入 WTO 后的第十个年头，农业承受着更大竞争压力，政府对农业付出的调整努力也是所有世贸组织成员国中最大的。2001 年到 2010 年，中国关税总水平由 15.3% 降到 9.8%，在发展中国家中是最低的，其中，农产品平均税率由 18.8% 调整至 15.2%，工业品平均税率由 14.7% 调整至 8.9%。加入世贸组织以来，中国认真履行承诺的关税减让义务，得到了国际社会的广泛好评。[①] 农业经济正在经历整个行业的入世竞争风潮，同时，中国政府也为农民和农业创造公正的竞争环境，例如，在 WTO 多哈回合农业谈判中，中国政府代表团据理力争，坚决维护中国农民利益，最大限度地取消发达国家违反世贸规则的农业补贴。

中国农业目前从总体上讲，依然是小农经济为主。尤其是西部地区农业的集约化程度很低，在一些少数民族自治地方，还存在着原始的“刀耕火种”的农业，原始的“牧牛羊逐水草”的游牧业，而加入 WTO 引起的农业的激烈竞争使这些地区的农业遇到了严重冲击。农产品价格逐年下降，出口困难程度加大。入世让农业等产业受到了冲击，使农户直接或者间接地感受到了巨大压力。今后 5—10 年内，入世对农业等行业的冲击将持续显现出来，农业将面对更大的竞争挑战。自然农业等领域也获得了新的机遇，西部

① EC 网特别纪念专题：“入世十年中国关税总水平在发展中国家最低”，http://topic.ec.com.cn/topic/rushishinianzt/T_1_1_2.html。

地区因开发程度较低而保留着大面积天然环境，这就为绿色产品的生产、出口带来了良机。一些过去薄弱的农产品生产和自主品牌虽然现在仍是发展瓶颈，但发展的速度却在出口的刺激下加快了，乡村农民也由此开阔了眼界，农业得到了更大的发展空间。同时，世界跨国企业间的激烈竞争逼迫他们把最新的技术带到了中国，这在一定程度上也带动了中国农业的发展。在挑战与机遇共存的环境下，如何导致一些农业企业特别是西部民族地区的农业也在竞争中进入市场，已是“十二五”期间的战略性任务。为了应对更加开放环境下的挑战，农业、农村和农民需要外界的援助。没有工业对农业的促进，农业的集约化与标准化、农业产品结构优化、农业生产链条延长等等，这一系列农业现代化的进程是无法完成的。

由于中国进入 WTO 的后过渡期不久就要结束，农业所受到的竞争压力基本上与市场全部开放差不多了，所以农业面对的最大的挑战就在于如何创新。农业唯有发展自主品牌和自主知识产权的创新产品，才能保持自己特色优势。因此，政府应该尽早转变角色，成为服务型政府。行政部门要调动全社会的力量支援农业，增加对农业、农村的投入，推动农业产业结构调整，提升核心竞争力，扶持农户转变观念，生产能应对市场变化的产品。例如，金融业对农业的服务与这个行业的开放和其他服务相比之下，就不尽如人意。主要原因是农业投资回收缓慢，风险系数较高。行政管理部门要有针对性地加大在投资、服务方面实施政策指导，进一步解放人们的思想，摒弃那种泛市场化金融服务观念，坚决贯彻“十二五”规划纲要指明的加大对农业投资的战略部署。金融业也应当强化自身服务农业的能力，保持对农业支持的资本充足率，在金融零售即柜台服务、网络服务等方面，加大支持农业的力度。同时，要通过认真研究 WTO 规则，既要懂得如何遵守，也要知道如何利用，在高端领域金融创新工具等方面加强引导服务农业，为即将到来的全面市场竞争做准备。

第二节　国有企业复兴主力

虽然中国工业企业成绩突出，可是 21 世纪的国际竞争环境更加严峻，不仅更加需要依靠科学技术来突破境外跨国公司想要垄断市场的图谋，而且需要经济体制变革得更加有效。

一、国有企业改革上市业绩斐然

工业化是国家经济强大的关键性条件。一个国家的工业要自成体系，才能在世界市场竞争中站稳脚跟。而一个工业体系的形成，必须要有一支核心团队力量。在社会主义中国，这个团队就是国有企业。中国国有企业在改革之前完全是按照计划经济体制运转的，企业内部拥有的生产能力没有得到发挥。自从国家实施了以建立现代企业制度为主的国有企业改革，情况就发生了很大变化。

2011 年 11 月 22 日，中国社会科学院中国产业与企业竞争力研究中心权威发布的企业蓝皮书——《中国企业竞争力报告（2011）》正式面世。蓝皮书报告指出，改革开放 30 余年，特别是 1992 年中国转向市场经济道路以后，中国的竞争可以用“血拼式竞争”概括。中国工业发展取得了举世瞩目的成就，将中国推到世界第二大经济体的地位，同时也付出了很大的代价，“不平衡、不协调、不可持续”的问题非常突出。[①] 中国国有企业生产能力得到明显提高，上市交易数量逐年增加。由中国社会科学院工业经济研究所主办的“2009 中国企业竞争力年会”发布了 2009 年度中国上市公司竞争力排名情况。其中，中国石油化工集团公司、中国化工集团公司、中国海洋石油总公司、中国移动通信集团公司、中国联合网络通信集团有限公司等大型国企入选“2009 中国最具竞争力境外上市公司 10 强”；贵州茅台、中国船舶、万科、中国中铁等则进入“2009 中国最具竞争力上市公司 20 强”。[②] 2011 中国国有企业上市公司排行榜 100 强也新鲜出炉了。尽管每年都有新的上市公司加盟，但是已经形成的上市公司竞争力的总体格局基本未变。其中国有企业中国石油继续保持第一的排名，中国石化则从 2009 年的第 3 上升到 2011 年的第 2，紧随其后的是中国工商银行、中国建设银行、中国银行、中国移动通信集团公司。另外还有一批国有企业发展势头强劲，公司地位不断提升，例如，中国农业银行、中国中铁股份有限公司、中铁二

① 陈莹莹：“中国企业竞争力报告（2011）发布”，《中国证券报》，2011 年 11 月 23 日。

② 夏命群：“社科院发布上市公司竞争力排名　中字头国企主导 10 强”，http://house.china.com.cn/showbook_112077.htm。

局股份有限公司、同方股份有限公司等位次都有较大提升。[①] 国有企业上市交易的竞争力量明显高于非国有上市公司。

国有企业中的工业发展更是令人欣喜。1992 年，中国上市公司的平均总利润为 5969. 8 万元，全部工业企业的平均总利润为 15. 8 万元，上市公司的平均总利润为全部工业企业的 379 倍。2004 年，上市公司的平均总利润为 19096 万元，全部工业企业的平均总利润为 517 万元，上市公司的平均总利润下降为全部工业企业平均总利润的 37 倍。在经济效益再创历史新高的同时，中央企业主要产品产量也达到历史最好水平。据 2005 年 1—12 月企业生产快报统计：2 家煤炭企业累计生产原煤 22582. 8 万吨，增长 25. 4%；煤炭销售量 27034. 7 万吨，增长 16%。7 家发电企业完成发电量 10564. 9 亿千瓦时，增长 20. 5%。2 家电网企业完成售电量 18141 亿千瓦时，增长 13. 4%。3 家石油石化企业国内外原油产量合计 19711. 1 万吨，增长 4. 1%；天然气产量合计 528. 8 亿立方米，增长 20. 5%。就是这一年，中央企业结构调整取得新进展。中央企业完成固定资产投资 10453. 8 亿元，增长 21. 1%。[②] 这些数据表明了中国企业竞争力有着较强的增长势头。中国社会科学院工业经济研究所所长、《中国经营报》总编辑金碚在“2011（第九届）中国企业竞争力年会”指出，未来工业在相当长时期内内仍然有巨大的需求市场。以钢铁为例，据联合国环境署公布的报告显示，现在美国人均钢铁拥有量已经是 11—12 吨，而中国只有 1. 5 吨。如果想在 20 年的时间内要达到美国人均钢铁蓄积量，我们要消费 140 亿吨左右的钢铁。[③] 中国企业的工业发展潜力是巨大的。

中国的国有企业，特别是一些大中型国有企业，在社会主义建设中，不仅成为国家经济的中流砥柱，而且起到了非其他社会组织所能起到的作用，他们不仅平衡了我国生产力的区域布局，为社会提供产品，为职工提供收入，而且还承担了许许多多的社会功能，比如托儿所、中小学和职工教育、维护社会秩序、公共福利事业等等。这些非经济性质的任务虽然消耗了国有企业的力量，但是在一定程度上满足了公众的需求，维护了社会稳定。

---

① “2011 中国国有企业上市公司排行榜 100 强”，http：//finance. sina. com. cn/hy/20111222/173711044061. shtml，2011 年 12 月 27 日。

② 齐中熙：“2005 年中央企业经营业绩再创历史新高”，新华网，2006 年 1 月 26 日。

③ “金碚发布‘企业竞争力研究’报告”，http：//finance. sina. com. cn/hy/20111122/111710859836. shtml，2011 年 11 月 22 日。

可是在20世纪90年代的国有企业改革进程中，不少地方似乎没有考虑国有企业在非生产经营方面的功能，只是按照一种经济利润的标准判断，以所谓非生产经营功能社会化为缘由，迅速废除了国有企业原来所具备的社会功能。目标是让国有企业轻装上阵，获取更大的利润价值。但是与此同时，由于国家社会服务系统资源的严重短缺，从而造成一些原本由国有企业承担的社会功能陷入瘫痪，也因此造成了职工生活遭遇困难而出现的许多怨恨，甚至埋下了一些地方迅速增多的社会不安定的种子。显然，完全以市场经济为标准的处事观点是狭隘的，是以牺牲社会经济全面综合平衡发展为代价的，因此，也是难以令人接受的。

二、迎接新的挑战

中国的国有企业，特别是一些大中型国有企业，在中国社会经济的发展过程中起到了巨大的作用。依据中国财政部2012年1月18日公布的数据显示，2011年国有企业经济效益指标同比继续保持增长，但增幅呈逐步回落态势。根据统计，2011年全年国有企业累计实现利润总额22556.8亿元，同比增长12.8%。虽然环比来看，2011年12月国有企业实现利润与11月相比已止跌回升，环比增长57.3%，但环比增幅较前11月继续下滑1个百分点左右。其中央企利润年末增长情况较好，累计实现利润15023.2亿元，同比增长11.5%，高于前11月增速2个百分点，环比增长50.5%。已交税费方面，2011年全年国有企业已交税费29670.9亿元，同比增长21.6%，占其营业总收入的8%。[①] 国有企业的主要经济效益指标能够保持平稳和较快地增长，主要得益于企业结构调整，尤其是自主创新大发展，使得实际效益能够快速增加。但是，如果依据财政部的报告数据从全年来看，2011年国有企业经营状况确实较前年有所逊色。总体利润增速比2010年大幅下降，仅为2010年同比增速的三分之一，营业收入的增长幅度则比2010年下降10个百分点。分析师指出，2011年国内外经济环境整体形势复杂，许多国有企业因本身竞争力欠佳因此受影响较大，预计国企经济效益增幅走低的态势还将延续一段时间。因此，国有企业的发展面临新的挑战。

---

① “化工有色等国企利润连续两年增幅较大”，《上海证券报》，2012年1月19日。

（一）积极参与国际市场竞争

欲想在世界工业经济的竞争中获得主动与效益，就必须有自己独立的工业体系。据 2006 年的一项调查表明，中国 28% 的工业产值，就业机会的 21% 和贸易的 53% 都已经掌握在外国人手中。全国有三分之一之多的消费者都是冲着非中国企业的产品而去的。① 这样的局面是非常令人担忧的，而改变这种局面必须要拥有工业发展的主动权。

工业经济的主动权，说到底是与工业核心技术的产权归属相关联。现代工业靠的是高技术支撑，尤其是代表时代潮流的信息技术指导着工业的发展方向。西方工业化国家在信息技术领域占有优势，特别是在最关键的软件信息技术，更是由美国独占一方。中国经济要实现信息化带动工业化，就必须打破美国以微软公司为代表的跨国企业对世界市场的独占局面，而不是跟在人家后面亦步亦趋。如果美国公司有了什么芯，中国公司再去搞一个自己的芯，这样的做法并不符合经济学原理，因为它没有原始创新技术和独自开拓产品所能拥有的冲击力量。社会前进，科学发展，犹如逆水行舟，不进自退。不创新、不开放、不学习就是保守，就是故步自封。

江泽民同志曾经从历史对比的角度，谈论了对外开放的重要意义。他说："从 1681 年到 1796 年是史称的'康乾盛世'。在这个时期，中国的经济水平在世界上是领先的。乾隆末年，中国经济总量居世界第一位，人口占世界三分之一，对外贸易长期出超。"可以说，自中国唐朝、宋朝出现过繁华之后，这是我们民族历史上的又一个鼎盛时期。然而与此同时，西方世界发生了影响至今的伟大工业革命，科学技术迅速发展，社会生产力大幅度增加。"但是，当时的清朝统治者却不看这个世界的大变化，夜郎自大，闭关自守，拒绝学习先进的科学技术。最后，在短短的一百多年的时间里，就大大落后于西方国家，直至在西方列强的坚船利炮面前不堪一击。这个历史的教训刻骨铭心。"② 社会主义要完成自己的历史使命，就必须而且也最终要同资本主义在各个方面决一雌雄。因此，中国人应当将科技发展的眼光拓展到竞争对手还没有涉足的领域，比如说无线电缆光电传输，再比如太空资源

① 白宙伟："新闻点点评"，《北京晚报》，2006 年 3 月 23 日。

② "加紧培养适应新世纪要求的中青年领导干部"，《江泽民论"三个代表"》，中央文献出版社 2001 年版，第 37 页。

的探索和应用开发，还有就是非破坏性战略打击力量工具等方面的研究。就是说，中国必须要有自己独一无二的东西，这样才能使国家科技强大，才能使民族自豪感油然而生。为此，需要将抓紧建设以企业为主体的技术创新体系作为战略重点，引导一批科技型企业成长为创新业绩出众的高效益企业。

（二）不断壮大工业企业的力量

研究中国的经济发展问题，就必须从中国的国情出发，解决中国的经济发展就必须开发具有中国原创特色的高科技，而不应当跟在别人后面亦步亦趋，同时要坚持发展符合中国国情和国力的适用技术，而不是机会主义地贪图眼前小便宜去引进。中国人完全能够依靠自己的聪明、勤劳和勇敢，通过学习、探索和创新，走出一条适宜中国国情的建设之路。可是在泛市场经济思潮之下，中国一些地方在引进中出现了过度引进的倾向，尤其是对国外的经济体制不加鉴别地模仿，其想法和做法实在过于天真幼稚。那种不顾中国的实际情况，在经济技术发展上引进、引进、再引进的做法是不符合经济学原理的，必须抛弃。

目前，由于科技革命的深入发展、国际经济危机以及新经济形态的出现，西方资本主义国家的市场经济已经出现了一些新变化，国有化或社会化程度的提高，以及政府控制预测（在笔者看来是一种计划）程度的提高便是值得注意的一个新动向。中国没有经历过资本主义工业革命和发达的商品经济阶段，但却经历了人类社会发展过程中的另一种经济形式即计划经济。因此中国的市场经济是从计划经济体制向市场经济形式的逆向转变。也正因为如此，在激进的市场化过程中出现了许多逆反市场经济规则的经济现象。这也说明在现阶段全面的激进的推动市场化是不成熟的，而且值得注意的是当西方一些国家在提高政府控制程度的时候中国却将自己的国有经济以抓大放小的方式给私有化了，这的确让人百思不得其解，这样做到底是为了什么？

三、牢牢把握国有企业改革方向

国有企业的业绩是在改革中获得的。国有企业改革一直是中国经济体制改革的关键，国有企业的改革历程也是十分曲折的。由于历史文化等原因，国有企业在改革中出现了超出预期计划的挫折，“阵痛”的影响非常明显。

一些曾经红火的大型国有企业，利税上缴大幅下滑，亏损数额很大。特别是一些中央企业经营失误和资产流失问题相当严重，产生了相当数量的不良资产。

近年来，中央企业境外资产流失已成为国有资产保值增值的大敌。据国务院国有资产监督管理委员会统计，截至2009年年底，共有108户中央企业投资涉及境外单位5901户，中央企业境外资产超过4万亿元，当年利润占中央企业利润总额的37.7%，甚至有的企业境外项目利润占公司利润的50%。继中航油、中信泰富海外巨亏事件后，中铁建由于沙特轻轨项目实际工程量比合同工程量增加，亏损高达41.53亿元。[①] 当前国有资产境外损失如此庞大，而且统计工作中必定会出现一些遗漏，所以，最终的总额必定会有过之而无不及，甚至只可能是冰山一角。当然，中央企业境外资产流失原因有很多，但无非是这么几点：多年来累积下来的企业管理制度不完善的负面影响，决策程序不规范，控制体系不健全等。国有企业的损失已经成为制约企业进一步发展的重要因素。

（一）重视国有企业的社会功能

国有企业在改革中的一些失误，总体上是历史转折时期不可避免的现象，也是国有企业自身结构缺陷的必然表现。目前，中国的工业结构、经济结构还基本上处于一个初级的水平，其具体表现为，时至今日拉动经济增长最强劲的工业部门还是劳动密集型的、外向型的，是由外国资本来组织的出口加工业。国有企业以相对较为落后的设施，参与国际严酷经济竞争，亏损实属难免。不过国有企业改革中的部分失利也与改革方式不当相关。

中国的国有企业并不是单纯的经济组织，不是通过自然经济竞争过程成长的国际上通常见到的公司企业，而是在中国的具体国情环境内组建的经济—社会组织，即国有企业不但承担着经济生产任务，而且还肩负着一些由社会组织所负担的任务。可是泛市场化论调却不从实际出发，过多强调了市场的作用，甚至不惜夸大市场机制的作用，鼓吹迅速将国有企业的非生产经营功能剥离。从专业化分工的理论角度来看，这样做是正确的。可是激进的市场化行为单兵突进，没有配套政策相随，严重影响了职工的生活福利，结果造成了社会上的部分不安定因素。

---

① “央企4万亿元海外资产被指流失严重”，《济南日报》，2010年12月9日。

由于将本来集生产、经营、社会、福利、教育、文娱等功能于一身的国有企业快速推向市场的前沿，同只具备生产、经营功能的所谓“三企”（外企、私企及中外合资企业）竞争，结果是国有企业无法适应激烈的纯市场竞争而纷纷倒闭。大量国有企业在短时间内倒闭了，大批原来是顶着“国家主人”光环的“工人阶级”成为下岗工人，经济上的困境和社会身份上的沉降使他们困惑、怨恨，于是中国社会的一些矛盾尖锐化了，这些矛盾隐藏着巨大的潜在破坏力。一段时间，国内有些城镇出现了下岗工人请愿、示威等群体性事件，激化了的矛盾成为社会上的不稳定因素。深入分析那些不稳定因素，无疑可以看到用激进的政策和方式推行市场经济改革的催化作用。那些在一定种程度上带有激进色彩的政策得以实施，除了泛市场化错误思潮的负面影响，还反映出国家行政管理机构在制度上存在着不确定性，施政缺少长期意识与通盘考量。目前社会上出现的一些严重的不稳定因素，就是由于战略偏差而付出的巨大代价。“十二五”规划纲要强调了要完善税费减免、岗位补贴、培训补贴、社会保险补贴、技能鉴定补贴等政策，促进高校毕业生、农村转移劳动力、城镇就业困难人员就业，因此受到了人民的欢迎。在今后的改革过程中，对于那些用华丽辞藻包装的泛市场经济理论，各级政府一定要有防患于未然的意识。如若轻信无根基的辞藻，迷信看不见的手的作用，不采用必要的计划手段，必然处理不好经济事务。

（二）不断增加企业自己的知识产权产品

中国经济高速发展和出口产品大量增加，由此使得中国成为某些产品的“世界工厂”。不过认真分析，中国出口产品大部分是低附加值的衣服、鞋、玩具等轻工产品，高附加值的机电类产品出口比例很小。这是因为，中国工业生产力目前依然主要来自规模庞大的劳动人口的比较优势，而那些组成“世界工厂”的集团公司又以大量的专业化中小企业为基础，并且产品的核心技术是引进的，或者基本属于引进范畴。如今经济一体化之风盛行全球，资本的流动自由地跨越了国界，原材料与中间产品的国际贸易大量出现。于是，通过引进技术、加工贸易等方式，中国的部分企业的确相对地节约投资，并获得跨越式的发展机会。但是与此同时，作为国家工业核心的装备工业和技术、高端的产业处于衰落和被外资控制的阶段，存在着比较劣势。由此可以判断，尽管那些中小企业发展迅速，形成了自己的特色，效益突出，产品进入国际市场，可是过度引进、过多依赖国外技术，已经成为企业产品升级、工业持续发展的隐患。

仔细研究，国内那些过度依赖引进的企业之所以这样做，根本原因在于企业经营战略理念受到泛市场化思潮的侵蚀，因为泛化的市场论调抹杀了资本的国界，向人们灌输有了钱就能买到高技术，或者让出了国内市场就能得到高技术。如果要原始创新，获得发明专利，企业必须要大量投入，要做很多事情，要走很长的路，而且风险很大。同时，中国的土地上不断地建设着一批批中外合资企业与外国独资企业，而且企业高层管理人员是外籍人士，但全部向国家财政部缴税。于是一些似是而非的说法在中国企业界流行，也在社会上流行，似乎经济的、政治的、国籍的界线变得模糊与不重要了，企业不必大量投入，可以通过联姻的方式，直接获得高技术，将产品销往海外。果真如此吗？非也！美国著名的兰德公司曾在一份报告中指出：一国的技术独立是经济独立的基础，技术及经济独立是国家独立的基础。作为一个落后的在追赶中的社会主义国家，出现了“资本无国界”的思潮，也出现了一些主动放弃技术独立和经济独立的做法，相反的，作为最强大的资本主义国家的权威机构，反而提出了技术独立和经济独立，这可以说是一种讽刺！

当今世界，国际科技竞争已前移到原始创新阶段。原始创新能力、关键技术创新和系统集成创新能力已经成为国家间科技竞争的核心，成为决定国际产业分工和全球经济格局的基础条件。依靠科技创新提升国家的综合国力和核心竞争力，成为越来越多国家的战略抉择。中国应当采取何种战略呢？按照已经制定的国家发展规划，创新发展是中心环节。“从现在起到 2020 年，我国科学和技术发展要以提升国家竞争力为核心。”① 完成这个核心任务，显而易见，仅靠市场手段是不行的。

当然，就中国当前的社会经济发展而言，主张完全计划经济条件下的政府干预是不符合实际的，计划经济时代的社会生态已经大范围消失了。我们可以借鉴德国的社会—市场经济条件下的干预。在社会—市场经济条件下的政府行为主要从计划手段、行政手段为主，向经济手段、法律手段为主过渡，从直接控制为主，向间接控制为主过渡；政府干预要置于国际竞争和国内竞争的制约下，为经济活动主体创造公平、公正、公开竞争的经济环境和

① “中共中央国务院关于实施科技规划纲要增强自主创新能力的决定”，国家科学技术部网站，2006 年 1 月 26 日。

法律秩序；政府干预受到制度约束，但不受任意的官方的价值判断制约和干扰，即政府干预经济活动必须要有法律依据，而且政府干预本身是要接受法律监督和法律制约的。总之，政府的指导与支持是技术创新的保障，是提升社会生产力的坚强后盾。通过政府干预，引导、扶持和造就一批拥有自主知识产权的竞争性企业，才能推动它们当中的佼佼者跻身国际顶尖市场。

（三）国有企业改革不能过于激进

支持国有企业发展，并不是不要竞争，更不是在组合企业中形成行业垄断。目前中国经济发展有一个问题，即某些经济领域出现了行业垄断或者形成了部门垄断，曾经出现的电信垄断就是一个典型。它的形成表面上看仿佛是计划经济造成的，仔细分析就会明白，这是与一度流行的泛市场化思潮有着因果联系的。由于市场化进程中的某些激进做法，在没有充分论证的前提下，一下实施推进，相关政策没有配套，结果形成了垄断局面。这种垄断对于经济发展来说不仅是个瓶颈，而且是非常恶劣的障碍。这种垄断所得的高额利润实际上并没有上交财政，而是落入行业就业人员的手中，这正是现代市场经济中管理理论的“内部人控制”现象。电信部门的工作人员工资和奖金等福利大大高于其他行业，这个事实恰好说明了一点。从国家的实际情况出发谈问题，在中国当前的社会条件下，有些部门还必须由政府控制，像医疗、教育等关系到广大人民切身利益的部门。还有些部门，比如邮电、市政建设等，市场经济的管理对于这些部门产出的公共产品是失效的。因此它们在美国也是由国家控制的，而且有趋势表明在美国有国家控制的经济成分在持续增长着。可见，就是在美国式的自由市场经济模式中，一些非市场经济因素也是很重要的，为什么就必须在中国实行市场经济为主体的发展思路呢？

同时，事实让中国人民清醒地看到，市场经济不可能完全在一只看不见的手推动下自发、有序地运转。因为根据迄今为止归纳和提出的市场经济理论，市场经济运转的许多条件都是假定的，而且是理想的假定。这些假定在事实上有时候是不存在的，由此而来的结论是靠不住的。市场机制在现实中也表现出了很大的局限性，它们包括政治、社会、经济和生态等界限。例如，市场经济在跨国界时不见得一定会服务于国家利益，市场经济不能实现公平分配，市场经济不能处理好社会利益问题，市场经济不能保护环境资源，市场经济不能提高整个社会的道德水平等。同时，一些地方这些年来匆忙实施激进的市场化推进过程，已经造成了一些严重的问题。有些地方出现了由于恶性商业竞争，从而引发刑事案件频繁出现。一些医院在救治病人时，按照市场经济中的利益规则办事，谁有钱先抢救谁。所有这些弊端，就是激进的市场化所造成的恶果。贯彻科学发展观，就是要还事物以本来的面貌。

第三节　拓展国际市场份额

中国经济在最近四分之一世纪里一直都在世界经济舞台上扮演着最显眼、最具活力的角色之一。拥有占全球五分之一人口的中国，在这一时期内，依据改革开放政策的指引，取得了举世瞩目的成就。在2008年12月18日举行的纪念中共十一届三中全会召开三十周年大会上，中共中央总书记胡锦涛指出，从1978年到2007年，中国国内生产总值由3645亿元增长到24.95万亿元，年均实际增长9.8%，是同期世界经济年均增长率的3倍多，中国经济总量上升为世界第四。[①] 而到了2010年，中国GDP总值为5.879万亿美元，首超日本，成为全球第二大经济体。尽管中国依然是一个发展中国家，可是却在拉动世界经济增长方面发挥了其他国家不可替代的作用，并且成为仅次于美国的第二个世界经济火车头。

一、沉着应对国际经济竞争

2011年3月24日，据国家统计局发布的“十一五”经济社会发展成就系列报告显示，5年间，我国货物出口额从世界第3位跃居第1位。2010年，我国货物进出口总额29728亿美元，比2005年增加了1.1倍。[②] 这个成绩是我国加入世界贸易组织（WTO）十年之际的又一个成果丰收年。2001年12月11日，WTO的网站上午9时在主页头条位置宣布：“中国成为世贸

① “中国30年年均经济增长率是同期世界的3倍多”，http://finance.qq.com/a/20081218/002620.htm，2008年12月18日。

② 国家统计局：“中国货物出口额跃进世界第一位”，http://www.tzdoftec.gov.cn/art52/562.html，2011年3月25日。

组织第143个成员。”消息虽然简短，但是意义深远。自中国加入了WTO之后，国家对外商品出口连年都实现了增长，外贸顺差持续攀升（见表7－1及表7－2）。2002年是中国加入WTO后的第一年，与上年相比，商品出口增长了22.4%。加入WTO第三年即2004年，中国出口比上年增加35.4%，也成为世界第三大贸易国。如前所述，到2010年货物进出口总额达29728亿美元，比上年增长34.7%，同时也使中国成为世界第一大贸易国。世界贸易大国没有一个国家能达到这样的增长速度。在整个经济发展过程中，由于中国所独有的优势，对外贸易发展给世界各国的经济都产生了一定的冲击。但是，虽然中国在全球经济一体化进程中取得了伟大的进展，可是未来要面对的局势依然严峻，因为当今世界仍然不太平。

表7－1　　2000—2004年中国货物进出口总额　　单位：亿美元

年代 项目	2000	2001	2002	2003	2004
出口总额	2492.0	2661.0	3256.0	4382.3	5933.2
进口总额	2250.9	2435.5	2951.7	4127.6	5612.3
进出口顺差	241.1	225.5	304.3	254.7	320.9

资料来源：国家统计局编：《中国统计年鉴2005》，中国统计出版社2005年版。

表7－2　　2005—2009年中国货物进出口总额　　单位：亿美元

年代 项目	2005	2006	2007	2008	2009
出口总额	7619.5	9689.4	12177.8	14306.9	12016.1
进口总额	6599.5	7914.6	9559.5	11325.6	10059.2
进出口顺差	1020.0	1774.8	2618.3	2981.3	1956.9

资料来源：国家统计局编：《中国统计年鉴2010》，中国统计出版社2010年版。

随着20世纪90年代前苏联的分裂，在世界范围内延续了半个世纪的旧式冷战时代结束了，可是，天下并不就此平安无事。实际上，一个新式的冷战阶段已经开始了。两者不同的是，旧冷战以意识形态的冲突为主要内涵，其表现形式是美苏两个超级大国争夺全球霸权；而新冷战则是以地缘政治为基础的民族国家利益冲突为内涵，其表现形式就是以美国为首的西方国家倚仗资金技术，借助全球化的趋势，寻找借口对世界上许多发展中国家进行资本侵略和资源掠夺。由此造成的局面是，在世界范围内发达国家更加发达，落后国家更加落后，而在具体的民族国家内部则是富人越来越富，穷人越来越穷。面对实质如此的全球性社会经济政治格局，开拓国际市场就不仅是个经济任务，还是一个维护正义与公平的政治任务。

（一）洞察国际经济社会形势

经济全球化是现在国际上最时髦的事情，但是必须认清，它是一柄双刃剑。美国以经济科技实力为后盾在国际社会中目前处于“一强独大”的地位，于是，美国内部一些思维还停留在已经称为历史垃圾的“肆意侵占殖民地”的年代，总是企图借助全球经济一体化的趋势和环境，欲想实施有利于本国私利的单边主义政策，攫取超额垄断利润，或用超经济强制的手段赤裸裸地剥削弱小国家。听任美国在经济全球化中的大量所作所为，也在实际上使得以美国为首的西方国家更加强大富裕，使得广大的发展中国家陷于更加相对贫穷化的境地。一位美国作者撰写了一本著作，通过一些生动的比喻，说明了全球化所具有的威力、作用和可以推断出的结果。全球化在推动新工业技术革命的同时，也带来了全球性社会问题。除了少数发展中国家和地区（如东亚部分国家和地区），大多数发展中国家是经济全球化的被动参与者，是不自觉地被卷入的对象，在经济全球化中处于“边缘化”地位，他们面临的更多的是挑战和风险。① 这种现象就是对全球化的一类最好注脚。

古巴领导人卡斯特罗也曾谈论了全球化给发展中国家带来的风险，他以一个政治家的眼光从历史的角度和经济社会文化价值的角度，比较全面论述了全球化的由来，发展过程和特点，深刻地揭露了全球化的鼓吹者的阴谋以及全球化背后所掩藏的野蛮掠夺。卡斯特罗是目前世界上为数不多的一个真正的传统意义上的马克思主义者，是坚定地反对国际强权政治的共产主义战士，是值得敬仰的一个民族英雄。卡斯特罗所提出的一些概念和分析很深刻，是非常富有国际历史唯物主义战略眼光的。他曾在一次演说中尖锐地指出：“全球化被禁锢在新自由化的拘束下，其趋向不是使发展全球化而是使贫穷全球化，不是尊重而是侵犯我们各国的主权，不是主张各国人民之间团

---

① 杨世勇：“浅析经济全球化对发展中国家的影响”，http：//www.szswdx.com/News_View.asp?NewsID=169，2010年11月18日。

结一致而是主张在不平等的市场竞争中各寻活路。”他进而分析了所谓的全球化提出的历史背景，指出那就是当代新帝国主义的自由化，并进一步说：“世界贸易仍然在新自由化的全球化指导下进行，这种全球化是富国进行统治的工具，是加深各种不平等和使其永久化的因素，是发达国家之间为控制现今和未来市场而剧烈竞争的舞台。”他提醒发展中国家要特别提高警惕不要上美国的当，因为美国执政当局在高喊贸易自由化之时，同样动辄就启用“超级301”条款制裁别的国家。这个条款是美国自己制定的挑衅性、歧视性的外贸国内法案，是威胁别国的霸道之法。美国利用这个条款别有用心地多次借口人权问题指责其他国家的政府，推销单边主义国际政策。卡斯特罗关于全球化的认识和论述非常值得人们思考。

必须强调的是，历史列车并不是由少数剥削阶级份子拉动的，全球经济一体化自身具有的客观规律是不以人为因素而转移的。20世纪后半期的西方工业化国家实行对外经济扩张，越来越多的依靠采用跨国公司将资金技术大转移的方式进行，即由本国母公司转移到海外他国的子公司进行生产。虽然跨国公司自海外榨取的利润极其丰厚，但是这种国际分工带给经济不发达国家的好处，促使世界经济融合为一体的作用，也得到了世人公认，被总结为很多正确的经济学理论观点。由此产生的积极结果是，弱小国家有了现代工业，吸收了现代科学技术，民众日益觉醒，反过来形成抗衡资本入侵与剥削的强大力量。于是全球化进程就不再任由资本大国操纵，而是由和平进步与共同发展的力量主导。否定之否定，螺旋上升，这就是历史的辩证法。

和平与发展是当今世界的大趋势，是全球化的主导力量。但是，要在经济全球化中占据一席地位，绝对不是自然而然就可以促成的，绝对不能坐享其成，而是要不断斗争，夺取胜利。中国进行的改革是主动对外开放，所以必须丢掉幻想，提高警惕，防止被全球化的光环迷乱了眼睛，蜕变为任人宰割的羔羊。不能为了迎合资本大国所鼓吹的全球化过程及其需求，去牺牲中华民族的利益。没有必要动不动就以所谓的全球化为前提，在什么方面都同国际接轨。不能在世界经济交往活动中，只盯住一个超级大国，换言之，发展与各个工业化国家的经济交往，应当成为中国参与国际分工的一个重要的战略决策。要大力发展与法国、德国等欧洲国家的经济互动关系与交流，发展与加拿大、丹麦、西班牙等国家的贸易往来。必须将中国的国际交往多元化，而不应当死守一个国家阵地，这样不仅可以降低国际交往的危险性，而且可以从国际分工中得到符合民族需要的更大利益。

（二）明确未来发展的任务

中国自加入WTO之后，通过坚持多元化的战略指导，获得了一些可喜的业绩，同时国内也出现了一种值得警惕的错误偏向。一些地方与企业陶醉于短期的产品大量销往国际市场，自诩当地企业成了世界工厂，实际上是满足于来料加工类的相对容易的生产方式。结果放弃了建设自己的独立技术和产品体系的努力，实质上成为跨国公司的附庸。这样的企业日益增多，形成了国内商业被外商主宰的局面，缺少了主动权，致使整个国家对外资和世界市场的依赖程度极大地加深。必须清楚地认识到，中国生产技术在世界上并不是一流的，即使获得了很大进步，面对的竞争者也很多，的确没有任何自我陶醉的理由。

例如，中国造船业近年发展迅速，在国际上的排名一再提前。据国际船舶网信息显示，在中国造船完工量方面存在这么一条增长曲线：2005年突破1000万吨，两年后突破2000万吨。从2007年到2009年，以每年1000万吨的速度增长。2010年增长了2000万吨。“十一五”期间，中国船舶完工量以年均43%的速度疾速增长。中国继2008年造船完工量、新接订单量和手持订单量超过日本后，2010年这三项指标全面超过韩国，一跃成为世界第一造船大国。[①] 自2011年开始进入行业冬季的中国造船业在2012年开始进入严寒期，业界普遍认为，船舶业真正“寒冬”将在2012年前后集中爆发。因此，未来3年整个国际造船业将呈下降趋势，预计到2015年以后才会逐渐好转。[②] 中国造船业面临实现跨越式发展契机的同时，也面临着严峻的挑战。

造船业属于资金技术密集型工业行业。作为国内的造船业及其关联产业中的基础单元公司或企业，虽然也有一些高技术支撑，但是部分企业至今未能完全摆脱粗放型的经营方式。依靠高投入、高消耗来支撑高增长，这不仅不符合当今世界经济发展的趋势，也难以维持长久的竞争优势。此外，造船业在高科技领域内的优势也多表现在硬件制造方面，软件技术依然欠缺。同时，目前开展国际合作的广度和深度均感不足，这在一定程度上也影响了整

---

① “中国造船业快速发展纪实”，http://www.eworldship.com/news/20118/20118882219419.html，2011年8月8日。

② “中国造船业危机下倒逼跨越式高端化发展”，《中国联合商报》，2012年2月19日。

个产业的国际竞争力。

国家参与是加快高新技术升级的最坚强的后盾。为了彻底改变造船业和其他产业技术落后的状况，必须加大“创新”、“转型”和“提升国际竞争力”方面的工作力度。如果中国工业提升自身国际竞争力的努力取得成效，将可能转变中国在国际分工中的低端地位，并将会引发中国产业的转型，即由技术引进、技术改造向技术创新过渡和升级。

二、经济贸易发展新阶段

中国虽然成为世界贸易组织成员，可是发展的同时也面临着激烈的竞争，比如中美的贸易谈判问题、中欧的贸易谈判问题。在一些国际贸易活动当中，一些非关税性的贸易壁垒等使我国经济在持续高速增长中，面临越来越多的技术和竞争压力。到2011年，已是中国加入WTO第十个年头。十年来，平均关税从15.3%降至9.8%，100多个服务部门开放，清理了3000多条法律法规，出口增长了4.9倍，进口增长了4.7倍，对外投资由不到10亿美元增长到600亿美元，中国世界500强企业由11家增长到54家。[①] 所有的这些数据无非是在给我们传达这样一个信息：中国是以一个更加开放的姿态逐渐融入世界大家庭，开放、竞争、风险交织而来，中国的经济行为也必然要在新的规则下成长和扩充。

毋庸置疑，中国企业未来几年将面临更大的风险与挑战。在当前的国际产业格局中，中国很多企业主要从事低端的加工贸易，因而在国际产业链中处在低端位置，很多企业的大部分利润都被发达国家的大型跨国公司赚走了。也由于中国的市场经济地位没有获得主要发达国家的认可，因此国际上要求中国进一步开放市场的压力加大。中国的服务行业，如电信、金融等也将彻底对外开放，可是在这些领域，中国的弱势很明显地存在着。因此，中国政府对于金融业的开放也是比较谨慎的，外资公司在这些领域仍然面临一定的市场门槛和限制。央行数据显示，截至2010年年末，在华外资银行资产总额仅占全国金融机构资产总额的1.85%。[②] 但是，作为WTO成员国，

① “纪念中国加入WTO十年：未来属于中国吗?”，《中国经济周刊》，2011年12月13日。

② “从恐慌到收获——中国‘弱势’产业的入世十年”，http://news.xinhuanet.com/fortune/2011-12/10/c_111232454_2.htm，2011年12月10日。

中国却不能避开这些“弱势”产业。与此同时，中国作为崛起的贸易大国，随着贸易总额连年高速增长，国家也逐渐进入了国际贸易摩擦高发期，欧盟、北美不断利用“特保”、反倾销、技术壁垒等措施向中国叫板。中国工业承受的压力增加了，面临的各种挑战也就更加严峻了。在此情况下，中国唯有在进一步提升本国产业竞争力的前提下完全和主动地进行对外开放，才能开辟一个新天地。

不过，中国参与经济全球化的进程，很多经济活动与国际接轨，这并不是说要全盘西化。即便认同全球化，也不能不看到全球化的竞争性与排他性，不能让这柄双刃剑伤到自己。要将全球化看作是一个各国不断相互学习的过程，一个相互借鉴经济发展的经验、教训的过程。它既不是“美国化”，也不是由美国主导或控制的经济变革，它是社会化大生产发展到一定阶段的自然产物。中国前几年的市场经济改革之所以在一些方面呈现出激进的态势，其中一个原因就是泛市场化论调处处照搬美国那套标准，并以此来衡量中国市场的发展，并提出一些脱离实际的、假大空的改革方案。受此影响，一时间内供给者刻意模仿欧美方式提供产品，消费者不顾一切地超前消费奢侈品。一些人追求购买别墅住宅，攀比拥有家庭轿车。中国人多地少，根本无法实现每家一栋别墅的需求。如果每家一辆轿车，那在中国 960 万平方公里的国土上就要跑有 3 亿多辆小汽车，不说别的，光那排出的尾气就将使得中国成为最不适宜人类居住的地方。此外，十几亿人口如果达到美国现在的人均能源消费水平，那是自然所绝对不能承受和供给的。实际上所有的人生活都要在自然资源供应限度的约束下，再过很多年，世界人口也无法同时达到今天欧、美、日的生活水准。中国自有中国的社会经济发展标准，没有必要什么都按美国标准行事。

中国一些地方这些年来致力于市场化的推进，有些忽视量力而行的原则，这种头脑发热的现象在经济建设的历史上出现过多次。大跃进时代吹浮夸风，粮食亩产量放卫星，最后的结果是很深刻、很典型的惨痛教训。毛泽东深刻总结了这个错误，多次做过批评和自我批评，“一切大话、高调，切不可讲，讲就是十分危险的。”他语重心长地指出，经济建设“每项都不可讲假话。老实人，敢讲真话的人，归根结底，于人民事业有利，于自己也不吃亏。”所以，他强调说，“干劲一定要有，假话一定不可讲。”① 在 21 世纪

① “党内通信”，《毛泽东文集》第 8 卷，人民出版社 1999 年版，第 48—50 页。

建设中国的社会主义，在战略上要有“赶超”发展思路，在战术上要用适度发展的思想。一味地强调赶超，也是不符合中国现实的。

因此，必须放弃所谓的“赶超”发展思维，确立从“可持续发展”到“适度发展”的思路。在这方面的一个关键是，要适度降低单纯追求GDP的做法，从实际国情出发办事，不能在任何场合都强调“赶超”发达国家实现四个现代化的不清醒认识，做好共同致富奔小康而且也只能是小康的心理准备。工业反哺农业，也要确立适度发展的战略，不是全部使用“高科技”和“知识经济”。例如实现西部大开发战略，除了西气东输、西电东送、青藏铁路等大型工程外，要优先解决西部地区农业低科技发展不充分的现实，让农民也能够享受现代机械代劳的好处，提高农民人均创造财富的速度，让农民能真正过上小康生活。

三、组建新式跨国公司

第二次世界大战之后，西方工业化国家对发展中国家的经济剥削主要依靠跨国公司实施。西方各个著名大型跨国公司占有资金、技术、管理等方面的优势，发展中国家由于种种历史文化原因尚不能组建起与之抗衡的经济实体，甚至有些发展中国家的国内实际经济组织带有浓厚的封建管理性质，或者就是由部落酋长所有，于是西方跨国公司在那些国家的经济活动竞争对手很少，占有明显的主导地位，往往显得得心应手。高额盈利，垄断利润，常常滚滚流入公司财务囊袋之中。这种经济剥夺实际上就是一种没有硝烟的战争，属于新形式的冷战系列的一个组成部分。

不管人们主观上愿意承认还是不愿意承认，这个业已存在的客观事实是无法改变的，同时，世界上反对战争、期望和平的力量日益强大。维护和平，求得发展，是当前世界的主流。因此，对于中国来说，既面临着挑战，也面对着机遇。必须清醒的认识我们想躲也躲不开的新冷战，充分地借助和平发展的主流势能。如中国伟大的先贤始祖尧所说：“匡之直之，辅之翼之。”① 中国人就能够掌握足够的政治、经济、社会、自然和国际资源，抓住机遇谋取大发展，取得战胜新冷战的主动权。

---

① 引自《孟子·滕文公上》。

（一）国家控股以弱制强

物质是第一性，精神是第二性的，这是马克思主义的基本原则。西方资本主义国家恃强自傲的本钱是工业化实力，是恐龙式的巨无霸的跨国公司，这是经过数百年时间累积形成的物质力量，而社会主义中国的薄弱之处乃是经济不发达。因此，中国人要借助行政管理方式，调动民族经济和社会力量，建立有自己文化特色的跨国公司，抵御和抗衡海外跨国公司的经济进攻。中国有建国半个多世纪积累的财富，有数千年积淀下来的优秀文化遗产。中华文化中自强不息的精神是无价之宝，是凝聚人心、激发干劲的神奇力量。新中国成立初期国有企业依靠“铁人精神”，高擎“大庆红旗”，短时期内创造了许多经济奇迹的无数事实，就是最有说服力的例证。发扬光大中华文化，吸纳其他民族文化的精髓，充分调动中国劳动人民的创业积极性，这才是国家强盛的唯一正确有效的战略决策。一切照搬照抄西方的管理模式，以适应全球化而实质全盘西化，只见经济利润，排斥精神理想，实际上是亵渎了博大精深的中华文化，是自己灭了自己的威风。

组建国有控股的跨国公司不是一件容易的事情，因为我国这类公司在总体上处于资金技术、管理等各方面的弱势，不抵西方强大公司，但是借助社会主义国家的综合力量，就能弥补一些缺陷，集中自己的强势。同时，采用避实就虚、各个击破的方法，获取在商战上对自己更为有利的地位，这样就能够在同虎狼般抓取利益和挤榨利润的各跨国公司交往中，尽量地以小的代价获取更多的对自己有用的交易物品，或者面临困难境遇时尽量地不吃亏或少吃亏。以强大祖国为后盾，这是在处处存在不公平的世界市场商品交易中，中国经济实体以弱制强的根本先决条件。

（二）调整结构以小搏大

中国要继续抓住新一轮国际产业转移的时机，加大调整工业布局的力度，发挥社会主义的优势，催生新兴产业，壮大国家经济力量。中国通过调整产业结构，兼并组合了一些汽车企业，引进吸收国外著名汽车公司的技术，迅速提高了国内的汽车产量与质量。从 2001—2011 年，中国汽车销量从 234 万辆激增到 1800 万辆。连续三年蝉联世界第一汽车生产大国和消费国。年均增幅超过 24%，创造了世界汽车发展史上的奇迹。中国汽车销量占全球汽车销量的比重，也从 2001 年 4.27%，增加到 2011 年的 25% 左右。

全国民用汽车保有量在2001年也只有1802万辆，但截至2011年11月底，国内民用汽车保有量达到1.04亿万辆。[①]在世界汽车产业整体萧条的大环境中，中国高速增长的汽车市场已经成为了跨国汽车公司的新目标，使得跨国汽车企业对以满足中国市场特定要求为目的的研发活动更加重视，中国俨然已经成为群雄逐鹿的新战场。

目前国内汽车工业的结构调整依然在继续。合资的汽车大型跨国公司的股份结构正发生着明显的变化，即中国控制的股份在增加，汽车部件的国产化比例在加大，而且还有新的完全是国有自主知识产权的汽车下线上市。这些股份变化与壮大的汽车跨国公司在管理方面实行着规范的现代企业制度，又同世界驰名跨国公司有密切的贸易往来，他们的运作在不断地完成对国家最有利益的商品买卖任务。逐步建立的这类公司遵循着市场规律，又没有陷入泛市场化的泥坑。这些由国家控股的跨国公司进口某项设备，充分利用着所具有的各种势能，从减少信息不对称几率、准备多套谈判方案、调配最适宜的交换商品等多个方面，与不同国家的不同公司洽谈，在设备技术性能相同情况下，通过讨价还价等交易策略，获取最好的贸易成果。这恰恰如同一个训练有素的团队在与一个人交手竞争，所处地位是明显具有优势的。无数外贸案例说明，那些实际出现于中国市场的过于分散的经济活动，经营者过于纷繁的国际贸易行为，必然导致各个企业竞相压价出口、进口竞相涨价的现象，国内各厂商相互打价格战，得利者必然是外国公司。由国家控股建立的各色大型公司，就可以集聚起集体的智慧和力量，完成艰巨的现代化建设任务。

最后要强调的一点是，国有控股跨国公司的活动不仅是一种商业行为，也是采用有机形式向国际社会推广介绍中华文化的社会活动。国有公司站在对外交往和国际贸易活动的第一线，各类商品交易自然要突出以国家利益为第一的意志和宿愿，坚持中华民族自古形成的“童叟无欺”的公平交易商业价值观，质量第一，优质服务，通过诚信为主导的商业合作建立企业在国际上的经济纽带。要消化吸收西方文化与中华民族的主体文化相适应的价值观念，遵循国际经济交往的规则与惯例，既使商业买卖盈利，也使自己的文化内涵丰富多彩，让世界上其他国家更能赏识与接受中华文化价值。对于那

① “入世十年中国汽车企业一飞冲天”，http://news.xinhuanet.com/fortune/2011-12/11/c_111234962_3.htm，2011年12月11日。

些恃强自傲的跨国公司的无理干扰，应当采取的对策就是不对抗，不退让，少说多做，以扩大出口与占领国际商业市场为主要目标。要在没有硝烟的商业战场上，研究和发展具有原创性和特色鲜明的新型产品，迎击和挫败海外跨国公司的经济进攻，保卫国家利益，保护成功占领的市场。

中国的历史选择了社会主义制度，也选择了社会主义市场经济。从宏观层面来说，社会主义制度也维护和促进了国家生产力的大发展。关于这一点的事例千千万万，此处不再赘述。因此，在中国实行社会主义制度，能够比实行资本主义制度更好地解放生产力，能够更快地发展现代工业。从微观层面上来看，社会主义的工业建设必须要有一整套能够激发微观主体活力的机制，这样才能提高微观经济运行效率。以上这些都是经过探索的建设有中国特色社会主义道路的重要内容。改革开放 30 多年来的实践证明，沿着这条道路前进，中国人民已经取得了丰硕的工业建设成果，而且未来还将创造出更多的成就。

第八章

结论：创新型国家与新国家主义战略

2011年初春，一幅宏大的“十二五”创新画卷在中国人面前徐徐拉开。从农耕火种到四大发明，从李约瑟之谜到中国奇迹，中华民族从来不缺乏创新精神。而且在已经进行了30多年的改革开放中不断创新、不断进取，这是在与经济全球化相联系的进程中实行的独立自主地建设社会主义的伟大事业。为了完成全面建设小康社会这一历史任务，需要善于吸收和借鉴人类文明的有益成果，用科学发展观做指导，更好地驾驭社会主义市场经济，持续稳妥地实施“十二五”经济社会发展规划纲要，调动各种积极因素，建设起一个以胡锦涛为总书记的中国共产党新一代领导集体提出的创新型国家。

第一节　实现人的全面发展

具有悠久历史文明的中国现在正处于最伟大的时代，而且也是新中国历史上经济发展最好的年代。中国大城市里有了摩天大楼，城外有了四通八达的高速公路，但是中国并没有像美国、英国一样发达，中国农村有些地方经济发展很滞后，教育手段很落后，农村有贫困人口，城市有失业问题。所以，必须努力建设，才能将中国变成一个新型的现代化社会主义国家。现代化建设涉及社会的方方面面，需要仔细筹划，提出总体战略构想，为社会生产出日益增多的物质财富、服务财富和精神财富，非如此则不能避免类似泛市场经济思潮的侵扰。社会主义的根本目的是逐步实现共同富裕，充分满足人民日益增长的物质文化生活需要，而泛市场经济思潮导致的最严重的直接结果是收入差距拉大，造成局部的贫富两极分化明显，诋毁了中国传统文化的优秀结晶，迟滞了国家全球战略的形成。

未来的10年，中国现代化建设将进入最关键的历史阶段，需要处理的问题极其复杂，面临的国际形势也十分严峻。改革开放的经验显示，现代化不仅是GDP的增长，最重要的是人的现代化，因为建设共产主义社会的最终目的是使人得到全面发展。为此，需要建立一个新国家主义战略，落实人的全面发展目标。[①] 因为，社会的历史是人的历史，社会的发展也是人的发展。

一、“以人为本”的新国家主义战略

中国共产党的创始人毛泽东同志提出的为人民服务的思想，中国改革开放的总设计师邓小平同志强调的引导人民群众共同富裕的理论，是马克思主义在20世纪于中国大地继续保持强大生命力的生动体现，是马克思主义面向一个新时代、回答重大新问题的伟大理论成果，它们强大的时代价值首先就表现于此，因为马克思主义发展的历史就是一部随着实践的深入而不断丰富和发展的历史。也正是马克思始终关心最广大人民群众的全面发展，凡是在资产阶级学者研究物与物的关系之时，他都看到了人与人之间的关系，“以人为本”地进行了严肃认真的科学研究。在马克思看来，要正确认识是人类社会历史发展的必然趋势，首先必须正确理解和全面认识人。马克思是从凝结人的自然力、意识性和社会规定性的“社会实践”出发，全面揭示了人本质。早在1845年他就指出：“人的本质并不是单个人所固有的抽象物。在其现实性上，它是一切社会关系的总和”。[②] 这里的社会关系的总和就是指以物质生产为基础的社会，劳动则是构成社会关系总和的基础，所以，人的本质就是由社会生产物质条件和生产关系所决定的人与人之间的社会关系，包括社会制度、经济环境和个体劳动素质等各个方面。

这个本质规定所揭示的一个特定内涵是，只有个人的体力和智力得到自

---

① 关于这个新战略，著名经济学家何新先生写过一本著作《思考新国家主义的经济观》，内有精彩的论述。该书由北京时事出版社2001出版。此外，何新先生在其新著《反主流经济学——新国家主义经济学（上、下卷）》，对此发展战略概念进行了新的论述，该书由时事出版社2010年出版。本书的一些论点，借鉴了他的著作，并依据他的思路进行阐述，在此特别鸣谢。

② “关于费尔巴哈的提纲”，《马克思恩格斯全集》第1卷，人民出版社1972年版，第18页。

由结合而又充分的发展，整个人类社会才能进入世人所期望的和平繁荣的境地，而这也正是“以人为本”进行社会实践的最终目的。马克思关于人的本质及其全面发展理论是马克思主义理论的重要部分，它所产生的最伟大的成果是相信群众、依靠群众、开创新世界。基于这个原则，新国家主义战略，就是一个科学论证、贴近实际、外御强敌、内求民利的发展思路，是一个“以人为本”的发展战略。新国家主义战略的根本宗旨是，抓住人心、鼓舞斗志、催人奋进，组织群众进行革命性、创新性的社会实践。

（一）总结与吸取社会主义建设的历史经验

近代社会，资本主义私有制诞生之后就给人类带来了很多灾难，诸如罪恶的奴隶贸易、经济大萧条、血腥的侵略战争与第一次世界大战。无产阶级夺取政权之后，建立一个什么样的国家经济体制，是一个马克思主义经典作家们意见不一的重大问题。1847 年，恩格斯为共产主义同盟写了一个纲领性文件《共产主义原理》，在这个文件中，恩格斯对未来的共产主义革命提出了如下几个政策设想：消灭私有制，消灭市场和货币，实行计划经济，消灭阶级和阶级差别，消灭城乡对立。由于历史的局限性，恩格斯没有看到共产主义的实际实行，他提出的建议是一种思想表露，在理论上具有指导意义。

列宁领导俄国布尔什维克党和人民大众，用武装革命实现了马克思与恩格斯的理想，建立了世界上第一个社会主义国家。十月革命胜利以后，苏维埃俄国的布尔什维克政权宣布了土地国有法令，宣布消灭了私有制，大多数人沉浸于营建纯洁的共产主义新制度。伟大领袖列宁却以惊人的洞察力看到了俄国社会主义建设遇到的和潜在的严峻困难，他反复考虑着如何从实际出发，制定特殊的经济政策，避免空谈。他认为，国家应当向资本主义市场经济实行转轨，这就是著名的“新经济政策”。[①] 列宁设想，这种转轨将分为两个阶段，先向自由市场的资本主义倒退，然后建立共产党领导下的“国家资本主义体制”。他在 1918 年就认为：“国家资本主义较之我们苏维埃共和国目前的情况，是一个进步。如果国家资本主义在半年左右能在我国建立起来，那就是一个很大的胜利，那就是能够真正保证社会主义一年以后在我

① 中共中央编译局编：《列宁论新经济政策》，人民出版社 2001 年版。

国最终地巩固起来，立于不败之地。”① 列宁指导和制定了“租让制”政策及实施。他说：“租让制这种国家资本主义，和苏维埃体系内其他形式的国家资本主义比较起来，大概是最简单、明显、清楚和一目了然的形式。”②在列宁实事求是的正确领导下，多种国家资本主义形式在苏俄国家得到了实践。

列宁深刻地理解俄国当时的经济基础，那是一个尚处于农奴状态农业经济的阶段，离资本主义工业化阶段相距甚远。在这样的经济基础上，考虑向共产主义的直接过渡乃是十分荒谬的。列宁认为，对于这种经济状况的俄国，所需要的并不是完全公有化经济制度的社会主义，而是国家资本主义。1921年3月8日—16日，在俄国共产党召开的第十次代表大会上，列宁提出的新经济政策被通过了。从1921年到1924年初，列宁曾以主要精力从事这个政策的制定和实施。这个政策引起了当时苏联新生经济体制的一系列重大变革，使那时已经陷入深重危机的苏维埃经济得到恢复，国家重新呈现出一片生机。遗憾的是，斯大林后来取消了列宁提出的新经济政策，实行了一套脱离实际的政策，要向共产主义直接过渡。1937年，前苏联领导人斯大林宣布国家“已经基本上实现了社会主义”，到1938年，又宣布苏联要“向共产主义前进”了。斯大林错误的“左”倾政策使前苏联建立的经济体制十分僵化，后续者们的更多的一系列错误最终导致了第一个社会主义国家的完全解体，这的确是一个惨痛的历史悲剧。

新中国成立前夕和初期，中国共产党人认真分析了国情，借鉴了列宁的新经济政策，实施了正确的建国方针。毛泽东认为，中国“有大量的农民群众”，而且“封建经济则更是大量地存在”，于是，共产党实施了符合国情的土地政策，分田到农户，调动了农民群众的劳动生产积极性。同时，又引导“民族资产阶级走上社会主义改造的道路”。这都是共产党正确决策的结果。从20世纪50年代初期到1958年实行人民公社化以前，中国的经济体制实际上是一种兼容资本主义市场的混合经济体制，与列宁主张的“新经济政策”基本相同，也是一种国家资本主义。

1953年7月29日，毛泽东在总结中国社会主义建设的初期经验时明确地说：“我们的国家资本主义，其性质和苏联的国家资本主义是相同的，苏

① “论粮食税”，《列宁选集》第4卷，人民出版社1960年版，第529页。

② “论粮食税”，《列宁选集》第4卷，人民出版社1995年版，第488—525页。

联是共产党领导的无产阶级专政的国家，我们也是共产党领导的国家，但实行的办法则又有很多不同。列宁在一九一八年指出的这条道路，我们实行了。”当然，建立国家资本主义并不是最后的目的，中国共产党人在一个相当长的历史时期的最终目标是建立社会主义经济强国。所以，毛泽东开出了创造条件，推动社会转型的建议，并作出了预测：“国家资本主义转变为社会主义靠什么条件？第一，社会主义的几千个大工厂；第二，农业合作化，要有计划地、稳步地、积极地、自愿地搞互助合作；第三，国家资本主义企业内部的条件，包括党组织和工会，加上我们的领导，可以保证企业转到社会主义，取消资本家的所有权，同时把他们安排好。”

无疑，这种社会转型是宏大的、系统的和历史阶段性的，所以，毛泽东又提出了分“两步走”的构想。他说：“在这里，头一步是变资本主义为国家资本主义，把独立的、不受限制的、有自由市场的资本主义，变为不独立、受限制、没有自由市场的资本主义，即国家资本主义。第二步由国家资本主义变为社会主义，消灭阶级。”毛泽东还强调说：“不搞地方国营工业，不搞国家资本主义，不搞手工业合作社，就不能完成重点建设。”①任何理论的正确与否都要经过实践检验，那么毛泽东关于国家资本主义的做法与构想是否正确呢？让历史来回答吧！

从20世纪最后一年到21世纪头4年，国有及国有控股工业企业在中国经济发展中起着非常重要的作用。2004年，在全部国有及规模以上非国有工业企业工业总产值中，国有及国有控股工业企业所占比重是35.24%，但是在全部国有及规模以上非国有工业企业工业增加值中，国有及国有控股工业企业所占比重达到了42.36%，后者比前者多出了7.12个百分点（见表8-1和表8-2）②。说明国有及国有控股企业生产效益高，创造的财富相对多。这种后者比前者高的情况不是偶然的，在2000年是多出6.91个百分点；2001年是多出7.29个百分点；2002年是多出7.52个百分点；2003年是多出7.32个百分点，连续5年都基本处于上升状况。这就说明，在国有及国有控股工业企业的工业总产值和增加值的绝对数逐步减少的情况下，生产效率和贡献效益都保持了稳步增长。对于国有及国有控股工业企业的绝对

① 《毛泽东文集》第6卷，人民出版社1999年版，第282—288页。

② 由于统计年鉴的指标有所更改，即工业增加值、工业总产值及其比重等指标从2006年开始就没有了，为方便比较，我们用的是较为早期的指标数据，特此说明。

数的减少，可以有两种因素在起作用。一是中国的开放政策使非国有工业企业得到快速发展，外商独资、私营企业等增长迅速；二是国有工业企业在泛市场化思潮中破产、拍卖的数量大，其中有些属于非正常倒闭。至于农业合作化的构想自然是冒进的，引起了很多错误。不过今人评价历史，不能求全责备，而且农业合作化等方面的错误不能让个别人承担，要从体制缺陷等方面客观地评价。

表 8－1　　2000—2004 年全部国有及规模以上非国有工业企业工业增加值

单位：（绝对数）亿元；%

项目＼年份	2000	2001	2002	2003	2004
工业增加值	25394.80	28329.40	32994.80	41990.20	54805.10
其中：国有及国有控股企业	13777.70	14652.10	15935.00	18837.60	23213.20
所占比重	54.25	51.72	48.30	44.86	42.36

资料来源：国家统计局编：《中国统计年鉴 2005》，中国统计出版社 2005 年版，第 288 页。

表 8－2　　2000—2004 年全部国有及规模以上非国有工业企业工业总产值

单位：（绝对数）亿元；%

项目＼年份	2000	2001	2002	2003	2004
工业总值	85673.70	95449.00	110776.50	142271.20	187220.70
其中：国有及国有控股企业	40554.40	42408.50	45179.00	53407.90	65971.10
所占比重	47.34	44.43	40.78	37.54	35.24

资料来源：国家统计局编：《中国统计年鉴 2005》，中国统计出版社 2005 年版，第 288 页。

21 世纪完成的几项世界之最的中国重点建设工程，诸如三峡大坝、青藏铁路等，都是依靠国有及国有控股工业企业为中间力量，吸收国内国外的资金和技术，克服了难以想像的困难并在短时间高质量地完成的工程项目，就连西方国家很有偏见的人也不得不表示钦佩。国有及国有控股工业企业这支生力军的数量不多，但是战斗能力很强，而以优质取胜正是当代世界技术进步的大趋势。更加需要注意研究的是，国有及国有控股工业企业的形势也不是一成不变的。全球著名的《财富》杂志2011年度世界500强排名中，中国大陆共有61家上榜单，比上一年增加了15家。如果计入中国台湾地区的上榜企业，中国的上榜公司数量达到69家，超过日本，仅次于美国（133家），创造历史纪录。① 中国一批有实力的企业如中国石油化工集团公司、国家电网公司、中国电信公司等都已大步跨入国际市场，尽管产权结构差异很大，但都是国家经济的主力军团。同时，这些上榜企业都亟待进一步扩大和改革资产结构，以提升产业的国际竞争力，从而获得更为持久的经济活力。总之，毛泽东制定的建设方案在今天依然具有积极的作用，我们与时俱进，就是后来人对老一代领导者战略抉择的继承与发扬。

历史证明，与苏俄实施的新经济政策不同之处是，中国的国家资本主义政策更加周全，对于21世纪的国家经济还有正面的影响。而且当时的执行过程也是慎重平缓，没有引起俄国曾经出现的那种反革命暴乱。对于民族资本的改造，共产党在当时还采用了谨慎稳妥的三个步骤，即“加工订货、统购包销、公私合营，来实现对它的社会主义改造。就每个步骤来讲，如加工订货，也是逐步前进。公私合营也经过了从单个企业的公私合营到全行业公私合营的过程。”② 国家资本主义政策的实施，使中国迅速医治好了帝国主义强加给中华民族的战争创伤，成功地完成了第一个五年计划的建设任务。一个曾经沉睡的巨人在世界东方站立起来了！

由于众所周知的原因，1958年之后，“大跃进”全面推开，人民公社遍地开花，一平二调盛行，一些地方甚至提出了跑步进入共产主义的口号。大刮“共产风”的做法违反了客观规律，社会主义建设事业因此受到了严重挫折。1960年11月，作为共产党和国家领导人的毛泽东认识到了这个问题，并且承担了所犯工作指导错误的责任。他在一份替中央起草并下发各地省、市、区级党委的有关甘肃省委作的关于人民公社的报告的文件中做了自我批评，他写到：“毛泽东同志对这个报告看了两遍，他说还想看一遍，以便从中吸取教训和经验。他自己说，他是同一切愿意改正错误的同志同命运、共呼吸的。他说，他自己也曾犯了错误，一定要改正。例如，错误之

① “财富世界500强出炉　中国上榜公司达69家创纪录”，http://finance.sina.com.cn/g/20110707/212810111812.shtml，2011年7月7日。

② “读苏联‘政治经济学教科书’的谈话（节选）”，《毛泽东文集》第8卷，人民出版社1999年版，第115—116页。

一，在北戴河决议中写上了公社所有制转变过程的时间，设想得过快了。”[①]同月，中共中央多次发文，纠正了那种向社会主义很快过渡到共产主义的错误认识，批评了大刮“共产风”的做法。例如中共中央向党内发出了由毛泽东起草的另一份文件，坚决明确地提出：“必须在几个月内下决心彻底纠正十分错误的‘共产风’、浮夸风、命令风、干部特殊风和对生产瞎指挥风，而以纠正‘共产风’为重点，带动其余四项歪风的纠正。”[②]并且在另外一份文件中严厉批评一些县、社中，“‘共产风’、‘浮夸风’、‘命令风’又都刮起来了。”同时也点明：“另外还有三风：贪污、浪费、官僚主义，又大发作，危害人民。”这个文件特别强调在农村工作中要运用“价值法则，等价交换”原则，处理经济事物。[③]这些纠正错误的做法，遏制了危害很大的“共产风”。遗憾的是，这类修正仅仅是局部的做法，全面的“左”倾错误依然继续存在着，而且在“文化大革命”中达到了登峰造极的地步。中国人民从历史的教训中悟出了真谛，于是1978年召开了党的第十一届三中全会，逐步实施全新的改革开放政策，“左”倾错误在新时代社会主义建设中被彻底肃清。

无论是列宁提出和实施的“新经济政策”，还是毛泽东主导与实行的“国家资本主义”，都是曾经作为世界上第一个社会主义国家和现在依然高举社会主义大旗的国家建设的探索，是不同时代、不同地点但按照同一马克思主义原则进行的革命实践，曾经取得过胜利，而且又都在后来出现过重大挫折。但是，并不能由此认为，社会主义制度是错误的，共产主义理想是不实际的。邓小平领导中国进行的改革开放，他主导设计的农村联产承包制度、城市国有股份企业体系，都是对列宁、毛泽东现实主义思想遗产的继承。邓小平理论和“三个代表”重要思想所勾画的“有中国特色的社会主义市场经济”体制，就是列宁、毛泽东都实行过的国家资本主义的混合经济体制的再创新。中国共产党的胡锦涛总书记则进一步提出“发展中国特色社会主义，建设创新型国家”的战略，这是内涵与外延都更深更广的新时代的国家资本主义经济体制。

本书提出的新国家主义战略，既符合马克思主义经典作家的思想，又切

---

① “永远不许一平二调”，《毛泽东文集》第8卷，人民出版社1999年版，第223页。

② “彻底纠正‘五风’”，《毛泽东文集》第8卷，人民出版社1999年版，第220页。

③ “坚决制止重刮‘共产风’等违法乱纪行为”，《毛泽东文集》第8卷，人民出版社1999年版，第163—164页。

合中国现代实际发展需求。新国家主义战略批驳国际上的“新自由主义”思想，批驳国内曾流行的泛市场化思潮，主张坚持以公有制经济为主体、多种非公有制经济成分并存发展，目标是富民强国，实现中华民族的伟大复兴。以下的内容将在深入研究分析的基础上，集中阐述新国家主义的一些重要观点。

（二）中国社会人口现状

“以人为本”是新国家主义战略的核心思想。那么中国现在的人口状况如何呢？国家统计局在2006年初春发布了最近的人口调查数据。中国2005年人口抽样调查的样本量为1705万人，占全国总人口的1.31%。最后的计算结果显示，截至2005年11月1日零时，中国31个省、自治区、直辖市和现役军人的总人口为130628万人，与2000年11月1日零时第五次全国人口普查的总人口126583万人相比，增加了4045万人，增长3.2%；年平均增加809万人，增长0.63%。根据调查数据推算，2005年年末总人口为130756万人。中国人口数量的内在增长在减少，因为目前的生育率已经非常低了。可是人口的数量虽然依旧在增加，原因主要是人口惯性增长所致。

预计大概在2020年中国的人口增长下降效应才会体现，那时全国人口总量会逐步减少。中国人口中，有14735万人为流动人口，其中，跨省流动人口4779万人。与第五次全国人口普查相比，流动人口增加296万人，跨省流动人口增加537万人。① 要将如此庞大的人口带入现代化社会，单靠市场信号来反应，无论如何也不能实现国家既定的目标。所以需要提出一个新的战略构想，一个符合中国实际的新思维。中国人民的伟大领袖毛泽东说过：“任何思想，如果不和客观的实际的事物相联系，如果没有客观存在的需要，如果不为人民群众所掌握，即使最好的东西，即使马克思列宁主义，也是不起作用的。”② 所以，必须善于思维，抓住机遇，分析矛盾，制定对策，迎接挑战，在实践创新中不断推进理论创新。

（三）新国家主义战略的经济基础

当今时代，世界各国都在进行现代化建设，但是所走的道路却不尽相

---

① 傅洋：“国家统计局公布2005年全国1%人口抽样调查主要数据”，《北京晚报》，2006年3月16日。

② “唯心历史观的破产”，《毛泽东选集》第4卷，人民出版社1968年版，第1404页。

同。中国现代化建设只能从本国的实际出发，通过深化经济体制改革来进行。这是因为，中国目前所取得了伟大成绩，乃是改革开放政策实施的结果。按照可比价格计算，1979—2009 年期间、1991—2009 年期间中国 GDP 年均分别增长 9.9%、10.5%，2010 年达到 39.8 万亿元人民币。根据联合国的统计数据，中国 GDP 从世界上 1978 年的第 11 位上升到 2009 年的第 3 位，最后到 2010 年的第 2 位。同时，中国人均国民收入也有增长，但仍居于世界较低水平，从 1978 年的 175 位上升到 2009 年的 124 位。[①] 为了实现全面建设小康社会的目标，中国需要不断地夯实和加强历史上已经奠定的经济基础，总结自己以往的经验和教训，勇于实践探索新的发展道路，同时重视世界各国人民的建设经验，才能集思广益，大力发展和快速提高社会生产力，更多地增加物质财富和精神财富，从而建设成为富裕强盛的国家。

马克思曾经指出："人们不能自由选择自己的生产力——这是他们的全部历史的基础，因为任何生产力都是一种既得的力量，以往的活的产物。所以生产力是人们的实践能力的结果，但是这种能力本身决定人们所处的条件，决定于先前已经获得的生产力，决定于在他们以前已经存在、不是由他们创立而是由前一代创立的社会形式。"[②] 中国的改革开放从 1978 年至今，已经渡过了超越一代人的时间。从这个意义上讲，"十二五"规划纲要将要由新一代人来完成。新国家主义战略的基础是，明确中国与世界工业化国家的差距，从现实当中人的存在状态出发，不断地提高这种状态的质量，由此达到建设工业化强国的目标，也同时达到实现人的存在状态全面优化的目标。所以，改革开放的目标定位是，不仅关心人的物质生活状态的优化，也要关心人的精神生活状态的改善，不仅关心人的现实状态，而且关心人的潜在状态。只有人的自身素质与质量得到全面提高，社会发展才能繁荣昌盛。

那么，中国与世界工业化国家的差距在哪里呢？主要可以从三个方面来看：第一，从经济发展布局看，结构性问题突出。产业结构不平衡，中国在第一、第二产业集中了过多的劳动力资源，城乡发展不平衡、地区发展不平衡，基尼系数高过中等收入国家水平。第二，从教育、医疗和社会保障体系看，中国公共福利事业仍有待发展和完善，公共教育投入严重不足，社会保

---

① 胡江云："国内生产总值还是人均国民收入有意义"，http://opinion.china.com.cn/opinion_18_15518.html，2011 年 5 月 1 日。

② "致安年科夫的信"，《马克思恩格斯〈资本论〉书信集》，人民出版社 1976 年版，第 15—16 页。

障任务艰巨。第三，从贸易结构看，中国仍处于全球产业链的低端，出口中消耗资源和人力的货物贸易比重大，技术和知识含量高的服务贸易比重小。[①] 尽管中国的GDP一路向前，但人均GDP等一系列指标仍然处于世界低水平，因此，中国政府和大众应该清醒地认识到，中国仍然是发展中国家，工业化、城市化、现代化的道路仍然很长。

从以上差距不难知道，中国尚处于第一次社会现代化时期，大约为城市化的中期，中国社会现代化水平低于世界平均水平和中等收入国家平均水平。在《中国现代化报告2011》中，中国科学院现代化中心主任何传启在专家座谈会上指出，中国的现代化战略选择可分“四步走”：第一步，完成第一次现代化，进入第二次现代化，世界排名进入前60名；第二步，达到中等发达水平，世界排名进入前40名；第三步，达到世界先进水平，世界排名进入前20名；第四步，达到世界前列，世界排名进入前10名。何传启具体分析说，目前中国居于发展中国家中间水平，处于第一次现代化的成熟期，有些地区已进入第二次现代化，多数地区尚处于第一次现代化。21世纪，中国可选择综合现代化路径，两次现代化协调发展并加速向第二次现代化转型，以迎头赶上21世纪后期的世界先进水平。[②]

按照国际通行的共识是，社会现代化指的是社会领域的现代化，社会领域是人类社会的6个研究领域之一，这6个领域包括经济、社会、政治、文化、环境和个人。在深刻认识了泛市场化思潮的要害，认清了经济体制改革中一些激进的市场化改革方式之后，可以为未来作出规划。国际上有关现代化的理论认为，世界现代化进程可以分为两个阶段。第一次现代化，是从农业经济向工业经济，农业社会向工业社会，农业文明向工业文明的转变。第二次现代化包括从工业经济向知识经济，工业社会向知识社会，工业文明向知识文明，向绿色文明的转变。通俗的讲，第二次现代化是一种新型的现代化，它包括知识化、信息化、网络化、全球化、绿色化等新的内涵。无疑，中国的现代化道路还很长，需要加倍努力，首先应保证前进的方向正确。而当选择了现代化的正确道路后，预计2050年的中国能完成第一次现代化，那时中国将进入一个中等发达社会，人均预期

① “中国离发达国家的差距有多大”，http://news.xinhuanet.com，2010年8月26日。

② “何时跨进发达国家行列——专家热议《中国现代化报告2011》”，《中国青年报》，2011年1月26。

寿命逾八十岁，养老、医疗和失业保险覆盖率达百分之百，人们可以自由合理流动。所以，创新国家的建设是一个伟大的工程，必须有新国家主义战略，以便减少抵达目标的时间。

二、建设新型文明社会

2007年中国共产党第十七次全国代表大会提出，我们已经朝着党的十六大确立的全面建设小康社会的目标迈出了坚实步伐，今后要继续努力奋斗，确保到2020年实现全面建成小康社会的奋斗目标。今后五年是全面建设小康社会的关键时期。我们要坚定信心，埋头苦干，为全面建成惠及十几亿人口的更高水平的小康社会打下更加牢固的基础。自从1927年中国共产党建立之后，千百万共产党人抛头颅、洒热血，前赴后继为社会主义、共产主义而奋斗，他们所追求的正是这样的一个崇高的目标。在全面建设小康社会的开始阶段，中国继续奔跑的出发点是邓小平理论和"三个代表"思想指出的社会主义初级阶段，已经确定的奋斗目标是实现中华民族的伟大复兴，挑战与机遇并存。因为随着新千禧之年的时钟敲响，世界进入了一个经济全球化迅猛发展、文化多样化特色明显的时代。各国都在加快技术创新、管理创新、艺术创新等步伐，特别是一些工业化国家制定了目标宏大的创新计划，要在21世纪获得更大的发展。

美国一直在不断强化其创新传统和创新能力，重视创新立法，加大对产业界的创新激励，重视科技投入，目的是增强美国在经济、能源、环境、卫生、国土安全等方面的能力，保持"一超"的领先地位。2005年12月15日，美国国会两党议员提出《国家创新法》议案，以使美国在21世纪保持并增强创新能力，确保美国继续保持在经济上的全球领导地位。2009年9月21日，美国总统行政办公室、国家经济委员会和科技政策办公室联合发布了《美国创新战略》，它建立在《美国复苏与再投资法》（即《复苏法》）支持创新、教育和基础设施等的1000亿美元资金、总统预算、新的管理和行政命令计划的基础之上。该战略旨在激发美国人民的内在创造力，增强私营部门的活力，以确保未来的发展更稳固、更广泛、更有力。[1] 2011年1月

---

① "美国创新战略——推动可持续增长和高质量就业"，http：//www.kejicy.com/CMSReleaseSys/zgkjcy/infodetailed.aspx?id=6987，2010年3月31日。

25 日，美国总统奥巴马在首都华盛顿发表国情咨文。奥巴马宣称“世界变了”，呼吁借助创新和教育重振美国竞争力。奥巴马还承诺增加对生物医学研究、信息技术、清洁能源技术的投入。按照他的设想，清洁能源 2035 年前将提供八成美国所需电力，美国 2015 年前成为首个电动汽车超过 100 万辆的国家。[①] 科技革命已经改变了我们的生活生产方式，唯有创新，才能不断迈出人类进步的步伐。

中国发展中国特色社会主义，建设创新型国家，是在同世界工业发达国家进行赛跑。形势逼人，时不我待，不能滞后。新国家主义战略明确指向是，立足于生产力不够发达的社会历史基础之上，一心一意谋发展、聚精会神搞建设。努力拼搏，不畏强手，不图虚名，发展经济，可持续地创造比竞争对手更多产出的能力，建设起一个惠及十几亿人口幸福安康的新社会，营造有利于维护自然资源和生态环境相互协调的可持续发展态势，维护世界和平与发展。只要每个华夏儿女都积极参与开创新纪元的进程，一个新型的文明社会必将屹立于世界的东方。

（一）践行科学发展观

中国的“十一五”经济社会发展计划开始实施过程中，爆发了全球性的金融危机，因此国家实行的是宽松的财政政策，国民经济运行处于艰难爬坡阶段。如今在“十二五”规划纲要开始实施之时，中国经济已基本复苏，正在进入一个平稳健康增长的阶段，财政政策已逐步转变为稳健型。在这样较好的形势下，更要集思广益，总结经验，统筹协调，妥善解决长期积累的深层次矛盾，着力提高经济增长的质量和效益，保持宏观经济的平稳快速健康增长，真正为“十二五”规划纲要的顺利执行开个好头。中国人口众多、幅员辽阔、情况复杂，进行现代化建设绝非简单行事可以成功。也正是在这样的历史过程中，必须善于总结积累的实践经验，提出新思路、解决新问题。中国共产党以胡锦涛为总书记的新一代领导集体，集中全党全国人民的智慧，总结提炼并精辟概括出以“坚持以人为本，全面、协调、可持续发展”为主要内容，以“实现又好又快的发展”为实质的科学发展观，实现了党在社会主义现代化建设指导思想上的与时俱进。

新国家主义战略同样重视及时总结改革开放的实践经验，在改革开放和

---

① “奥巴马呼吁借助创新及教育重振美国竞争力”，《京华时报》，2011 年 1 月 27 日。

现代化建设进入新的发展阶段时，不回避问题和矛盾，用以理服人的科学方法，明辨是非。中国自1978实行改革开放以来，围绕改革话题进行过三次大争论：1981年到1984年围绕中共十二届三中全会关于经济体制改革的争论；1989年到1992年围绕中共十四大关于建立市场经济的争论；2004年至2007年围绕中国国企改革、医疗和教育改革以及贫富分化等问题的争论。党的十七大报告为这次的争论做了结论，“改革开放作为一场新的伟大革命，不可能一帆风顺，也不可能一蹴而就。最根本的是，改革开放符合党心民心、顺应时代潮流，方向和道路是完全正确的，成效和功绩不容否定，停顿和倒退没有出路。”温家宝总理在2011年政府工作报告中提到，“改革开放是实现国家强盛、人民幸福的必由之路，必须贯穿社会主义现代化建设全过程。要坚持把改善人民生活作为正确处理改革发展稳定关系的结合点，把改革的力度、发展的速度和社会可承受的程度统一起来，以改革促进和谐稳定，确保人民安居乐业、社会安定有序、国家长治久安。”

目前，产业布局在世界贸易大背景下加速转移，技术研发的国际化成为新的大趋势，这是经济全球化深入进行的表现。中国必须牢牢抓住面临的经济发展的战略机遇期，继续加大引资力度，吸收世界先进技术，进一步参与国际竞争。不断地认真借鉴世界现代化进程中的经验与教训，坚持和发展中国特色的社会主义市场经济制度，正确处理以较为突出的形式显示出来的各方面的矛盾。同时，要扩大科技人才的培养规模，提高教育质量，保护中国自己的知识产权，服务于经济持续高效发展的内在要求，实现发展为了人民、发展依靠人民、发展成果由人民共享的目标。

（二）全面实施“十二五”规划纲要

中国“十二五”经济社会建设规划纲要已经获得国民的一致赞扬，它是在总结各方面的实践经验基础上逐步形成和提出的，尤其是在全面、深入地总结建立和完善社会主义市场经济体制的经验基础之上提出的，所以，它不仅对未来一段时间国家的发展指出了继续前进的正确方向，也是不断实现好、维护好、发展好广大人民的根本利益的具体建设部署。贯彻落实“十二五”规划纲要，需要加强和改善宏观调控，引导国家经济有计划按比例地发展，而绝不是泛市场化鼓噪的自由主义，放任自由。没有科学的计划，任其自由竞争，经济社会秩序就会陷于混乱。关于有计划地调控社会经济，马克思主义的经典作家早就有过论述。恩格斯在谈论社会主义发展历史时就科学预言："无产阶级将取得公共权力，并且利用这个权力把脱离资产阶级掌握的社会生产资料变为公共财产。通过这个行动，无产阶级使生产资料摆脱了它们迄今具有的资本属性，使它们的社会性有充分的自由得以实现。从此按照预定计划进行的社会生产就成为可能的了。"① 中国社会主义建设的实践也证明，国家推行的市场经济改革一旦放松了计划调控，任其自由放任，由其恶性竞争，必然造成社会财富与资源的损失。

进入21世纪以来，由于泛市场经济的论调四处蔓延，中国经济发展出现了一些问题。一些地方为追逐GDP而过度消耗资源甚至破坏环境的事件屡禁不止，唯利而行、低水平重复建设的现象愈演愈烈，结果造成了部分行业产能过剩问题日益突出，而且这些产能过剩逐渐成为经济运行质量提高的严重障碍。因为产能过剩导致部分行业供大于求的矛盾更加突出，一些行业产品价格大幅回落，有的已经跌破成本；企业效益大幅下滑，亏损企业增加。以钢铁行业为例，截至2011年年底，中国累计粗钢产能在7.9亿吨左右，2012年预计仍有3000万—5000万吨的惯性增长。据此测算，2012年，中国粗钢产能将在8.4亿吨左右，如果按照粗钢表观消费量在6.88亿吨左右计算，产能过剩率约为122%，产能过剩约22%。2011年1—11月，中国钢铁工业协会会员钢铁企业产品销售利润率只有2.55%，远低于同期全国规模以上工业企业平均利润率水平。② 所以，中央政府需要通过宏观调控手段，大力推进产业结构调整，做好重点行业的清理整顿工作，抑制产能盲目扩张。

当前贯彻落实科学发展观的重大举措，其实质就是要通过有计划地调整，优化经济结构，加快转变经济增长方式，逐步消除可能导致经济大起大落的体制性、机制性障碍，以充分用好重要战略机遇期，实现又快又好的经济社会建设的发展。要加强对相关行业价格、投资等情况的监测，公开披露信息，及时预警。地方政府也要采取经济和法律手段加快淘汰落后生产能力，研究建立落后生产能力的退出机制。自然，宏观调控并不是国家什么都管，对所有的经济实体都实施计划，也并不是专门调配物质资料，而是在经济制度方面区别对待经济行为，引导建立国家、区域、集体和个体等不同形

① "社会主义从空想到科学的发展"，《马克思恩格斯选集》第3卷，人民出版社1995年版，第759页。

② "中钢协预警钢铁行业产能过剩加剧　亏损面扩大"，http://news.hexun.com/2012-01-06/136991558.html，2012年1月6日。

式的经济实体，引导创造符合中国民族传统价值的经济文化管理模式。

新国家主义战略认为，从目前国情出发，国家性质的经济实体，应当是以国防科学技术为主，而其他的就放开让其他方式的经济实体去干。区域性经济实体，则应当注重发挥区域优势，以区域的基本设施和教育为主，并报请国家协调区域之间的发展问题。集体和个体经营实际上就是微观经济的问题，可以依据经济规律自行发展，政府可以少管或者不管，当然税收是不能放的。

新国家主义战略特别强调，为了全面贯彻科学发展观，需要提出更为明确的完善社会主义市场经济体制的目标、任务、指导思想和原则的建议，以统领与协调经济社会全局的稳定、有序发展。为此，要进一步充分发挥广大群众为主体的主人翁的主导作用，其中，尊重群众的首创精神和维护与之相伴而产生的经济利益显得非常重要。因为，独立人格的确定是人本价值观的核心，而追求财富、平等、天赋人权已被法律所确定。在现实社会创新中，富有活力的企业家精神不断增加，他们不怕失败和勇于承担风险，不停地将积累社会财富的活动推向纵深，保持经济持续增长。探其原因，则是因为人们深信生活自由和追求财富是不可让渡的权利，创新精神和竞争观念由此得到充分发扬，而“以人为本”的价值观则有利于将个人追求幸福行为导向社会财富的增长。所以要营造良好的氛围，使人民群众的聪明才智得以充分发挥，坚持效率优先兼顾公平的分配政策，保证人民群众按劳取酬，大家共享创新带来的经济繁荣成果。只有通过追求人的全面充分发展这个目标，以此激励创新的不断涌现，增强社会主义国家的综合国力，才能不断推动社会主义持续向前发展。

第二节　管理阶层改革再生

历史的车轮将位居亚洲大陆东部的人口最多、文明历史悠久的伟大国家，具有开拓精神的伟大民族推进了新时代。在这个历史新阶段，中国共产党新一代领导人坚持马克思列宁主义、毛泽东思想、邓小平理论和“三个代表”重要思想，从物质文明、精神文明，政治文明、生态文明四个方面着手，领导中国进行着全面小康社会的建设，与时俱进，几年来业绩显著，全国人民欢欣鼓舞。胡锦涛总书记尤其强调经济社会建设中政治文明的统领作用，这是保障完成建设小康社会的先决条件。这条正确的思想路线经受住了实践的检验，推进了改革发展的进程，也赢得了全国人民对新一代党的领导集体的信任和敬意。

由于中国共产党是执政党，国家行政管理机关中的党员干部的表率作用具有非常重大的意义。人类历史就是一个文明发展的历程，不断地追求文明乃是人类社会最深刻的实质性内涵所在，因此，以符合现代文明的方式处理生活、工作中的众多难题和种种挑战，是中国政府机构中从事管理工作的干部的行为宗旨。人类历史又是在曲折中发展的，落后、腐朽的东西始终企图阻碍先进、高尚的事物前进，所以，深化经济管理体制改革，清除存在于体制架构、管理人员中的不文明现象，在发展中国特色社会主义，建设创新型国家的努力中实现中华文明的复兴，就是目前最重要的任务。

一、文明复兴首先要转变思维理念

中华文明的复兴不能在孤立中进行，要在同当代人类各种文明交汇中实现。通过与世界各个国家多往来、多交流、多建言，发展不同体制国家间的建设性合作关系，解放思想，转变观念，走适合于中国特色的发展道路，创造自己的新型国家。

（一）坚持求真务实的思想方法

21 世纪的世界，现代化建设成为最时尚的事情，各个国家实施的发展战略不同，由此形成了不一样的现代化道路。中国人民从总结自己多年的经验入手，学习外国建设的先进技术，不失时机地将经济体制由计划经济转向社会主义市场经济。不过学习不是免费的，他人别有用心的诱导，自己无意识的盲闯碰壁，都使中国人吃了不少苦头。很多事实表明，在中国实施的市场化推进过程中，由于人们的思想观念中有着一些认识方面的狭隘意识、偏倾思维，加之存在着泛化的市场经济思潮的干扰，结果导致出现了某些偏激的事情。那些脱离了中国国情的过于激进市场化改革进程，某些行政机构不明智的投资决策，确确实实在某些地方的经济建设中导致出现了一些“形象工程”、“豆腐渣”工程、重复建设等，它们并没有为国家带来实实在在的财富，有些地方为了追求单纯的 GDP 甚至是以牺牲环境作为代价。一些原本属于生态环境非常脆弱地方，也要开垦造田，超载畜牧，结果造成环境恶化，经济也没有搞上去。

因此，国家公务人员必须坚持实事求是的思想方法和工作作风，带头抵制经济建设中华而不实的“形象工程”等不良行为，贯彻实施综合平衡的原则。也许有人会说你这样是在作秀。我要说这个秀不仅该做，而且应当是要做得非常好，这样必将受到绝大多数群众的欢迎。科学发展观的一个重要方面就是以人为本，实现人与自然的和谐发展。例如，国家“十一五”规划纲要首次正式提出将中国国土空间划分为优化开发、重点开发、限制开发和禁止开发四类主体功能区。紧接着，“十二五”规划纲要又提出“要按照全国经济合理布局的要求，规范开发秩序，控制开发强度，形成高效、协调、可持续的国土空间开发格局”，“修改完善现行产业指导目录，明确不同主体功能区的鼓励、限制和禁止类产业”，实施分类管理的区域政策。只有真正贯彻实事求是的原则，破除曾经出现的以单纯 GDP 增长作为衡量政绩标准的陈旧思维方式，才能完全落实这个战略规划。

针对“十一五”时期的主体功能区的思想，国家统计局下属部门曾经提出了一项全新的政策建议，允许一些地区的 GDP 是零增长甚至负增长。① 这样做的原因可以从新国家主义战略的角度来考虑，首先，无约束的思想有利于进一步分解划分标准。这样可以确定好主体功能区的空间尺度，促进形成一套成熟的指标体系，方便进行可操作性的规模开发。其次，开放的思维利于对组建一个可以完成动态调整任务的机制。对项目进行深层次、多方面调整，必须依据外部环境的变化而制定政策。再次，活跃的思想有助于保持对空间开发秩序的有效监控。建立一个不同的考核标准和动态的监管、调控指标体系，能够提高经济开发与管理效用。此外，还要注意到在经济建设中，地方短期利益与长期利益的矛盾是区域经济发展中需要解决的关系之一。要从根本上抑制短期行为，应当两个措施并举：一方面通过改变政绩考核指标，转变地方官员片面追求 GDP 的观念；另一方面，要加大转移支付力度，对放弃眼前利益而着眼于长期利益的地方给予适当补偿。

与此同时，跳出原有的思维定势，就能从更加广阔的角度实施功能区划分和落实开发项目，以避免短期行为对环境造成的破坏。为此，“十二五”

---

① 宋蕾：“统计局政策建议允许一些地区 GDP 零增长或负增长”，《第一财经日报》，2006 年 5 月 25 日。

规划纲要提出了实行各有侧重的绩效评价。“对优化开发的城市化地区，强化经济结构、科技创新、资源利用、环境保护等的评价；对重点开发的城市化地区，综合评价经济增长、产业结构、质量效益、节能减排、环境保护和吸纳人口等；对限制开发的农产品主产区和重点生态功能区，分别实行农业发展优先和生态保护优先的绩效评价，不考核地区生产总值、工业等指标；对禁止开发的重点生态功能区，全面评价自然文化资源原真性和完整性保护情况”。从现在的实际情况出发，在“绿色 GDP”标准一时不能完整出台的形势面前，必须对漠视环境保护的行为严格约束。要让那些不重视污染防治工作的领导干部、没有完成年度任务的领导干部，得不到提拔重用；让那些漠视环境法律法规的领导干部付出应有的代价。只有如此思考问题并制定措施，才能坚决落实环境目标责任制和责任追究制，切实贯彻《环境保护违法违纪行为处分暂行规定》。

（二）敞开海纳百川的胸襟

国家现代化建设的重点是经济，可是对于社会主义经济的认识，却不能简单地局限于经济领域，要扩大认识范围，善于从不同角度思考问题。例如，同资本主义社会相比，社会主义国家有一个相对的行政资源优势。讨论行政资源，曾经阐述过这样一个基本原理，行政资源的优势主要体现在政府对经济的有效控制和对市场的有效干预方面，具体来说就是政府能够很好地根据当地的社会经济发展的实际需要和经济规律而制定和执行正确的经济政策、产业政策、区域发展政策，还有行业发展政策等。而这些经济政策都应当是可以根据需要，特别是根据经济规律进行调整的。这就需要政府将主要精力放在对经济运行的调查研究，观测监督方面。实际上在当代资本主义发达国家比较占主导地位的经济理论——凯恩斯主义，就是强调政府在市场经济中的宏观作用的。在美国和加拿大这样的发达资本主义国家，政府对市场的宏观调节也是十分看重的。

中国实行的和平发展无论在国内还是国际，都是需要通过交流、互补、协调与合作，来应对中国现代化所面临的挑战。发达的资本主义国家市场体系是很完善的，市场运作也是很顺畅的。然而，那里的政府在市场经济中的作用不是被弱化了，而是正在被逐步强化了。这些情况无疑需要认真研究，及时抓住世界经济发展中出现的新动向，吸取新知识，以便更加充分地发挥中国社会主义制度含有的比较独特的行政资源优势，实现中华文明的复兴。

二、文明复兴必须严肃加强法制建设，惩治贪腐

马克思主义经典作家从来都主张人类社会的发展有其自身的规律，而这种规律的变化能用三个概念大致概括出来，即经济基础、上层建筑和意识形态。马克思是这样精炼地概述的：“人们在自己生活的社会中发生一定的、必然的、不以他们的意志为转移的关系，即同他们的物质生产力的一定发展阶段相适应的生产关系。这些生产关系的总和构成社会的经济结构，即有法律的和政治的上层建筑树立其上并有一定的社会意识形式与之相适应的现实基础。”一定的社会其上层建筑必须适应社会经济基础，如果不能适应，经济基础就会迫使上层建筑进行必要的改革甚至革命。

马克思明确指出：“物质生活的生产方式制约着整个社会生活、政治生活和精神生活的过程。不是人们的意识决定人们的存在，相反，是人们的社会存在决定人们的意识。社会的物质生产力发展到一定阶段，便同它们一直在其中生活的现存生产关系或财产关系（这只是生产关系的法律用语）发生矛盾。于是这些关系便由生产力的发展形式变成生产力的桎梏。那时社会革命的时代就到来了。随着经济基础的变更，全部庞大的上层建筑也或慢或快地发生变革。”① 也就是说社会的经济基础决定着社会的上层建筑，而上层建筑又反作用于经济基础。中国国家机关中的干部大多数是明确自己的职责的，并且在用自己廉洁奉公的态度高效率地工作着，孔繁森、牛玉儒等就是典型代表，这些干部得到了人民群众的衷心拥护和高度赞扬。但是由于管理机制不合理、不完善，一些干部经不起物质诱惑，迷失于灯红酒绿之中，以权谋私，贪污腐化，危害了国家利益和人民利益。这些人自然受到了法律的严惩。

2011 年，中国各级政府和监察机关严肃查办各类违纪违法案件，尤其是将查办发生在领导机关和领导干部中滥用权力、谋取非法利益的违纪违法案件作为重点，在推进廉政勤政建设方面取得了新的明显成效。例如 2011 年 11 月 4 日，山西运城市纪委、市监察局召开新闻发布会，公开通报了 2011 年以来市县两级纪检监察机关查处的 12 起在领导机关和领导干部中滥

① “‘政治经济学批判’序言”，《马克思恩格斯选集》第 2 卷，人民出版社 1992 年版，第 82 页。

用权力、谋取非法利益的违纪违法案件。[1] 从全国范围来看，2011 年全国纪检监察机关共接受信访举报 1345814 件（次），其中检举控告类 960461 件（次）。初步核实违纪线索 155008 件，立案 137859 件，结案 136679 件，处分 142893 人。其中，给予党纪处分 118006 人，给予政纪处分 35934 人。通过查办案件，为国家挽回经济损失 84.4 亿元。国家重点查处侵犯群众利益的干部 20776 人，主要涉及以下五类案件：侵占各种惠农补贴、土地补偿、扶贫救灾、移民安置等专项资金以及擅自处置集体资产资源、侵吞集体收益的案件；违规征地拆迁、严重侵害群众人身权利的案件；官黑勾结、横行霸道、欺压群众的案件；干扰、破坏甚至操纵基层选举的案件；食品药品质量、安全生产、环境保护等方面严重侵害群众切身利益和生命安全的案件。[2] 今后各级政府和监察机关要继续把严肃查处侵犯民利的案件作为维护群众利益的一项重要工作，进一步加大责任追究的力度。

然而，目前一些地方的行政管理机构和职能部门的依然不作为，使正常的经济活动常常因此而中断甚至夭折。这些上层建筑对经济基础的负面作用是以多种形式表现出来的。例如，有些政府职能部门更多的是出于急功近利的目的，常常报喜不报忧，一片莺歌燕舞太平盛世景象。即使在决策上出现了目前看来已经很难弥补的失误，管理人员也是听不得不同意见。对于违法经营这类现象，能隐则隐，能瞒则瞒，对于投诉和举报的，甚至极力打击迫害。更有的是封锁人民的呼声，阻止揭露不良现象。新国家主义战略主张，在新时期特定的中国社会环境下，需要高度重视社会上层建筑对社会经济基础的反作用。为了进一步扩大改革业绩，加速经济建设，要继续明确提出政府机构领导干部的所肩负的政治责任，这点具有十分重要的意义，因为那些违法违规的行为不只是渎职失职，而且是导致社会上很多不合理的事件发生的根源。

中国企业经营中的资金收入拖欠问题严重。截至 2010 年 11 月末，国家统计局发布的数据，全国规模以上的工业企业的应收账款总额达到 6.46 万亿元，同比增长 22.4%，比上年增长了 8.4 个百分点。有这样一组数据：我国企业坏账率高达 1%—2%，且呈逐年增长势头。而相比较下，成熟市场经济国家企业坏账率通常为 0.25%—0.5%。我国每年签订约 40 亿份合

---

① “山西运城查处 12 起领导干部违法违纪案”，《山西晚报》，2011 年 11 月 5 日。

② “中纪委：正立案调查刘志军等违纪违法案件”，《重庆商报》，2012 年 1 月 7 日。

同中，履约率只有50%。我国企业对未来付款表现缺乏信心，近33.3%的企业预计情况将“永不会改善”。另据商务部的统计，我国企业每年因信用缺失导致的直接和间接经济损失高达6000亿元。[①] 出现这种现象的原因之一，就是泛市场化思潮泛滥所致。所以，必须采用多种方式遏制错误思潮的危害，而其中最关键的方式是政府机构管辖权力，清除谬误，正确施政，打击违法的黑暗势力。不批判错误思潮，必定要酿成巨大恶果。

新国家主义战略强调，要通过监督审计、批判清查，消除各类违法违规问题，揭示损失浪费问题。必须注重对重大决策失误造成严重损失浪费案件的调查，凡涉及群众切身利益的问题坚持一查到底，以维护人民的利益。对于一些重要的审计领域要加大清查力度，主要包括深化预算执行审计，做深专项审计和审计调查，探索开展效益审计，继续推进经济责任审计，加强对涉及群众切身利益问题的审计。其中，富民政策落实和财政使用效益是重中之重，乱花钱搞所谓的“形象工程”、“政绩工程”的单位和个人必须曝光，纳税人的钱不能被乱花滥支。必须采取有力措施，分门别类地进行审计。例如在专项资金审计中，注重对挤占、挪用和截留专项资金，使党和政府惠民政策落实不到位问题的查处；在建设项目审计中，注重对挤占、挪用、克扣征地拆迁补偿资金、侵占被征地拆迁群众利益行为的查处，采取有力措施督促整改和纠正；在企业审计中，注重对国有资产流失、损害职工利益行为的查处，促进国有资产的安全完整和使职工的利益不受侵犯。通过审计工作，维护经济秩序，推动廉政建设。对于揭露的问题，一定要严肃处理，挤占的资金要上缴给财政，或者减少财政拨款或补贴等，那些触动刑律的各类违法犯罪案件，坚决向纪检司法机关移送。

必须说明，审计是类比较具体的工作，最终解决问题，要靠清除泛市场化的论调，因为目前在中国尚不具备全面推行市场经济主体发展的经济和社会条件，而且自由市场经济的精神也不符合中华民族的文化传统，特别是由于我们与西方发达国家在经济技术方面还存在着比较大的差距，在这种情况下按照泛市场化的思路发展，完全实施以市场经济为主体的国民经济建设，必然避免不了造成经济运作的无序，管理混乱，为不法分子留下可乘之机。由此可见，激进的市场化推动的结果，的确会对社会造成更大的不稳定性。

---

① “中国企业信用缺失导致每年损失达6000亿元”，《经济参考报》，2011年5月4日。

三、文明复兴要求管理方法与时俱进

市场是有局限的，不是万能的，这已经是被世界各国的经济实践所证明了的真理，因此，就不能放任自流让市场经济成为什么独一无二的主体。如果没有国家的宏观管理，市场经济固有的缺陷就会完全暴露。自由的竞争总是倾向于垄断，无约束地追逐利润最大化往往会使资源遭到破坏或毁灭。同前苏联相比，在中国已经进行了30多年经济改革中，恰恰是因为没有在初期和中期完全实行市场经济主体论的模式，而是采取了“国家与市场并举”的政策，在采用市场机制之际，同时又保持了国家对经济运行的调控和管理，这也就是中国到目前为止经济还比较成功的重要原因所在。相反，前苏联等东欧一些社会主义国家实行尽快让市场经济支配一切政策，即所谓的休克疗法，国家经济崩溃了，改革失败了。中国经济体制改革的成功和前苏联以及东欧国家的经济体制改革的不成功，充分表明在社会主义国家中推行激进的市场化改革是行不通的。这也就是说，市场经济在社会主义国家的经济发展中具有一定的作用但不是绝对的，政府的管理和其他非市场经济的协调发展同样是非常重要的。

（一）创建国家经济增长的新方式

现在世界上资本主义发达国家在历史上所走的道路，一是对外进行经济侵略，掠夺资源；二是对内实施高消耗的生产，浪费资源。中国经济发展不能跟在别人后面亦步亦趋，而是对外要走和平发展之路，加强国家之间文明的交流和沟通；对内要实行和谐发展政策，建立人与自然协调一致的经济关系。这条道路不仅是中国现代化建设本身的需要，而且是为世界和平与共同发展作出的贡献，是一条实现创新型国家的正确道路。

遵循这个新国家主义战略指导，国家管理机构要引导中国工业企业抛弃旧式的“三高一低”增长方式，即高投入、高消耗、高污染和低附加值，因为这种增长方式不仅会滑入资本主义国家大量消耗资源的泥潭，同时也会对国家经济和社会环境造成不可逆转的影响。中国的现代工业化道路要寻求新的技术体系来支持它，以解决资源、环境和能源所面临的重大瓶颈性制约。为了建立新科学技术体系，就要夯实原创性研究的基础，打造一种多层次的发展态势，占领信息技术、生物技术、新材料和新能源技术等领域内的技术制高点，广泛地进行多门类的交叉科学的产品开发，不断缩短产品更新的周期，最终形成对过去传统工业体系的一种替代性变革。通过转变旧式的经济增长方式，实现产业从要素驱动向创新驱动的根本转变，完成发展中国特色社会主义，建设创新型国家的历史任务。

需要指出的是，创新型国家的建设需要行政管理与市场竞争的合力来实施，尤其在前期特别要强调政府的参与和指导，因为市场经济是世界性的经济形式，是人类文明积累的结果，其配置社会资源的运行机制及运行方式不受国别、民族、国土的限制，可适用于各个国家。市场经济作为一种世界性经济形式，还要求市场经济中符合生产社会化和生产力发展规律的所有方面对各个国家都可适用，不仅包括先进的技术、设备、商品等物质方面的内容，而且也包括市场经济的组织制度、文化、组织形式、管理、法规、政策等属于精神文明、上层建筑等方面的内容。后一方面的内容离开了政府支持、管理，的确是无法完成的。即使是前一方面的内容，在经济全球化的格局下，同样需要政府出面处理复杂的国际事务，例如外资企业申办、国际质量管理、跨国技术移民签证、世界商标注册等活动。没有政府的指导和管理，商家就不能完成国际协议规定的义务，也不能享有相应的权益。那么，目前的中国究竟在多大程度上能够做到这些呢？如果说做不到或者目前不适宜去做，又怎么能让泛市场化论调去不着边际地随意宣扬呢？将脱离中国实际的东西说成必须要做的事情，如果不是愚昧无知，那只能被认为是蛊惑人心。此时，制止这种无意义的说教，乃是政府和民众的当然责任。

（二）充分发挥社会主义制度优势

中国在发展经济方面拥有自己独特的优势，它们是很多发达国家还有绝大多数发展中国家所没有的。目前中国已经有一个非常完整的属于社会主义经济体制内的工业生产体系，几乎什么产品都可以制造出来，具有如此全面系统的产业结构和经济体制的国家在世界上是没有的。非常重要的是，中国有着巨大、多样而又有差异的市场，一个占人口比重很小的消费者群体就足以支持一个规模化的产业部门成长，而规模化正是市场竞争制胜的重要因素，是现代产业发展的极其重要的战略资源。这个特定的国情也决定了中国不可能选择资源型或者依附型的发展模式，而必须走增强自主创新能力的发展道路。

国家管理机构人员要充分发挥这些经济优势，树立科学发展观念，改变传统的工作方式，实施国家建设中的从要素驱动到创新驱动的根本转变。企业是当今工业社会经济活动的主体，也是发展中国特色社会主义，建设创新型国家的主体。对比工业发达国家的技术进步势头，中国企业自主创新能力整体上严重不足，其中，资金投入不足是长期制约我国创新能力的重要因素。在国家投入方面，上世纪后期我国研发经费占 GDP 的比例一直在 0.6%—0.7%，2004 年上升为 1.23%，以后逐年上升，在 2010 年达到历史最高值 1.75%。即使如此，也与创新型国家要求的 3%—5% 比例还有一段距离。在企业投入方面，企业科技经费支出占产品销售收入的比重仅为 1.52%，其中用于新产品开发的支出仅占 0.66%，而世界 500 强企业一般为 5%—10% 以上。[①] 因此，增强企业自主创新能力，建设创新型国家，是企业发展和推动我国成为科技经济强国的必然选择。

实行新国家主义战略，要做的重点工作就是促进企业的科技创新。国家管理机构不仅要大力支持重点企业或实力雄厚的大型企业自主创新，攻克对国计民生有重要作用的关键性与顶尖性技术，而且也要积极支持有活力、成长快的中小企业，从事需求量大的、普遍性的科研创新，此类政策对于在西部地区的技术创新尤其重要。政府要科学使用行政管辖权力，为中小企业的科技创新办一些实事，例如打造有利于企业的共享信息平台，转变财政拨款方式，实行优惠的金融与税收政策等，营造一个形成目标相同、资源整合和政策激励相互配合的体系。面对企业普遍的开发能力和自主创新能力比较薄弱的情况，具体可以采用国家对一些重大项目先期投入启动的方式，通过指导性的研发带动作用，把财政资金和企业社会的投资组合在一起，以推进科研项目的进行，促进整个产品或科技成果的产业化实现过程。政府部门要在整个创新规划中，对中小企业的技术革新活动给予高度重视。因为普及性的科技成果转化的初期，往往不是由大企业来进行，而是在中小企业中实施的。到 2008 年，中国大概有超过 65% 的发明专利、超过 80% 的新产品来自中小企业，中小企业已经成为促进我国科技进步和推动知识产权事业发展的重要主体。[②] 由此，中小企业在整个创新活动当中，是非常活跃的力量，而且对国家新兴产业的发展和成长起到最基础性的作用。

---

① “我国企业自主创新困境探究”，http：//www.cssn.cn/news/425358.htm，2011 年 11 月 8 日。

② “我国超过 65% 的发明专利来自中小企业”，http：//www.foodqs.cn/news/jszl01/20084168461667.htm，2008 年 4 月 16 日。

第三节 完善制度 释放潜能

一个国家的真正力量在于它的制度和管理方法，如果这一切都按着真理、公正、和平等去行使，那么这个国家就必然有力量。公平的力量何在？在于公平可以满足一个人或一个国家心底深处那种深沉的对平等的需求。公平地为人创造追求一个最真实最好的平等存在、平等体现价值的条件。社会管理机构创造和保持公平，可以消弭国土上那些不满的声音，这种不满的声音，乃是一个国家生存安危的最大威胁，是全国性的危机。对于一个民族国家来说，最可怕的地方不在于外面来的攻击，而是存在于内部的不稳定，而这种不稳定往往就是由于社会公平没有得到认同而产生的，当前中国社会内部各种抱怨、不稳定甚至群体动乱现象大都出于此。社会公平与否是一个客观存在，是可以测量计算的各种社会经济指标及其参数的综合反应。实现社会公平的最根本的条件是合理的制度，而在社会主义国家，不断完善内在与逻辑上合理的制度，就是兑现公平理想的主要方式。

一、社会制度决定存亡

社会主义制度内在公平最有力的体现是解放生产力、发展生产力，因为受到资本主义压迫、剥削、歧视等制度性不公平而被束缚的劳动生产力，在社会主义社会中获得了解放的机会。社会主义理念认为人民是创造历史的动力，群众是真正的英雄。毛泽东思想的重要理论之一就是密切联系群众，尊重群众的首创精神。在旧社会，工人农民是牛马，新中国成立之后，劳动人民当家做了主人。这种翻天覆地的平等激发了人民的创造热情，使中国在短时间内建设起独立的工业体系，而改革开放又使国家成为世界第二大经济实体。因为与西方“三权分立”而使社会力量得不到集中统一应用的国家不同，中国的历史使国家行政管理作用在现实社会中有着极大的特殊功能，马克思主义、毛泽东思想又能将国家凝聚的力量引到正确的方向。所以，当代中国政体的特点之一是，能最大限度地集中经济社会力量办成利国利民的大事。在经济体制改革中，国家宏观调控发挥的巨大作用是任何国家的行政力量都无法比拟的。

然而，当居民收入分配不公平、教育机会不均等出现时，或者这类不公平在近几年不正常地趋于严重时，社会主义制度优越性的发挥就被打了折扣。要纠正失误，就需要重新疏通制度结构被堵塞而不畅通的渠道，打通重要环节点，释放被阻挡住的创造潜能。在当前的形势下，改革行政管理层面的运作方式，具有加速经济增长方式转变的重要意义。要继续充分认识和应用行政资源，发挥社会主义国家管理的优势，引导经济增长方式的转变，走新型工业化道路，完成“十二五”规划纲要规定的任务，增强综合国力和实现全面现代化。

行政管理思想和手段落后，必定导致社会经济发展滞后，国家实力虚弱，最终使民族遭受劫难。在这个问题上中国有着沉痛的历史教训。据荷兰经济史专家麦迪逊在《世界经济二百年回顾》一书中统计，1820 年中国国内生产总值（GDP）占世界 GDP 的 28.7%，大大高于英国 GDP 所占 5.2% 和日本 GDP 所占 3.1% 的份额；据美国史学家保罗·肯尼迪在《大国的兴衰》一书中提供的数字，1830 年中国制造业产量占世界制造业生产量的 29.8%，略低于整个欧洲所占 34.2%，但大大高于英国和日本分别所占 9.5% 和 2.8% 的份额。[①] 可是清朝统治者抱着“祖宗之法不可变”的陈旧观念，自闭于世界之外，国家管理思维和方法日趋腐朽与僵化，导致中国科学技术和军事实力停滞不前，越来越落后。与之相反，西方国家革新图强，改革弊政，鼓励市场竞争，崇尚教育，发展工业生产，使得社会生产力越来越强。1840 年，因工业革命而兴起的英国用坚船利炮攻打中国，自恃“天朝物产丰富，无所不有”的清朝政权在战争中彻底失败。从此，中国在一百多年内屡受西方列强的侵略、掠夺和破坏，最后沦为半封建半殖民地社会。中国兴衰史告诫人们，国家要强大、民族要繁荣，必须首先要有先进的社会制度，为国民提供从事市场竞争的公平条件，激发社会生产潜力，提高综合经济水平，增强国家综合实力。唯此，中华民族才能自立于世界各民族之林，国家才不会遭受外部势力的侵略。

① 李长久：“中国离发达国家有多远？核心竞争力成制约瓶瓶颈”，《瞭望东方周刊》，2005 年 10 月。

二、有序推进制度改革

国家制度改革涉及很多方面，需要依照计划、按步骤改善管理体制，提高行政指挥效能。这种遵循制度变革规律行事的方式，乃是秩序化地进行的体制改革实践。中国改革开放事业的初期阶段是在摸索中推进的，那时没有经验，欠缺计划，是一个客观的不能超越的阶段。如今，经济体制改革已经进行了30多年了，改革涉及的范围也遍及社会生活各个领域，积累的经验教训也很多，已经可以制定复杂的计划，并且按照设计程序实施。而且自从中国基本解决了温饱问题这个最关键性也是相对单纯的困难后，人们要求全面发展的意愿井喷般地冒出来，它们涉及生活的方方面面，其复杂和难度都相对多于改革前的"要吃饱饭"这一个问题。这就意味着人们的需求档次提高了，要求的社会服务内容复杂化了，因此更加多样化的改革内容也就必然要被提出来。此时，面对复杂程度大幅度提高的改革内容，摸索前进的初期改革思路显然不适应了，需要周密细致的计划。事实也是如此。如今，就是一个简单的生产方案，一个街道居民委员会的行政事务安排，都需要计算机管理。所以，一个国家的改革如果仅靠摸索，那是不能达到预期目标的。

新国家主义战略就是要表达这样一个思路，国家通过中长期计划依据科学发展观，对未来发展所作的方向性或目标性的推断，不再依靠摸索、探讨的方式实施改革。中国地域辽阔，人口数量众多，不仅要去制定宏观战略，而且要对施政细节制定预案，程序化地执行各项政策。因为很多人都已经看到，改革初期的摸索思路的确存在着没有预料到或者没有想到会引出那样严重的无序行为。仅仅是探索性实施的价格"双轨制"改革，就造成了大量的贪污腐败，浪费了很多物资，严重败坏了党和政府的声誉。现在一些方面的探索行事，又导致了泛化的市场经济行为蔓延，诸如乱开中小煤窑、乱建高档别墅，都给国家建设带来了很大的混乱。不能再以交学费为借口，不去承担摸索办事造成的麻烦，因为那段社会历史过程应当过去了。应当整顿行政管理体系了，理顺行政管理关系，否则由行政危机所引发的社会不安定甚至危机就会接踵而来。要充分认识到体制深刻转变时的矛盾冲突，用详细科学的计划和全面周到的预案，保证改革有条不紊地进行。

有序地推进制度改革，需要创造性应用富有中华文化传统的政治文化，在此基础上采取分区域推进的社会政治民主化。中国已经具备有实现民主化的所有资源，比如人民代表大会制度和政治协商制度，只要稍微加以改进便会产生出人类社会史上最好的最有效率的民主制度。在这种制度下中国人民将会获得过去所从来没有的政治权力，因而将会焕发出无比巨大的社会生产热情，从而迅速有效地提高社会生产力，使中国在2020年左右成为世界上第一经济大国。

此外，要通过宣传和教育，使更多的城乡居民，特别是众多的农民和城市贫民在理性上认识经济体制改革的曲折进程，一旦他们对此产生了理性认识，他们之中一些人情绪激动之下产生的愤恨不平，会慢慢地转化为平和的心态。国家机关公务人员也不要因为听到社会上出现对行政管理的尖锐批评，或者是有人说粗话，就耐不住性子了。要相信人们总会意识到改革是个过程，是要起伏变化的，仅因为没有达到个人的心愿，就去抱怨改革，这是不对的。“我们应当相信群众，我们应当相信党，这是两条根本的原理，如果怀疑这两条原理，那就什么事情也做不成了。”① 中国共产党长期的革命与建设经验已经清楚地证明，这是一条颠扑不破的真理。

三、营造良好体制环境

制度创新的目标是要走新型工业化的道路，依靠科学技术进步支撑和引领经济社会的发展，这正是发展中国特色社会主义，建设创新型国家的本质要求和基本内涵。

（一）勇敢果断地纠正失误

中国社会在21世纪大步前进的时候，发展中的经济差距拉大、社会机会不均等矛盾出现了，解决这些矛盾不仅需要经济手段，还需要政治手段加以处理，要通过对社会上层建筑的改造来解决问题。中国“十二五”规划纲要已经实施了一段时间，随着新农村建设、社会医疗保险等方面的体制改革逐步的全面推进，前两年显得较为突出某些问题正在得到认真的处理。但是，泛市场化思潮导致的多种社会矛盾仍然困扰着经济建设，影响着人民生活，而行政管理方面存在的新旧体制摩擦也为错误思潮泛滥留有空间。

近些年出现的收入差距急剧拉大的情况，还有因此而引发的社会不安定

---

① “关于农业合作化问题”，《毛泽东文集》第6卷，人民出版社1999年版，第423页。

或者动荡，在多个层面和多个节点上与激进的市场化改革相关。中国共产党是一个经历了许多重大考验的党，历史表明了她的伟大、光荣和正确。党的工作在历史上曾出现过一些重大失误、几个严重错误，例如那场十年浩劫，但是，中国共产党总是能及时地修正自己的错误，改变不适宜的工作方式，带领中国人民走向正确的方向。对此，人民充满着希望。

改革管理体制当前要把目标首先定在缩小差距、求得公平方面，因为分配不均的负面影响最大。经济发展水平同中国大体相当的国家，城乡居民收入差距大体上是 1.7 倍，而根据国家统计局的数据显示，2002 年以来，我国城乡收入比一直在“3”以上，并在 2007 年和 2009 年扩大到了“3.33”。2011 年城乡收入比为 2.77：1。自 2002 年以来，城乡居民收入比首次回落到“3”以内。[①] 如果把农村居民收入被高估的水分挤掉，把城镇居民享有的隐性福利和优惠折算为收入，那么，城乡居民事实上的收入差距可能达到 5 倍甚至 6 倍。这类城乡居民收入分配不均的矛盾，尚需要几十年或者更长的时间才能消除。即使此类社会矛盾在未来解决了，在其特定的社会条件具备时，又有可能重新出现。一些地方脱贫后又返贫的情况出现，就是警醒。

社会生活矛盾中的一劳永逸的缓解之事是不多的，因此不能由此放松警惕。作为执政的共产党需要继续坚定不移地带领人民发展社会生产力，创造财富，消除贫困。各级共产党组织要通过实施符合当地情况的正确政策激励创新，共产党员要带头从事原创性的工作，在实际工作中展示共产主义信念，将愿景转变成事实。社会主义国家未来的发展状况由人民群众的创造性劳动来决定，劳动贡献与主人翁精神密不可分。如同列宁所说：“生气勃勃的创造性的社会主义是由人民群众自己创立的。”[②] 共产党组织的先锋模范作用就是创造性社会主义建设活动的核心力量。

（二）强化科技创新与经济发展的联系

改革开放以来，中国已先后召开过四次全国科技大会，即 1978 年召开的全国科学大会、1995 年召开的全国科学技术大会、1999 年召开的全国技术创新大会以及在 2006 年 1 月召开全国科学技术大会。回顾起来，每次科

---

① “国家统计局数据显示我国城乡收入差距正在缩小”，中国经济网，2011 年 10 月 20 日。

② “答左派社会革命党人的质问”，《列宁全集》第 33 卷，人民出版社 1985 年版，第 53 页。

技大会都紧紧地扣住了国家经济社会发展的脉络。[①] 与前几次科技大会相比，2006 年的这次科技大会部署实施了《国家中长期科学和技术发展规划纲要（2006—2020 年）》，并且有着十分不同的宏观背景。首先是不可逆转的全球化趋势。中国从未如此深入和广泛地渗入全球的产业链条和贸易体系之中。这既为中国提供了一个日益开放的国际环境，同时，也对提高我国产业的竞争能力提出越来越迫切的要求。国家中长期科学技术发展规划纲要提出，要通过 15 年的时间，到 2020 年努力使中国进入到创新型国家行列的目标。发展中国特色社会主义，建设创新型国家，核心就是把增强自主创新能力作为发展科学技术的战略基点，走出中国特色自主创新道路，推动科学技术的跨越式发展。[②]

新国家主义战略的指向是，中国必须选择适宜 21 世纪新形势的发展模式，以此为基础来发展中国特色社会主义，建设创新型国家，因为国家面临着严峻的挑战，形势逼人。例如，虽然中国已经成为世界第二个经济大国，可是国家拥有世界驰名的知识产权品牌商品并不多，而且国外消费者对中国品牌持负面印象。英国号领品牌咨询公司在一份报告中指出，中国品牌给欧洲消费者带来唯一正面印象是价格低、国际化和有野心。而且中国品牌的口碑惊人地差，只有 3% 的受访者认为中国品牌很可靠，2% 的受访者认为它质量好，16% 的受访者认为它值得买，还有 2% 的受访者认为它值得信赖。[③] 必须发奋图强，采用新型经济增长方式，迅速改变此种状况。

选中的新型发展模式不是单调的与刻板的，其形式应当是多种多样的，以使其能广泛地调动人们的积极性。同时，这种模式无论形式上有多少变化，都必须包含以下一些基本的内容：使国家经济的增长方式由主要依靠要素驱动转变为创新驱动；使科技创新不仅仅是科学家和工程师的职业行为，更应成为社会的普遍行为；通过理论创新、制度创新、管理创新和科技创新，不断地推进经济结构的调整和增长方式的转变，大幅度提高国家的综合国力。创新型国家从本质看，就是要使“科学技术是第一生产力”真正成为推动中国经济社会发展的动力。

创新的关键是要有创新的体制和环境，要有适宜现代科技发展的“软

---

① 王元：“自主创新：战略转变与政策激励”，《第一财经日报》，2006 年 1 月 27 日。

② 《中共中央国务院关于实施科技规划纲要增强自主创新能力的决定》，2006 年 1 月 26 日。

③ “英媒：中国品牌应‘站起来’争市场”，http：//www. nbbaxh. net/mshow. asp？ id = 6709，2011 年 12 月 6 日。

件”。马克思主义告诉中国人民，经济基础决定上层建筑，而上层建筑又反作用于经济基础，并且在某种程度上对经济基础的发展起到促进或破坏作用。制作高效新颖的“软件”，就是改革不适应经济基础的上层建筑。政府在管理方面的重点是提供创新的科技平台，通过新式的管理制度，宣传创新，支持创新，激励创新，保护创新，即突出创新理念和创新行为，显示强烈的目的性，又将它们融汇于日常工作之中，使创新成为人人皆知，人人力争去做的工作。

新国家主义战略强调，必须对现有科技政策作出一些重大的宏观调整，深化科技体制改革和经济体制改革。当代科学技术发展的一个本质特点是，高新技术的综合特征越来越明显，从基础研究到应用开发的速度也越来越快，越来越短，而且创新成果是各方力量通力合作和资金投入连贯一致的结果。所以，要进一步消除制约科技进步和创新的体制性、机制性障碍，有效整合全社会科技资源，推动经济与科技的紧密结合，用群体性来替代原有的工业技术体系，形成技术创新、知识创新、国防科技创新、区域创新、科技中介服务等相互促进、充满活力的国家创新体系。

为此，国家要集中技术创新资金，支持关键性的重大科研项目发展。政府支持创新目的不仅仅是“提高经济竞争力”，所能起到的更重要的作用是，加速国内正当的经济爱国主义崛起，鼓励国内公司与世界老牌跨国公司决战于国际上没有硝烟的商业战场。中国现在实际应用科技开发资金并不富裕，目前特别要防止对创新探索或工程盲目实施的另一个极端出现，分散使用资金，甚至随意乱花。将有限的科学研发资金过于分散使用，是会适得其反的，那种做法既不可取，也不切合实际，更会贻误战机。当前不能在纠正过去曾出现过的科技投入不足的错误时，由于急于求成，违反创造发明规律，而使高新技术滞后的缺陷越来越大。

必须特别重视企业的创新和创业活动，促进科技成果转化为实际生产力。为此，要做好两个方面的工作。一是建立以企业为主体、产学研相结合的技术创新体系，用符合科技本身特点的方式从事开发活动，让新思想、新技术迅速于短时间内在企业内部转化为产品，减少商品价值实现的中间环节。二是把整个研发活动和转化密切结合起来，让技术研发真正地建立在产业和社会需求的基础上，从资源配置、项目支持等方面向着一个目标前进，即科技成果必须向商品转化，实现市场化。

第四节　情系民生　力出民众

依照邓小平同志指导改革时所倡导的实事求是的思想方法，无疑是要承认在由计划经济向市场经济过渡中，中国各地广泛出现了效益和收入分配上的企业内部、企业间、行业间和地区间的巨大差距。本来一国或一区存在着经济差距应当是正常的，但差别应控制在社会公平认同的范围之内，如果超过了社会公平认同的范畴，那么就不仅仅是一个认同问题了，而是一个严重的社会问题。当泛市场化论调渲染之时，中国市场化推进中的一些激进做法是引发某些矛盾冲突加剧的重要原因。这些严峻的矛盾包括，数以千万计的工人在短时间内集中下岗，百姓有病不敢进医院或者买不起药，有的贫穷人家因为无法凑足子女上大学的钱而自杀等。

很多人都明白，如同疾驶汽车快速转弯时要较多地耗损车轮、刹车片等零件一样，中国社会在改革时代的急剧转型也要付出代价。可是涉及百姓生活的变革与自然物体的变化完全是两回事，不能过于急躁，不可生搬硬套，因为社会变革的最终目的是为了人民的幸福安康。当上述那些案例出现时，人民的幸福感指数就会下降，这种现象明显地与最初制定的建设社会主义市场经济的目标不符合。因此，中国社会前几年出现的严重矛盾，引起了从中央到地方的许多人的焦虑不安，甚至是忧心如焚。解决这些问题，不仅仅是经济行为，更关键的是先要提高认识。

回顾改革之前的建设历史，20 世纪 50 年代，中国社会也取得了经济发展的各项成绩，同时，一些由于历史、地理等原因积累下来的问题显露出来，困扰着并滞后了国家发展的步伐。毛泽东同志在通过大量调查研究之后，总结了社会主义现代化建设最初的实践经验与教训，撰写了《关于正确处理人民内部矛盾的问题》。毛泽东特别强调：“我们作计划、办事、想问题，都要从我国有六亿人口这一点出发，千万不要忘记这一点。”这个深切教诲包含了他老人家一贯倡导的“为人民服务”的伟大思想。

一、牢固确立为民谋利的指导思想

处处考虑人民的利益，这是科学发展观在社会领域内的源头。也只有如此，才能在发展中调动一切积极因素，化消极力量为积极力量。新中国成立初期，身处社会各个阶层的人有着不一样的诉求，对中国共产党的建国方略和施政行为表现出了积极、观望、消极等不同的复杂态度，社会经济生活中的各种利益也出现了冲突情况。如何解决这些复杂纠葛的关系，成为一个重要问题。毛泽东在经过调查研究之后，于 1956 年发表了名篇《论十大关系》。毛泽东深刻地考虑了生产与生活、国家、集体和个人等方面的关系，着重分析了一些中国经济建设中的基本关系问题，诸如重工业、轻工业和农业、沿海工业和内地工业、经济建设和国防建设、中央和地方等关系。他言简意赅地指出，对这些重大关系要用协调的方式解决，即“统筹兼顾、适当安排”的方针。他还特别说明，“这里所说的统筹兼顾，是指对于六亿人口的统筹兼顾。”时刻考虑着全体人民的福祉，表现了共产党人立党为民的宗旨。中国共产党以胡锦涛同志为总书记的新一代领导集体执政以来，提出了权为民所用，情为民所系，利为民所谋的政治理念和主张，坚持和发展了毛泽东思想、邓小平理论和“三个代表”重要思想。

泛市场化思潮侵蚀和冲击了共产党设立的为民谋利的准则，把西方经济学理论中的“经济人”理念推行到一切经济社会活动中。而在理论实行过程中，观念上的经济人又非常容易在潜移默化中自发地侵占自然人的良知意识空间，于是社会上存在的“唯利是图”、“利大大干，利小不干”等腐朽没落的思想便泛滥起来，也就直接影响了企业的经济效益。1998—2004 年期间，虽然中国全部国有及规模以上的非国有工业企业主要指标所反映的形势是越来越好，但是亏损情况不容忽视。特别是在 2000—2004 年期间，全部国有及规模以上的非国有工业亏损企业增加了 2024 个，亏损企业亏损额增加了 103.67 亿元；全部企业的负债额也增加了 38785.16 亿元。在这个时期内，由于利润总额增加了 6348.16 亿元，盈亏相抵，利润额最后还是增加了 6244.49 亿元（见表 8－3）[①]。造成上述企业亏损的具体原因是多种多样

① 由于《中国统计年鉴》的指标较之前有所更改，即从 2005 年开始就找不到此类数据指标了。为方便比较，在此仍沿用较为早期的 2004 年以前的数据，特此说明。

的，但是泛市场化影响是存在的。例如一些国有工业企业效率不高而成本高，重要原因就是没有建立适当的激励约束机制；有些企业领导人追求短期快速赢利，盲目投资，重复投资，没有长远的创业计划；有些企业只顾自己赢利，不顾社会效益，为了节约企业生产成本，乱排工业废水与废物，不惜牺牲生态环境。

表 8-3　　全部国有及规模以上非国有工业企业主要指标　　单位：亿元

项目 年份	企业单位数（个）	亏损企业	负债合计	利润总额	亏损企业亏损额
1998	165080	47647	69363.79	1458.11	1736.94
1999	162033	44186	72322.98	2288.24	1463.58
2000	162885	38024	76743.84	4993.48	1136.12
2001	171256	39346	79843.42	4733.43	1211.02
2002	181557	37783	85857.42	5784.48	1131.57
2003	196222	36520	99527.97	8337.24	1157.77
2004	219463	40048	115529.44	11341.64	1239.79

资料来源：国家统计局编：《中国统计年鉴 2005》，中国统计出版社 2005 年版，第 493 页。

实施新国家主义战略，就是要设置制度系统方面的控制阀门，消除因为体制因素而导致的企业赢利而国家受损，公众受害。用严格的制度约束，堵死曾经存在过的一切以 GDP 为衡量标准的“利润陷阱”。要建立严格的审计制度，坚持违规必究、过错必追的原则，对企业的生产活动以经济社会的综合效益最大为考核指标，每笔综合损失都要弄清事实，查明原因，认定责任，人民的财产不能被随意浪费、挥霍，群众的利益不能随意被侵害。对于国有工业企业，要提高中央企业集团公司对下属子公司的控制力，加强集团的政策执行能力，严格财务管理，让国有企业真正成为国家建设的支柱。

二、服务大众才能获得兴盛

中国共产党是一个负有自觉历史使命感的马克思主义政党。从诞生之日起，党就把中国的富强、民族的振兴、人民的幸福作为自己的神圣职责。国有企业要承担起重要的经济和社会责任。企业领导既要懂经济，又要懂政治，不能谈起商业利益兴高采烈，提到社会效益眉头紧锁。维护群众利益，不是企业的包袱，而是企业繁荣的必修功课。世界上著名的一些大公司，都是很注重提供公众服务项目，最后也都得到了公众的拥护，企业规模不断扩大，利益增加。现代流行的企业文化，核心思想是对内凝聚人心，对外服务大众。就是在资本主义社会，越是为大众周到服务的公司，越是能够在人气的簇拥下得到高利润。

泛市场经济思潮的出现既扰乱了中国传统文化中的优秀内涵，同时也冲击了共产主义思想。在一些人实际上试图按市场化的标准衡量各种工作绩效，将市场化推进到社会各个领域中去，实际上已经用商品交换原则取代了社会主义精神理念。自由贸易、商品交换等方式固然在推动历史前进中发挥了极其重要的作用，是中国改革开放大好局面的动力源泉之一。但是，如果社会交往中全部充斥了赤裸裸的利害关系，人间世界会是一个什么样的情景呢？马克思和恩格斯对此有过深刻的揭示与批判："资产阶级在它已经取得了统治的地方把一切封建的、宗法的和田园诗般的关系都破坏了。它无情地斩断了把人民束缚与天然首长的形形色色的封建羁绊，它使人和人之间除了赤裸裸的利害关系，除了冷酷无情的'现金交易'，就再也没有任何别的联系了。它把宗教的虔诚、骑士的热忱、小市民的伤感这些情感的神圣激发，淹没在利己主义的冰水之中。它把人的尊严变成了交换价值，用一种没有良心的贸易自由代替了特许的和自利挣得的自由。"① 社会主义建设是人类历史上一次伟大的变革，绝不能放任资本主义的那些腐朽思想肆意妄为。

胡锦涛总书记将实现国家的经济进步政策精辟概括为"坚持以人为本，全面、协调、可持续发展"，现实中要达到效益是"实现又好又快的发展"，即说明了谋求利益和服务大众的辩证逻辑关系。即使是西方工业化国家的市场经济学理论，无论哪一种流派，最终要强调的是，低投入和高效益的经济发展。按照中国特色制定的经济发展理论，丝毫不比西方的经济学说逊色，而且富有更加鲜亮的人性化色彩。这个理论没有照搬照抄西方经济学说，却是涵盖了市场经济的优点，而且克服了西方经济理论中单纯强调的"经济人"的缺陷。

---

① "共产党宣言"，《马克思恩格斯全集》第4卷，人民出版社1995年版，第175页。

三、牢记人民群众的冷暖

自中国加入 WTO 之后，国家经济开始加速融入世界大市场，获取了更大的发展机遇。自然，随着进入 WTO 的过渡期结束，中国也遇到了一些严峻的挑战，其中，因为经济结构性转型而造成的失业压力增加就是例证。城镇是失业压力的直接承受地点，其原因主要是由于失业而造成的城镇贫困人口增多了。2011 年 8 月 3 日，中国社会科学院在北京发布 2011 年城市蓝皮书《中国城市发展报告 No. 4——聚焦民生》。该蓝皮书称，虽然中国绝对贫困发生率呈现逐年下降趋势，但相对贫困，特别是城市相对贫困发生率却逐年升高。目前，我国城市贫困人口数大约为 5000 万人，是目前低保标准和受保人数的 2 倍左右。① 现代化在某种程度上就是城市化，因此，解决城镇贫困人口问题十分重要。

目前庞大的城镇贫困人口的来源主要包括，国有企业改革和转型下岗者；资源枯竭型的城市里大量具有正常劳动能力的城市居民；退休较早、仅依赖退休金生活的老年人；流入城市、成为城市新贫困阶层的大量农村人口。同时，社会保险、教育培训、医疗保障等制度上的缺位与失效，也在随时随地制造和产生着新的城市贫困群体。城市贫困人口还发生着部分的“代际转移”。一些下岗人员或者进城打工农民的收入很少，其子女因为家庭的问题，也不能得到很好的教育，没有一技之长，被阻挡在日益增高的市场竞争门槛之外。这些新一代青年人没有多少创造收入的能力和机会，没有工作，或者打工的收入很低，父辈的贫困呈“代际传播”态势。② 他们的命运即令人担忧，他们也容易给社会增添不稳定的因素。解决城市贫困的问题要比农村脱贫艰难，农村脱贫已经被证实的一些有效手段但并不适宜城镇。例如，城市贫困居民没有土地等生产资料，不存在“增收和减负”的可能。城市贫困家庭也很少有向其他城市转移的机会和能力，因为他们没有土地作为最后的生活保障。而且在激进的市场化改革推进中，国有大中型企业的主辅分离等措施的实施，又破坏了原来可以勉强生产的“依附性服务业”，这

① “我国城镇贫困人口约 5000 万人　是低保人数的两倍”，http：//www.ce.cn/xwzx/gnsz/gdxw/201108/03/t20110803_22585719.shtml，2011 年 8 月 3 日。

② “城市贫困群体呈发展趋势　部分代际转移”，《中国青年报》，2006 年 2 月 8 日。

对一般性地用服务业作为就业重要渠道的惯常做法是个严重打击。

新国家主义战略的指向是，社会就业问题出现，是由于行政管理在经济资源的调配上有较大矛盾和漏洞没有解决。因为要干的事情很多，而且在有效调配的条件下有劳动能力且愿意工作者，都应当获得平等的就业机会，所以，需要政府出面通盘考虑解决方案，在制定公共投资、财税金融等宏观政策上，尽可能以解决就业为导向，尽可能扩大受惠范围。关键性的措施是，政府对城市贫困人口给予一定的保障，同时积极鼓励劳动者就业。

因此，实施就业优先的经济发展战略和加强就业服务体系建设，就显得尤为关键。对于从农村转移出来的贫困人口，城市政府应该给予相对宽松的环境，同时，还应从源头抓起，加强农村劳动力服务体系建设，建立健全农村劳动力培训的投入机制、运行机制、绩效评价机制和管理机制，减缓农村贫困的转移程度。对于资源枯竭型城市而言，解决城市贫困问题，需要跟城市的产业转型和相关扶持政策结合起来，允许部分资源收入地方与中央共享，地方分享部分应全部用于城市发展接续产业，还需要建立中央政府的“有条件援助”机制，促进地方政府公共财政的形成和公共服务意识的增强。

处理就业等类的棘手的社会难题，尤其涉及具体问题，由于利益的冲突，往往会遇到令人尴尬的局面，这也是改革的一种客观实际。只要将人民的冷暖记在心上，再大的困难也会克服。民众也会大力配合与支持，通力解决前进道路上的所有困难。

第五节 千秋伟业 功在教育

百年大计，教育为本。可以毫不夸张地说，各种教育实施的成败，事关中华民族下一代的素质，事关国家的前途和命运。2006 年，立法部门将“国家将义务教育全面纳入财政保障范围”，写进了新修订的义务教育法。从 2006 年至 2008 年 3 年间，政府坚定决心，加大投入，逐步完成了从农村到城市，从试点到推广，全面免除城乡义务教育学杂费的进程，迈出了具有里程碑意义的四大步。第一步：西部贫困学生先品“免费果”，在西部农村率先实施了农村义务教育；第二步：“两免一补”惠及全国，将“免杂费、免书本费、逐步补助寄宿生生活费”的惠民政策，推广到中东部地区；第三步：城市免学杂费试点，在北京、天津、上海等16个省区市和5个计划单列市进行免除城市义务教育学杂费试点；第四步：让公共财政的阳光普照城乡中学，2008年秋季学期起，免除城市义务教育阶段学杂费在全国范围内实施。[①] 中国教育先贤孔子曰：“好勇不好学，其弊也乱。”[②] 这里的“勇”主要是指意志，建设社会主义光有志愿是不行的，要刻苦学习科学知识，才能将理想变为现实。

一、大力普及义务教育

21世纪世界经济一体化的步伐加快，而人力资源开发则成为竞争的最终获胜手段。教育也是世界和平力量的内在推动力量，是消除贫困的根本方式。所以，世界各国都关注教育，有识之士更是重视全民教育。

发展全面教育的基础是初级教育，或者对儿童与少年进行义务教育。中国早在1986年7月1日就颁布实施了《中华人民共和国义务教育法》，发展全民义务教育。这部重要法律明确规定，“国家对接受义务教育的学生免收学费。”普及义务教育，主要的工作重心在农村。教育规律显示，办好一所学校的关键是建立高素质、高质量的教师队伍。缺少合格教师或者没有教员，普及农村教育仍是一句空话。中国农村尤其是西部地区农村，缺乏教师是普遍存在的问题，而农村教师工资待遇低，则是问题长期难以解决的关键因素。例如宁夏回族自治区所属的南部山区，自然条件恶劣，经济发展滞后，教师工作苦、待遇低，骨干教师纷纷流失。师资队伍的薄弱和不稳定，已经成为困扰宁夏南部山区基础教育的一大因素。谈到待遇低，不能单纯理解为工资低，因为实际上主要的是乡村教师工作、生活中遇到的困难多，而且解决无望。

教育的可持续发展，关键在教师。近年来，山区教师流失严重的问题，一直是社会关注的焦点。对此，湖北省政协委员、秭归县政协副主席郑礼昌提交提案建议，提高山区学校新进大学生的起点工资。目前教师队伍（尤

① “我国城乡全面实现义务教育免费历程：三年四大步”，http://www.gov.cn/jrzg/2008-08/03/content_1063386.htm，2008年8月3日。

② 引自《论语·阳货》。

其是山区高中）的稳定性越来越差，人员流动频繁，直接影响到教育质量和教育的可持续发展。这种现象的出现，有着诸多客观原因。中青年骨干教师在横向对比中心理失衡，造成了山区高中教师向经济较好地方流动的趋向性。同时，在物价飞速上涨，消费水平日益提高的现实中，青年教师感到生活压力大。以秭归一所学校为例，该校每年新进教师20余人，除了能得到父母补贴、照顾的本地毕业生外，其他的外地教师在工作一年之后，很难有留下的。所以学校每年都在进人，但每年都缺教师。青年教师的不稳定，致使教师队伍整体水平的提高十分困难。① 因为山区教师的付出与所得完全不成正比，所以当地不少教师，特别是骨干教师，纷纷要求改行，或到山外发达地区任教。这种情况越来越严重，外面的分不来，里面的留不住，这就造成山区教师不仅数量不足，而且整体素质无法提高。

新国家主义战略构想是，为了留住乡村教育的希望，各级政府和教育行政部门要想尽一切办法提高山乡农村的教师的地位，改善经济待遇，缩小城乡教师收入差距，解决教师住房难，子女就业难，求医难等问题。政府部门一方面要首先为发展教育增加资金投入，特别是集中于支持基础教育，乡村普及教育；另一方面，也是更重要的决策，即加快投入机制的转变，使财政资金能够动员更多的社会其他资源的投入。宁夏有些组织建议自治区政府设立“南部山区教育补助专项经费”，或者发行教育彩票，以建立南部山区发展基金会，筹集资金，确保教育经费的稳定来源，夯实基础教育的根基。这类建议值得考虑。

二、重点提高大学教育水平

在做好义务教育的基础上，要把提高教育质量作为高等院校的工作重点。孔子一生刻苦学习，他曾说：“我非生而知之者，好古，敏以求之者也。”② 注重学习，求知上进，这是儒家思想中的优秀部分。既然人们的学习是为了获取知识，那么教育工作的重点目标就是传授优秀文化，换句话讲，要让增进教学质量成为高等院校的首要工作。高等院校是为国家培养栋梁之材的场所，在当今世界信息科技飞速发展的情况下，保持高水平的教育

① “湖北‘两会’：提高山区教师起点工资”，《三峡晚报》，2012年1月15日。

② 引自《论语·述而》。

质量更是意义重大。从1999年扩招以来，整个高等教育规模增长幅度是非常显著的，从原来不到700万人的规模，到2008年已经增加到了2979万人，毛入学率也从原来的不到10%增加到2008年的24.2%。[①] 到2010年，我国高等教育毛入学率已经达到26.5%。教育部负责人表示，国家还将继续推进高等教育大众化，到2020年实现高等教育毛入学率达到40%的目标。"高等教育毛入学率"，亦即高等学校在校生人数与规定年龄组人口数的比率，通常被作为衡量国家或地区高等教育发展水平的重要指标之一。根据上海市教育委员会2009年公布的统计结果显示，上海高等教育毛入学率达到55%，比2003年上升2个百分点，继续位居全国首位。第二位的是北京，为53%。上海和北京于2003年就成为在全国率先进入高等教育普及化阶段的城市。[②] 与此同时，其他各省、市如浙江、江苏、天津等，高等教育毛入学率也在稳步上升。为更多的年轻人提供接受高等教育的机会，自然是件天大的好事。

同时，也应当看到，经过几年的扩招之后，教育质量滑坡的问题凸显出来，学生、教师群体中都出现了各种学术性的弄虚作假之事。中国数一数二的清华大学就出现了一位不满学校教育质量的博士生公开退学、另寻出路。另一个高等学府北京大学，则出现了一位教授抄袭外国学者著作而被告发的丑闻。接着上海、成都的名牌学府也发生了类似的事情。教育是培养人的事业，质量下滑的后果是极其严重的。所以，高教毛入学率不是一个孤立体，如果没有扎实和高水平的教学质量做后盾，没有经济、法治、社会保障等综合条件跟进的话，必然会导致高教质量的下降。不妨观测一些海外事例。瑞士高等教育的毛入学率在发达国家中属于最低层次，但却是人均GNP最高的国家之一，而俄罗斯高等教育的毛入学率在1985年的前苏联时就达到了54.3%，可是人们的经济与生活水平却相形见绌，国外例子可以作为一种警示。因此，中国高等教育单纯追求毛入学率的做法应当终止了，要刻不容缓地扭转大学教育出现的质量滑坡，因为低质化教育不仅使既有的教育不公雪上加霜，而且与扩招的目的南辕北辙。

新国家主义战略的目标是，对已经进行了几年的高校扩招实施逐步紧缩

① 张力："中国高等教育总规模超过美国居于世界第一"，http：//www.china.com.cn/news/2010-03/02/content_19501224.htm，2010年3月2日。

② "上海高等教育毛入学率达到55%居全国之冠"，http：//forum.home.news.cn/thread/72424029/1.html，2009年12月16日。

政策，因为在一个自古重视教育且望子成龙情结普遍的国家，最好的教育是培养合格的人才，这样才能不断实现好、维护好、发展好广大人民的根本利益，这也才是当代提倡的科学发展观的核心。有鉴于上述多种南辕北辙的情况，要量力而行办好高校教学，因为从高等教育毛入学率的追逐当中，各级教育部门的浮躁已经显现出来。需要通过行政批复指标的既有方法，消除各地高校盲目攀比扩建与扩招的做法，教育战线的“大跃进”只能使高等教育蒙受灾难。要真正理解、引入和改造发达国家采取的是“宽进严出”制度，否则教学质量必定要大打折扣。不能只学习发达国家的“宽进”，同时却忽略了“严出”。必须保证高等教育大众化与高质化的同步进行，免得教育陷入另一个困境。中国公共教育经费并不充足，而盲目攀比扩招必定造成教育不公等弊案，所以计算毛入学率时一定要开列隐性成本，否则可能会造成弄虚作假的泛滥，因为一方面，毛入学率增长背后隐性成本的承担者是学生，是社会，而不是教育及管理部门；另一方面，毛入学率的高低代表着行政部门的政绩，它们能从中获益却无须承担成本。高等教育要想获得发展，必须摒弃玩“数字游戏”的陋习，从多个务实的方面入手，诸如提高教育质量，优化教育资源，消除教育不公，防止教育寻租等。要建立一套完善的产学研机制，使高教与社会自然完成衔接，推动经济社会发展。

第六节　弘扬中华民族优秀文化

改革开放以来国家积蓄的发展势能已经逐步形成强大的动力，促进全国向小康全速前进。这种强大的可以影响国家未来的势能是多方面综合作用的结果，自然不能片面地认为只是一种经济手段。在当今的信息时代和多元化社会，弘扬民族的优秀文化，凝聚人心，对实现强国目标，具有极其重要的意义。而且文化的形成是一个比短期的经济增长更耗费时间的历史过程，一定的社会群体在其长期的社会实践中一旦形成某些共同的价值规范和行为准则，它们就将对整个全体、全民族的全面发展产生约束与导向作用，并且代代相传，存在的时间远远超过同期物质产品的存世年月。

一、坚持中华特色文化

中国这些年来的改革开放在经济发展方面取得了很大的成就，人民生活水平在总体上有了较大的提高。可是思想文化领域内的状况并不乐观，泛市场化思潮的显现，就是意识形态领域内的腐朽事物的沉渣泛起。邓小平指出："属于文化领域的东西，一定要用马克思主义对它们的思想内容和表现方法进行分析、鉴定和批判。"他严肃地说："但是，现在有些同志对于西方各种哲学的、经济学的、社会政治的和文学艺术的思潮，不分析、不鉴别、不批判，而是一窝蜂地盲目推崇。"① 一些所谓的学术精英就是在盲目追捧西方经济学理论，不问是否适宜中国国情，硬要塞进改革进程中来。对此泛市场化思潮的听之任之，毫无疑问是不利于四个现代化的建设，而且也非常容易造成一些年轻人的思想困惑，这种状况再也不能容忍了。

思想文化的变革引领着经济体制改革和政治体制改革，同时，认识的改变又以现实的经济利益为出发点和落脚点，而且只有当实际利益和关系转变以后，思想文化的变革才能最终落实与完成。对此辩证关系，马克思有过精辟的论述："批判的武器当然不能代替武器的批判，物质力量只能用物质力量来摧毁；但是理论一经掌握了群众，也会变成物质力量。理论只要说服人，就能掌握群众；而理论只要彻底，就能说服人。所谓彻底，就是抓住事物的根本。但人的根本就是人本身。"② 经济体制改革顺利推进的基础和动力，依靠人素质的提高，依赖生产力的增强。当新观念、新需求形成一种社会文化体系后，经济社会的巨大进步就会来临。文化是社会大系统的重要层次，也是人本质与人性的表现形式。

中华民族自古就对人类文明有过杰出的贡献，永垂史册的"四大发明"曾强有力地推动了人类历史的发展。马克思高度评价说："火药、指南针、印刷术——这是预告资产阶级社会到来的三大发明。火药把骑士阶层炸得粉碎，指南针打开了世界市场并建立了殖民地，而印刷术则变成了信教工具，

---

① "党在组织战线和思想战线上的迫切任务"，《邓小平文选》第3卷，人民出版社1993年版，第44页。

② "'黑格尔法哲学批判'导言"，《马克思恩格斯选集》第1卷，人民出版社1972年版，第9页。

总的来说变成科学复兴的手段，变成对精神发展创造必要前提的最强大的杠杆。”① 在古代曾经数次辉煌的物质文明基础之上，中国人建立了有民族特点的价值体系优秀和文化。优秀的中华文化至今都是国家发展的推动力量。患不均而不患寡，追求共同富裕，这些是实际上最富有中国特色的社会人文价值。中国共产党能取得中国新民主主义的胜利，在很大程度上就是以均贫富为号召力而取得人民的拥护才得以成功的。新中国成立后虽然有这样那样的问题但在社会财富的分配上基本上是比较公平的，因此社会基本稳定。就是在过去的50多年中出现过多次负面影响极大的经济、政治运动，但是由于社会主义文化意识深入人心，所以，即便发生了史无前例的民族浩劫，新中国的基础没有倾覆。而且也正是靠着社会主义文化思想，党和人民自己纠正了出现的严重错误，拨乱反正，制定和实行了体现社会主义初级阶段特点的新政策。通过改革，社会重新勃发生机，国家一片欣欣向荣。

新国家主义战略指出，中国历史数千年从未中断，中国特色的社会人文价值代代相传。泛市场化论调无视中国特色的文化价值观念，宣扬无情竞争、寸利必得、利润至上，硬是要用西方市场理论追捧的“经济人”代替东方以和为贵观念赞扬的“全家富”，结果冲击了中国延续千年的公认社会准则。社会居民收入差距扩大，平等发展的机会在减少，这些事情虽然在一个急剧转型的社会中难以避免，可是在目前的中国已经激起民怨，引发了诸多冲突。自然，西方市场经济理论中的竞争赢利，的确对于工业化国家的发展有极大的推动力量，东方国家必须学习那些长处。同时，必须看到每个民族的文化通常都包含其他文化的特质，中国传统文化中的自强不息、永争第一的精神，“先天下之忧而忧，后天下之乐而乐”的情怀，正是追求效益最大化的最佳途径。东西方文化的精髓是相通的，是你中有我，我中有你，既有特殊性，又有共同性。学习西方工业发达国家的先进科学技术，必须全面包容，包括道德风范，文学艺术，哲学宗教，知识教育等等，要吸收人类创造的一切物质财富和精神财富。只有准确无误地理解工业化社会创造的全部人类文明，能推动加速实现中国社会主义现代化。从这个角度看待泛市场化言论，就能发现其中的偏激、虚伪，是多次危害中国革命与建设的极左倾向在新时期的翻版。批判极左，不可松懈。

① “经济学手稿（1861—1863年），第三章相对剩余价值”，《马克思恩格斯全集》第47卷，人民出版社1979年版，第427页。

二、崇尚精神文明

社会主义国家的历史与资本主义国家的历史相比，只占三分之一，是一个新的生命。中国虽然不是那种襁褓中的婴儿，但是社会主义依然是处于幼年时期，距离长大成人还有很长的时间，仅目前的初级阶段，就如同邓小平所讲，至少要延续100年。当一个人处于儿童时期，重要的成长条件除了食品、休息之外，就是文化教育。童年的教育基本决定着人未来的一生。所以，发展初级阶段的经济，要将精神文明建设放在突出位置。中共中央提出的建设社会主义新农村的宗旨是，“生产发展、生活宽裕、乡风文明、村容整洁、管理民主”。其中生产发展和生活宽裕显示强烈的经济含义，其余内容是包含浓烈的文化意义。乡风文明是倡导新风尚，村容整洁是实现人与自然的和谐，管理民主是深化制度改革。发扬了优秀文化，才能建设好新农村。

根据人类学家的研究，文化的时代属性是人类社会的固有的历史现象，每一个社会都有与其相适应的文化，并随着社会的物质生产的发展而发展。社会主义国家的文化是反映工人、农民和劳动知识分子追求的精神文化，是执政为民的中国共产党倡导的先进文化。这不是一个党派的私利，而是人民大众当家做主人的思想表现，是对文明的崇尚和鄙视腐朽。对社会主流思想的这种表现，马克思和恩格斯曾做过明确的阐述：“占统治地位的思想不过是占统治地位的物质关系在观念上的表现，不过是表现为思想的占统治地位的物质关系；因此，这就是那些使某一个阶级成为统治阶级的各种关系的表现，因而这就是这个阶级的统治思想。”① 作为意识形态的文化是一定社会政治和经济的反应，同时又会给予一定的社会政治和经济以巨大的影响作用。

泛市场化论调宣传过度竞争，为了实现GDP的高增长率，不惜违背生态伦理，牺牲自然环境；企业为了追求经济效益，可以不顾大局需要，丢弃社会效益；照搬西方公司的组织结构，将国有企业原来承担的社会与福利任务，在替代机制没有建立的情况下，于短期内强制性全部剥离，致使下岗职工遭遇突然失去原来享受的社会服务、医疗保障等福利。在时下恋爱青年中

① “德意志意识形态”，《马克思恩格斯全集》第3卷，人民出版社1979年版，第52—53页。

流传着这样一个标准，“判断自己是不是爱一个人就看在遇到选择的时候，是选择宁可伤害自己保全对方，还是选择保全自己伤害对方。”泛市场化论调的行为就是伤害别人，保全自己，最终是扰乱市场秩序，破坏游戏规则。

新国家主义战略指出，目前是一个需要爱心的时代，社会主义的温暖是通过很多细微的方面来表示的，这也就是中国优秀文化中的互敬互爱。落实以人为本的治国新理念，行政管理部门就要率先示范，全心全意服务大众。服务体现了一种文化价值，带有着时代的属性。服务不到位，办事不公平，老百姓自然不满意。民间有积怨，社会不和谐。如此下去，当然是背离了全面建设小康社会的目标。市场经济中最常见的流行名言——顾客是上帝。社会主义建设政策汇集为一句话——为人民服务。

三、走和平发展道路

传统优秀文化是养育国人的父母，社会的优秀文化不是孤独的，更需要广泛的国际和人际交往，发展中国家往往是更加的需要这种文化。要以国家利益为最高利益，坚持中华民族的文化价值观，消化吸收西方文化与我们民族的主体文化相适应的价值，并积极向国际社会推广介绍中华文化，以文化传播为手段向全世界渗透社会主义文化价值。改革中的文化变革是一个重要的领域，文化方面的争端要妥善处理，允许不同意见存在。对于人们意见比较多的、品味低级的文化活动，应当采取限制措施。

在当代国际社会，以美国为首的现代西方文化集团无视人类社会文化的差异性，认为他们的文化即为先进文化，将其他非西方文化当做落后文化，试图以西方文化取代人类社会的一切文化，还自以为是地认为他们是人类先进文化的代表。显然以美国为首的现代西方文化集团的价值观是以文化沙文主义为取向的，因此是反人类文化发展方向的。

中国坚定不移地走和平发展道路，这是基于中国国情和历史文化传统的必然选择，也是基于时代发展潮流的必然选择。一个和平发展的中国，是促进亚太地区和世界和平、稳定、繁荣的重要力量，也正在给世界经济合作带来更大空间。只有真正了解中国的和平发展道路，才能深刻认识中国的未来走向，牢牢把握世界上不同国家发展中存在的共同战略利益这个机遇，不断推动中美、中欧关系健康稳定发展。

新国家主义战略显示，文化反映的先进性是指它的基本属性，因为一定的文化总是同一定的社会发展现实相关联的。中国传统民族文化的优秀内涵表达了劳动人民的健康向上的喜乐和美好的期望，是56个民族自千百年的生活繁衍中提炼的精华。世界其他民族的优秀文化因素，也是人类社会文化财富的宝贵组成。人类文化最终将会趋于大同，这种大同是全人类文化的综合与总和。在这个趋同过程中各种文化必然是取长补短相印生辉的，因此也是各种文化相互学习和包容的过程。

中国正处于新的历史转折时期。一个超过13亿人口的东方大国在进行着四个现代化建设，要在这个古老大国内改变历史方向和社会面貌，要在几十年内成为世界上经济总产量位居第一的强国，必定会遇到很多困难。但是中国人民和中国共产党是能够清楚地分析困难的，是以不怕困难而著名的。批判了谬误百出的泛市场化思潮，人们会以更大的热情发展中国特色社会主义，建设创新型国家，发展社会主义的市场经济、民主政治和中华文化，努力将祖国建设为繁荣、富裕、民主、文明与和谐的新天地。

四、加强发展以中华文化为核心的中国软实力

20世纪80年代末，哈佛大学肯尼迪政治学院院长约瑟夫·奈（Joseph S. Nye Jr.）教授发现，美国的软实力、硬实力在其整体实力中不对称，给美国造成危害，并率先从战略的高度提出软实力的概念。根据他的研究，国家实力包括硬软两个方面，硬实力是对一国经济、军事与资源要素的控制力和扩张力，软实力是一国文化、制度与意识形态的吸引力和说服力，就是“通过吸引获得所想之物的能力”。控制力是“硬实力”，影响力是“软实力”。硬实力和软实力相辅相成，硬实力是软实力的基础，软实力是硬实力的延伸和升华。一个国家如果可以使其在他国眼里具有吸引力，或者一个国家的制度能强化为其他国家以寻求共存的方式来界定其利益的国际制度时，那就无需依靠过度地扩展那些传统的经济实力或者军事实力的手段来输出自己的国家制度。[①] 软实力概念的提出，给世界各国在国际竞争中注入了新的战略思维，也成了新一轮竞争的焦点。

---

① Joseph S. Nye Jr. The Changing Nature of World Power [J]. *Political Science Quarterly*, 1990, Vol.105 (2): 177－192; Joseph S. Nye, Jr. *Bound To Lead: The Changing Nature of American Power* [M]. Basic Books, 1990.

约瑟夫·奈的软实力理论出现后，立即引起我国理论界和学术界的关注。我国学者和政治家比较普遍一致地认同和接受了约瑟夫·奈的基本理论，赞同文化是软实力的重要来源，并对软实力在国家发展中的地位和作用给予充分肯定，认为随着时代的发展，软实力来源也在不断拓展，如信息时代对信息的掌握与把控能力，也是国家软实力中极其重要的部分[①]。以2006年10月发布《中共中央关于构建社会主义和谐社会若干重大问题的决定》为标志，中国开始把软实力建设提升到国家战略的高度，同时也开始加大了对软实力研究的扶持。胡锦涛总书记在2006—2007年几次讲话中都强调提升我国软实力，特别在党的十七大报告中再次强调提高国家文化软实力问题[②]。

文化是国家的命脉和民族的灵魂。从国际经验看，当今世界无论是发达国家还是新兴工业国家，为在综合实力竞争中占有主动，都十分重视本国文化软实力的发展和建设，并在实践中积累了许多宝贵经验。总的来说，经济发达国家一般都把文化产业作为加强其软实力的最重要的途径。大众通俗文化看起来不起眼，但对塑造和加强国家形象却有很大帮助。特别是那些励志类的影视、音乐，富于民族文化特色的通俗小说和创新的故事，乃至餐饮文化等等，都是友好型的，同时具有强大的文化渗透力。

美国、英国、日本、韩国等多个国家都通过政府的计划以大力推动文化产业的发展。比如美国就以文化产业为其国家的支柱产业，在文化产业的各个领域都具有全球领先地位。电影、图书、音乐、动画、游戏、体育、主题公园和其他衍生产品开发与销售，成为美国力量的象征，其影响力远远超过了我们的想象能力，不仅为其带来巨大的经济效益，更在国际事务中展示了渗透力极强的软实力。从1997年起，英国把发展创意产业作为其国家战略。日本在20世纪90年代的十年持续经济低迷时，唯独文化产业取得了巨大的增长。特别是在以青少年和家庭为主要消费对象的动漫和游戏领域，取得了全球市场的领先地位。日本政府的要员甚至提出了“动漫外交”的口号。亲和力强的文化产品的海外销售，极大地改善了日本的国家形象。韩国在1997年亚洲金融危机中遭受了重大冲击，迫使韩国政府思考新的经济增长

---

① 王沪宁：“作为国家实力的文化：软权力”，《复旦学报（社会科学版）》，1993年第2期；倪世雄：《当代国际关系理论》，复旦大学出版社2001年版。

② 马庆国等：《区域软实力的理论与实施》，中国社会科学出版社2007年版。

方式和经济增长点，于1998年提出了“文化立国”的方针，将文化产业定为发展国家经济的战略性支柱产业，予以大力推进①。

在英、美等发达国家的影响下，越来越多的国家和地区开始重视文化产业及其影响的软实力，并且取得可喜的进展。许多中等发达国家从政府作为服务者的立场出发，成立了专门性质的国家机构文化产业振兴院，制定了文化产业的国家战略，在公共文化服务平台建设、企业孵化扶持、信息提供等方面积极引导企业创新，比如韩国，在短期内实现了文化产业从贸易逆差到顺差的飞跃，尤其在文化产品出口、增强影响力和数字内容产业方面，取得了重大的进展甚至出现了部分领先优势。而新加坡为了发展其文化旅游产业，专门在旅游局下面成立了会展署，支持企业发展会展和娱乐产业。显然，文化战略在促进国家发展中发挥着重要作用②。

如果从对外文化软实力发展的角度来说，文化竞争力是文化软实力的核心源泉，而文化软实力则体现在文化竞争中。那么，在全球市场一体化的格局中，文化企业的竞争力和文化产品的竞争力，无疑就是文化竞争力的源泉。不同国家的消费者通过购买文化产品和服务来进行消费，谁的产品和服务能够占领市场，谁就有竞争力。对于中国而言，一旦有了竞争力，我们不仅可以维护国家的文化安全，还可以藉此推广和塑造良好的中国国家形象，通过文化影响创造国际化的对中国文化亲近友好的环境。要想占领文化市场和保持文化竞争力，一个国家和该国的企业必须拥有强大的文化创造力。就此而言，仅有深厚的文化底蕴是不够的，还要通过提升当代的文化创造力来发展文化竞争力③。

文化竞争力不仅要体现在国内市场更要体现在国际市场。目前，我国文化竞争力依然较弱，主要问题存在于文化贸易特别是文化内容产品和版权交易方面依然有较大的逆差，特别是在文化影响力较大的品牌内容产品方面，如畅销书、电影大片、重大体育赛事等方面的逆差更加突出。因此，从对外文化竞争的角度来思考，我们需要转变一个基本的观念，就是不能再把免费文化交流当做提升文化软实力的主要途径，而是要努力发展文化产业，使文化产品和服务具有跨越本国市场的竞争力。我们不仅要从文化多样性的角度

---

① 刘国强：“美英日韩四国文化发展战略简介”，《国际资料信息》，2010年第3期。

② 李满：“看新加坡如何做大旅游产业”，《经济日报》，2006年12月28日。

③ “提高国际文化软实力”，《河南日报》，2007年11月27日。

来看文化“越是民族的，就越是世界的”，更要从文化的国际竞争力角度来看文化“越是超越民族的，就越是世界的”①。

中共十七届六中全会决议将文化建设和深化我国文化体制改革问题，作为我国经济社会的战略性目标，提出牢牢把握文化发展主动权，不断提高推动文化科学发展的能力，强调一定要从战略高度深刻认识文化的重要地位和作用。可以看到，文化发展已经上升到关系中国特色社会主义事业总体布局，关系中华民族伟大复兴的战略高度。全面构建中国国家文化发展战略，在具有经济战略的同时，从全局出发为中国的国家文化战略谋篇布局，从长远着眼形成文化长期发展的决策，对文化发展的目标、途径和实施方式进行整体性的谋划，极具紧迫性和必要性。

第一，要深入思考国家意识形态意义上的文化战略，把握文化建设与经济建设、政治建设的关系，目标是增强国家意识形态意义上文化发展的主动权，打造高端文化和时代经典，打造国家文化形象，形成国家对外文化交流的主体地位；第二，要深入研究公共文化服务体系建设问题，从国民素质提升、国民精神文明建设的意义上，加强公共文化服务体系建设的研究与实践；第三，要全面研究中国文化影响力与传播力的建设问题，以文化产业为重点，发掘文化在转变经济发展方式、调整产业结构中的作用，在维护国家文化安全、满足人民群众需求、打造经济发展新的增长点和支柱性产业的实践中，增强文化的影响力和传播力。②

国家层次的文化产业的整体战略规划和政策完善，是推动文化产业发展并提升文化软实力的一个重要部分。就我国的实际情况来说，既要独立自主、自力更生，又要善于借鉴和学习别国的经验和能力。坚持在文化市场领域稳步推进改革开放，促进企业在竞争中学习与提高。我们必须注意到，我国文化资源虽然丰富，但以文化为核心和基础的原创力不足，文化传播和产业发展受限。社会各界虽普遍认识到文化与经济的联系，但存在商业化与平面化倾向，缺乏必要的战略构想。因此，我们需要有与我国经济社会全面发展相适应的文化发展战略。

第一，从国家意识形态的高度进行国家文化发展战略思考。国家意识形态是总揽文化发展全局的制高点，也是提升文化实力、推动文化建设的重要

① 陈少峰：“发展我国文化产业可借鉴的国际经验”，《世界商业报道》，2007 年 11 月 6 日。
② 潘鲁生：“‘国家文化发展战略’研究迫在眉睫”，《共产党人》，2010 年第 23 期。

基础。从这个有关全局的战略高度出发，需要深入把握文化建设与经济、政治和社会建设的关系，在坚持我国社会主义核心价值体系的基础上，研究构建以国家意识形态为核心的文化价值观，创造时代感强又富民族精神的文化经典产品，打造国家文化形象。因为核心的意识形态将关系到文化的凝聚力，时代的、民族的文化经典体现文化的发展高度，而我国以社会主义核心价值体系为基础的国家文化形象，将直接关系国际交流与合作中的基本认知并直接对具体领域产生影响。

第二，积极构建和完善公共文化服务体系，提升国民素质。以 2010 年上海世博会为例，根据国内外的各种新闻报道和评论分析，我国的文化特色成为展会上的最大品牌，但与我中华民族文化相关的国民素质，显然还有极大的提升空间，而公共文化服务体系还远离国际标准。具体而言，公共文化服务体系建设要满足不同层次人民群众的文化需求，实现和维护国家、民族的文化主权，更要着眼于国民素质、国民精神的提升。简言之，既要扩大接触文化的机会和文化活动的参与度，也不能放弃经典的、精英的文化艺术追求和品质；既要发展具有弹性的公共管理，也要坚持政府的主导作用，在服务的同时发挥引导作用。经典文化和大众文化相辅相成，政府主导和公众参与相得益彰。要以高雅的文化、高尚的追求、高层次的国民素质塑造和影响公众，提升国民素养、国民精神。

第三，以文化产业发展为重点，增强中国文化影响力和传播力。毋庸置疑，文化产品是精神文化的重要载体，在“知识经济”“创意经济”的大背景下，文化产业发展水平不仅关系经济效益，而且关系文化主权，关系自身的文化影响力和传播力。因为文化产品接受面广、大众参与度高，更具有文化传播和文化影响功能。从另一个角度看，如果不大力发展具有本国文化内核的文化产品，市场会为外国文化产品占据；如果不积极发掘整合文化资源，外国文化资本也会涌入并谋求资源整合，而且将输入其文化价值观，发挥文化心理、文化认同的影响力。所以，文化产业发展同样关系到文化发展的“主动权”，关系到文化主权。不可否认，我国在文化产品贸易上存在着逆差，处于极其被动的贸易地位，这是极其不利于我国文化体系建设的，因此促进文化产业振兴发展，意义重大。必须加以强调指出的是，在坚持市场导向的同时，也需要合理的政府引导。并非任何具有竞争力的文化产品都是好的，而是要选择那些又好又有竞争力的产品作为重点予以扶持，对于那些虽然具有民族特色但是属于落后的内容产品，则要制定相应的监管政策，合理地清除不良的产品及其所带来的不良影响。[①] 虽说文化发展要坚持兼容并蓄，但是同时也应该吸其精华，弃其糟粕。

第四，要把握机遇，大力发展优势产业。注重文化创造力，特别是将开发符合当代市场需求的文化娱乐精品，作为塑造文化创造力优先考虑的因素。我们既要在中国传统文化资源的基础上进行挖掘，进行创造性转化加工和创新，也要注意发挥创意和创新的能力，不断提升文化创造力。与此同时，我们要牢牢把握新媒体，特别是互联网和手机等媒体的发展机遇，牢牢把握数字娱乐内容如游戏、动画等领域的发展契机和部分已有的先发优势，利用我国信息产业高速发展和市场规模逐步扩大的有利条件，做强做大数字娱乐产业，并且在今后开展适度的对外品牌并购。此外，随着我国经济的持续高速发展，文化旅游与会展服务业的成长将会迎来一个快速发展的新机遇，我们完全可以借此机遇，强力打造具有国际影响力的品牌化项目和特色城市文化产业。大力发展影视、出版、广告等媒体产业，同时，利用不断累积的资源和管理经验，逐步走向国际化。

总之，我们深信中华民族伟大复兴必然伴随着中华民族文化的繁荣兴盛。从文化大国发展为文化强国，需从战略意义上全面、深入、长远地进行规划和部署，真正发挥文化对社会发展不可替代的作用。我们一定要紧密团结在以胡锦涛同志为总书记的党中央周围，满怀信心在坚持和发展中国特色社会主义的伟大实践中进行文化创造，为把我国建设成为社会主义文化强国而努力奋斗！

---

① 以上讨论内容主要取自潘鲁生："国家文化发展战略"研究迫在眉睫，《共产党人》2010 年第 23 期，特此鸣谢。

参考文献

[1] 郎咸平:《我们的生活为什么这么无奈》,东方出版社2011年版。

[2] 何新:《反主流经济学——新国家主义经济学(上、下卷)》,时事出版社2010年版。

[3] 郎咸平:《我们的日子为什么这么难:一个中国经济学家的良心话》,东方出版社2010年版。

[4] 何新:《何新看中国经济》,东方出版社2010年版。

[5] 郎咸平:《新帝国主义在中国》,东方出版社2010年版。

[6] 左大培、裴小革:《世界市场经济概论》,中国社会科学出版社2009年版。

[7] 韩德强:《中国反思》,中国经济出版社2009年版。

[8] 许小年:《自由与市场经济》,上海三联书店2009年版。

[9] 李丽:《转轨国家经济自由化与市场开发研究》,中国社会科学出版社2009年版。

[10] 杨帆:《改革开放与宏观经济稳定:兼论人民币汇率与中国涉外经济》,中国政法大学出版社2008年版。

[11]《中华人民共和国国民经济社会发展第十一个五年规划纲要》,人民出版社2006年版。

[12] 张宇:《中国的转型模式:反思与创新》,经济科学出版社2006年版。

[13] 马凯:《十一五规划战略研究》,科学技术出版社2005年版。

[14] 丹增:《文化产业发展论》,人民出版社2005年版。

[15] 夏光、冯东方、吴玉萍:《加入WTO与国内环境政策调整》,中国环境科学出版社2005年版。

[16] 史忠良:《产业经济学》,经济管理出版社2005年版。

[17] 姚洋主编：《转轨中国：审视社会公正和平等》，中国人民大学出版社2004年版。

[18] 经合组织：《创新集群：国家创新体系的推动力》，科技文献出版社2004年版。

[19] [美] 杰克逊：《人力资源管理：从战略合作的角度》，清华大学出版社2004年版。

[20] 娄洪：《公共基础设施投资与长期经济增长》，中国财政经济出版社2003年版。

[21] 胡惠林、李康化：《文化经济学》，上海文艺出版社2003年版。

[22] 王宇和：《农业合作经济组织研究》，兰州大学出版社2003年版。

[23] [挪威] 艾德等：《经济、社会和文化的权利》，中国社会科学出版社2003年版。

[24] 汪洪涛：《制度经济学：制度及制度变迁性质解释》，复旦大学出版社2003年版。

[25] 曾业松主编：《"三农"理论探讨与实践经验》，新华出版社2003年版。

[26] 孙立平：《断裂——20世纪90年代以来的中国社会》，社会科学文献出版社2003年版。

[27] 李玲：《人力资本运动与中国经济增长》，中国计划出版社2003年版。

[28] 牛若峰：《当代农业产业一体化经营》，江西人民出版社2002年版。

[29] 邓正来等编：《国家与市民社会》，中央编译出版社2002年版。

[30] [美] 迈克尔·波特：《国家竞争优势》，华夏出版社2002年版。

[31] [印度] 阿玛蒂亚·森：《以自由看待发展》，中国人民大学出版社2002年版。

[32] 何新：《思考新国家主义的经济观》，时事出版社2001年版。

[33] 范剑平、王小广：《中国城乡居民消费结构的变化趋势》，人民出版社2001年版。

[34] 王缉慈：《创新的空间》，北京大学出版社2001年版。

[35] 谢百三：《中国当代经济政策及其理论》，北京大学出版社2001年版。

[36] 周春明:《经济全球化与有中国特色社会主义》,人民大学出版社2001年版。

[37] 毛蕴诗:《跨国公司战略竞争与国际直接投资(第二版)》,中山大学出版社2001年版。

[38] 邵祥林、王玉梁:《未来国际贸易的主流——加工贸易》,对外经济贸易大学出版社2001年版。

[39] 王春瑜主编:《中国反贪史》,四川人民出版社2000年版。

[40] 樊纲、张晓晶:《面向新世纪的中国宏观经济政策》,首都经济贸易大学出版社2000年版。

[41] [埃及] 萨米尔·阿明:《不平等的发展:论外围资本主义的社会形态》,商务印书馆2000年版。

[42] 陶德麟主编:《社会稳定论》,山东人民出版社1999年版。

[43] 侯杰、范丽珠:《中国民众意识》,山西教育出版社1999年版。

[44]《毛泽东文集》,人民出版社1999年版。

[45] 王春法:《经济全球化背景下的科技竞争之路》,经济科学出版社1997年版。

[46] 鲍克:《技术创新与产业问题研究》,经济科学出版社1997年版。

[47] 江丹林:《东方复兴之路》,广东教育出版社1996年版。

[48] 王春正:《我国居民收入分配问题》,中国计划出版社1995年版。

[49] 马国强等:《中国农民收入问题研究》,贵州人民出版社1994年版。

[50]《邓小平文选》,人民出版社1989—1994年各版。

[51] 冯立天:《中国人口生活质量研究》,北京经济学院出版社1992年版。

[52] [瑞典] 缪尔达尔:《世界贫困的挑战——世界反贫困大纲》,北京经济学院出版社1991年版。

[53] [美] 凯恩斯:《就业、利息和货币通论》,商务印书馆1988年版。

[54] 于光远等编:《马克思、恩格斯、列宁论自然辩证法与科学技术》,科学技术出版社1988年版。

[55] [美] 弗里德曼:《资本主义与自由》,商务印书馆1980年版。

[56]《斯大林选集》,人民出版社1979年版。

[57] 王亚南主编：《资产阶级古典政治经济学选辑》，商务印书馆 1979 年版。

[58]《马克思恩格斯选集》，人民出版社 1972 年版。

[59]《列宁选集》，人民出版社 1960 年版。

[60] Tily, G. Keynes's General Theory, the Rate of Interest and 'Keynesian' Economics, Palgrave Macmillan, 2007.

[61] Lipsey, R. and Chrystal, K. Principles of Economics, 13th Edition, New York: Oxford University Press Inc., 2006.

[62] Sloman, J. Economics, 6th Edition, Prentice Hall, 2006.

[63] Anderton, A. Economics, 4th Edition, Causeway Press, 2006.

[64] Begg, D., Fisher, S. and Dornbusch R. Economics, 8th Edition, London: McGraw - Hill International (UK) Limited, 2005.

[65] Parkin and Bade, Modern Macroeconomics, Prentice - Hall Inc., Canada, 1992.

[66] Bologh, *The Irrelevance of Convertional Economics*, Liveright Publishing Co., New York, U. S., 1982.

[67] Buchannan, *The Demand and Supply of Public Goods*, *Rand McNally Co.*, *Chicago*, U. S., 1968.

后　　记

由中国共产党第二代领导核心邓小平及其同事发起领导的改革开放，迄今为止已30多年了。从历史的视野看，当代中国的改革开放不仅是必须的而且也是必然的。正是这场波澜壮阔的改革开放，将中华民族推向了人类历史的新纪元，使得中国成为一个在国际事务中地位越来越重要的社会主义国家，并在很大程度上促进了世界的和平与发展。因此，中国的改革开放实际上已经超越了中国作为一个民族国家的本身需求，而成为全世界经济社会发展必不可缺的历史过程。与此同时，中国经济对国际资金、技术和市场的依赖程度，也日益加深，从而提高了中国改革开放过程的机会成本。

诚然，中国的改革开放取得了举世瞩目的伟大成就。但是我们也不得不承认，这场改革是一个没有稳定参照系的社会革命，是在缺乏成熟的或权威性理论指导下的改革。虽然改革开放的总设计师邓小平指出了一条前景光明的道路，但是主观的设想与实际情况总是有差别，因此，在实际进程中难以避免地会存在一些问题。对此，“十二五”规划纲要就曾明确指出，“必须清醒地看到，我国发展中不平衡、不协调、不可持续问题依然突出，主要是，经济增长的资源环境约束强化，投资和消费关系失衡，收入分配差距较大，科技创新能力不强，产业结构不合理，农业基础仍然薄弱，城乡区域发展不协调，就业总量压力和结构性矛盾并存，物价上涨压力加大，社会矛盾明显增多，制约科学发展的体制机制障碍依然较多。我们必须科学判断和准确把握发展趋势，充分利用各种有利条件，加快解决突出矛盾和问题，集中力量办好自己的事情”。

发展中国特色社会主义，建设创新型国家需要我们大家的共同努力，我们参与改革，为改革中出现的每一个成果欢呼，也为改革中遭遇的困难焦虑。尽管发展中国特色社会主义，建设创新型国家的道路是曲折的，尽管中国的经济体制改革还会面对新的不确定性和困难，甚至失误，但是我们必须始终高举中国特色社会主义伟大旗帜，以邓小平理论和“三个代表”重要思想为指导，深入贯彻落实科学发展观，继续解放思想，坚持改革开放，推动科学发展，促进社会和谐，为夺取全面建设小康社会新胜利而奋斗。必须毫不动摇地坚持改革方向，继续不间断地推进改革。发展中国特色社会主义，建设创新型国家，坚持改革，促进改革，同样需要对改革开放的既有历史过程进行总结和反思。

本书试图通过实证分析研究，从而深刻质疑泛市场化理论体系的科学性和正确性，并提出市场机制并不是万能的，改革与发展绝不能完全依赖市场化的理论观点。当然，限于主观和客观的条件，作者目前的思考和分析，并不一定十分成熟，某些观点也还正处于初步形成阶段，数据更新也存在相对滞后性的问题，加之中国的改革开放本身就是一个没有稳定参照系的经济社会变革，缺乏成熟的或权威性理论指导，因此在理论阐述方面尚有许多发展的空间。这些不足之处，还有待于我们继续深入的研究和探讨。

最后，需要说明的是本书的一些基本观点作者曾经以笔名的方式，在《人民日报》主办的“强国论坛”上发表。中央民族大学经济管理学院教授王天津曾参与本书的早期策划和写作计划，后来因为他承担了两项国家社会科学基金重大项目的研究任务，而无法继续进行本书的写作，但王天津教授的一些基本学术观点，对我们写作本书具有很大的指导意义，故在此特意鸣谢。

作　者

2012 年 7 月于汕头大学